Tobias Hofmann
Das Kirchenamt des Pastoralreferenten

KIRCHEN- UND RELIGIONSRECHT

KRR 34

Herausgegeben von

Markus Graulich, Heribert Hallermann,
Thomas Meckel und Matthias Pulte

Bände 1–29
Kirchen- und Staatskirchenrecht (KStKR)

Begründet von

Ilona Riedel-Spangenberger (†)

Tobias Hofmann

Das Kirchenamt des Pastoralreferenten

Eine kanonistische Studie zu den Rahmenstatuten der DBK von 2011

Aschendorff Verlag

Münster
2022

Kirchen- und Religionsrecht ist eine Peer-Review-Reihe,
die seit 2020 im Aschendorff Verlag erscheint.

Umschlagabbildung
© Adobe Stock

Gedruckt mit freundlicher Unterstützung
des Erzbistums Freiburg

Bibliografische Information der Deutschen Nationalbibliothek

Die Deutsche Nationalbibliothek verzeichnet diese Publikation in der deutschen Nationalbibliografie;
detaillierte bibliografische Daten sind abrufbar über
http://dnb.d-nb.de

300 Jahre Aschendorff

Printed in Germany 2022

ISBN 978-3-402-23746-5
ISBN (E-Book-PDF) 978-3-402-23747-2

ISSN 2701-3774

INHALTSVERZEICHNIS

VORWORT UND WIDMUNG

Die vorliegende Arbeit wurde im Wintersemester 2020/21 in der Katholisch-Theologischen Fakultät der Julius-Maximilians-Universität als Dissertationsschrift angenommen.

Dankbar blicke ich auf die Jahre ihrer Entstehung zurück. Mein größter Dank gilt an dieser Stelle Prof. Dr. Heribert Hallermann, der mich durch seine Art zu lehren, Kirchenrecht zu vermitteln und authentisch Christ-Sein zu leben, motiviert hat, diese Arbeit zu beginnen. Durch seine anspornenden Rückmeldungen, seine konstruktiv-kritischen Anmerkungen und seine beständige, sympathische Begleitung hat er in hohem Maße dazu beigetragen, dass dieses Projekt von der ersten Idee bis zur Veröffentlichung des vorliegenden Buches verwirklicht werden konnte. Danke!

Darüber hinaus bin ich ihm zudem dankbar für das Verfassen des Erstgutachtens. Frau Prof. Dr. Sabine Demel gebührt meine tiefe Wertschätzung sowie insbesondere mein Dank für die Erstellung des Zweitgutachtens.

Bei den Herausgebern der Reihe Kirchen- und Religionsrecht (bzw. Kirchen- und Staatskirchenrecht), Herrn Prof. P. Dr. Markus Graulich SDB, Herrn Prof. Dr. Heribert Hallermann, Herrn Prof. Dr. Thomas Meckel sowie Herrn Prof. Dr. Matthias Pulte, möchte ich mich sehr herzlich für die Aufnahme meiner Arbeit in diese renommierte Reihe bedanken.

Den Kolleginnen und Kollegen in den verschiedenen Oberseminaren der vergangenen Jahre danke ich für die Möglichkeit, meine Arbeit und die jeweiligen Fortschritte daran zu präsentieren. Dankbar bin ich in diesem Zusammenhang für alle hilfreiche Kritik, die verschiedenen Rückmeldungen und den angenehmen wissenschaftlichen Diskurs.

Für das jeweilige Korrekturlesen und die kritischen Rückfragen zu unterschiedlichen Zeitpunkten in der Entstehung dieser Arbeit danke ich vor allem Frau Stephanie Pascual Jova, Frau Dr. Martina Tollkühn und Frau Mirjam Hake.

Zudem bedanke ich mich bei allen Unterstützern und Förderinnen. Insbesondere denke ich hierbei an alle Kolleginnen und Kollegen im pastoralen Dienst sowie an das Erzbistum Freiburg, meinem Arbeitgeber. Neben meinen Eltern möchte ich dabei auch vor allem meine Frau Domenica erwähnt wissen, die wie selbstverständlich mein Arbeiten im Rahmen dieses Promotionsprojektes in beeindruckender Weise mitgetragen hat.

Während dieses mehrjährigen Projekts sind meine drei Töchter Miriam, Klara und Sophia geboren worden. Ihnen verdanke ich den Titel „Papa", der mich Demut, Verantwortung und Liebe in neuer und besonderer Weise gelehrt hat. Diesen drei jungen Damen widme ich diese Arbeit.

Aasen im Coronawinter 2021 Tobias Hofmann

ABKÜRZUNGSVERZEICHNIS

AAS	Acta Apostolicae Sedis
Abs.	Absatz
AfkKR	Archiv für katholisches Kirchenrecht, (Innsbruck, Mainz) Paderborn 1857 ff.
Anm.	Anmerkung
Art.	Artikel
Bd./Bde.	Band/Bände
bearb.	bearbeitet
bspw.	beispielsweise
bzgl.	bezüglich
bzw.	beziehungsweise
c., cc.	Canon, Canones (CIC/1983)
can., cann.	Canon, Canones (CIC/1917)
CCEO	Codex Canonum Ecclesiarum Orientalium auctoritate Ioannis Pauli PP. II promulgatus
CIC/1917	Codex Iuris Canonici Pii X Pontificis Maximi Iussu digestus Benedicti Papae XV. auctoritate promulgatus
CIC/1983	Codex Iuris Canonici auctoritate Ioannis Pauli PP. II promulgatus
Const.	Constitutio
dass.	dasselbe
DBK	Deutsche Bischofskonferenz
DDB	Reihe Die deutschen Bischöfe
Decr.	Decretum
ders.	derselbe
dies.	dieselbe
diesbzgl.	diesbezüglich
d. h.	das heißt
dt.	deutsch
ebd.	ebenda
Eph	Brief an die Ephesser
e.V.	eingetragener Verein
f.	folgende(r)
ff.	folgende
Frhr.	Freiherr
GrNKirchR	Grundriss des nachkonziliaren Kirchenrechts
GSyn I	Gemeinsame Synode der Bistümer in der Bundesrepublik Deutschland, Beschlüsse der Vollversammlung, Offizielle

	Gesamtausgabe I, nach der Gesamtausgabe [7]1989, Freiburg – Basel – Wien 2012.
GSyn II	Gemeinsame Synode der Bistümer in der Bundesrepublik Deutschland, Ergänzungsband, Offizielle Gesamtausgabe II, nach dem Ergänzungsband [4]1985, Freiburg – Basel – Wien 2012.
HbKathKR	Handbuch des Katholischen Kirchenrechts
Hebr	Brief an die Hebräer
Hg.	Herausgeber
hg. v.	herausgegeben von
IKaZ	Internationale katholische Zeitschrift Communio
i.V.m.	in Verbindung mit
Jes	Jesaja
Konst.	Konstitution
KStKR	Kirchen- und Staatskirchenrecht, Paderborn – München – Wien – Zürich 2004 ff. (Reihe)
LKRO	Lexikon für Kirchen- und Religionsrecht online, hg. v. Hallermann, Heribert; Meckel, Thomas; Droege, Michael; de Wall, Heinrich, https://referenceworks.brillonline.com/browse/lexikon-fuer-kirchen-und-religionsrecht, 2019 ff.
LKStKR	Lexikon für Kirchen- und Staatskirchenrecht, 3 Bde., hg. v. Campenhausen, Axel Frhr. von; Riedel-Spangenberger, Ilona; Sebott, P. Reinhold SJ, unter Mitarbeit von Ganster, Michael und Hallermann, Heribert, Paderborn – München – Wien – Zürich 2000–2004
LThK1	Lexikon für Theologie und Kirche, 10 Bde., hg. v. Buchberger, Michael, Freiburg 1930–1938.
LThK2	Lexikon für Theologie und Kirche, 11 Bde. + 3 Ergänzungsbde., hg. v. Höfer, Josef; Rahner, Karl, Freiburg 1957–1968.
LThK3	Lexikon für Theologie und Kirche, 11 Bde., hg. v. Kasper, Walter, Freiburg – Basel – Rom – Wien 1993–2001.
MKCIC	Münsterischer Kommentar zum Codex Iuris Canonici
Mt	Evangelium nach Matthäus
MThZ	Münchner Theologische Zeitschrift, München 1950 ff.
Nr.	Nummer, Nummern
Offb	Offenbarung des Johannes
PP./P.	Papa/Papst
1 Petr	Erster Petrusbrief
Prot.	Protokoll
RDC	Revue de droit canonique, Straßburg 1951 ff.
Rn.	Randnummer

RPI	Religionspädagogisches Institut
SJ	Societas Jesu
ThPQ	Theologisch-Praktische Quartalsschrift, (Linz) Regensburg 1848 ff.
TrThZ	Trierer Theologische Zeitschrift (bis 1944: Pastor Bonus), Trier 1888 ff.
u. a.	unter anderem
übers.	übersetzt
v.	von
vgl.	vergleiche
z. B.	zum Beispiel

Dokumente des Zweiten Vatikansichen Konzils

AA	Dekret Apostolicam Actuositatem
AG	Dekret Ad Gentes
CD	Dekret Christus Dominus
GE	Erklärung Gravissimum Educationis
GS	Pastoralkonstitution Gaudium et Spes
LG	Dogmatische Konstitution Lumen Gentium
NEP	Nota Explicativa Praevia
OT	Dekret Optatam Totius
PO	Dekret Presbyterorum Ordinis
SC	Konstitution Sacrosanctum Concilium

1. EINLEITUNG

Im Rahmen eines Grußwortes anlässlich des 40-jährigen Berufsgruppenjubiläums der Pastoralreferentinnen und -referenten in Deutschland schrieb der damalige Vorsitzende der Deutschen Bischofskonferenz 2011, Erzbischof Robert Zollitsch, dass es „theologische und pastorale Überlegungen“[1] gewesen seien, „die die deutschen Bischöfe dazu bewogen [hätten], an dem Dienst von Frauen und Männern als Theologinnen und Religionspädagogen in der Pastoral auch für die Zukunft festzuhalten und [...] weiterzuentwickeln.“[2] Diese Grundüberzeugung der Bischöfe fände sich, laut Zollitsch, auch in den vom Ständigen Rat der Deutschen Bischofskonferenz am 20./21. Juni desselben Jahres verabschiedeten, überarbeiteten Rahmenstatuten wieder.[3] Dabei verweist er insbesondere darauf, dass es auch die Faktizität der steigenden Zahl der Berufsgruppenmitglieder sei, die dafür gesorgt habe, dass der Beruf seine „Bewährungsprobe bestanden habe“.[4] In Bezug auf die Zukunftsfähigkeit dieses pastoralen Berufes, der „aus dem Gesamt der Pastoral kaum noch wegzudenken“[5] sei, benennt er die jeweils individuellen Begabungen und Charismen der Pastoralreferenten in Kombination mit der akademisch theologischen Kompetenz, die sie als Laien einbringen.[6] Mit der Theologischen Präambel innerhalb der Rahmenstatuten von 2011 gibt es nun erstmals auch einen Ort, an dem die theologischen Grundlagen dieses pastoralen Berufes aus Sicht der Bischofskonferenz festgeschrieben sind.

Bei der Erstellung der Rahmenstatuten von 2011 hatte der Bundesberufsverband für Pastoralreferenten[7] im Vorfeld seine Mitarbeit angeboten. Letztlich war er aber weder direkt, noch indirekt (durch das beratende Gremium des theologischen Beirats) an der Erstellung dieser berufsrelevanten Statuten beteiligt worden.[8] Die Kritik des Verbandes und des theologischen Beirats an den Rahmenstatuten von 2011 spiegelt sich vor allem auch in den Beiträgen

1 Zollitsch, Robert: Grußwort, in: BVPR Berufsverband der PastoralreferentInnen Deutschlands e.V. (Hg.): Begegnungen. 40 Jahre Pastoralreferentinnen und Pastoralreferenten in Deutschland, München 2011, 6–8, hier: 7.

2 Ebd., 7.

3 DBK: Rahmenstatuten und -ordnungen für Gemeinde- und Pastoral-Referenten/Referentinnen vom 01.10.2011, in: DDB Nr. 96.

4 Zollitsch, Grußwort, 6 (Anm. 1).

5 Ebd.

6 Vgl. ebd., 8.

7 Dabei handelt es sich um den bundesweiten Dachverband für die Berufsgruppe der Pastoralreferenten.

8 Vgl. zum Selbstverständnis des Berufsverbandes und des theologischen Beirates des Verbandes, sowie das Angebot zur Mitarbeit an der Erstellung der Rahmenstatuten die entsprechende Darstellung auf der Homepage (aktuell vom 20.01.2020): https://www.bvpr-deutschland.de/der-beruf/selbstverst%C3%A4ndnis/.

der Publikation „Vergessene Amtsträger“[9] wider. In Ergänzung dazu will diese Arbeit ein Beitrag sein, die theologischen und pastoralen Überlegungen der Bischöfe, wie sie in den Rahmenstatuten vor allem in Form einer Theologischen Präambel gefasst sind, kritisch und quellenorientiert zu beleuchten und um eine kirchenrechtliche Perspektive zu ergänzen.

1.1 Das Rahmenstatut für Pastoral- und Gemeindereferenten von 2011

Am 1. Oktober 2011 wurden die neuen Rahmenstatuten und -ordnungen für Gemeinde- und Pastoralreferenten/-referentinnen im Bereich der Deutschen Bischofskonferenz (DBK) veröffentlicht. In der Reihe *Die deutschen Bischöfe* wurden die neuen Statuten vom Sekretariat der Deutschen Bischofskonferenz herausgegeben.[10] Diese Statuten lösen die entsprechenden Vorgängerdokumente von 1978[11] bzw. 1987[12] ab.

Die Rahmenstatuten wurden überarbeitet, um „den durch die neuen pastoralen Strukturen bedingten Veränderungen im beruflichen Aufgabenfeld von Gemeinde- und Pastoralreferent/innen Rechnung zu tragen.“[13]

Im Gegensatz zu den bisherigen Statuten haben sich die Bischöfe dafür ausgesprochen, die bislang getrennt formulierten Rahmenstatuten für die Gemeindereferenten einerseits und die Pastoralreferenten andererseits in einem gemeinsamen Dokument zusammenzufassen. Begründet wurde dieser Schritt dadurch, dass in den Vorgängerstatuen „fast durchgängig parallele Formulierungen“[14] verwendet wurden und „der theologische Ort der beiden Berufe identisch“[15] sei. Darüber hinaus kam es in den vergangenen Jahren zu weiteren Entwicklungen in den einzelnen Bistümern, die eine Anpassung

9 Demel, Sabine (Hg.): Vergessene Amtsträger/-Innen? Die Zukunft der Pastoralreferentinnen und Pastoralreferenten, Freiburg 2013.

10 Die DBK besitzt kein eigenes Amtsblatt (vgl. hierzu Wächter, Lothar: Art. Amtsblatt – Katholisch, in: LKStKR, Bd. 1, 83–84). Amtliche Dokumente werden daher zum Teil in der Reihe *Die deutschen Bischöfe* veröffentlicht. Nicht alle der dort veröffentlichten Texte sind als Partikularrecht der DBK zu werten. Dies muss jeweils im Einzelfall untersucht werden.

11 DBK: Rahmenstatuten und-ordnungen für Diakone und Laien im pastoralen Dienst 1978/79, in: DDB Nr. 22.

12 DBK: Rahmenstatuten und-ordnungen für Gemeinde- und Pastoral-Referenten/Referentinnen vom 10.03.1987, in: DDB Nr. 41.

13 Rahmenstatuten 2011, in: DDB Nr. 96, 5.

14 Ebd., 8.

15 Ebd., 9.

der Rahmenstatuten notwendig machten, um „den neuen Anforderungen und Herausforderungen“[16] gerecht zu werden. So wurde das Kapitel über Beruf und kirchliche Stellung durch eine Theologische Präambel ersetzt.[17] Außerdem wurden die Aufgabenbereiche in Kapitel 2 und die Ausführungen zur Ausbildung im vierten Kapitel der Vorgängerfassungen überarbeitet, „um die Vielseitigkeit und Attraktivität dieses Dienstes“[18] zu verdeutlichen.

Die Rahmenstatuten von 2011 beinhalten infolgedessen einen grundlegenden und einleitenden Teil, der sich sowohl auf die Berufsgruppe der Gemeindereferenten als auch auf die der Pastoralreferenten bezieht.[19] Daran schließt sich die *Rahmenordnung für die Ausbildung, Berufseinführung und Fortbildung von Gemeindereferenten/-referentinnen* vom 10. März 1987 an.[20] Ergänzend dazu beinhalten die Rahmenstatuten von 2011 anschließend auch das *Eckpunktepapier zur Modularisierung des Studiengangs <Religionspädagogik und kirchliche Bildungsarbeit> an den Katholischen Fachhochschulen* vom 28. August 2006.[21] Im Folgenden wird analog auch die *Rahmenordnung für die Ausbildung, Berufseinführung und Fortbildung von Pastoralreferenten/-referentinnen* vom 10. März 1987 angefügt[22], ehe das Dokument *Kirchliche Anforderungen an die Modularisierung des Studiums der Katholischen Theologie (Theologisches Vollstudium) im Rahmen des Bologna-Prozesses* die neuen Rahmenstatuten abschließt.[23]

Die Rahmenordnungen für die Ausbildung, Berufseinführung und Fortbildung wurden durch den Ständigen Rat der Deutschen Bischofskonferenz[24]

16 Ebd., 9.

17 Vgl. ebd., 10.

18 Ebd., 10.

19 Vgl. ebd., 5–30.

20 Vgl. ebd., 31–54.

21 Vgl. ebd., 55–61.

22 Vgl. ebd., 62–75.

23 Vgl. ebd., 76–92. Dieses Dokument, das auf der *Rahmenordnung für die Priesterausbildung* vom 12. März 2003 aufbaut, wurde von der Frühjahrsvollsammlung der Deutschen Bischofskonferenz beschlossen. Es wurde durch die Kongregation für das katholische Bildungswesen für fünf Jahre ad experimentum approbiert und am 7. Juli 2008 mit entsprechender Zustimmung publiziert. Zu Beginn der *Kirchlichen Anforderungen* innerhalb der Rahmenstatuten wird darauf hingewiesen, dass in analoger Weise zu der Rahmenordnung für die Priesterbildung selbiges auch für das Studium der Katholischen Theologie der Pastoralreferentinnen und -referenten gilt (vgl. ebd., 76).

24 Der Ständige Rat der Bischofskonferenz gehört gemäß c. 451 zu den Strukturen der Bischofskonferenz. Er setzt sich aus Mitgliedern der Bischofskonferenz zusammen und hat die Aufgabe, die Tagesordnungspunkte für die Vollversammlungen vorzubereiten und dafür zu sorgen, dass die Konferenzbeschlüsse anschließend in gebührender Weise zur Ausführung gelangen. Außerdem obliegt ihm die Führung jener Geschäfte, die ihm durch die Statuten zugewiesen sind. Darüber hinaus hat er zu entscheiden, ob und wenn ja in welcher Weise er benachbarten Bischofskonferenzen Akten und Dokumente zukommen lassen will. Der Ständige Rat hat keine Gesetzgebungskompetenz und kann demnach auch nicht beauftragt werden, allgemeine, rechtsverbindliche Dekrete zu erlassen oder deren Schlussredaktion vorzunehmen.

bereits am 28. August 2006 mit dem *Eckpunktepapier zur Modularisierung des Studiengangs Religionspädagogik und kirchliche Bildungsarbeit an den Katholischen Fachhochschulen* und am 26./27. November 2007 mit dem Dokument *Kirchliche Anforderungen an die Modularisierung des Studiums der Katholischen Theologie (Theologisches Vollstudium) im Rahmen des Bologna-Prozesses* angepasst. In der Sitzung vom 28. August 2006 veranlasste der Ständige Rat der Deutschen Bischofskonferenz auch die Ausarbeitung der nun vorliegenden Rahmenstatuten durch die Kommission IV der Bischofskonferenz für Geistliche Berufe und Kirchliche Dienste. Diese neuen Statuten inklusive der Theologischen Präambel wurden dann in der Sitzung des Ständigen Rates vom 20. und 21. Juni 2011 in Würzburg verabschiedet und schließlich in der Reihe *Die deutschen Bischöfe* mit der Nummer 96 am 1. Oktober 2011 veröffentlicht. Rechtliche Geltungskraft erlangten die Rahmenstatuten von 2011 jedoch nur dort, wo sie als Diözesangesetz durch den jeweiligen Bischof veröffentlicht wurden, da der Ständige Rat keine Gesetzgebungskompetenz besitzt.[25] Eine Veröffentlichung in diözesanen Amtsblättern ist aber längst nicht in allen Diözesen und auch kaum in der gebotenen Form erfolgt.[26] In den Rahmenstatuten selbst wird zu Beginn darauf verwiesen, dass die Umsetzung derselbigen und die jeweils spezifischen Regelungen des eigenen (Erz-)Bistums durch diözesane Statuten für Gemeinde- und Pastoralreferenten geschehen solle.[27]

Die Theologische Präambel, die erstmalig in einem derartigen Rahmenstatut auftaucht, hat den Anspruch, den „ekklesialen und ekklesiologischen Ort eines hauptberuflichen Dienstes von Laien in der Pastoral"[28] zu beschreiben. Ausdrücklich werden als theologische Grundlagen für solche pastoralen Laienberufe die zentralen Aussagen des Zweiten Vatikanischen Konzils hervorgehoben.[29] Insbesondere die Konzilsdokumente „Lumen Gentium"[30] und

Vgl. dazu Wenner, Reinhard: Art. Ständiger Rat der Bischofskonferenz, in: LKStKR, Bd. 3, 600–601. Vgl. auch Hallermann, Heribert: Art. Bischofskonferenz – Katholisch, in: LKStKR, Bd. 1, 277–279.

25 Vgl. Wenner, Ständiger Rat, 600–601 (Anm. 24). Vgl. auch Hallermann, Bischofskonferenz, 277–279 (Anm. 24).

26 Wenner, Reinhard: Beschlüsse der Deutschen Bischofskonferenz. Partikularnormen und weitere Gesetze sowie Richtlinien, Statuten, Geschäftsordnungen, Verträge, Stellungnahmen, Sankt Augustin 1999ff. (Loseblattsammlung, Stand: Dezember 2016), weist unter der Kennziffer 442 eine Veröffentlichung der Rahmenstatuten in den Amtsblättern der (Erz-)Diözesen Augsburg (2014), Bamberg (2014), Berlin (2012), Eichstätt (2014), Essen (2012), Fulda (2013), Hamburg (2012), Köln (2013), München und Freising (2014), Münster (2012), Paderborn (2013), Regensburg (2014) nach. Lediglich im Erzbistum Berlin wird der Diözesanbischof als Promulgierender genannt, in allen anderen Fällen wird ein nicht rechtsverbindlicher Beschluss der DBK abgedruckt.

27 Vgl. Rahmenstatuten 2011, in: DDB Nr. 96, 10.

28 Ebd., 10.

29 Vgl. ebd., 1., 11.

30 Concilium Vaticanum Secundum, Constitutio dogmatica de Ecclesia „Lumen Gentium", in: AAS 57 (1965) 5–71. Lateinisch – deutscher Text in: LThK², Bd. 12, 156–347.

„Apostolicam Actuositatem“[31] werden in diesem Zusammenhang benannt.[32] Das nachsynodale Schreiben „Christifideles Laici“[33], sowie das Dokument „Instruktion zu einigen Fragen über die Mitarbeit der Laien am Dienst der Priester“[34] werden als weiterführende und präzisierende Ergänzung zu den Konzilstexten aufgeführt.[35] Darüber hinaus wird auch auf die Pastoralkonstitution des Zweiten Vatikanischen Konzils, „Gaudium et Spes“[36], verwiesen.[37] Dieses Dokument taucht allerdings in den weiteren Ausführungen der Präambel nicht mehr auf. Stattdessen wird dort unter anderem an zwei Stellen der Codex Iuris Canonici von 1983 zitiert. Grundsätzlich wird dabei nicht auf die unterschiedliche rechtliche Dignität dieser unterschiedlichen Dokumente verwiesen.[38] So ist mit Sabine Demel festzustellen, dass es sich dort um „ein Sammelsurium von Dokumenten ohne Gewichtung nach Rang und Verbindlichkeit“[39] handelt.

[31] Concilium Vaticanum Secundum, Decretum de apostolatu laicorum „Apostolicam Actuositatem", in: AAS 58 (1966) 837–864. Lateinisch – deutscher Text in: LThK², Bd. 13, 602–701.

[32] Vgl. Rahmenstatuten 2011, in: DDB Nr. 96, 1., 11.

[33] P. Johannes Paul II.: Nachsynodales Apostolisches Schreiben „Christifideles Laici“ vom 30.12.1988, in: AAS 81 (1989), 393–521. Deutscher Text in: Verlautbarungen des Apostolischen Stuhls Nr. 87, 30. Dezember 1988, Sekreteriat der Deutschen Bischofskonferenz (Hg.), Bonn 1989.

[34] Kongregation für den Klerus – Päpstlicher Rat für die Laien – Kongregation für die Glaubenslehre – Kongregation für den Gottesdienst und die Sakramentenordnung – Kongregation für die Bischöfe – Kongragation für die Evangelisierung der Völker – Kongregation für die Institute des geweihten Lebens und für die Gesellschaften des apostolischen Lebens – Päpstlicher Rat für die Interpretation von Gesetzestexten, Instruktion Ecclesiae de Mysterio zu einigen Fragen über die Mitarbeit der Laien am Dienst der Priester vom 15. Augsut 1997, in: AAS 89 (1997) 852–877. Deutscher Text der Instruktion zu einigen Fragen über die Mitarbeit der Laien am Dienst der Priester: Sekreteriat der deutschen Bischofskonferenz (Hg.), in: Verlautbarungen des Apostolischen Stuhls 129, Bonn 1997.

[35] Vgl. Rahmenstatuten 2011, in: DDB Nr. 96, 1., 11.

[36] Concilium Vaticanum Secundum, Constitutio pastoralis de Ecclesia in mundo huius temporis „Gaudium et spes", in: AAS 58 (1966) 1025–1115. Lateinisch – deutscher Text in: LThK², Bd. 14, 280–592.

[37] Vgl. Rahmenstatuten 2011, in: DDB Nr. 96, 1., 11.

[38] Zum rechtlichen Stellenwert einer Instruktion: Vgl. Hallermann, Heribert: Art. Instructio, in: LKStKR, Bd. 2, 307–308. Zum Stellenwert des Konzils und der Konstitutionen: Vgl. Wächter, Lothar: Art. Konstitution, in: LKStKR, Bd. 2, 630–632 sowie Hartelt, Konrad: Art. Konzil – Katholisch, in: LKStKR, Bd. 2, 642–643.

[39] Demel, Sabine: „Wahrt das Recht und sorgt für Gerechtigkeit…“ (Jes 56,1). Ein Blick auf die Theologische Präambel der Rahmenstatuten aus kirchenrechtlicher Perspektive, in: Dies. (Hg.): Vergessene Amtsträger/-innen? Die Zukunft der Pastoralreferentinnen und Pastoralreferenten, Freiburg im Breisgau 2013, 78–100, hier: 80.

1.2 Vorgehensweise der Arbeit

Die vorliegende Arbeit will quellenorientiert und deduktiv vorgehen, um am Ende die untenstehende Forschungsfrage[40] beantworten zu können. Es handelt sich dabei um eine theologisch-kanonistische Arbeit, die nicht rechtspositivistisch vorgehen will und daher der Hermeneutik des Kirchenrechts folgt, wie sie in der Promulgationsbulle „Sacrae Disciplinae Leges"[41] des geltenden kirchlichen Gesetzbuches grundgelegt ist.[42] Daher gilt es, den Codex im Licht des Konzils zu interpretieren, da dieser lediglich als Abbild des Urbildes Konzil dieses nie erschöpfend in Rechtssprache transformieren kann.[43] Ausgehend von der Präambel in den Rahmenstatuten für Gemeinde- und Pastoralreferenten von 2011 stehen besonders die dort genannten Dokumente im Mittelpunkt der Untersuchungen. Dazu werden die relevanten Impulse der Gemeinsamen Synode der westdeutschen Bistümer in der damaligen Bundesrepublik Deutschland[44] sowie die kirchenrechtliche Position anhand des CIC/1983[45] untersucht.

Alle für diese Untersuchung verwendete Literatur wird bei ihrer ersten Nennung in dieser Arbeit mit der kompletten Literatur- beziehungsweise Quellenangabe in den Fußnoten wiedergegeben. Im Weiteren wird dafür dann ein Kurztitel verwendet. Bei den Literaturangaben wird zudem ein Querverweis auf die Seite mit der Erstnennung des jeweiligen Titels in dieser Arbeit angegeben. Sofern sich eine Literatur- oder Quellenangabe in einer Fußnote auch auf die zuletzt zuvor genannte Angabe bezieht, wird diese mit ebd. (ebenda) ersetzt. Die Konzilstexte in deutscher Übersetzung sind den drei Sonderbänden des LThK^2 entnommen. Grundsätzlich werden im Folgenden die verwendeten Quellen nur bei der Erstnennung und in ausführlichen Quellen- und Literaturangaben mit Anführungszeichen versehen.

40 Siehe 1.5 Forschungsfrage dieser Studie.

41 P. Johannes Paul II.: Apostolische Konstitution Sacrae Disciplinae Leges, in: AAS 75 (1983) Pars II, VII-XIV; dt. Übersetzung: Codex Iuris Canonici, lateinisch-deutsche Ausgabe, Kevelaer ^{5}2001, X-XXIII.

42 Vgl. dazu ausführlich Meckel, Thomas: Konzil und Codex. Zur Hermeneutik des Kirchenrechts am Beispiel der christifideles laici (KStKR 18), Paderborn 2017, hier: 33–88.

43 Vgl. Sacrae Disciplinae Leges, XIX.

44 Vgl. Gemeinsame Synode der Bistümer in der Bundesrepublik Deutschland, Offizielle Gesamtausgabe, nach der Gesamtausgabe I ^{7}1989, hg. v.: Präsidium der Gemeinsamen Synode der Bistümer der Bundesrepublik Deutschland und der Deutschen Bischofskonferenz von Bertsch, Ludwig SJ; Boonen, Philipp; Hammerschmidt, Rudolf; Homeyer, Josef; Kronenberg, Friedrich; Lehmann, Karl unter Mitarbeit von Imhof, Paul SJ, Freiburg im Breisgau 2012.

45 Codex Iuris Canonici Auctoritate Ioannis Pauli PP. II, Lateinisch-deutsche Ausgabem hg. im Auftrag der Deutschen und der Berliner Bischofskonferenz, der Österreichischen Bischofskonferenz, der Schweizer Bischofskonferenz sowie der Bischöfe von Bozen-Brixen, von Luxemburg, von Lüttich, von Metz und von Straßburg, Kevelaer ^{6}2009, unveränderter Nachdruck der 5. neugestalteten und verbesserten Auflage von 2001.

1.3 Begriffsklärungen

Um sprachliche Missverständnisse zu vermeiden, sollen an dieser Stelle vorab einige Begriffsklärungen erfolgen. Sofern es um die Darstellung verschiedener Berufsgruppen geht, die sowohl von männlichen als auch von weiblichen Personen gleichermaßen ohne Einschränkung ausgeübt werden können, bezieht sich jegliche Bezeichnung – egal ob feminin oder maskulin verwendet – jeweils auf beide Geschlechter. Einige begriffliche Ausnahmefälle, die sich explizit nur auf ein Genus beziehen, werden ausdrücklich als solche dargestellt. Diakone, Priester und Bischöfe werden entsprechend der kirchlichen Realität ausschließlich in der maskulinen Form angegeben.

1.3.1 Die Begriffe *Pastoralreferentin* und *Pastoralreferent*

Unter den Begriffen *Pastoralreferentin* und *Pastoralreferent* werden in dieser Arbeit universitär ausgebildete Laientheologen (Diplom, Master oder Gymnasiallehramt) verstanden, die eine entsprechende kirchliche Ausbildung durchlaufen haben und durch bischöfliche Sendung als hauptberufliche Mitarbeiter in Seelsorge und Pastoral tätig sind. Es handelt sich beim Pastoralreferenten um einen pastoralen Beruf in der katholischen Kirche, der ungefähr seit der Würzburger Synode existiert. Er unterscheidet sich von den durch Priester ausgeübten pastoralen Berufen durch den Status als Laie und von dem der Gemeindereferenten durch das theologische Vollstudium.[46] Grundsätzlich fällt also unter den Begriff *Pastoralreferent* der „hauptberufliche, pastorale Dienst qualifizierter Laientheologen".[47] Dabei wird vernachlässigt, dass andernorts, z. B. in Österreich und in der Schweiz,[48] andere Bezeichnungen dieses Berufsbildes verwendet werden. Ebenso wird dadurch nicht die Tatsache berührt,

46 Vgl. Hochstaffl, Josef: Art. Pastoralreferent, Pastoralreferentin, in: LThK³, Bd. 7, 1444.

47 Hallermann, Heribert: Art. Pastoralreferent, in: LKStKR, Bd. 3, 165–167, hier: 165. Vgl. auch Meckel, Thomas: Art. Hauptberufliche – Katholisch, in: LKRO, https://dx.doi.org/10.30965/9783506786388_0365, Zugriff: 20.03.2020.

48 In Österreich hat sich die Bezeichnung *Pastoralassistent* für die hauptberuflichen Laien im pastoralen Dienst nach erfolgreich abgeschlossener Ausbildung und entsprechender kirchlicher Sendung herausgebildet. Während des praktischen Ausbildungsjahres wird die Berufsgruppe als *Pastoralpraktikanten* bezeichnet. Eine Aufgliederung der beiden pastoralen Laienberufe in Pastoral- und Gemeindereferentinnen wie in den meisten deutschen Diözesen entsprechend der unterschiedlichen Zugangswege gibt es in Österreich nicht. Unter dem Begriff *Pastoralhelfer* werden dort hauptberufliche Laien ohne eine entsprechende Ausbildung zusammengefasst. In der Schweiz bezeichnet, ähnlich wie in Österreich, der Begriff *Pastoralassistent* die hauptberuflichen Laien mit abgeschlossenem Theologiestudium und erfolgreich absolvierter kirchlicher Ausbildung sowie entsprechender Beauftragung. Das Berufsbild das in den meisten deutschen Diözesen als *Gemeindereferentin* bezeichnet wird, findet sein begriffliches Pendant im Schweizer Berufsbild der *Katechetin/ des Katecheten* bzw. der

dass es diesen Beruf in dieser Form nicht in allen deutschsprachigen Diözesen gibt. Die Begriffe *Pastoralassistentin* und *Pastoralassistent* bezeichnen eine Person, die nach der theologischen Ausbildung bereits im kirchlichen Dienst angestellt ist und sich in der Ausbildung zum Pastoralreferenten befindet.

1.3.2 Der Begriff *Seelsorgehelferin*

Unter dem Begriff *Seelsorgehelferin* wird ein sogenannter kirchlicher Laienberuf verstanden, der von Beginn des 20. Jahrhunderts[49] bis etwa Ende der 1960er Jahre vor allem von ehelosen Frauen ausgeübt wurde.[50] Der Tätigkeitsbereich der Seelsorgehelferinnen war besonders durch Aufgaben zur Unterstützung der Priester gekennzeichnet.[51] Diese Vorbereitung, Unterstützung und Ausweitung des priesterlichen Tuns[52] bezeichnet Alfons Fischer als „Teil des Assistenzapostolates der Laien".[53] Im Anschluss an die Würzburger Synode wurde der Beruf der Seelsorgehelferin zur Gemeindereferentin umbenannt.[54] Mit der Umbenennung wurde allerdings, ausgehend von den relevanten konziliaren Impulsen, der Aufgaben- und Tätigkeitsbereich aus der bloßen Hilfsfunktion befreit und als eigenständiges apostolisches Wirken gekennzeichnet. Das männliche Pendant zur Seelsorgehelferin, der Seelsorgehelfer, wird in dieser Arbeit aufgrund der geringen Zahlen und Relevanz in seiner Wirkgeschichte nicht weiter berücksichtigt.[55]

Katechetin RPI/ des *Katecheten RPI*. RPI steht in diesem Fall für die erfolgreiche Absolvierung eines Religionspädagogischen Studiums.

49 Auf Initiative des deutschen Caritasverbandes entstand 1911 die Freie Vereinigung für Seelsorgehilfe, die sich schwerpunktmäßig um die Qualifizierung von Frauen für eine Mithilfe im pastoralen Dienst sorgte. Ab 1928 gab es dann in Freiburg eine erste Schule zur Ausbildung von Gemeindehelferinnen, die ab 1934 Seminar für Seelsorgehilfe genannt wurde. Vgl. Schieffer, Elisabeth: Art. Seelsorgehelferin, Seelsorgehelfer, in: LThK³, Bd. 9, 390 sowie Faivre, Antoine: Kirchliche Ämter und Dienste. II. Historisch-theologisch, in: LThK³, Bd. 6, Freiburg im Breisgau 1997, 88–92. Vgl. weiter Rumstadt, Almut: Frauen als Seelsorgerinnen. Die Entwicklung des Berufs ‚Seelsorgehelferin', dargestellt am Lebenswerk von Margarete Ruckmich (1894–1985), Würzburg 2003 sowie außerdem Wiesen, Wilhelm: Entwicklung und gegenwärtige Gestaltungswege der Seelsorgehilfe, in: Ders. (Hg.): Seelsorge und Seelsorgehilfe, Freiburg 1926.

50 Vgl. Schieffer, Seelsorgehelferin, 390 (Anm. 49).

51 Zu diesen Arbeitsbereichen zählten unter anderem Hausbesuche sowie weitere caritative Tätigkeiten. Darüber hinaus waren Katechesen in der Gemeinde oder das Halten von Religionsunterricht in der Schule kennzeichnend für das Berufsbild der Seelsorgehelferin. Vgl. dazu auch Schieffer, Seelsorgehelferin, 390 (Anm. 49).

52 Schwerdt, Karl: Art. Seelsorgehelferin, in: LThK², Bd. 9, 586–587.

53 Fischer, Alfons: Art. Seelsorgehilfe, in: LThK², Bd. 9, 587.

54 Vgl. Hochstaffl, Josef: Art. Gemeindereferentin, Gemeindereferent, in: LThK³, Bd. 4, 430.

55 Vgl. dazu weiterführend Fischer, Alfons: Art. Seelsorgehelfer, in: LThK², Bd. 9, 585–586.

1.3.3 Die Begriffe *Gemeindereferentin* und *Gemeindereferent*

Unter den Begriffen *Gemeindereferentin* und *Gemeindereferent*[56] werden in dieser Arbeit religionspädagogisch und pastoral ausgebildete Laien verstanden, die ebenfalls durch bischöfliche Beauftragung als hauptamtliche Mitarbeiter in der Pastoral und Seelsorge tätig sind. Vom Selbstverständnis und von der Berufsbezeichnung her ist für diese Berufsgruppe „ein konkreter Gemeindebezug wesentlich".[57] Analog zur Bezeichnung der *Pastoralassistenten* bezeichnet der Begriff *Gemeindeassistentin* bzw. *-assistent* eine Person, die sich in der Ausbildung zum Gemeindereferenten befindet und bereits als pastoraler Mitarbeiter im kirchlichen Dienst angestellt ist. Das Berufsbild der Gemeindereferentin unterschiedet sich „durch den weniger spezifischen Einsatz und eine kürzere und praxisbezogene Ausbildung an Fachhochschulen [...] oder in Seminaren"[58] von dem Berufsbild der Pastoralreferentin.

1.4 Der Beruf des Pastoralreferenten als Gegenstand kanonistischer Untersuchungen

Die zahlreichen pastoraltheologischen Publikationen[59] zum Thema *Pastoralreferenten* werden nur insofern berücksichtigt, als sie explizit kirchenrechtlich relevante Inhalte bieten. Selbstverständlich bilden auch die zahlreichen Beiträge über den christlichen Laien wertvolle Bausteine für die Untersuchung

[56] Vgl. Hallermann, Heribert: Art. Gemeinderefernt(in) – Katholisch, in: LKRO, https://dx.doi.rog/10.30965/9783506678688_0144, Zugriff: 20.03.2020.

[57] Hochstaffl, Gemeindereferentin, 430 (Anm. 54).

[58] Ebd., 430.

[59] Vgl. bspw. Kohl, Christoph: Amtsträger oder Laie? Die Diskussion um den ekklesiologischen Ort der Pastoralreferenten und Gemeindereferenten, Frankfurt am Main 1987 oder auch Köhl, Georg: Der Beruf des Pastoralreferenten. Pastoralgeschichtliche und pastoraltheologische Überlegungen zu einem neuen pastoralen Beruf, Freiburg Schweiz 1987 und Klinger, Elmar; Zerfass, Rolf (Hg.): Die Kirche der Laien. Eine Weichenstellung des Konzils, Würzburg 1987, sowie diverse Aufsätze in Olbrich, Clemens und Stammberger, Ralf (Hg.): PastoralreferentInnen – unverzichtbar für die Kirche. Und sie bewegen sie doch, Freiburg im Breisgau 2000. Vgl. auch Karrer, Leo: „Laien" im pastoralen Dienst: Sackgasse oder Weg in die Zukunft? Erfahrungen und Reflexionen aus pastoraltheologischer Sicht, in: Demel, Sabine (Hg.): Vergessene Amtsträger/-innen? Die Zukunft der Pastoralreferentinnen und Pastoralreferenten, Freiburg im Breisgau 2013.

des Berufs des Pastoralreferenten.[60] Im Rahmen dieses Forschungsberichtes werden sie jedoch nicht gesondert berücksichtigt.

Auch wenn Winfried Aymans die Berufsgruppe der Pastoralreferenten nicht explizit benennt, stellt sein Aufsatz „Strukturen der Mitverantwortung der Laien“[61] einen wertvollen Forschungsbeitrag dar. Sehr viel früher, noch vor dem Erscheinen des neuen kirchlichen Gesetzbuches, befasste sich Hubert Socha mit der Thematik der Pastoralreferenten.[62]

Adrian Loretan hat mit seiner Monographie „Laien im pastoralen Dienst“ eine bedeutende Grundlage für den Beruf des Pastoralreferenten als kanonistischen Forschungsgegenstand geschaffen.[63] Anders als Christoph Kohl und Georg Köhl[64] stellt er besonders die kirchenrechtliche Dimension in das Zentrum seiner Abhandlung. Daneben bilden auch der Aufsatz von Heribert Hallermann „Kirchliche Ämter ohne sakramentale Grundlage“[65] sowie sein Lexikonartikel „Pastoralreferent“[66] ein kanonistisch relevantes Fundament für den Forschungsgegenstand *Pastoralreferenten*. Der Aufsatz von Arturo Cattaneo „Die Institutionalisierung pastoraler Dienste“ [67] beschäftigt sich ebenfalls, wenn auch eher implizit, mit der Rolle des Pastoralreferenten.

Die Arbeit von Friedrich Casutt von Batemberg über den Rechtsstatus des Laien im katholischen Kirchenrecht[68] hat, der Rezession von Rüdiger Althaus[69] folgend, keine nennenswerten Forschungsfortschritte erzielt, so dass sie für diese Arbeit nicht weiter zu berücksichtigen ist.

[60] Vgl. bspw. Congar, Yves: Der Laie. Entwurf einer Theologie des Laientums, Stuttgart 1964 oder Boekholt, Peter: Der Laie in der Kirche, Kevelaer 1984. Vgl. auch Braunbeck, Elisabeth: Der Weltcharakter des Laien. Eine theologische Untersuchung im Licht des II. Vatikanischen Konzils, Regensburg 1993 sowie Glaubitz, Elfriede: Der christliche Laie. Vergleichende Untersuchung vom Zweiten Vatikanischen Konzil zur Bischofssynode 1987, Würzburg 1995.

[61] Aymans, Winfried: Strukturen der Mitverantwortung der Laien, in: AfkKR 159 (1990), 368–386.

[62] Socha, Hubert: Der Dienst der Pastoralreferenten und die eine geistliche Vollmacht, in: AfkKR 147 (1978), 377–405.

[63] Loretan, Adrian: Laien im pastoralen Dienst. Ein Amt in der kirchlichen Gesetzgebung: Pastoralassistent/-assistentin Pastoralreferent/-referentin, Freiburg Schweiz, 1994.

[64] Vgl. Anmerkung 59.

[65] Hallermann, Heribert: Kirchliche Ämter ohne sakramentale Grundlage? – Pastoral- und Gemeindereferenten, in: TrThZ 3, 1999, 200–219.

[66] Hallermann, Pastoralreferent, 165–167 (Anm. 47).

[67] Cattaneo, Arturo: Die Institutionalisierung pastoraler Dienste, in: AfkKR 165 (1996), 56–79.

[68] Von Batemberg, Friedrich Casutt: Der Rechtsstatus des Laien im katholischen Kirchenrecht, Zürich/Genf/Basel 2007.

[69] Althaus, Rüdiger: Rezension zu Von Batemberg, Friedrich Casutt: Der Rechtsstatus des Laien im katholischen Kirchenrecht, Zürich/Genf/Basel 2007, In: Güthoff, Elmar und Selge, Karl-Heinz: De processibus matrimonialibus, Bd. 14 (2007), 396–403.

Wegweisend hat sich Sabine Demel mit der Präambel der Rahmenstatuten von 2011 aus kirchenrechtlicher Perspektive in ihrem Aufsatz „Wahrt das Recht und sorgt für Gerechtigkeit“[70] auseinandergesetzt.

Katharina Renner beschäftigt sich in ihrer Dissertation „Pastoralreferenten – Das Schauspiel der Entstehung eines Amtes“[71] mit der Frage, wie ein sinnvoller Umgang mit der Herausforderung gelingen kann, dass es sich beim Beruf der Pastoralreferenten um kirchliche Amtsträger ohne Weihe handelt. Die Grundlage für ihre Arbeit ist eine Umfrage unter Pastoralreferenten im deutschsprachigen Raum[72], die aussagekräftige[73] Ergebnisse liefert. Darüber hinaus bildet ihr Aufsatz „PastoralreferentInnen als Zeichen für eine andere Kirche. Betrachtungen zu einem Beruf zwischen Laien und Klerus“[74] unabhängig vom fragwürdigen Titel einen wertvollen und diskussionswürdigen Beitrag im Blick auf das berufliche Selbstverständnis der Pastoralreferenten.

Die Habilitationsschrift von Thomas Meckel „Konzil und Codex. Zur Hermeneutik des Kirchenrechts am Beispiel der christifideles laici“[75] befasst sich in der Auseinandersetzung mit seiner Forschungsfrage neben diversen anderen Dokumenten auch ausführlich mit den Rahmenstatuten für Gemeinde- und Pastoralreferenten und arbeitet diesbezüglich wesentliche kirchenrechtliche Ergebnisse heraus.[76]

1.5 Forschungsfrage dieser Studie

In den Rahmenstatuten von 2011 betonen die Bischöfe, dass das Wirken von hauptberuflichen Laien, die in der Pastoral tätig sind, „einen wichtigen Teil des pastoralen Wirkens der Kirche in Deutschland“[77] ausmache. Die Bedeutung der Arbeit solcher sogenannter pastoraler Laienmitarbeiter ist der Ausgangspunkt, um näher nach den ekklesialen Ursprüngen und dem theologischen Ort ihres Berufes zu fragen. Darüber hinaus stellt besonders die kirchenrechtliche Einordnung solcher Laien, die in der Pastoral tätig sind, ein zentrales Element

70 Demel, Präambel, 78–100 (Anm. 39).
71 Renner, Katharina: PastoralreferentInnen - Das Schauspiel der Entstehung eines Amtes, Wien 2015.
72 Zulehner, Paul und Renner, Katharina: Ortssuche. Umfrage unter Pastoralreferentinnen und Pastoralreferenten im deutschsprachigen Raum, Ostfildern 2006.
73 Vgl. ebd., 14.
74 Renner, Katharina: PastoralreferentInnen als Zeichen für eine andere Kirche. Betrachtungen zu einem Beruf zwischen Laien und Klerus, in: ThPQ 1/2017, 65–75.
75 Meckel, Konzil und Codex (Anm. 42).
76 Vgl. ebd., 214–222.
77 Vgl. Rahmenstatuten 2011, in: DDB Nr. 96, 7.

dieser Arbeit dar. Für die nachfolgende Arbeit liegt der Fokus im Speziellen auf der Berufsgruppe der Pastoralreferenten. Dabei sollen etwaige theologische und kirchenrechtliche Entwicklungen in Bezug auf die Berufsgruppe der Pastoralreferenten seit der Veröffentlichung der neuen Rahmenstatuten von 2011 in den Blick genommen werden. Die Rahmenstatuten von 2011 für Pastoral- und Gemeindereferenten dienen dabei als Anlass und Ausgangspunkt dieser Studie.

Als Ziel dieser Arbeit wird angestrebt, die Forschungsfrage zu beantworten, ob und inwieweit die Rahmenstatuten von 2011 für Gemeinde- und Pastoralreferenten die bestehenden theologischen und kirchenrechtlichen Möglichkeiten für den Beruf des Pastoralreferenten rezipieren.

2. DER BERUF DES PASTORALREFERENTEN ALS FRUCHT DES ZWEITEN VATIKANISCHEN KONZILS

Der Beruf des Pastoralreferenten wird in der Theologischen Präambel der Rahmenstatuten von 2011 wie auch schon in den Vorgängerdokumenten sinngemäß als Frucht des Zweiten Vatikanischen Konzils[78] dargestellt. Dies ist selbstverständlich nicht so zu verstehen, dass das Konzil den Beruf in seiner konkreten Form, wie er etwa im Bereich der Deutschen Bischofskonferenz besteht, geschaffen hätte. Das Zweite Vatikanische Konzil kennt den Beruf des Pastoralreferenten im heutigen Sinne nicht. Daher ist jeglicher Versuch, den Pastoralreferenten in die konziliaren Texte hineinzuinterpretieren, von vornherein zum Scheitern verurteilt. In relevanten Aussagen konziliarer Dokumente wird vielmehr deutlich, dass grundlegende theologische Positionen des Konzils es möglich gemacht haben, dass auf dieser Basis in der Nachkonzilszeit, beispielsweise in deutschen Diözesen, eben jener Beruf des Pastoralreferenten entstanden ist: Laien, Frauen und Männer, die mit fundierter theologischer Bildung und mit einer kirchenamtlichen Sendung ausgestattet sind und in kirchlichen Aufgabenfeldern verantwortlich arbeiten.

Um die Forschungsfrage dieser Arbeit zu beantworten, gilt es in einem ersten Schritt eben jene theologischen Möglichkeiten herauszuarbeiten, die das Zweite Vatikanische Konzil im Blick auf den Beruf des Pastoralreferenten eröffnet hat.

Die Deutsche Bischofskonferenz führt in den Rahmenstatuten von 2011 aus, dass sich die „theologische Grundlage für einen hauptberuflichen Dienst von Laien in der Pastoral […] in zentralen Aussagen des Zweiten Vatikanischen Konzils"[79] findet. In diesen Statuten werden dann *die Mitwirkung aller Glieder des Gottesvolkes an der Heilssendung der Kirche*[80], danach das *Apostolat der Laien*[81] und schließlich *der hauptberufliche Dienst von Laien in der Pastoral*[82] als charakterisierende theologische Grundlagen benannt. Diese drei Aspekte sollen im nachfolgenden Teil der Arbeit daher näher untersucht werden. Die Untergliederungspunkte der Theologischen Präambel der Rahmenstatuten von 2011 „Die Mitwirkung aller Glieder des Gottesvolkes an der Heilsendung der Kirche"[83] und „Das Apostolat der Laien"[84] geben hierfür zunächst die Glie-

[78] Vgl. u. a. Rahmenstatuten 2011, in: DDB Nr. 96, 11–16 und Rahmenstatuten 1987, in: DDB Nr. 41, hier: 33 und 41. Vgl. analog auch Hallermann, Gemeindereferent(in) LKRO (Anm. 56).

[79] Rahmenstatuten 2011, in: DDB Nr. 96, 1., 11.

[80] Vgl. ebd., 1.1, 11.

[81] Vgl. ebd., 1.2, 13.

[82] Vgl. ebd., 1.3, 14.

[83] Vgl. ebd., 11.

[84] Vgl. ebd., 13.

derungsstruktur vor: In einem ersten Schritt sollen demnach die konziliaren Vorgaben über die Laien als Glieder des Volkes Gottes und als Sendungsträger untersucht werden. Danach soll in Bezug auf die Aufgabe und Sendung der Pastoralreferenten als hauptberufliche Laien in der Pastoral[85] das sendungstheologisch begründete Handeln von Laien im Namen der Kirche im Mittelpunkt der Betrachtungen stehen. Angesichts der fachlich-theologischen und weiteren prägenden Voraussetzungen[86] für den Beruf und das Berufsbild der Pastoralreferenten gilt es schließlich noch die besondere Qualifizierung von Laien durch theologische Bildung im Spiegel der konziliaren Dokumente zu betrachten.

Methodisch ist bei einem derartigen Vorgehen zu beachten, dass die Fragestellung vom Ergebnis des entstandenen Berufes der Pastoralreferenten her motiviert ist. Deshalb muss bei den Antworten die notwendige Offenheit gewahrt und die Antworten selbst müssen immer wieder auch kritisch hinterfragt werden.

Für die nachfolgende Untersuchung sind insbesondere die Konzilsdokumente „Lumen Gentium"[87] und „Apostolicam Actuositatem"[88] heranzuziehen, da sie vor allem dezidiert das ekklesiologische Selbstverständnis in Bezug auf die Laien und ihr Apostolat darlegen.

Das Konzil war daran interessiert, die kirchliche Lehre werbend in die aktuelle Zeit hinein zu übertragen. Es war nicht das vordringliche Anliegen, Glaubensirrtümer zu verurteilen.[89] Heribert Schmitz und Johannes Gehr weisen darauf hin, dass sich, dieser Erwartung zum Trotz, immer stärker eine antijuridische Grundhaltung einiger Konzilsväter im Verlauf des Konzils durchgesetzt hat, die sich gegen eine befürchtete Verrechtlichung von Glaube und Kirche wandte. [90] Dies zeigt sich unter anderem in der betont nicht rechtli-

85 Vgl. ebd., 14–16.

86 Vgl. ebd., 22–23.

87 Concilium Vaticanum Secundum, Constitutio dogmatica de Ecclesia „Lumen Gentium", in: AAS 57 (1965) 5–71. Lateinisch – deutscher Text in: LThK², Bd. 12, 156–347. Zur relevanten Textgeschichte von Lumen Gentium: Vgl. Meckel, Thomas: Von der Katholischen Aktion zum gemeinsamen Priestertum, der Beitrag der Laien für eine lebendige Kirche, in: Hallermann, Heribert; Meckel, Thomas; Pfannkuche, Sabrina; Pulte, Matthias (Hg.): Lebendige Kirche in neuen Strukturen. Herausforderungen und Chancen, Würzburger Theologie Bd. 11, Würzburg 2015, 81–107, hier: 86–89.

88 Concilium Vaticanum Secundum, Decretum de apostolatou laicorum „Apostolicam Actuositatem", in: AAS 58 (1966) 837–864. Lateinisch – deutscher Text in: LThK², Bd. 13, 602–701.

89 Vgl. Pesch, Otto-Hermann: Das Zweite Vatikanische Konzil, Vorgeschichte – Verlauf – Ergebnisse – Wirkungsgeschichte, Kevelaer ⁴2012, hier: 63–64. Vgl. auch Gehr, Josef: Die rechtliche Qualifikation der Beschlüsse des Zweiten Vatikanischen Konzil, in: Münchner Theologische Studien III, Kanonistische Abteilung, Bd. 51, St. Ottilien 1997, hier: 52 sowie Hallermann, Heribert: Die Vereinigungen im Verfassungsgefüge der lateinischen Kirche, Paderborn 1999, hier: 219.

90 Vgl. Schmitz, Heribert: Der Codex Iuris Canonici von 1983, in: Listl, Joseph; Müller, Hubert; Schmitz, Heribert (Hg.): HdbKathKR, Regensburg ¹1983, 33–57, hier: 36 sowie Gehr, Die

chen, sondern pastoralen Sprache der meisten Konzilsbeschlüsse.[91] Das Zweite Vatikanische Konzil ist als ökumenisches Konzil gemäß can. 228 § 1 CIC/1917 Träger höchster kirchlicher Vollmacht[92] und demzufolge in Gemeinschaft mit dem Papst höchster kirchlicher Gesetzgeber.[93] Daraus ergibt sich, dass dieses Konzil „allgemeine, aber die ganze Kirche verpflichtende Gesetze erlassen [kann], die entweder den Glauben oder die rechtliche Ordnung der Kirche betreffen."[94] Mit Gehr lässt sich weiter festhalten, dass dem Zweiten Vatikanischen Konzil unabhängig von der Bezeichnung als „pastorales Konzil"[95] theologische und rechtliche Verpflichtungskraft zugemessen werden kann.[96]

Die dogmatische Konstitution über die Kirche Lumen Gentium wird als *constitutio* bezeichnet und unterscheidet sich damit in der Bezeichnung von den Dekreten oder Deklarationen, die das Konzil ebenfalls verabschiedete. In Bezug auf die rechtliche Bedeutung von Dokumenten, die mit dem Begriff *constitutio* versehen sind, arbeitet Gehr heraus, dass darunter prinzipiell „päpstliche Entscheidungen verstanden werden, die allgemeine oder partikulare Gesetze, den Glauben oder die Sitten betreffen".[97] Außerdem können Konstitutionen wichtige Angelegenheiten der Universalkirche oder einer Ortskirche beschreiben.[98] Beim Zweiten Vatikanischen Konzil wird der Begriff *constitutio* qualifizierend für Dokumente vergeben, die als *besonders lehrhaft* oder als von *besonderer Bedeutung* eingestuft wurden.[99] Bei der constitutio Lumen Gentium handelt es sich gemäß den Aussagen mehrerer Konzilsväter um das „eigentliche Zentrum"[100] beziehungsweise das „Herz des Konzils"[101], da es letztlich das fundamentale Dokument ist, aus dem heraus fast alle anderen

rechtliche Qualifikation der Beschlüsse des Zweiten Vatikanischen Konzils, 84–88 (Anm. 89). Vgl. weiter Hallermann, Vereinigungen im Verfassungsgefüge, 220 (Anm. 89). Meckel, Konzil und Codex, 112 (Anm. 42), sieht diese antijuridische Atmosphäre in der verrechtlichten und triumphalistischen Societas-Perfekta-Ekklesiologie begründet.

91 Vgl. Schmitz, Heribert: Der Codex Iuris Canonici von 1983, 36 (Anm. 90). Vgl. zudem Gehr, Die rechtliche Qualifikation der Beschlüsse des Zweiten Vatikanischen Konzils, 84–88 (Anm. 89) sowie Hallermann, Vereinigungen im Verfassungsgefüge, 220 (Anm. 89).

92 Can. 228 § 1 CIC/1917: „Concilium Oecumenicum suprema pollet in universam Ecclesiam potestate".

93 Vgl. Can. 228 § 1 CIC/1917 i.V.m. can. 227 CIC/1917.

94 Hallermann, Vereinigungen im Verfassungsgefüge, 220 (Anm. 89). Vgl. auch Gehr, Die rechtliche Qualifikation der Beschlüsse des Zweiten Vatikanischen Konzils, 89 (Anm. 89).

95 Vgl. bspw. Hünermann, Peter: Der Text: Werden – Gestalt – Bedeutung. Eine hermeneutische Reflexion, in: Herders Theologischer Kommentar zum Zweiten Vatikanischen Konzil, Bd. 5, Freiburg 2006, 7–96, hier: 22–23.

96 Vgl. Gehr, Die rechtliche Qualifikation der Beschlüsse des Zweiten Vatikanischen Konzils, 243–248 (Anm. 89).

97 Ebd., 97.

98 Vgl. ebd., 97.

99 Vgl. ebd., 102.

100 Ebd., 103.

101 Ebd., 103.

Konzilsdokumente zu interpretieren sind.[102] Dazu bildet das Dekret über das Laienapostolat Apostolicam Actuositatem eine wertvolle Ergänzung. So sieht Klaus Mörsdorf darin etwa schon früh eine konziliare „,Magna Charta' für die gesamte apostolische Arbeit der Laien."[103] Dennoch sind die Aussagen des Laiendekretes immer aus der Perspektive von Lumen Gentium zu interpretieren.[104] Die Kirchenkonstitution fungiert dabei aufgrund des darin geäußerten Selbstverständnisses als hermeneutischer Schlüssel, aus dem heraus nicht nur das Laiendekret, sondern sämtliche konziliaren Texte zu interpretieren sind.[105]

2.1 Die Laien als Glieder des Volkes Gottes und als Sendungsträger

Die Rahmenstatuten von 2011 verweisen unter der Überschrift *Das Apostolat der Laien* zunächst auf die Kirchenkonstitution, wenn es dort heißt: „Als Christgläubige sind sie [die Laien] durch die Taufe Christus einverleibt, zum Volk Gottes gemacht und des priesterlichen, prophetischen und königlichen Amtes Christi auf ihre Weise teilhaftig, [sie üben] zu ihrem Teil die Sendung des ganzen christlichen Volkes in der Kirche und in der Welt aus."[106] Daran anknüpfend gilt es zunächst zu klären, was das Konzil unter dem Begriff *Kirche* und unter dem Begriff *Laien* sowie unter der Bezeichnung *Sendung der Kirche* versteht. Im Rückgriff auf die entsprechenden vorkonziliaren Bedeutungen und Entsprechungen soll schließlich geklärt werden, worin diese neuen konziliaren, theologischen Impulse bestehen, auf deren Grundlage später der Beruf des Pastoralreferenten entstanden ist und auf die dieser sich gemäß den Rahmenstatuten gründet. Darüber hinaus ist herauszustellen, welche konziliaren, theologischen Grundlagen nicht oder nur unzureichend im Rahmen der Statuten für Pastoral- und Gemeindereferenten von 2011 rezipiert wurden.

102 Vgl. ebd., 104. Vgl. auch Jedin, Hubert: Das Zweite Vatikanische Konzil, in: Jedin, Hubert: Handbuch der Kirchengeschichte, Bd. 7, Freiburg 1979, 97–151, hier: 135 sowie Sacrae diciplinae leges, XIX. Vgl. außerdem dazu auch Meckel, Konzil und Codex, 42–80 (Anm. 42).

103 Mörsdorf, Klaus: Die Zusammenarbeit von Priestern und Laien in ekklesiologisch-kanonistischer Sicht, in: Gehrig, Helmut (Hg.): Grundfragen der Zusammenarbeit von Priestern und Laien, Freiburg 1968, 13–26, hier: 14.

104 Vgl. Meckel, Konzil und Codex, 137–147 (Anm. 42).

105 Vgl. bspw. Pesch, Das Zweite Vatikanische Konzil, 206 (Anm. 89).

106 Rahmenstatuten 2011, in: DDB Nr. 96, 1.2.1, 13. Vgl. auch LG 31,1.

2.1.1 Der konziliare Begriff Kirche

„Kirche ist also wesentlich communio"[107] – mit dieser zusammenfassenden Aussage über LG 1,1[108] beginnen die neuen Rahmenstatuten von 2011 ihre theologischen Ausführungen in der Präambel. Um das Konzil und seine Theologie einordnen zu können, ist es daher zunächst notwendig, die konziliare Ekklesiologie zu untersuchen. Dabei wird vor allem die dogmatische Kirchenkonstitution Lumen Gentium als theologische Quelle herangezogen. Dieses Dokument dient als Grundlage für die weiteren Ausführungen, da hier die Kirche[109] ihr konstitutives Selbstverständnis darlegt. Um die konziliaren Ergebnisse einzuordnen, bedarf es zudem noch einer Betrachtung der vorkonziliaren Ausgangslage.

2.1.1.1 Das Verständnis des Konzils von der Kirche

In der dogmatischen Kirchenkonstitution Lumen Gentium werden drei wichtige ekklesiologisch beschreibende Selbstaussagen getroffen. Die ersten drei Kapitel der Kirchenkonstitution geben diese wesentlichen Positionen des kirchlichen Selbstverständnisses wieder.[110] So wird die Kirche zunächst als *Mysterium*[111] beziehungsweise als „realitas complexa"[112] bezeichnet. Die zentrale Position wird im zweiten Kapitel im grundlegenden Bild von der *Kirche als Volk Gottes* dargestellt,[113] das aus unterschiedlichen Gliedern besteht. Im dritten Kapitel wird dann vor allem die hierarchische Verfasstheit der Kirche herausgearbeitet.[114] Bei diesen beschreibenden Selbstaussagen handelt es sich nicht um trennscharf abgegrenzte, sondern um einander ergänzende Aspekte.

[107] Rahmenstatuten 2011, in: DDB Nr. 96, 1.1.1, 11.

[108] LG 1,1: „Cum autem Ecclesia sit in Christo veluti sacramentum seu signum et instrumentum intimae cum Deo unionis totiusque generis humani unitatis, naturam missionemque suam universalem, praecedentium Conciliorum argumento instans, pressius fidelibus suis et mundo universo declarare intendit."

[109] Im Nachfolgenden ist unter dem Begriff *Kirche* in der Regel die katholische Kirche zu verstehen. Dabei ist im Sinne des Konzils von LG 8,2 immer mit zu bedenken, dass ecclesia in erster Linie die Kirche Jesu Christi meint, die in der katholischen Kirche verwirklicht ist (subsistit in).

[110] Selbstverständlich bilden auch die weiteren Kapitel von Lumen Gentium noch wertvolle Aspekte des kirchlichen Selbstverständnisses, allerdings können diese in den ersten drei Kapiteln subsumiert werden.

[111] Vgl. bspw. LG 3,1; 5,1; 8,1.

[112] LG 8,1. Vgl. auch Meckel, Thomas: Art. Communio – Katholisch, in: LKRO, https://dx.doi.org/10.30965/9783506786371_0393, Zugriff: 20.03.2020.

[113] Vgl. bspw. LG 9,1; 10,2; 12,1; 21,1.

[114] Vgl. LG 18–29.

2.1.1.1.1 Die Kirche als Mysterium

Zunächst also wird die Kirche als *Mysterium* bezeichnet. Im ersten Kapitel der Kirchenkonstitution, das den Titel *De Ecclesiae Mysterio* trägt, wird dieser Aspekt besonders entfaltet. So wird Kirche dort in einen heilsgeschichtlichen Kontext eingeordnet. Kirche ist demnach die, welche schon von Anbeginn der Welt vorausgedeutet worden war, dann durch das Volk Israel im Alten Bund vorbereitet und schließlich durch die Ausgießung des Heiligen Geistes geoffenbart wurde, ehe sie am Ende der Welt in Herrlichkeit vollendet werden wird.[115] Mit Verweis auf Papst Gregor den Großen wird ein Bild von der Kirche als Kirche aller Gerechten von Abel bis zum letzten Erwählten betont.[116] Der Begriff *Mysterium* wird schließlich in Artikel 3 auf das von Jesus verheißene und in der Kirche schon gegenwärtige Reich Gottes bezogen.[117] Der Titel *De Ecclesiae Mysterio* war bei den Konzilsvätern mitunter sehr umstritten, da man befürchtete, dass die sichtbare Realität von Kirche vollkommen hinter dem Begriff Mysterium verschwinden könne.[118] Infolgedessen sollte schließlich durch einen biblisch-patristischen Begriff, der sowohl die sichtbare als auch die unsichtbare, die innere wie die äußere Wirklichkeit umfasst[119], die Wendung *Mysterium der Kirche* zu einer volleren „Schau der ‚komplexen' Wirklichkeit der Kirche als bisher"[120] beitragen. Als solche biblisch-patristischen Bilder werden unter anderem das Bild des Schafstalls mit Christus als einziger und notwendiger Tür[121], das Bild von der Kirche als Pflanzung auf Gottes Acker mit Christus als wahrem Weinstock[122], das Bild der Kirche als Bauwerk mit Christus als Urgrund und den Aposteln als Fundament, in dem die Familie Gottes wohnt[123], und das Bild von der Kirche als makellose Braut des makellosen Lammes, Jesus Christus, beschrieben.[124] Das Herausstellen der unsichtbaren Dimension von Kirche als Mysterium kann zudem auch als inhaltliches Gegenstück zu der damals vorherrschenden Societas-Perfecta-Ekklesiologie verstanden werden, die ausschließlich die Sichtbarkeit der Kirche betont.[125]

115 Vgl. LG 2,1.
116 Vgl. LG 2,1.
117 Vgl. LG 3,1; LG 5,1 und LG 5,2.
118 Vgl. Grillmeier, Aloys: Art. Kommentar zum Ersten Kapitel von „Lumen Gentium", in: LThK², Bd. 12, 157–176, hier: 156.
119 Vgl. Hünermann, Peter: Theologischer Kommentar zur dogmatischen Konstitution über die Kirche „Lumen Gentium", in: Herders Theologischer Kommentar zum Zweiten Vatikanischen Konzil, Bd. 2, Freiburg 2004, 263–582, hier: 355–356.
120 Grillmeier, Kommentar I, 156 (Anm. 118).
121 Vgl. LG 6,2.
122 Vgl. LG 6,3.
123 Vgl. LG 6,4.
124 Vgl. LG 6,5.
125 Vgl. Meckel, Konzil und Codex, 115 (Anm. 42) sowie Pesch, Das Zweite Vatikanische Konzil, 161–173 (Anm. 89).

Unter den Begriff von der *Kirche als Mysterium* fällt auch die Bezeichnung der *Kirche als Sakrament*.[126] Aloys Grillmeier betont in Bezug auf dieses kirchliche Selbstverständnis, dass es in diesem Zusammenhang zwar im Text keine Definition von *Sakrament* gebe, hier aber ein enger kirchlicher Sprachgebrauch gemeint sein müsse, wonach Sakrament immer ein von Christus eingesetztes Zeichen sei, das eine verborgene Gnade anzeige und diese in ganzem Umfang bewirke.[127] Von der Kirche als Sakrament zu sprechen ist insofern herausfordernd, als dass Sakramente gemäß der Sakramentenlehre stets das bewirken, was sie bezeichnen. Dem entsprechend ist gemäß LG 1,1 die Kirche als Sakrament ein Zeichen oder Realsymbol für die innigste Vereinigung mit Gott und für die Einheit der ganzen Menschheit. In der konziliaren Formulierung, dass Kirche als komplexe Wirklichkeit, die aus menschlichen und göttlichen Elementen zusammenwächst, in einer nicht unbedeutenden Analogie dem Mysterium des fleischgewordenen Wortes ähnlich[128] ist, gründet ein weiteres Indiz für die Sakramentalität der Kirche.[129] Daraus ergibt sich für Grillmeier, dass die Kirche, indem sie analoghaft göttliches und menschliches Element verbindet, als Vergleichsbasis für diese beiden Elemente fungiert.[130] Durch die Sakramentalität der Kirche können diese beiden Spannungspole nebeneinander stehen bleiben. Die Kirche ist somit immer auch in diesem Spannungsfeld zwischen sichtbarer, weltlicher Wirklichkeit und transzendentalem, unsichtbarem Heilsgeheimnis anzusiedeln.[131] Karl Rahner beschreibt dazu treffend, dass die Kirche gleichsam als das Grundsakrament angesehen werden muss, dem das Ursakrament Jesus Christus zu Grunde liegt.[132]

Darüber hinaus wird schon zu Beginn der Kirchenkonstitution, im vierten Artikel, der Bogen zwischen strukturierender und geistgewollter Hierarchie sowie impulsgebender Charismenorientierung aufgezeigt, in dem sich Kirche befindet. So ist Kirche eine Gemeinschaft, die verbunden durch den Heiligen Geist geeint ist.[133] Diese Gemeinschaft ist hierarchisch strukturiert und be-

[126] LG 1,1: „Cum autem Ecclesia sit in Christo veluti sacramentum seu signum et instrumentum intimae cum Deo unionis totiusque generis humani unitatis, naturam missionemque suam universalem, praecedentium Conciliorum argumento instans, pressius fidelibus suis et mundo universo declarare intendit".

[127] Vgl. Grillmeier, Kommentar I, 157 (Anm. 118).

[128] Vgl. LG 8,1: „Societas autem organis hierarchicis instructa et mysticum Christi Corpus, coetus adspectabilis et communitas spiritualis, Ecclesia terrestris et Ecclesia coelestibus bonis ditata, non ut duae res considerandae sunt, sed unam realitatem complexam efformant, quae humano et divino coalescit elemento. Ideo ob non mediocrem analogiam incarnati Verbi mysterio assimilatur".

[129] Vgl. Grillmeier, Kommentar I, 171 (Anm. 118).

[130] Vgl. ebd., 172–173.

[131] Vgl. bspw. LG 8,3; 8,4.

[132] Vgl. Rahner, Karl: Was ist ein Sakrament? in: Jüngel, Eberhard; Rahner, Karl: Was ist ein Sakrament?, Vorstöße zur Verständigung, Freiburg im Breisgau 1971, 67–85, hier: 75.

[133] Vgl. LG 4,1.

schenkt durch diverse charismatische Gaben, die es im Sinne des Evangeliums zu nutzen gilt.[134]

In LG 7 wird mit Verweis auf den ersten Korintherbrief besonders der Aspekt der Kirche als Teil des Leibes Christi ausgeführt und in Bezug zum Bild der Kirche als Mysterium gesetzt.[135] Dieser Gedanke, dass Christus den Kopf dieses Leibes darstellt[136], wird weiter entfaltet. Durch den Heiligen Geist, der allen innewohnt[137], sollen alle Glieder ihm gleichgestaltet werden.[138] Auch wenn diese Bild vom Leib Christi vom Konzil aufgegriffen wird, hat es innerhalb der Kirchenkonstitution nicht mehr den Stellenwert als oberstes Strukturprinzip der Kirche, den es vorkonziliar hatte.[139] Dies wird im nachfolgenden Kapitel über die Kirche als Volk Gottes aufgezeigt.

In den Rahmenstatuten wird die Aussage von LG 1,1 von der Kirche als Sakrament als zentrale konziliare Aussage zum Kirchenbild an den Anfang der theologischen Ausführungen gestellt.[140] Die Bezeichnung der Kirche als Sakrament findet sich auch in der Theologischen Präambel der Rahmenstatuten für Pastoral- und Gemeindereferenten wieder, ohne dass sie dort näher ausgeführt wird.[141] Ebenfalls wird dort das Bild vom Leib Christi aufgegriffen und mit Blick auf die Einheit in Verschiedenheit der unterschiedlichen kirchlichen Gliedgruppen gedeutet.[142] Das eher abstrakte Kirchenbild der Kirche als Mysterium taucht in den Rahmenstatuten von 2011 ebenso wenig auf wie die anderen konziliaren Bildbegriffe von Kirche.

2.1.1.1.2 Die Kirche als Volk Gottes

Im zweiten Kapitel von Lumen Gentium wird die ekklesiologisch zentrale Position des Konzils entfaltet: Die Kirche als Volk Gottes. Schon in der Tatsache, dass in der endgültigen Fassung der Kirchenkonstitution den Kapiteln über die Hierarchie und über die Laien ein eigenes Kapitel über das Volk Gottes vorangestellt wird, zeigt eine eindeutige Symbolik, die darin besteht,

[134] Vgl. ebd.
[135] Vgl. LG 7,1.
[136] Vgl. LG 7,3.
[137] Vgl. LG 7,6.
[138] Vgl. LG 7,4
[139] Vgl. Schmitz, Heribert: Die Gesetzessystematik des Codex Iuris Canonici Liber I-III, in: Münchner Theologische Studien III, Kanonistische Abteilung, Band 18, München 1963, hier: 35. Vgl. in diesem Sinne Mörsdorf, Klaus: Art. Kirchenverfassung, in: LThK², Bd. 6, 274–277, hier: 275 sowie Schmaus, Michael: Katholische Dogmatik, Bd. 3/1, München 1958, hier: 288–290.
[140] Vgl. Rahmenstatuten 2011, in: DDB Nr. 96, 1.1.1, 11.
[141] Vgl. ebd., 1., 11.
[142] Vgl. ebd., 1.1.2, 11–12.

dass „Kleriker und Laien zusammen das Volk Gottes sind“.[143] Die Idee und der Begriff des *Populus Dei* gehen dabei auf das Neue Testament (z. B. 1 Petr 2,10) und auf die Patristik zurück.[144] Von daher stellt der Verweis auf die Volk-Gottes-Ekklesiologie als solche keine Neuerung dar, die das Konzil geschaffen hat. Bedeutsam ist jedoch, dass diese Metapher vom Volk Gottes die bis dahin vorherrschende Kirchen-Metapher vom Leib Christi[145] weitgehend ablöst oder zumindest grundsätzlich ergänzt.[146] In der Betonung der gemeinsamen Grundlage aller Gläubigen in der Taufe hat das Konzil in seiner Ekklesiologie einen inhaltlichen Perspektivwechsel erster Güte vollzogen.[147] Damit wurde nicht nur der Austausch eines Bildes gegen ein anderes vollzogen, vielmehr wurden durch die Rede von der Kirche als Volk Gottes zentrale und richtungsweisende ekklesiologische Veränderungen angestoßen.[148]

Das Konzil stellt dabei heraus, dass der Begriff des *Volkes Gottes* auf die Erwählung des Volkes Israel durch Gott als ein Eigenvolk zurückgeht.[149] Den Konzilsvätern ist es ein Anliegen, diese Verbindung deutlich zu machen. Voller Wertschätzung wird das Volk Israel als „Vorbereitung und Vorausbild jenes neuen und vollkommenen Bundes“[150] bezeichnet. So ist beim theologischen Gedanken von der Kirche als auserwähltes Gottesvolk die Rückbindung an das auserwählte Volk Israel ein erster grundlegender Impuls. Grillmeier warnt allerdings in diesem Kontext davor, den Volk-Gottes-Gedanken so einseitig auszulegen, dass die neutestamentlichen Ausführungen zur Kirche im alttestamentlichen Gehalt von Volk Gottes untergehen.[151]

143 Kaiser, Matthäus: § 16 Die rechtliche Grundstellung der Christgläubigen, In: Listl, Joseph; Müller, Hubert; Schmitz, Heribert (Hg.): HdbKathKR, Regensburg [1]1983, 171–184, hier: 172. Vgl. auch Meckel, Thomas: Art. Allgemeines bzw. Gemeinsames Priestertum – Katholisch, in: LKRO, https://dx.doi.org/10.30965/9783506786371_0079, Zugriff: 20.03.2020.

144 Vgl. Witsch, Norbert: Art. Volk Gottes, in: LKStKR, Bd. 3, 840–842, hier: 841. Vgl. bspw. auch Offb 1,6 und 5, 10.

145 Vgl. P. Pius XII., Encyclica „Mystici Corporis Christi“, in: AAS 35 (1943), 193–248. Vgl. dazu auch LG 7.

146 Vgl. Grillmeier, Aloys: Art. Kommentar zum Zweiten Kapitel von „Lumen Gentium“, in: LThK[2], Bd. 12, 176–209, hier: 177.

147 Vgl. Meckel, Konzil und Codex, 113 und 116 (Anm. 42).

148 Vgl. Grillmeier, Kommentar II, 176–178 (Anm. 146). Grillmeier, Kommentar II, 176–178 (Anm. 146) stellt in seinem Kommentar zum Kapitel über das Volk Gottes zudem die unterschiedlichen theologischen Positionen zum theologischen Begriff des *Volkes Gottes* zusammen. Vgl. auch Meckel, Konzil und Codex, 109. Im Folgenden stellt Meckel, Konzil und Codex 110–114 (Anm. 42), auch den Weg und das Ringen der Konzilsväter dar hin zu dieser neuen ekklesiologischen Grundperspektive des Volkes Gottes. Vgl. außerdem Meckel, Communio LKRO (Anm. 112).

149 Vgl. LG 9,1.

150 Ebd.: „Haec tamen omnia in praeparationem et figuram contigerunt foederis illius novi et perfecti, in Christo feriendi, et plenioris revelationis per Ipsum Dei Verbum carnem factum tradendae“.

151 Grillmeier, Kommentar II, 178 (Anm. 146).

Kirche als Volk Gottes umfasst darüber hinaus weitere wesentliche theologische Elemente. So wird in LG 10 und LG 11 besonders der Aspekt der Teilhabe aller Glieder des Gottesvolkes am Priestertum Jesu entfaltet. Dort wird betont, dass alle „Getauften zu einem geistigen Bau und einem heiligen Priestertum geweiht“[152] sind. Dieses „heilige und organisch verfasste Wesen dieser priesterlichen Gemeinschaft“[153] wird durch ein tugendhaftes Leben und insbesondere in je unterschiedlicher Form durch die Sakramente der Firmung[154], der Eucharistie[155], der Buße[156] und der Ehe[157] sichtbar. Diese Theologie vom gemeinsamen Priestertum aller Getauften gilt es daher in den nachfolgenden Ausführungen in Bezug auf die Fragestellung nach den theologischen Vorgaben für den Beruf des Pastoralreferenten noch ausführlicher zu untersuchen. Die Theologie vom Volk Gottes umfasst aus Sicht des Konzils auch ausdrücklich die Beteiligung aller Glieder dieses Volkes Gottes an den drei munera Jesu Christi: dem munus sacerdotale[158], dem munus regendi[159] und dem munus propheticum.[160] Durch die Charismen, die jedem einzelnen durch den Heiligen Geist geschenkt sind, ist jedes Glied des Gottesvolkes „für die Erneuerung und den vollen Aufbau der Kirche“[161] mitverantwortlich.

Ein weiterer wesentlicher Aspekt, den das Konzil über das Volk Gottes entfaltet, ist die darin gründende Kirchenzugehörigkeit. So wird zunächst grundlegend ausgesagt, dass zu diesem neuen Volk Gottes alle Menschen berufen sind.[162] Ausführlich wird dargelegt, dass trotz und gerade in ihrer Verschiedenheit alle „zur Fülle in der Einheit zusammenwirken“[163] sollen.[164] Vertiefend wendet sich das Konzil dann zunächst an die katholischen Gläubigen[165] und betont, dass die „pilgernde Kirche zum Heile notwendig sei“.[166] Danach wird deutlich, dass sich die Kirche auch in abgestufter Form mit allen

152 LG 10,1. Vgl. hierzu auch Hilberath, Bernd Jochen: Das Verhältnis von gemeinsamen und amtlichen Priestertum in der Perspektive von Lumen Gentium 10, in: TrThZ 94 (1985), 311–326. Meckel, Gemeinsames Priestertum LKRO, erkennt im gemeinsamen Priestertum aller Getauften das maßgebliche „ekklesiologisch konstitutive Prinzip“ des Konzils.

153 LG 11,1.

154 Vgl. ebd.

155 Vgl. ebd.

156 Vgl. LG 11,2.

157 Vgl. ebd.

158 Vgl. LG 11.

159 Vgl. LG 13.

160 Vgl. LG 12.

161 LG 12,2. Vgl. auch Meckel, Thomas: Art. Apostolat – Katholisch, in: LKRO, https://dx.doi.org/10.30965/9783506786371_0148, Zugriff: 20.03.2020.

162 Vgl. LG 13,1 und LG 13,4.

163 LG 13,3.

164 Vgl. LG 13,2 und LG 13,3.

165 Vgl. LG 14.

166 LG 14,1.

nichtkatholischen Christen verbunden weiß.[167] Schließlich wird noch verdeutlicht, dass auch jene „die das Evangelium noch nicht empfangen haben, [...] auf das Gottesvolk in verschiedenen Weisen hingeordnet“[168] sind.

Grundsätzlich geht mit dieser Theologie vom Volk Gottes auch der Begriff der *Communio* einher.[169] In Bezug auf die konziliare Sicht auf den christlichen Laien hält Thomas Meckel fest, dass die Perspektive der Communio fidelium und damit des Volkes Gottes als Gemeinschaft aller Gläubigen die ekklesiologische Grundperspektive ist, in der sich die Frage nach dem Laien nun neu stellt und beantworten lässt.[170]

Das Bild von der Kirche als Volk Gottes taucht in den Rahmenstatuten von 2011 in der Überschrift „Die Mitwirkung aller Glieder des Gottesvolkes an der Heilsendung der Kirche“[171] auf. Nachfolgend wird dort jedoch weniger das Bild von der Kirche als Volk Gottes, sondern vor allem das Kirchenbild des Leibes Christi aufgegriffen und entfaltet. Zudem wird Volk Gottes defizitär als das Gegenüber zu den geweihten Amtsträgern dargestellt, an dem es einen besonderen Dienst auszuüben gilt.[172] Dennoch wird in der Präambel mit Verweis auf LG 31 betont, dass die Laien durch die Taufe ins Volk Gottes eingegliedert werden.[173] Außerdem wird sowohl dort als auch in den eigentlichen Rahmenordnungen jeweils von Gemeinde- als auch von Pastoralreferenten klar ausgesagt, dass auch sie als Laien „durch die Teilnahme des ganzen Gottesvolkes am dreifachen Amt Jesu Christi“[174] auf der Basis des Zweiten Vatikanischen Konzils Sendungsträger sind.[175]

167 Vgl. LG 15,1.
168 LG 16,1.
169 Vgl. Müller, Gerhard-Ludwig: Katholische Dogmatik, Freiburg ²2005, 579.
170 Vgl. Meckel, Konzil und Codex, 115 (Anm. 42) und ders., Communio LKRO (Anm. 112). Vgl. auch Riedel-Spangenberger, Ilona: Art. Communio, in: LKStKR, Bd. 1, 355–357 sowie Saier, Oskar: Communio in der Lehre des Zweiten Vatikanischen Konzils. Eine rechtsbegriffliche Untersuchung, in: Müncher Theologische Studien III, Kanonistische Abteilung 32, München 1973. Vgl. ebenfalls Müller, Hubert: Kirchliche Communio und Strukturen der Mitverantwortung in der Kirche. Vom Zweiten Vatikanischen Konzil zum Codex Iuris Canonici, in: AfkKR 159 (1990), 118–124 sowie Hallermann, Heribert: Art. Communitatis fidelium, in: LKStKR, Bd. 1, 357–359 und ders.: Art. Gemeinde – Katholisch, in: LKRO, https://dx.doi.org/10.30965/9783506786388_0134, Zugriff: 20.03.2020. Meckel, Communio LKRO (Anm. 112), verweist in diesem Kontext darauf, dass Communio eben nicht nur mit Gemeinschaft, sondern auch mit Teilhabe übersetzt werden kann: Dementsprechend beschreibt Communio die „Gemeinschaft und Teilhabe der Gläubigen an Gott und den Heilsgütern (communio sanctorum) und zugleich die Gemeinschaft und Teilhabe innerhalb der Kirche.”
171 Rahmenstatuten 2011, in: DDB Nr. 96, 1.1, 11.
172 Vgl. ebd., 1.1.4, 12.
173 Vgl. ebd., 1.2.1, 13.
174 Ebd., 31 und 62.
175 Vgl. ebd., 31 und 62.

2.1.1.1.3 Die Kirche als Hierarchie

Ein weiterer ekklesiologisch bedeutsamer Aspekt der Kirchenkonstitution wird im dritten Kapitel beschrieben. Dort betonen die Konzilsväter die hierarchische Verfasstheit der Kirche, insbesondere mit Blick auf das Bischofsamt. Entscheidend hierbei ist die Interpretationsweise durch die vorangegangenen Ausführungen über die Kirche als Volk Gottes. Erst aus der Perspektive heraus, dass alle Glieder der Kirche Teil des Volkes Gottes mit je eigener Würde und eigenem Sendungsauftrag sind, erschließen sich die Ausführungen zur kirchlichen Hierarchie.

So wollen die Konzilsväter die Kirche nicht als starres Konstrukt, sondern als etwas Vitales beschreiben. Folgerichtig wird die Kirche nun nicht mehr als vollkommene Gesellschaft bezeichnet und sie definiert sich auch nicht mehr als ein Gegenüber zum Staat.[176] Der bis zum Konzil vorherrschende Begriff von der *Kirche als societas perfecta* beziehungsweise als *societas inaequalis* wird zu Gunsten anderer Bezeichnungen wie der Rede von der *Kirche als populus Dei* de facto aufgegeben.[177] Der Begriff *societas* taucht in Lumen Gentium dennoch vergleichsweise häufig auf.[178] Oftmals ist dabei aber weniger von einem kirchlichen Selbstverständnis als societas sui generis, sondern schlicht von der societas als Gesellschaft und insofern von der sichtbaren Seite der Kirche die Rede.[179] Die Konzilsväter nutzen den Begriff *societas* in einem kirchenbeschreibenden Sinn nur an drei Stellen der Kirchenkonstitution.[180] Dabei wird an diesen Stellen der Aspekt der Kirche als hierarchisch verfasste Gesellschaft betont.[181] Auch wenn einige Autoren die Position vertreten, dass die Ekklesiologie des Zweiten Vatikanischen Konzils durchaus eine Fortschreibung der Societas-Lehre darstellt,[182] wird vor allem in der Terminologie und der grund-

176 Vgl. Schwarz, Stephan: Art. Societas perfecta, in: LKStKR, Bd. 3, 557–561, hier: 559.

177 Vgl. u. a. Hallermann, Heribert: Art. Gleichheit aller Gläubigen – Katholisch, in: LKStKR, Bd. 2, 159–161, hier: 159. Vgl. auch Meckel, Gemeinsames Priestertum LKRO (Anm. 152).

178 Vgl. LG 8,1; 8,2; 11,2; 14,2; 20,1; 23,3; 36,2; 36,4; 40,2; 41,5.

179 Vgl. bspw. LG 11,2; 14,2; 23,3; 36,2.

180 Vgl. LG 8,1: „Societas autem organis hierarchicis instructa et mysticum Christi Corpus, coetus adspectabilis et communitas spiritualis, Ecclesia terrestris et Ecclesia coelestibus bonis ditata, non ut duae res considerandae sunt, sed unam realitatem complexam efformant, quae humano et divino coalescit elemento." Vgl. dazu auch LG 8,2: „Haec Ecclesia, in hoc mundo ut societas constituta et ordinata, subsistit in Ecclesia catholica, a successore Petri et Episcopis in eius communione gubernata, licet extra eius compaginem elementa plura sanctificationis et veritatis inveniantur, quae ut dona Ecclesiae Christi propria, ad unitatem catholicam impellunt." Vgl. außerdem LG 20,1: „Quapropter Apostoli, in hac societate hierarchice ordinata, de instituendis successoribus curam egerunt".

181 Vgl. LG 8,1; 8,2; 20,1.

182 Vgl. Listl, Joseph: Kirche und Staat in der neueren katholischen Kirchenrechtswissenschaft, Berlin 1978. Vgl. auch Bier, Georg; Lüdecke, Norbert: Das römisch-katholische Kirchenrecht. Eine Einführung, Stuttgart 2012, hier: 37–41.

sätzlichen ekklesialen Neuorientierung der Kirchenkonstitution deutlich, dass das Modell der societas perfecta mit dem Konzil überholt ist.

Da für die Beantwortung der Frage nach der konziliaren theologischen Grundlage für den Beruf des Pastoralreferenten die konziliaren Ausführungen zur Hierarchie nur bedingt relevant sind, sollen an dieser Stelle nur kurz wesentliche Elemente aufgeführt werden.

So werden die „Amtsträger, die mit heiliger Vollmacht ausgestattet sind“[183] gleich zu Beginn des dritten Kapitels entscheidend charakterisiert. Dort wird herausgestellt, dass sie im Dienst aller Glieder der Kirche stehen und zum „Wohl des ganzen Leibes“[184] das Gottes Volk weiden und lehren sollen.[185] Weiter wird deutlich, dass sie zwar mit Vollmacht ausgestattet sind, diese Vollmacht aber im Sinne des Dienstes am Volk Gottes zu verstehen ist. Besonders in Bezug auf die Verhältnisbestimmung von Klerikern und Laien wird herausgestellt, dass das besondere Priestertum integraler Bestanteil des gemeinsamen Priestertums aller Getauften ist, an dem es seinen Dienst verrichten soll.[186] Meckel ergänzt dazu, dass es sich bei der Zuordnung von gemeinsamem und besonderem Priestertum nicht nur um eine äußere, sondern auch um eine innere Zuordnung handelt, da alle Geweihten stets und lebenslang Glieder des gemeinsamen Priestertums bleiben.[187] Weiter führt er aus, dass die Kirchenkonstitution bewusst herausgestellt hat, dass es sich beim besonderen Priestertum nicht um eine graduelle Steigerung des gemeinsamen Priestertums, sondern um eine wesentlich andere Teilhabe am Priestertum Jesu Christi handelt.[188] Grundsätzlich wird auch die hierarchische Verfasstheit der Kirche immer wieder rückgebunden an die göttliche Sendung Jesu Christi[189] und das Fundament der Apostel.[190] Dies verdeutlichen die Konzilsväter, wenn sie die sakramentale Begründung des Bischofsamtes in Artikel 21 weiter ausführen.[191] Neuartige theologische Impulse bringen die anschließenden Ausführung über

183 LG 18,1.
184 Ebd.
185 Vgl. ebd.
186 Vgl. Concilium Vaticanum Secundum, Decretum de Presbyterorum ministerio et vita „Presbyterorum Ordinis“, in: AAS 58 (1966) 991–1024. Lateinisch – deutscher Text in: LThK², Bd. 14, 142–239, hier: 9,1 und 9,2. Vgl. auch Meckel, Konzil und Codex, 125 (Anm. 42) sowie Riedel-Spangenberger, Ilona: Sendung in der Kirche. Die Entwicklung des Begriffes „missio canonica“ und seine Bedeutung in der kirchlichen Rechtssprache, Paderborn 1991, hier: 175.
187 Vgl. Meckel, Konzil und Codex, 117 (Anm. 42) und ders., Gemeinsames Priestertum LKRO (Anm. 152) sowie ders., Communio LKRO (Anm. 112).
188 Vgl. ebd., 118. Vgl. auch LG 10,2.
189 Vgl. LG 20,1.
190 Vgl. LG 18–20. Besonders in Artikel 20 wird laut Rahner, Karl: Kommentar zum Dritten Kapitel von „Lumen Gentium“, in: LThK², Bd. 12, 210–246, hier: 214, die geschichtliche Weitergabe des Apostelamtes im Institut der Bischöfe ausführlicher beschrieben.
191 Vgl. LG 21.

das Bischofskollegium und seine Bedeutung[192] sowie die Bedeutung des einzelnen Bischofs für den Gesamtepiskopat.[193] In dieser Zuordnung zueinander und aufeinander hin, gerade in Beziehung zum Bischof von Rom, wird auch die von den Konzilsvätern so betonte Communio-Struktur der Kirche sichtbar.[194] Die Artikel 25 bis 27 der Kirchenkonstitution stellen analog zu den Artikeln 11 bis 13 des vorangegangen Kapitels über das Volk Gottes nun in Bezug zu den Bischöfen den Anteil am munus sanctificandi, den Anteil am munus docendi und den Anteil am munus regendi heraus.[195] In den beiden Artikeln, die das Kapitel über die hierarchische Verfasstheit der Kirche abschließen, wird zudem explizit der Dienst des Priesters[196] und der Dienst des Diakons[197] behandelt.

Die hierarchische Verfasstheit der Kirche und ihrer Glieder gilt nach wie vor als unveränderliches göttliches Recht und als Grundlage kirchlicher Strukturen. Auch die Rahmenstatuten für Pastoralreferenten von 2011 betonen die Hierarchie als Strukturprinzip der Kirche.[198] Um das konziliare Verständnis von Kirche und dessen Tragweite einzuordnen, soll nun nachfolgend das vorkonziliare Kirchenverständnis auf der Basis des CIC/1917 dargelegt werden.

2.1.1.2 Das Verständnis des CIC/1917 von der ecclesia

Grundsätzlich beinhaltet das kirchliche Gesetzbuch von 1917 keine ausdrückliche Definition des Begriffes *ecclesia* beziehungsweise der Kirche. Das vorkonziliare Verständnis der ecclesia, wie es dem CIC/1917 zu Grunde liegt, beruht auf einer abgrenzend ständischen Verfasstheit von Kirche. So fällt zwar zunächst auf, dass zu Beginn des zweiten Buches des CIC/1917 „De personis"[199] im can. 87[200] einer Person durch die Taufe die Gliedschaft in der Kirche, die mit Rechten und Pflichten verbunden ist, zuerkannt wird; das Grundverständnis, welches die Kirche charakterisiert, findet sich allerdings in den nachfolgenden Ausführungen über die Kleriker. Dort wird auch festgehalten, dass die

192 Vgl. LG 22. Vgl. hierzu Breitbach, Udo: Art. Bischofskollegium, in: LKStKR, Bd. 1, 273–275.
193 Vgl. LG 23.
194 Vgl. Rahner, Kommentar LG, 229 (Anm. 190):
195 Vgl. LG 25 und LG 26.
196 Vgl. LG 28.
197 Vgl. LG 29.
198 Vgl. bspw. Rahmenstatuten 2011, in: DDB Nr. 96, 1.1.4, 13; 1.3.4, 15; 1.3.6, 16; 6., 29.
199 Dieses Buch wird mitunter auch als Verfassungsrecht der Kirche angesehen. Vgl. hierzu Schmitz, Gesetzessystematik des CIC, 35 (Anm. 139) sowie Sipos, Stephanos, Enchiridion Iuris Canonici, in: von Galos, Ladislaus (Hg.), Rom 1954, hier: 68. Vgl. außerdem Eichmann, Adolph; Mörsdorf, Klaus: Lehrbuch des Kichenrechts, Paderborn ⁹1958–1960, hier: 346. Vgl. auch Mörsdorf, Klaus: Streiflichter zum neuen Verfassungsrecht der Ostkirche, in: MThZ 8 (1957), 241–254, hier: 239.
200 Can. 87 CIC/1917: „Baptismate homo constituitur in Ecelesia Christi persona cum omnibus christianorum iuribus et officiis, nisi, ad iura quod attinet, obstet obex, ecclesiasticae communionis vinculum impediens, vel lata ab Ecclesia censura".

hierarchische Gliederung der Kirche göttlichen Rechts ist.[201] Die „geläufige[n] Sprechweise[n] von ‚Klerus und Volk', ‚Priester und Gläubigen' oder ‚ecclesia imperans und ecclesia oboediens', ‚ecclesia docens und ecclesia discens'"[202] sind allesamt Ausdruck dieser Kluft zwischen der Hierarchie auf der einen und den übrigen Gläubigen auf der anderen Seite.[203] Diese abgrenzend-ständische Gliederung der Kirche ist die entscheidende ekklesiologische Sichtweise des CIC/1917. Eng damit verknüpft ist auch die Frage nach den Befugnissen und den Entscheidungsträgern. So macht der CIC/1917 deutlich, dass nur derjenige, der zur hierarchischen Struktur der Kirche gehört, aktives Glied der Kirche ist. Dadurch, dass durch den Gesetzgeber ausschließlich Kleriker als vollberechtigte und aktive Mitglieder der Kirche betrachtet wurden, kommt es zu einer „vollständigen Identifizierung zwischen Kleriker und Kirche":[204]

Daraus ergibt sich auch, dass fast ausschließlich Kleriker mit entsprechender Befähigung und Vollmacht (potestas) ausgestattet sind.[205] Der Begriff *potestas* umfasst im CIC/1917 zwei Bestandteile: die potestas ordinis (Weihegewalt) und die potestas iurisdictionis (Leitungsgewalt).[206] Das bedeutet, dass die potestas ordinis beziehungsweise die sacra potestas aufgrund von Weihe und die potestas iurisdictionis im ekklesiologischen Verständnis des CIC/1917 faktisch zusammenfallen.

So wie die hierarchische Gliederung der Kirche gründet auch die Lehre von der potestas auf der Vorstellung exklusiven göttlichen Rechtes. In dieser Denkweise versteht sich Kirche daher als alleinbringender Heilsweg. So erklärt sich auch das vorkonziliare Kirchenbild des CIC/1917, das die Kirche als ein in sich geschlossenes System darstellt.

Weder der Begriff der *societas perfecta* noch der Begriff der *societas inaequalis* tauchen im CIC/1917 auf. Dennoch bildet die Societas-Perfecta-Lehre wesentlich die theologische Ausrichtung des Kirchenbegriffs des CIC/1917 ab.[207] Stephan Schwarz weist darauf hin, dass die Verwendung des Begriffes der *societas perfecta* im ersten Satz der apostolischen Konstitution „Provi-

201 Vgl. can. 108 § 3 CIC/1917: „Ex divina institutione sacra hierarchia ratione ordinis constat Episcopis, presbyteris et ministris; ratione iurisdictionis, pontificatu supremo et episcopatu subordinato; ex Ecclesiae autem institutione alii quoque gradus accessere".

202 Kaiser, Rechtliche Grundstellung, 172 (Anm. 143).

203 Vgl. ebd., 172. Vgl. auch Kösters, Ludwig: Art. Kirche, in LThK¹, Bd. 5, 968–981, hier: 968.

204 Hallermann, Heribert: Art. Kleriker, in: LKStKR, Band II, 566–570, hier: 566.

205 Vgl. Riedel-Spangenberger, Ilona: Art. Vollmacht, in: LKStKR, Bd. 3, 44–45.

206 Vgl. Mörsdorf, Klaus: Die Rechtssprache des Codex Iuris Canonici, unveränderter Nachdruck der Ausgabe 1937, Paderborn 1967, 98.

207 Vgl. Schwarz, Societas, 558–559 (Anm. 176) sowie Kösters, Kirche, 973 (Anm. 203). Vgl. außerdem Meckel, Konzil und Codex, 27 (Anm. 42) und Demel, Sabine: Kirchenrechtlich denken und forschen – was heißt das? Hermeneutische Schlüsselfragen in: Graulich, Markus; Meckel, Thomas und Pulte, Matthias (Hg.): Ius canonicum in communione christifidelium, Festschrift zum 65. Geburtstag von Heribert Hallermann (KStKR 23), Paderborn 2016, 47–64, hier: 47–48.

dentissima Mater Ecclesiae“[208], mit der der CIC/1917 promulgiert wurde, ein deutliches Indiz dafür sei, dass die „Societas-Lehre als Verstehenshintergrund des CIC/1917 angesehen werden kann“.[209] Auch Meckel begründet ausführlich, weshalb die Societas-Perfecta-Ekklesiologie wegen der kirchlichen potestas „den entscheidenden Dreh-, Angel- und Vergleichspunkt“[210] als Verstehenshintergrund des CIC/1917 darstellt.[211] Die Kirche ist dementsprechend eine societas inaequalis, hierarchica et monarchica.[212] Treffend lässt sich mit Meckel zudem herausstellen, dass die additive Ekklesiologie der societas perfecta, wie sie dem CIC/1917 zu eigen ist, keinen Blick auf das Gemeinsame von Klerikern und Laien ermöglicht.[213]

Zusammenfassend bleibt festzuhalten, dass das Verständnis von ecclesia im CIC/1917 untrennbar mit dem Begriff der *Klerikerkirche*[214] verbunden ist. Kirche wird als in sich geschlossenes System verstanden, das sich am ehesten mit der Vorstellung der societas perfecta charakterisieren lässt. Dabei bilden sowohl die hierarchische Ordnung der Kirche (can. 108 CIC/1917) als auch die Unterscheidung zwischen Klerikern und Laien (can. 107 CIC/1917) kraft göttlichen Rechts die strukturelle Grundlage dieser Gesellschaft.

2.1.2 Das konziliare Verständnis vom Laien

In den Rahmenstatuten von 2011 wird der Aspekt betont, dass Pastoralreferenten grundsätzlich Laien sind – das heißt Nicht-Kleriker.[215] Daher gilt es nun auch die Frage nach der Rolle der Laien innerhalb der Kirche zu stellen, wobei das Verständnis des Konzils vom Laien im Mittelpunkt der Betrachtungen stehen soll. Der Begriff *Laie* stammt etymologisch aus dem Griechischen und

208 P. Benedikt XV.: Apostolische Konstitution Providentissima Mater Ecclesiae, in: AAS 9 (1917,2), 5–8, hier: 5: „Providentissima Mater Ecclesia, ita a Conditore Christo constituta, ut omnibus instructa esset notis quae cuilibet perfectae societati congruunt, inde a suis primordiis, cum, Dominico obsequens mandato, docere ac regere omnes gentes incepit, aggressa est iam tum sacri ordinis virorum christianaeque plebis disciplinam datis legibus moderari ac tueri“.

209 Schwarz, Societas, 559 (Anm. 176) sowie Riedel-Spangenberger, Ilona: Art. Verfassungsrecht – Katholisch, in: LKStKR, Bd. 3, 774–777. Vgl. außerdem Hallermann, Heribert: Mehr als Strukturen. Chancen für Vielfalt und Kooperation, in: ders.; Meckel, Thomas; Pfannkuche, Sabrina; Pulte, Matthias (Hg.): Lebendige Kirche in neuen Strukturen. Herausforderungen und Chancen, Würzburger Theologie Bd. 11, Würzburg 2015, 31–79, hier: 67.

210 Meckel, Konzil und Codex, 28 (Anm. 42).

211 Vgl. ebd., 28–29.

212 Vgl. ebd., 29–30.

213 Vgl. Meckel, Katholische Aktion, 83 (Anm. 87) sowie can. 107 CIC/1917 i.V.m. can. 948 CIC/1917.

214 Vgl. Stutz, Ulrich: Der Geist des Codex iuris canonici. Eine Einführung in das auf Geheiß Papst Pius X. verfasste und von Papst Benedikt XV. erlassene Gesetzbuch der katholischen Kirche, Stuttgart, 1918, hier: 83.

215 Vgl. Rahmenstatuten 2011, in: DDB Nr. 96, 1.2.1, 13.

bezeichnet denjenigen, der zum Volk (λαός) gehört. Aus der ehemals passiven und fast ausschließlich empfangenden Rolle der Laien in der Kirche[216] lässt sich die verbreitete Konnotation des Laien als Nichtfachmann durchaus nachvollziehen. Diese Lesart passt jedoch heute vor allem auch für die Berufsgruppe der Pastoralreferenten nicht mehr, da es sich bei solchen sogenannten pastoralen Laienmitarbeitern ausdrücklich um qualifizierte Fachleute handelt.[217]

2.1.2.1 Das Verständnis des Konzils von den Laien

Unter der Überschrift *Das Apostolat der Laien* greifen die neuen Rahmenstatuten für Pastoral- und Gemeindereferenten ohne eine sachgerechte Canonexegese zunächst die kirchenrechtliche Legaldefinition des c. 207 § 1 auf, wonach alle Christgläubigen, die nicht zum Klerus gehören, Laien genannt werden.[218] Danach wird mit Verweis auf Lumen Gentium erklärt, dass sie „durch die Taufe Christus einverleibt, zum Volk Gottes gemacht und des priesterlichen, prophetischen und königlichen Amtes Christi auf ihre Weise teilhaftig“[219] sind und „zu ihrem Teil die Sendung des ganzen christlichen Volkes in der Kirche und in der Welt ausüben.“[220] Unter Verweis auf das Laiendekret Apostolicam Actuositatem stellen die Rahmenstatuten von 2011 außerdem fest, dass das Apostolat der Laien in der Kirche niemals fehlen dürfe.[221]

Vor diesem Hintergrund gilt es zunächst zu klären, was das Konzil unter dem Begriff *Laie* versteht. Dazu muss zunächst wieder die Kirchenkonstitution, insbesondere das vierte Kapitel *De Laicis* untersucht werden, ehe ergänzend dazu das Dekret über das Apostolat der Laien herangezogen wird. Gerade das Laienkapitel von Lumen Gentium hat in der Geschichte lehramtlicher Dokumente eine enorme Bedeutung, da es daneben keinen Text gibt, „der in einer solchen Weise von den Laien, ihrer Würde und ihrer Aufgabe im Heilsplan Gottes und in der Kirche spricht.“[222]

Zunächst lässt sich herausstellen, dass das Konzil auf den ersten Blick nur die bekannte abgrenzende Definition des christlichen Laien anbietet, wonach unter der Bezeichnung *Laien* alle christifideles verstanden werden, die nicht

[216] Vgl. bspw. Kaiser, Matthäus: § 17 Die Laien, In: Listl, Joseph; Müller, Hubert; Schmitz, Heribert (Hg.): HdbKathKR, Regensburg ¹1983, 184–189, hier: 186.

[217] Vgl. Lederhilger, Severin: Die Mitarbeiterinnen und Mitarbeiter des Pfarrers, in: Haering, Stephan; Rees, Wilhelm; Schmitz, Heribert (Hg.): HdbKathKR, dritte vollständig neu bearbeitete Auflage, Regensburg ³2015, 721–736, hier: 728.

[218] Vgl. Rahmenstatuten 2011, in: DDB Nr. 96, 1.2.1, 13. Vgl. auch c. 207 § 1.

[219] LG 31,1. Vgl. dazu auch Rahmenstatuten 2011, in: DDB Nr. 96, 1.2.1, 13.

[220] LG 31,1. Vgl. dazu auch Rahmenstatuten 2011, in: DDB Nr. 96, 1.2.1, 13.

[221] Vgl. Rahmenstatuten 2011, in: DDB Nr. 96, 1.2.3, 13. Vgl. auch AA 1,1.

[222] Hünermann, Kommentar, 482 (Anm. 119).

zum Weihestand gehören.[223] Doch diese Definition greift zu kurz, um das konziliare Bild vom Laien zu beschreiben.

So fällt auf, dass die Aussagen zu den Laien im Konzil eng mit den Aussagen über das Volk Gottes und das konziliare Kirchenverständnis verbunden sind. Zu Beginn des vierten Kapitels der Kirchenkonstitution, dem sogenannten Laienkapitel, wird ausdrücklich auf Kapitel zwei von Lumen Gentium über das Volk Gottes Bezug genommen und betont, dass alles was über das Volk Gottes ausgesagt wird, in gleicher Weise für die Laien, Ordensleute und Kleriker gilt.[224] Ausgehend vom zuvor dargelegten ekklesiologischen Selbstverständnis[225] muss in Bezug auf das theologische und rechtliche Verständnis des Laien also festgehalten werden, dass der christliche Laie Glied dieses Volkes Gottes ist.[226] Damit gewinnt der Begriff *Laie* seine ganz ursprüngliche, im griechischen Begriff *λαός* gründende Bedeutung zurück. Laie ist demnach derjenige, der zu einem bestimmten Volk oder zu einer bestimmten Volksgruppe gehört. Ferdinand Klostermann unterstreicht dabei, dass dies im Bewusstsein der Volk-Gottes-Theologie eine positive Umschreibung des Laien darstellt.[227] Dadurch, dass der Laie durch die Taufe Glied des Volkes Gottes[228] und somit Christus eingegliedert ist, hat er wie jedes Glied des Gottesvolkes am priesterlichen, prophetischen und königlichen munus Jesu Christi Anteil.[229] Meckel betont diesbezüglich ähnlich wie Klostermann, dass sich gerade dadurch der Begriff des *Laien* nicht mehr nur via negativa als Nichtkleriker definieren lässt, sondern vom Begriff des *christifidelis* her gedacht werden müsse, der Anteil an den drei munera hat.[230] Eine solche positive Beschreibung des Laien „kann aber nur gelingen, wenn man beachtet, dass der Gläubige (christifidelis) der Unterscheidung von Klerikern und Laien ekklesiologisch vorgeordnet ist."[231] So lässt sich festhalten, dass eines der positiv deskriptiven Elemente des Laie-Seins die Tatsache ist, dass der Laie als Mitglied des Volkes Gottes Sendungsträger ist. Sakramental ist diese Teilhabe an der Sendung der Kirche durch die Taufe begründet.[232] Darin ist eine entscheidende Grundlinie des Konzils zu erkennen:

223 Vgl. LG 31,1. Vgl. auch can. 107 § 1 CIC/1917.
224 Vgl. LG 30,1.
225 Vgl. hierzu weiter oben 2.1.1.1. Das Verständnis des Konzils von der Kirche.
226 Vgl. LG 9,1.
227 Vgl. Klostermann, Ferdinand: Kommentar zum Dekret über das Laienapostolat „Apostolicam Actuositatem", in: LThK², Bd. 13, 587–699, hier: 611.
228 Vgl. LG 11,1 sowie ergänzend dazu LG 31,1.
229 Vgl. LG 31,1.
230 Vgl. Meckel, Thomas: Die Tria-Munera-Lehre in Konzil und Codex, in: Graulich, Markus; Meckel, Thomas und Pulte, Matthias (Hg.): Ius canonicum in communione christifidelium, Festschrift zum 65. Geburtstag von Heribert Hallermann (KStKR 23), Paderborn 2016, 115–148, hier: 123.
231 Meckel, Konzil und Codex, 121 (Anm. 42).
232 Vgl. LG 11,1; AA 2,1 und AA 3,1. Klostermann, Kommentar AA, 635 (Anm. 227), weist in diesem Kontext darauf hin, dass ausdrücklich ein Vorbehalt der die Mitarbeit auf die *Geeigneten*

Jeder Laie hat Anteil am dreifachen munus Christi und somit an der Sendung des gesamten Volkes Gottes.[233]

Weiter benennt das Konzil als Proprium der Laien den sogenannten Weltcharakter der Laien, der ihnen in besonderer Weise zu eigen ist.[234] Damit fordern die Konzilsväter explizit eine besondere Sorge der Laien um alles Weltliche und alle zeitlichen Dinge.[235] Dies wird damit begründet, dass die Laien in den einzelnen irdischen Aufgaben und Werken sowie im Gesellschafts- und Familienleben präsent sind und sein sollen.[236] So wird ausdrücklich von den Laien gefordert, dass es ihre eigentümliche Aufgabe ist, vom Geist des Evangeliums geleitet, wie ein Sauerteig zur Heiligung der Welt gewissermaßen von innen her beizutragen.[237] Sie sollen „die Kirche an jenen Stellen und in den Verhältnissen anwesend und wirksam machen, wo die Kirche nur durch sie das Salz der Erde werden kann."[238] Diese besondere Sorge der Laien um alle weltlichen Dinge ist nicht exklusiv zu verstehen und ist Teil der Sendung des gesamten Gottesvolk. Diese gemeinsame Sendung aller christifideles, also der Laien und der Kleriker, bezieht sich immer auf Kirche und Welt.[239]

Des Weiteren formulieren die Konzilsväter einen genuinen Teil des Laienapostolates, wenn sie von den Laien eine besondere Sorge um die christliche Ehe erwarten.[240] Dabei wird vor allem auch der Zeugnis- und Verkündigungscharakter im Rahmen des Anteils der Laien am munus propheticum betont.[241] Peter Hünermann bewertet den Sprachgebrauch der res temporales oder der indoles saecularis als schwierig, da die „nicht erwähnte Belastung dieser Termini durch die früh eingesetzte Entgegensetzung von ‚saecularia', zeitlichen Dingen, und ‚spiritualia', geistlichen Dingen, [...] sowie die damit einhergehende Entgegensetzung von ‚potestas spiritualis' und ‚potestas saecularis' sowie die

oder mit einem besonderen Charisma Begabten einschränken sollte abgewiesen wurde, da allein in der Taufe eben alle christifideles berufen sind, diese Sendung zu verwirklichen.

233 Vgl. LG 31,1. Die Artikel LG 34 bis 36 führen detaillierter aus, was es für Laien bedeuten kann am munus sanctificandi (LG 34), am munus docendi (LG 35) und am munus regendi (LG 36) Jesu Christi zu partizipieren.

234 Vgl. LG 31,2. Vgl. auch ausführlich Hallermann, Heribert: Christifideles, laici, clerici und relgiosi als Subjekte der kirchlichen Rechtsordnung. Ein Rechtsvergleich zwischen CIC und CCEO, in: Güthoff, Elmar; Korta, Stefan; Weiß, Andreas (Hg.): Clarissimo Professori Carolo Giraldo Fürst, In memorian Carl Gerold Fürst, Frankfurt/Berlin/Bruxelles/New York/Oxford/Wien 2013, 191–291.

235 Vgl. bspw. LG 31,2. sowie weiterführend hierzu AA 4,1; AA 4,3; AA 5,1.

236 Vgl. LG 31,2.

237 Vgl. ebd.

238 LG 33,2.

239 Vgl. bspw. Meckel, Tria-Munera-Lehre, 123 (Anm. 230) sowie Braunbeck, Weltcharakter (Anm. 60). Vgl. außerdem Mörsdorf, Klaus: Das konziliare Verständnis vom Wesen der Kirche in der nachkonziliaren Gestaltung der kirchlichen Rechtsordnung, in: AfkKR 144 (1975), hier: 396 sowie Hünermann, Kommentar, 464 (Anm. 119).

240 Vgl. LG 11,2; LG 34,2; LG 35,3; AA 11,3.

241 Vgl. Hünermann, Kommentar, 474 (Anm. 119).

Unterordnung der letzteren unter die erstere“[242] implizit mit ausgedrückt wird. Diese vorkonziliare Denkweise und Konzeption richtet sich aber grundlegend gegen die Intention des gesamten Kapitels vier von Lumen Gentium.[243]

Sowohl bei der Forderung, sich um das christliche Eheleben zu sorgen, als auch bei der Forderung, sich besonders um alle zeitlichen Dinge zu kümmern, wird explizit der Begriff der *Berufung* verwendet. Außerdem wird das Verb „convocare“[244] beziehungsweise das Nomen „vocatio“[245] auch im Zusammenhang mit der Taufe und der Eingliederung ins Gottesvolk verwendet. Die ursprünglich nur für die Kleriker vorgesehene Formulierung der Berufung[246] wird durch die Konzilsväter nun bewusst auf alle Gläubigen angewendet.[247] Damit bringt das Konzil zum Ausdruck, dass auch Laien, unabhängig von

242 Ebd., 464.
243 Vgl. ebd., 464.
244 Vgl. bspw. LG 9,3; LG 10,1; LG 11,3; LG 13,1; LG 13,5.
245 Vgl. bspw. LG 11,2; LG 31,2; LG 32,2.
246 Vgl. Hünermann, Kommentar, 468 (Anm. 119) sowie Hallermann, Heribert: Art. Gläubige – Katholisch, in: LKRO, https://dx.doi.org/10.30965/9783506786388_0281, Zugriff: 20.03.2020.
247 So wird in den unterschiedlichsten Zusammenhängen innerhalb der Kirchenkonstitution von *Berufung (vocatio)* bzw. dem *Berufen sein (convocare)* gesprochen. Vgl. bspw.: LG 2,1: „Credentes autem in Christum convocare statuit in sancta Ecclesia, quae iam ab origine mundi praefigurata, in historia populi Israel ac foedere antiquo mirabiliter praeparata, in novissimis temporibus constituta, effuso Spiritu est manifestata, et in fine saeculorum gloriose consummabitur. “; LG 3,1: „Omnes homines ad hanc vocantur unionem cum Christo, qui est lux mundi, a quo procedimus, per quem vivimus, ad quem tendimus.“; LG 7,1: „Communicando enim Spiritum suum, fratres suos, ex omnibus gentibus convocatos, tamquam corpus suum mystice constituit.“; LG 8,2: „Sicut autem Christus opus redemptionis in paupertate et persecutione perfecit, ita Ecclesia ad eandem viam ingrediendam vocatur, ut fructus salutis hominibus communicet. “; LG 9,4: „Deus congregationem eorum qui in Iesum, salutis auctorem et unitatis pacisque principium, credentes aspiciunt, convocavit et constituit Ecclesiam, ut sit universis et singulis sacramentum visibile huius salutiferae unitatis.“; LG 11,3: „Tot ac tantis salutaribus mediis muniti, christifideles omnes, cuiusvis conditionis ac status, ad perfectionem sanctitatis qua Pater ipse perfectus est, sua quisque via, a Domino vocantur.“; LG 13,1: „Ad novum Populum Dei cuncti vocantur homines.“; LG 28,2: „Presbyteri, ordinis Episcopalis providi cooperatores eiusque adiutorium et organum, ad Populo Dei inserviendum vocati, unum presbyterium cum suo Episcopo constituunt, diversis quidem officiis mancipatum.“; LG 31,2: „Laicorum est, ex vocatione propria, res temporales gerendo et secundum Deum ordinando, regnum Dei quaerere. […] Ibi a Deo vocantur, ut suum proprium munus exercendo, spiritu evangelico ducti, fermenti instar ad mundi sanctificationem velut ab intra conferant, sicque praeprimis testimonio vitae suae, fide, spe et caritate fulgentes, Christum aliis manifestent.“; LG 32,2: „Unus est ergo Populus Dei electus: „unus Dominus, una fides, unum baptisma“ (Eph 4,5); communis dignitas membrorum ex eorum in Christo regeneratione, communis filiorum gratia, communis ad perfectionem vocatio, una salus, una spes indivisaque caritas.“; LG 33,1: „Laici in Populo Dei congregati et in uno Corpore Christi sub uno capite constituti, quicumque sunt, vocantur, ut tamquam viva membra ad Ecclesiae incrementum eiusque iugem sanctificationem vires suas omnes, beneficio Creatoris et gratia Redemptoris acceptas, conferant.“; LG 34,1: „Qua de causa laici, utpote Christo dicati et Spiritu Sancto uncti, mirabiliter vocantur et instruuntur, ut uberiores semper fructus Spiritus in ipsis producantur.“; LG 35,3: „Ibi coniuges propriam habent vocationem, ut sibi invicem et filiis sint testes fidei et amoris Christi.“.

ihrer jeweiligen frei gewählten Lebensform,[248] als von Gott berufen, bejaht und in ihrer konkreten Existenzweise gewollt zu betrachten sind. Dabei handelt es sich nicht etwa um die Berufung zum Laie-Sein, sondern um die christliche Berufung als solche, die sehr wohl unterschiedlich entfaltet sein kann.[249] Klostermann sieht in dieser Begrifflichkeit auch eine Chance, einen Klerikalismus beziehungsweise eine einseitige Betonung des Laie-Seins zu überwinden, da diese Berufung allen christifideles gilt. Heribert Hallermann stellt heraus, dass Berufung immer ein dialogisches Geschehen darstellt zwischen „der Liebe Gottes, der den Menschen ruft und der Freiheit des Menschen, der in der Liebe Gott antwortet".[250] Dabei wird betont, dass es sich bei Berufung nicht nur um ein rein individuelles Geschehen handelt, sondern um einen Vorgang, an welchem die Gemeinschaft der Kirche wesentlich beteiligt ist.[251] Dies bedeutet konkret, dass die Berufung aller christifideles sakramental durch die Taufe grundgelegt ist und auf die Verwirklichung der Sendung Jesu Christi abzielt.[252] Weiter ist jede Berufung als geistliche Berufung zu verstehen, insofern sie der Verwirklichung der umfassenden geistlichen Zielsetzung der Kirche dient.[253] Davon zu unterschieden ist die geistliche Berufung im engeren Sinne, „die den Erfordernissen des geistlichen Amtes dient, das heißt die Berufung zum priesterlichen Dienst oder zum Dienst als Diakon."[254] Mit der Berufung aller christifideles verbinden die Konzilsväter nicht nur den Auftrag zur aktiven Teilnahme an der Verwirklichung der Sendung der Kirche, sondern auch, dass diese sich von ihrem christlichen Gewissen[255] leiten lassen sollen. Die Berufung durch Gott und die eng damit verknüpfte Eingliederung ins Gottesvolk durch die Taufe sowie der Auftrag zur Verwirklichung der gemeinsamen Sendung sind einende Elemente aller christifideles und somit implizit auch der Laien. So wird ausdrücklich erwähnt, dass das Apostolat der Laien Teilnahme an der Heilssendung der Kirche selbst ist.[256] Es handelt sich dabei um ein Apostolat, dass alle christifideles betrifft.[257]

248 Vgl. AA 4,7: „Haec laicorum spiritualis vitae ratio notam peculiarem assumere debet ex statu matrimonii et familiae, coelibatus vel viduitatis, ex condicione infirmitatis, ex activitate professionali et sociali. Ne desinant ergo qualitates et dotes his condicionibus congruentes sibi collatas assidue excolere, propriisque uti donis a Spiritu Sancto acceptis".

249 Vgl. Klostermann, Kommentar AA, 610–611 (Anm. 227).

250 Hallermann, Heribert: Art. Berufung, in: LKStKR, Bd. 1, 239–241, hier: 239.

251 Vgl. ebd., 239.

252 Vgl. ebd.,239–240.

253 Vgl. ebd., 240.

254 Ebd., 240.

255 Vgl. bspw. LG 36,4: „Utraque inter se harmonice consociare satagent, memores se, in quavis re temporali, christiana conscientia duci debere". Vgl. ergänzend auch AA 5,1: „In utroque ordine laicus, qui est simul fidelis et civis, una conscientia christiana continenter duci debet" sowie GS 16,1.

256 Vgl. LG 33,2.

257 Vgl. LG 33,3.

Darüber hinaus betonen die Konzilsväter, dass auch Laien „in verschiedener Weise zu unmittelbarer Mitarbeit mit dem Apostolat der Hierarchie berufen werden können.“[258] Außerdem wird herausgestellt, dass Laien dazu befähigt sind, „von der Hierarchie zu gewissen kirchlichen Ämtern herangezogen werden zu können“[259], sofern diese Ämter geistlichen Zielen dienen.[260] Klostermann stellt dazu heraus, dass es sich dabei um ein spezielles Mandat handelt, „wie es etwa in der missio canonica, in der Übertragung kirchlicher Ämter an Seelsorgehelferinnen […] vorliegt“.[261] Hünermann dagegen verweist bei LG 33,3 darauf, dass „diese Funktionen und Aufgaben durch kirchliche Bestimmung und/oder geschichtliche Entwicklung an sich geweihten Amtsträgern vorbehalten“[262] sind. Er geht aber auch auf die nachkonziliare theologische Diskussion um die Rolle von Pastoral- und Gemeindereferenten ein. Seiner Meinung nach sind diese Berufsgruppen aber „der traditionellen Sprechweise nach, selbstverständlich zum Klerus zu zählen, da sie ministerielle Aufgaben wahrnehmen, auch wenn sie nicht geweiht sind.“[263] Die Rahmenstatuten von 2011 verzichten darauf, die herausfordernde Formulierung „von der Hierarchie zu gewissen kirchlichen Ämtern herangezogen werden“[264] aufzugreifen und beschränken sich bei ihrer Zitationsführung lediglich auf den vorangestellten Absatz, wonach die Laien in verschiedener Weise zur Mitarbeit mit dem Apostolat der Hierarchie berufen werden können.[265]

Die Konzilsväter benennen im Laienkapitel der Kirchenkonstitution außerdem, dass unabhängig davon, dass „einige nach Gottes Willen als Lehrer, Ausspender der Geheimnisse und Hirten für die anderen bestellt sind“[266], unter allen Gliedern des Gottes Volkes eine „wahre Gleichheit“[267] waltet. Meckel stellt hierzu heraus, dass diese *wahre Gleichheit* auf der Ebene des Taufpriestertums auch durch das besondere Priestertum nicht aufgehoben wird.[268] Klostermann kommentiert zu dieser *wahren Gleichheit* treffend, dass darin eine Forderung sowohl an Kleriker als auch an Laien begründet liegt, vorhandene Stil- und Verhaltensformen, die der Geschwisterlichkeit in Christus widersprechen, abzubauen[269], um immer mehr „in gegenseitiger Achtung,

[258] Ebd.
[259] Ebd.
[260] Vgl. ebd.
[261] Klostermann, Ferdinand: Kommentar zum Vierten Kapitel von „Lumen Gentium“, in: LThK², Bd. 12, 260–283, hier: 271.
[262] Hünermann, Kommentar, 471 (Anm. 119).
[263] Ebd., 471.
[264] C. 228 § 1 CIC/1983. Vgl. auch LG 33,3.
[265] Vgl. Rahmenstatuten 2011, in: DDB Nr. 96, 1.2.4, 14.
[266] Vgl. LG 32,3.
[267] Vgl. ebd.
[268] Vgl. Meckel, Konzil und Codex, 124 (Anm. 42) sowie ders., Communio LKRO (Anm. 112).
[269] Vgl. Klostermann, Kommentar LG, 268 (Anm. 261).

in Vertrauen, in gegenseitiger Hilfe [und] im Geist der Liebe"[270] verbunden zu sein. Hünermann seinerseits betont, dass man die ganze Trageweite dieser *wahren Gleichheit* nur ermessen kann, „wenn man sich in Erinnerung ruft, dass bis in den vorbereitenden Text über die Kirche von 1962 die Kirche als eine ‚societas inaequalium' [...] bezeichnet wurde."[271]

Des Weiteren wird den Laien ausdrücklich zugesprochen, dass sie Rechte und Pflichten innerhalb der Kirche haben.[272] So wird ihnen beispielsweise, wie allen Christgläubigen, ausdrücklich das Recht zugebilligt, „aus den geistlichen Gütern der Kirche, vor allem die Hilfe des Wortes Gottes und der Sakramente von den geweihten Hirten reichlich"[273] zu empfangen. Außerdem wird betont, dass die Laien sowohl das Recht als auch bisweilen die Pflicht haben, ihre Meinung zu dem, was das Wohl der Kirche angeht, zu erklären[274] – „entsprechend dem Wissen, der Zuständigkeit und hervorragenden Stellung, die sie einnehmen".[275] Die Konzilsväter beschreiben demnach die Laien nicht nur passiv empfangend und fordernd gegenüber ihren Hirten, sondern auch aktiv und gebend.[276] Diese Bedeutung der Laien wird in Lumen Gentium auch durch die diversen deskriptiven Bilder, die in Bezug auf die Laien verwendet werden, deutlich.[277] So werden die Laien dort beispielsweise als „lebendige Glieder [...] zum Wachstum der Kirche"[278], als „starke Herolde des Glaubens"[279], als Zeugen des Glaubens[280] und als „Zeichen des lebendigen Gottes"[281] bezeichnet.

Wie alle Gläubigen sollen aber auch die Laien in christlichem Gehorsam das annehmen, was die geweihten Hirten in Stellvertretung Christi als Lehrer und Leiter der Kirche festsetzen.[282] Hünermann stellt dazu heraus, dass durch den formalen Hinweis auf die Funktion der Hirten als Lehrer und Leiter der Kirche wenigstens implizit mitgesagt ist, dass es sich bei solchen Entscheidungen um legitime Entscheidungen handeln muss.[283] Umgekehrt sollen die geweihten Hirten die „Würde und Verantwortung der Laien in der Kirche anerkennen und fördern".[284]

270 Ebd., 268.
271 Hünermann, Kommentar, 467 (Anm. 119).
272 Vgl. LG 36,4.
273 Vgl. LG 37,1. Vgl. auch can. 682 CIC/1917.
274 Vgl. LG 37,1.
275 Ebd.
276 Vgl. Klostermann, Kommentar LG, 280 (Anm. 261).
277 Vgl. hierzu Meckel, Konzil und Codex, 124 (Anm. 42).
278 Vgl. LG 33,1.
279 LG 35,2: „Sicut sacramenta Novae Legis, quibus vita et apostolatus fidelium alitur, coelum novum et terram novam praefigurant, ita laici evadunt *validi praecones fidei* sperandarum rerum, si cum vita ex fide professionem fidei inhaesitanter coniungunt."
280 Vgl. LG 35,1.
281 Vgl. LG 38,1.
282 Vgl. LG 37,2.
283 Vgl. Hünermann, Kommentar, 480 (Anm. 119).
284 LG 37,3.

Das bedeutet mitunter, dass sie den Laien „vertrauensvoll Aufgaben im Dienst der Kirche übertragen“[285] sollen, ihnen Freiheit und Raum zum Handeln lassen und sie dazu ermutigen sollen, aus eigener Initiative Werke in Angriff zu nehmen.[286] Die Konzilsväter benennen dabei als erstrebenswertes Ziel, nicht nur das Miteinander von Laien und Hirten, sondern auch das Stärken der eigenen Verantwortung der Laien.[287] Klostermann sieht darin ein „Bild der Kirche von morgen“[288], um die „tragische Entfremdung von Hierarchie und Laienwelt“[289] zu korrigieren. Weiter sieht er darin die „Ermöglichung einer echten Laienaktivität im Raum der Kirche selbst und innerhalb des Auftrages“[290] der Kirche grundgelegt.

Zusammenfassend lässt sich festhalten, dass bei allen Kompromissen, die das Konzil finden musste, die Aufgaben der Laien in Kirche und Welt sehr positiv und wertschätzend dargestellt werden. Die Konzilsväter betonen die Bedeutung der Laien und ihres Anteils an der gemeinsamen Sendung der Kirche. Sie benennen, dass auch alle Laien zur Taufe berufen sind und durch die Taufe zu Gliedern des Gottesvolkes und somit Sendungsträger werden. Das Konzil stellt die eigentümlichen Aufgaben der Laien für Kirche und Welt sowie im Besonderen für das christliche Eheleben als wertvoll heraus. Den Konzilsvätern ist ausdrücklich an einem vertrauten Miteinander aller Glieder des Gottes Volkes, also auch der Laien, im Sinne der gemeinsamen Sendung gelegen. Dazu - keinesfalls als Gegensatz gedacht - wird grundsätzlich aber auch die hierarchische Verfasstheit der Kirche und die leitende Funktion der Hirten betont. Trotz der unterschiedlichen Aufgaben innerhalb der Kirche wird auf die wahre Gleichheit aller Getauften hingewiesen. Der Beitrag der Laien zur gemeinsamen Sendung der Kirche wird als wertvoll hervorgehoben. Außerdem werden unterschiedliche Anstöße gegeben, wie dieser Sendungsanteil verwirklicht werden kann.

2.1.2.2 Das Verständnis des CIC/1917 von den Laien

Noch 1949 stellten Albert Königer und Friedrich Giese klar, dass der Ort der Laien in der Kirche nur „außerhalb des Kommuniongitters“[291] zu finden ist.

Um die konziliaren Bestimmungen und Änderungen vor diesem Kontrast einordnen zu können, soll nun noch die vorkonziliare kirchenrechtliche Ausgangssituation betrachtet werden. Dabei fällt zunächst die kirchenrechtliche

[285] Ebd.
[286] Vgl. ebd.
[287] Vgl. LG 37,4.
[288] Klostermann, Kommentar LG, 282 (Anm. 261).
[289] Ebd., 282.
[290] Ebd., 282.
[291] Köninger, Albert und Giese, Friedrich: Grundzüge des katholischen Kirchenrechts und des Staatskirchenrechts, Augsburg/Göggingen [3]1949, 73.

Randstellung auf, die der *laicus* im CIC/1917 innehatte. So handelt es sich mehr um eine Analyse denn um einen Vorwurf, wenn der evangelische Kirchenrechtler Ulrich Stutz herausstellt, dass es sich beim CIC/1917 fast ausschließlich um Klerikerrecht handelt.[292] So kommt Stutz zu dem Ergebnis, dass die Laien, trotz ihrer „fast erdrückend großen Überzahl"[293] in der Kirche, lediglich als Schutzgenossen gegenüber den Klerikern erscheinen, die er als Vollgenossen bezeichnet.[294]

Die Laien als solche werden innerhalb des CIC/1917 prinzipiell eher selten erwähnt. Oftmals werden sie mitunter innerhalb des Begriffes *fideles* subsumiert. Mörsdorf macht in diesem Zusammenhang darauf aufmerksam, dass das Gesamtbild, das der Wortgebrauch des CIC/1917 bietet, einen großen Mangel gesetzgeberischer Sorgfalt[295] aufweist. So weist er darauf hin, dass es innerhalb der Personenstände zwei Personenklassen gibt.[296] Einer dieser Personenstände ist der Laienstand, der einheitlich status laicorum[297] genannt wird und fast durchweg den Unterschied zum anderen Personenstand, dem Klerus, anzeigt.[298] Darüber hinaus ordnet der Gesetzgeber Personen auch unterschiedlichen Bekenntnisständen zu. So gibt es innerhalb dieser Bekenntnisstände beispielsweise die Gruppe der gültig Getauften.[299] Die Taufe kreiert den homo christianus.[300] Daneben verwendet der CIC/1917 oft den Begriff des *fidelis*. Diesen Begriff klassifiziert Mörsdorf als „unsicher".[301] So wird darauf hingewiesen, dass abgesehen von seiner Bedeutung „getreu, verlässlich"[302] fidelis den gläubigen Christen in verschiedener Begriffsweite bezeichnet.[303] So kann der Begriff „im engeren Sinne für den Katholiken[304] und bald im weiteren Sinne für jeden Christen"[305] im Sinne des baptizatus stehen.[306] Auch der

292 Vgl. Stutz, Geist des CIC, 83 (Anm. 214) sowie Kaiser, Rechtliche Grundstellung, 172 (Anm. 143).
293 Stutz, Geist des CIC, 83 (Anm. 214).
294 Vgl. ebd., 83.
295 Vgl. Mörsdorf, Rechtssprache, 34 (Anm. 206).
296 Vgl. ebd., 127.
297 Vgl. bspw. cann. 123 CIC/1917, 211 CIC/1917, 212 CIC/1917, 213 § 1 CIC/1917, 214 § 1 CIC/1917.
298 Vgl. Mörsdorf, Rechtssprache, 127 (Anm. 206).
299 Vgl. ebd., 129.
300 Vgl. ebd., 129. In diesem Zusammenhang weist Mörsdorf auch darauf hin, dass die beiden Begriffe *baptizatus* und *christianus* gleichbedeutend verwendet werden.
301 Ebd., 129.
302 Vgl. bspw. cann. 432 § 1 CIC/1917, 691 § 5 CIC/1917, 1644 CIC/1917.
303 Vgl. Mörsdorf, Rechssprache, 129 (Anm. 206).
304 Vgl. bspw. cann. 216 § 4 CIC/1917, 239 § 1 n.6 CIC/1917, 240 § 2 CIC/1917, 250 § 2 CIC/1917, 684 CIC/1917, 1290 § 1 CIC/1917, 1348 CIC/1917.
305 Mörsdorf, Rechtssprache, 129–130 (Anm. 206).
306 Vgl. bspw. cann. 119 CIC/1917, 218 § 2 CIC/1917, 906 CIC/1917, 1124 CIC/1917, 1126 CIC/1917, 1188 CIC/1917, 1203 § 1 CIC/1917, 1276 CIC/1917, 1325 § 1 CIC/1917, 1384 § 1 CIC/1917, 2268 § 1 CIC/1917.

Begriff *christifidelis* wird dabei sowohl im engeren Sinne[307] und als auch im weiteren Sinne[308] aufgefasst. So ist beim Begriff *fidelis* daher nicht von einem feststehenden Begriff auszugehen, sondern die Auslegung hat sich in jedem Fall an der ratio legis zu orientieren, wonach bei Begünstigungen nur Katholiken und bei Verpflichtungen alle Christen gemeint sind.[309] Dass die Laien so selten explizit erwähnt werden, deutet bereits auf die prinzipiell passive Rolle hin, die diese Personengruppe im kirchlichen Recht von 1917 innehatte.

Der CIC/1917 kennt vor allem die Kleriker als Hauptsubjekte des kirchlichen Rechts. Dem gegenüber stehen die Laien als nahezu ausschließlich passive Empfänger.[310] Diese Unterscheidung in Kleriker auf der einen und Laien bzw. fideles auf der anderen Seite gründet in der auf Gratian zurückgehenden Rechtsauslegung im Decretum Gratiani.[311] Diese Vorstellung, als Grundvoraussetzung für die Ständelehre, fand mit can. 107 CIC/1917 Einzug in das kirchliche Gesetzbuch.[312] Dort wird darauf verwiesen, dass die Unterscheidung in Kleriker und Laien innerhalb der Kirche göttlichen Rechts ist. Unter dem Einfluss einer ständischen Gesellschaftsordnung werden clerici und fideles (hier im Sinne von Laien) als „abgegrenzte und sich gegenseitig ausschließende Gruppen gegenübergestellt."[313] So weist Matthäus Kaiser darauf hin, dass es im CIC/1917 beispielsweise auch keinen Katalog von Rechten gibt, die allen Gliedern der Kirche in gleicher Weise zukommen.[314] Der CIC/1917 kennt die Gruppe der Gläubigen (fideles) fast ausschließlich als Rechtsobjekte in der Kirche.[315] Lediglich in den zwei Canones 682 und 683 CIC/1917,[316] die sich explizit mit den Laien (de laicis) befassen, werden diese als Subjekte des Rechts angesprochen. Auch in diesem Zusammenhang wird allerdings die passive Stellung der Laien

307 Vgl. bspw. can. 2003 § 1 CIC/1917.

308 Vgl. bspw. cann. 1161 und 2023 CIC/1917.

309 Vgl. Mörsdorf, Rechtssprache, 130 (Anm. 206).

310 Vgl. bspw. Semmelroth, Otto: Kirche, Laie, Sendung, in: Der Laie in der Kirche – Seine Sendung – seine Rechte, in: Sonderdruck aus TrThZ 6, 1965, 1–9, hier: 8. Vgl. auch Hallermann, Gläubige LKRO (Anm. 246).

311 Vgl. Corpus Iuris Canonici, Editio Lipsiensis secunda post Aemilii Ludouici Richteri curas ad Librorum manu scriptorium et Editionis Romanae fidem recognouit et adnotatione critica instruxit Aemilius Friedberg, Pars Prius Decretum Magistri Gratiani, Graz 1959, hier: Causa XII., questio 1. c. 7: „Duo sunt genera christanorum…".

312 Can. 107 CIC/1917: „Ex divina institutione sunt in Ecclesia clerici a laicis distincti, licet non omnes clerici sint divinae institutionis; utrique autem possunt esse religiosi".

313 Kaiser, Rechtliche Grundstellung, 172 (Anm. 143).

314 Vgl. ebd., 173.

315 Vgl. Hallermann, Heribert: Art. Laie – Katholisch, in: LKStKR, Bd. 2, 666–673, hier: 669.

316 Can. 682 CIC/1917: „Laici ius habent recipiendi a clero, ad normam ecclesiasticae disciplinae, spiritualia bona et potissimum adiumenta ad salutem necessaria." Can. 683 CIC/1917: „Non licet laicis habitum clericalem deferre, nisi agatur vel de Seminariorum alumnis aliisque adspirantibus ad ordines de quibus in can. 972, § 2 CIC/1917, vel de laicis, servitio ecclesiae legitime addictis, dum intra eandem ecclesiam sunt aut extra ipsam in aliquo ministerio ecclesiastico partem habent".

deutlich. So wird durch das positive Recht, geistliche Güter von den Hirten erwarten zu dürfen (can. 682 CIC/1917), letztlich die auf Hilfe angewiesene Grundhaltung des fidelis herausgestellt. Auch das Verbot, klerikale Kleidung zu tragen (can. 683 CIC/1917), unterstreicht indirekt die unterschiedliche rechtliche Stellung von Laien und Klerikern in der Kirche. Mörsdorf weist darauf hin, dass sich über diese beiden Canones hinaus durchaus weitere Einzelbestimmungen im CIC/1917 befinden, welche die Stellung der Laien in der Kirche betreffen.[317] Kaiser argumentiert allerdings, dass diese beiden Canones insofern für die Rechtsstellung der Laien bezeichnend sind, „als sie die Laien als Empfangende [darstellen], die im Übrigen Verboten unterworfen sind."[318] Die Unterscheidung in Rechtssubjekte (clerici) und Rechtsobjekte (fideles) zeigt sich beispielsweise darin, dass nur Klerikern rechtmäßig Kirchenämter übertragen werden können[319] oder dass die aktive Ausübung der Sendung der Kirche ausschließlich den Klerikern obliegt.[320] Otto Semmelroth indes sieht den Laien als einen ganz in der säkularen Welt beheimaten Menschen an, der erst durch die Begegnung mit dem Priester als zum Volk Gottes gehörig bestimmt wird.[321] Meckel weist zudem daraufhin, dass die verfassungsrechtliche Stellung der Laien[322] im zweiten Buch des CIC/1917 hinter den Klerikern[323] und den Religiosen[324] nicht nur in der Quantität, sondern auch in der Qualität der Struktur des zweiten Buches eine klare Aussage über die Laien dahingehend trifft, dass Kirche von der Hierarchie her absteigend gedacht wird. Die Gliederung des CIC/1917 nach personae, res, actiones, die sich in der Form am römischen Recht orientiert, geht dort im profanen Schuldrecht von wechselseitigen Ansprüchen grundsätzlich gleicher Personen aus. Doch mit Meckel ist dabei festzustellen, dass gerade aufgrund der Subjekt-Objekt-Trennung zwischen Klerikern und Laien dies im kirchlichen Recht von 1917 nicht eingelöst ist.[325]

Ergänzend dazu wird deutlich, dass die beiden Canones 107 und 948 die Unterscheidung innerhalb der Kirche in Kleriker und Laien als ius divinum charakterisieren.[326] Damit formulieren beide Canones „eine Trennung von Kle-

317 Vgl. Mörsdorf, Klaus: Die Stellung der Laien in der Kirche, in: RDC 11 (1961), 214–234.

318 Kaiser, Laien, 186 (Anm. 216).

319 Vgl. can. 145 § 1 CIC/1917: „Officium ecclesiasticum lato sensu est quodlibet munus quod in spiritualem finem legitime exercetur; stricto autem sensu est munus ordinatione sive divina sive ecclesiastica stabiliter constitutum, ad normam sacrorum canonum conferendum, aliquam saltem secumferens participationem ecclesiasticae potestatis sive ordinis sive iurisdictionis".

320 Dies wird allein aus der Fülle der Canones (cann. 108–486 CIC/1917) deutlich, die sich mit den Klerikern und deren Rechte und Pflichten beschäftigten.

321 Vgl. Semmelroth, Kirche, Laie, Sendung, 9 (Anm. 310).

322 Lediglich die beiden bereits angeführten Canones 682 und 683 CIC/1917 betreffen die Laien.

323 Die Kleriker werden in den Canones 108–486 CIC/1917 behandelt.

324 Die Canones 487–681 CIC/1917 betreffen die Religiosen.

325 Vgl. Meckel, Katholische Aktion, 83 (Anm. 87).

326 Vgl. Meckel, Konzil und Codex, 95 (Anm. 42).

rikern und Laien, die in Form eines additiven Verhältnisses die Kirche bilden, verbunden mit einer klaren Überordnung der Kleriker über die Laien."[327]

Festzuhalten bleibt, dass das vorkonziliare Recht, wie es sich im CIC/1917 spiegelt, unter dem Begriff *laicus* bzw. *fidelis* einen Nichtkleriker beziehungsweise einen Nichtträger von potestas[328] versteht, der innerhalb der Kirche lediglich zum hörenden bzw. passiven Teil der Kirche gehört. Vor diesem Hintergrund erscheint der neuartige Blick des Konzils auf die Laien tatsächlich als eine notwendige theologische Grundvoraussetzung für das spätere Berufsbild des Pastoralreferenten. Das Faktum, dass der christifidelis laicus im Konzil als eigener Status in der Kirche beschrieben wird, stellt ein Novum ersten Ranges gegenüber der Stellung der Laien innerhalb des CIC/1917 als faktisches Objekt der Rechtsordnung dar[329], dessen Platz in der Kirche, mit Köninger/Giese durchaus fast ausschließlich „außerhalb des Kommuniongitters"[330] war.

2.1.3 Die Sendung der Kirche

„Im Miteinander von Priestern, Diakonen, ehrenamtlich engagierten Christen und hauptberuflich tätigen Laien gewinnt die Sendung der Kirche in der Welt von heute Gestalt."[331] So wird es in der Theologischen Präambel der Rahmenstatuten für Pastoral- und Gemeindereferenten von 2011 formuliert. Dieses Verständnis von der Sendung der Kirche als gemeinsame Aufgabe gründet in der Theologie des Konzils. Daher gilt es in einem nächsten Schritt eben dieses konziliare Verständnis von der Sendung der Kirche näher zu untersuchen und herauszuarbeiten. Auch dieses Ergebnis soll anschließend in Bezug gesetzt werden zur Ausgangsfrage, inwieweit relevante Impulse konziliarer Theologie für das Berufsbild der Pastoralreferenten in den Statuten von 2011 rezipiert wurden.

2.1.3.1 Das Verständnis des Konzils von der Sendung der Kirche

Die Rahmenstatuten von 2011 greifen die Aussagen von LG 32 auf, wenn dort formuliert wird: „Mit ihren unterschiedlichen Charismen, Diensten und Ämtern haben also alle Glieder auf ihre spezifische Weise, die geweihten Amts-

327 Ebd., 95. Vgl. auch Müller, Ludger: Weihe, in: Ahlers, Reinhild; Gerosa, Libero; Müller, Lüdger (Hg.): Ecclessia a sacramentis. Theologische Erwägungen zum Sakramentenrecht, Paderborn 1992, 10–123, hier: 107–113.

328 Vgl. can. 118 CIC/1917.

329 Vgl. Meckel, Konzil und Codex, 122 (Anm. 42).

330 Köninger und Giese, Grundzüge des katholischen Kirchenrechts, 73 (Anm. 291).

331 Rahmenstatuten 2011, in: DDB Nr. 96, 1.3.7, 16.

träger wie die Laien, an der Sendung der Kirche teil."[332] Davon ausgehend gilt es, das konziliare Verständnis von der Sendung der Kirche in Bezug auf die Rahmenstatuten einzuordnen.

Nach den Aussagen des Zweiten Vatikanischen Konzils empfängt die Kirche die Sendung Jesu, „das Reich Christi und Gottes anzukündigen und in allen Völkern zu begründen"[333], verbunden mit dem Auftrag, diese Sendung weiterzuführen. Besonders das Dekret über die Missionstätigkeit der Kirche „Ad Gentes"[334] ergänzt mit seinen Aussagen die Kirchenkonstitution in Bezug auf die Sendung der Kirche.[335] So wird dort beispielsweise herausgestellt, dass die pilgernde Kirche ihrem Wesen nach missionarisch ausgerichtet ist[336], da „sie selbst ihren Ursprung aus der Sendung des Sohnes und der Sendung des Heiligen Geistes herleitet".[337] Prinzipiell ist die Sendung der Kirche gemäß ihrem Selbstverständnis universal und darauf ausgerichtet, alle Menschen zum Heil zu führen.[338] Wie die Sendung der Kirche dann im konkreten Fall ausfällt, muss sich je nach Situation zeigen. So weisen die Konzilsväter auf die „unzähligen Gelegenheiten"[339] hin, die hierbei auch den Laien für die Erfüllung ihres Sendungsanteils offenstehen.[340]

Grundsätzlich verwendet das Konzil zwei Begriffe, um die Sendung der Kirche auszudrücken. So wird einerseits vom *apostolatus*[341] gesprochen, um jede Tätigkeit der Glieder der Kirche zu umschreiben, die auf die Sendung zielt. Ilona Riedel-Spangenberger betont dabei, dass unter dem Begriff Apostolat der Vollzug der Sendung der Kirche zu verstehen ist, der nicht auf einen fest umschriebenen Personenkreis beschränkt ist, sondern auf jeden christifidelis, wie auch auf die von Christus gesandte Gemeinschaft anwendbar ist.[342] Hubert Socha stellt dazu heraus, dass dieses Verständnis von apostolatus so neu und umfassend durch das Zweite Vatikanische Konzil ausgesagt wird wie durch keine kirchliche Autorität zuvor.[343] In den konziliaren Aussagen werden dabei das Apostolat der Gesamtkirche und das Apostolat der Laien unterschieden. Letz-

332 Rahmenstatuten 2011, in: DDB Nr. 96, 1.1.2, 12.
333 LG 5, 1.
334 Concilium Vaticanum Secundum, Decretum de activitate missionali ecclesiae „Ad Gentes", in: AAS 58 (1966) 947–990. Lateinisch – deutscher Text in: LThK², Bd. 14, 22–125.
335 Vgl. AG 1,1. Vgl. hierzu Brechter, Suso: Einleitung und Kommentar zum Dekret über die Missionstätigkeit der Kirche „Ad Gentes", in: LThK², Bd. 14, 10–124, hier: 23.
336 Vgl. AG 2,1 und AG 10,1.
337 AG 2,1. Vgl. auch LG 1,1.
338 Vgl. LG 1,1; AG 3,1 und AG 10,1.
339 AA 6,2.
340 Vgl. ebd.
341 Vgl. bspw. AA 2,1.
342 Vgl. Riedel-Spangenberger, Sendung in der Kirche, 172 (Anm. 186).
343 Vgl. Socha, Hubert: Die Grundlegung der kirchlichen Heilssendung nach dem Vaticanum II, in MThZ 19 (1968), 265–285, hier: 285.

teres wird dabei in das umfassende Apostolat eingeordnet.[344] Ein wesentliches Element des Apostolates ist die Verbindung zur Hierarchie, das heißt zu denjenigen, die die Kirche leiten.[345] Neben apostolatus verwendet das Konzil auch den Begriff *missio*[346], um die Sendung der Kirche zu benennen. Dabei wird diese sogenannte „missio salvifica“[347] nicht in jedem Fall mit dem Begriff *apostolatus* gleichgesetzt, sondern eher als Oberbegriff der verschiedenen Formen des Apostolates angesehen.[348] Riedel-Spangenberger konkretisiert dies, indem sie festhält, dass die eine Heilssendung der Kirche sich nach verschiedenen Diensten und Apostolaten gestaltet[349], „das heißt Sendungsvollzügen, die nicht nebeneinander bestehen und in ihrer Summe die Heilssendung ausmachen, sondern einander zugeordnet sind und durch verschiedene Beziehungen zur Hierarchie in die Heilsendung der Kirche integriert sind.“[350] Die Sendung der Kirche ist dabei auch nicht „egalitär in dem Sinn, dass jedwede beliebige Aufgabe von jedem Gläubigen ausgeübt werden könnte.“[351] Dies wird im Dekret über das Laienapostolat auch von den Konzilsvätern deutlich ausgedrückt, wenn dort betont wird, dass es im Rahmen der Kirche „eine Verschiedenheit des Dienstes, aber eine Einheit der Sendung“[352] gibt. Angesichts des „Konzepts der Katholischen Aktion, dass jedwedes Laienapostolat immer nur Anteilhabe am Apostolat der Hierarchie ist“[353], stellt die Aussage von LG 33, dass das Apostolat der Laien „Teilhabe an der Heilssendung der Kirche selbst“[354] ist einen entscheidenden Bedeutungswandel im Verständnis des Laienapostolates dar.[355] In letzter Konsequenz bedeutet dies, dass es zur Ausübung der Sendung der Kirche im eigenen Namen aus der sakramentalen Grundlage der Taufe heraus weder einer Delegation noch eines Auftrags der kirchlichen Hierarchie bedarf.[356] Es ist Meckel daher zuzustimmen, wenn er in Bezug auf Lumen Gentium schreibt: „Das Laienapostolat wurde zu einem wirklichen Apostolat der Laien bzw. der Gläubigen, da die Gläubigen, *die christifideles*, die ekklesiologische Grundkategorie sind“.[357]

Traditionsgeschichtlich unterliegen beide Begrifflichkeiten vielfältigen Wandlungen und wurden schließlich häufig lediglich in Bezug auf die Kleriker

344 Vgl. AA 23,1.
345 Vgl. Riedel-Spangenberger, Sendung in der Kirche, 175 (Anm. 186).
346 Vgl. bspw. LG 1,1 und LG 5,2.
347 Vgl. LG 33,2.
348 Vgl. Riedel-Spangenberger, Sendung in der Kirche, 176 (Anm. 186).
349 Vgl. ebd., 176.
350 Ebd., 176. Vgl. auch AA, 2,1 und AA 24,2.
351 Meckel, Konzil und Codex, 124–125 (Anm. 42) sowie Riedel-Spangenberger, Sendung in der Kirche, 176 (Anm. 186).
352 AA 2,1.
353 Meckel, Konzil und Codex, 125 und ders., Apostolat LKRO (Anm. 161). Vgl. hierzu AA 20.
354 LG 33, 2.
355 Vgl. Meckel, Konzil und Codex, 125 (Anm. 42).
356 Vgl. ebd., 125.
357 Meckel, Katholische Aktion, 96 (Anm. 87).

verwendet.[358] Auch wenn kirchengeschichtlich die Sendung der Kleriker immer stärker hervortrat als die Sendung aller Christgläubigen, betont das Zweite Vatikanische Konzil doch ausdrücklich, dass alle Glieder der Kirche an der „Sendung des Gottesvolkes in der Kirche und in der Welt“[359] Anteil haben.[360] Auch eine Aufspaltung der Sendung, wonach die Laien für den weltlichen Bereich und die Kleriker allein für den geistlichen Bereich der Sendung der Kirche zuständig seien,[361] kann nach dem Zweiten Vatikanischen Konzil so nicht mehr angenommen werden.[362] Mit LG 32 und AA 2 lässt sich festhalten, dass sowohl das Apostolat der Hierarchie als auch das Apostolat der Laien komplementär aufeinander verwiesen sind.[363]

Ausdrücklich stellt das Konzil heraus, dass alle Glieder des Volkes Gottes in gleichem Maße an der Heilssendung der Kirche Anteil haben, da diese Sendung in der gemeinsamen, sakramentalen Grundlage der Taufe gründet.[364] Gerade zu Beginn des Kapitels über die Laien formulieren die Konzilsväter eindringlich, dass die geweihten Hirten „von Christus nicht bestellt sind, um die ganze Heilsmission der Kirche an der Welt allein auf sich zu nehmen“.[365] Meckel fasst diesbezüglich zusammen, dass „das besondere Priestertum des Dienstes [...] keine graduelle Steigerung des gemeinsamen Priestertums, sondern eine wesentlich andere Form der Teilhabe am Priestertum Jesu Christi“[366] darstellt. Damit haben alle Gläubigen auch Anteil am gemeinsamen Priestertum aller Gläubigen und partizipieren jeder nach seiner Weise am dreifachen munus Christi. Aus diesem gemeinsamen Priestertum aller Getauften erwächst auch die genuine Sendung der Laien.[367] Alle sollen „in ihrer Weise zum gemeinsamen Werk einmütig zusammenarbeiten“.[368] Aufgabe der Hirten ist es, zu ermöglichen, dass alle nach ihrer Weise an der Heilsmission der Kirche mit-

[358] Vgl. Riedel-Spangenberger, Sendung in der Kirche, 173 (Anm. 186).

[359] LG 31,1. Vgl. ergänzend dazu AA 2,1.

[360] Vgl. Riedel-Spangenberger, Sendung in der Kirche, 173 (Anm. 186). Im Gegensatz dazu sieht Heinrich Flatten, Missio Canoncia, in: Verkündigung und Glaube, Festgabe für Franz Xaver Arnold, Freiburg 1958, 123–141, hier: 127, eine Bezogenheit der Sendung Christi lediglich auf die Träger des kirchlichen Lehramtes.

[361] Vgl. Mörsdörf, Klaus: Das eine Volk Gottes und die Teilhabe der Laien an der Sendung der Kirche: in: Ecclesia et ius, Festgabe für Audomar Scheuermann, 99–119, hier: 107.

[362] Vgl. Hallermann, Christifideles, 191–291 (Anm. 234) sowie Mosiek, Ulrich: Verfassungsrecht der Lateinischen Kirche, Bd. 1, Grundfragen, 1975, 231. Vgl. auch Meckel, Tria-Munera-Lehre, 125 (Anm. 230) und Klostermann, Kommentar AA, 608–611 (Anm. 227). Vgl. außerdem Riedel-Spangenberger, Sendung in der Kirche, 173 (Anm. 186).

[363] Vgl. Meckel, Tria-Munera-Lehre, 124 (Anm. 230).

[364] Vgl. bspw. LG 10,1; LG 10,2; LG 11,1; LG 11,2; LG 30,1; LG 31,2; AA 2,1.

[365] LG 30,1.

[366] Meckel, Thomas, Konzil und Codex, 189 (Anm. 42). Vgl. hierzu weiter oben 2.1.1.1.3. Die Kirche als Hierarchie.

[367] Meckel, Konzil und Codex, 122 (Anm. 42).

[368] LG 30,1: „Sciunt enim Pastores se a Christo non esse institutos, ut totam missionem salvificam Ecclesiae versus mundum in se solos suscipiant, sed praeclarum munus suum esse ita

wirken können.[369] Trotz unterschiedlicher Verantwortung lässt sich demnach festhalten, dass in der Kirche die Gemeinschaft des Volkes Gottes insgesamt zur Sendung erwählt und verpflichtet ist.[370]

Daraus, dass jeder christifidelis den je eigenen Teil zur gemeinsamen Sendung beitragen soll, ergibt sich, dass das Konzil nach den verschiedenen persönlichen *conditiones* eines jeden je spezifische Sendungsaufgaben für die christifideles vorsieht. Riedel-Spangenberger betont dabei, dass die Sendung der Kirche unter den Bedingungen der jeweiligen Lebensform zu realisieren ist und der Kirche somit eine charismatische Struktur kollegialer Verbundenheit gibt, die keinesfalls die hierarchische Verfasstheit der Kirche auflöst.[371]

So würdigen die Konzilsväter beispielsweise an unterschiedlichen Stellen die Kompetenzen und Charismen mit Blick auf die Verwirklichung der Aufgabe der Laien in Kirche und Welt.[372] Das Charakteristikum des „Weltcharakters der Laien"[373] stellt einen bedeutenden Teil der kirchlichen Sendung dar, der im Besonderen von den christifideles laici verwirklicht werden soll. Dieser gründet ebenfalls im dreifachen munus Jesu Christi.[374] Allerdings dient diese Sorge um die zeitlichen Dinge nicht als charakterisierendes Alleinstellungsmerkmal der Laien, denn auch dieser Auftrag gilt dem ganzen Gottesvolk.[375] Ebenso wenig lässt sich die kirchliche Sendung der Laien auf diese beiden Bereiche *Sorge um die zeitlichen Dinge* und *christliche Ehe* reduzieren. Konkretisierend formuliert das Konzil im Dekret Apostolicam Actuositatem, dass Laien durch ihre Teilhabe am dreifachen Amt Christi ihren eigenen Anteil der Sendung des ganzen Gottesvolkes in Kirche und Welt verwirklichen.[376] Ausdrücklich wird dabei verstärkend auf die Kirchenkonstitution verwiesen[377], in der die Sendung

pascere fideles eorumque ministrationes et charismata ita recognoscere, ut cuncti suo modo ad commune opus unanimiter cooperentur".

369 Vgl. LG 30,1.

370 Vgl. Riedel-Spangenberger, Sendung in der Kirche, 174 (Anm. 186).

371 Vgl. ebd., 175. Vgl. auch Socha, Hubert: Charisma und Recht, in: TrThZ 93 (1984), 14–39.

372 Vgl. LG 10,1; LG 12,2 LG 30,1; LG 31,2; AA 1,2; AA 3,4; AA 4,1; AA 6,1.

373 Vgl. LG 31,2.

374 Zum Anteil am Priesteramt Jesu Christi: Vgl. LG 34,1: „Sic et laici, qua adoratores ubique sancte agentes, ipsum mundum Deo consecrant". Zum Anteil am prohetischen Amt Jesu Christi: Vgl. LG 35,4: „Proinde laici, etiam quando curis temporalibus occupantur, pretiosam actionem ad evangelizandum mundum exercere possunt et debent." Zum Anteil am königlichen Amt Jesu Christi: Vgl. LG 36,2: „Fideles igitur totius creaturae intimam naturam, valorem et ordinationem in laudem Dei agnoscere, et per opera etiam saecularia se invicem ad sanctiorem vitam adiuvare debent, ita ut mundus spiritu Christi imbuatur atque in iustitia, caritate et pace finem suum efficacius attingat. In quo officio universaliter adimplendo laici praecipuum locum obtinent".

375 Vgl. Kaiser, Laien, 182 (Anm. 216). Vgl. zudem hierzu weiter oben 2.1.2.1. Das Verständnis des Konzils von den Laien.

376 Vgl. AA 2,1: „At laici, muneris sacerdotalis, prophetici et regalis Christi participes effecti, suas partes in missione totius populi Dei explent in Ecclesia et in mundo." Vgl. auch AA 10,1.

377 Vgl. AA 1,1.

der Laien als notwendig angesehen wird, die im Christsein selbst ihren Ursprung hat und für die Kirche essentiell[378] ist beziehungsweise ohne die auch jegliches andere Tun nicht „zu seiner vollen Wirkung kommen kann“.[379]

Alle Dienste und Charismen sind auf die Sendung der Kirche hin ausgerichtet. Dabei steht diese charismenorientierte Dynamik der kirchlich hierarchischen Ordnungsstruktur nicht gegenüber, sondern mit ihr in Beziehung.[380] So wird im Konzil immer wieder darauf verwiesen, dass es an den Verantwortungsträgern liegt, die Charismen für die Kirche in entsprechender Weise nutzbar zu machen. Auch zu Beginn des dritten Kapitels von Lumen Gentium wird betont, dass die Amtsträger, die mit heiliger Vollmacht ausgestattet sind, ihren „heiligen Dienst zum Nutzen ihrer Brüder wirken“[381] sollen, damit alle, die zum Volk Gottes gehören, sich in „freier und geordneter Weise“[382] auf das gemeinsame Ziel, nämlich die gemeinsame Sendung hin, entfalten können.[383] Prinzipiell sollen denjenigen, die aufgrund von Amt, Weihe, Beauftragung oder einer anderen Form kirchlicher Sendung einen besonderen Anteil an der Sendung der Kirche besitzen, darauf achten, dass sie in besonderer Weise dafür Sorge zu tragen haben, dass diese große und herausfordernde Aufgabe von allen Sendungsträgern verwirklicht werden kann. Im Sinne des Konzils ist daher mit jedem besonderen Dienst innerhalb der Kirche auch immer die Sorge darum verbunden, dass jeder christifidelis nach seinen Möglichkeiten den je eigenen, persönlichen Beitrag zum gemeinsamen Auftrag leisten und einbringen kann.[384] Das sogenannte Amt gemäß LG 18 existiert nicht isoliert neben dem Volk Gottes, sondern soll seinen Dienst im und am Volk Gottes versehen.[385]

Zusammenfassend lässt sich festhalten, dass das Verständnis von der Sendung der Kirche gemäß dem Konzil universal ist und von allen Getauften gemeinsam verwirklicht werden soll. Im Laiendekret wird sogar ausdrücklich darauf verwiesen, dass es nun keinen rein passiven Teil innerhalb der Kirche mehr gibt.[386] Diese Sendung der Kirche ist göttlichen Ursprungs und gründet letztlich in Jesus Christus. Sakramentale Grundlage der Sendungsträger bildet

378 Vgl. ebd.: „Apostolatus enim laicorum, ex ipsa eorum christiana vocatione promanans, numquam potest in Ecclesia deficere”.

379 AA 10,1: „Intra communitates Ecclesiae eorum actio tam necessaria est ut sine ea ipse pastorum apostolatus plenum suum effectum assequi plerumque nequeat“.

380 Vgl. LG 4,1.

381 LG 13,3: „Adest enim inter membra eius diversitas, sive secundum officia, dum aliqui sacro ministerio in bonum fratrum suorum funguntur, sive secundum condicionem et vitae ordinationem, dum plures in statu religioso, arctiore via ad sanctitatem tendentes, fratres exemplo suo stimulant“.

382 LG 18,1.

383 Vgl. ebd.

384 Vgl. bspw. LG 9,1; LG 10,2; LG 18,1; LG 37,3.

385 Vgl. Meckel, Tria-Munera-Lehre, 122 (Anm. 230) sowie Hallermann, Mehr als Strukturen, 70 (Anm. 209).

386 Vgl. AA 2,1.

die Taufe und darin die Berufung zum gemeinsamen Priestertum aller Getauften. Jeder Getaufte hat entsprechend der persönlichen Voraussetzung die Aufgabe an der Verwirklichung der Sendung mitzuwirken. Den kirchlichen Verantwortungsträgern obliegt es dafür zu sorgen, dass jeder christifidelis seinem Sendungsauftrag nachkommen und ihn zum Wohl der Kirche verwirklichen kann.

2.1.3.2 Das Verständnis des CIC/1917 von der missio ecclesiae

Um das konziliare Verständnis von der Sendung der Kirche historisch einordnen zu können soll auch an diesem Punkt die vorkonziliare kirchenrechtliche Position dargestellt werden. Danach soll diese mit den konziliaren Aspekten verglichen werden.

Das Verständnis von der Sendung der Kirche, wie es dem vorkonziliaren Kirchenrecht zu Grunde liegt, beruht vor allem auf der damaligen Ekklesiologie[387] und dem damit verbundenen Verfassungsrecht der Kirche. Wie im Konzil hat auch in der vorkonziliaren Theologie jede Sendung der Kirche ihren Ursprung im dreieinigen Gott und darin insbesondere in der Fortführung der Sendung Jesu Christi.[388] Aus der Societas-Perfecta-Ekklesiologie ergibt sich, dass die Kirche aus ihrer Selbstständigkeit heraus alle Mittel in sich selbst trägt, um ihre Sendung zu erfüllen.[389]

Explizit wird im dritten Buch *De Rebus* im CIC/1917 unter anderem die Verwaltung des kirchlichen Lehrauftrages thematisiert. Auch wenn dies nur ein kleiner Teil der kirchlichen Sendung ist, wird hierin doch die vorkonziliare Gesetzeslage deutlich. Nach allgemeinen Aussagen[390] werden im Speziellen die Verkündigung des Wortes Gottes[391], die Glaubensunterweisung[392], die Predigt[393] und die heilige Mission[394] näher behandelt.

Kraft göttlicher Sendung besitzen der Papst für die Gesamtkirche und die Bischöfe für ihre jeweilige Teilkirche das Recht[395] und die Pflicht[396] zur hoheitlichen Wortverkündung. In can. 1328 CIC/1917 wird schließlich ausgesagt, dass auch alle anderen Glieder der Kirche durch kirchliche Sendung des jeweiligen Oberhirten an der Wortverkündigung beteiligt werden. Eine solche Beauftra-

387 Vgl. Kösters, Kirche, 970–976 (Anm. 203).
388 Vgl. ebd., 976–977. Vgl. hierzu auch can. 1322 § 1 CIC/1917.
389 Vgl. Meckel, Konzil und Codex, 29 (Anm. 42).
390 Vgl. cann. 1322–1326 CIC/1917.
391 Vgl. cann. 1327–1328 CIC/1917
392 Vgl. cann. 1329–1336 CIC/1917.
393 Vgl. cann. 1337–1348 CIC/1917.
394 Vgl. cann. 1349–1351 CIC/1917.
395 Vgl. can. 1327 § 1 CIC/1917.
396 Vgl. can. 1327 § 2 CIC/1917.

gung (missio canonica) berechtigt und befähigt diejenigen, die sie erhalten, als amtliche Zeugen die kirchliche Lehre zu verkünden.[397]

Die Glaubensunterweisung wird in den nachfolgenden Canones als eine der bedeutsamsten Pflichten desjenigen, der das Amt der Seelsorge innehat, bezeichnet.[398] Insbesondere der Pfarrer wird dabei in die Pflicht genommen.[399] In can. 1335 CIC/1917 jedoch wird, ähnlich wie später im Konzil, die Rolle der Eltern als Katecheten in Bezug auf ihre Kinder herausgestellt.[400]

Im anschließenden zweiten Teil über die Predigt werden vor allem die nachfolgenden Aspekte besonders betont: Für die Predigt bedarf es einer ausdrücklichen Beauftragung. Diese Predigtvollmacht (facultas) kann nur durch den jeweiligen Hirten verliehen werden.[401] Außerdem können nur Geistliche die Erlaubnis zur Predigt erhalten.[402] Schließlich muss die Eignung des betreffenden Klerikers nachgewiesen und überprüft werden/worden sein.[403]

Die Normen zur dritten Weise der Verkündigung des Wortes Gottes in Form von sogenannten Volksmissionen[404] und äußeren Missionen[405] werden abschließend behandelt. Die Norm von can. 1351 CIC/1917, wonach niemand zum katholischen Glauben gezwungen werden darf, ist laut Schmitz selbstverständlich und somit überflüssig, auch wenn sie den ausdrücklichen Willen des Gesetzgebers zum Schutz der persönlichen Freiheit verdeutlicht.[406]

Semmelroth arbeitet zur Sendung der Kirche exemplarisch heraus, dass es die Aufgabe der Hierarchie ist, die Sendung Jesu Christi zu verwirklichen.[407] Das „heilige Amt der Kirche“[408] hat demnach die Aufgabe, die Erlösertätigkeit Christi vor den Menschen sichtbar zu machen und weiterzuführen.[409] Die kirchliche Hierarchie verleiht damit durch dieses von den Aposteln weitergeführte Amt der Kirche Dauer und Bestand sowie der sichtbaren Sendung

397 Vgl. Schmitz, Gesetzsystematik des CIC, 318 (Anm. 139). Vgl. auch Meckel, Apostolat LKRO (Anm. 161).

398 Vgl. can 1329 CIC/1917: „Proprium ac gravissimum officium pastorum praesertim animarum, est catecheticam populi christiani institutionem curare.“

399 Vgl. cann. 1330–1332 CIC/1917.

400 Vgl. can. 1335 CIC/1917: „Non solum parentes aliique qui parentum locum tenent, sed heri quoque ac patrini obligatione adstringuntur curandi ut omnes sibi subiecti vel commendati catechetica institutione erudiantur.“

401 Vgl. can. 1337 CIC/1917 i.V.m. can 1328 CIC/1917. Zur Thematik der Predigt im CIC/1917: Vgl. Hallermann, Heribert: „...dass nur öffentlich predige, wer gesandt ist“. Kanonistische Nachfragen und Perspektiven zum Verbot der ‚Laienpredigt‘ (KStKR 26), Paderborn 2017, hier: 24–44.

402 Vgl. can. 1337 CIC/1917.

403 Vgl. can. 1340 CIC/1917.

404 Vgl. can. 1349 CIC/1917.

405 Vgl. can. 1350 CIC/1917.

406 Vgl. Schmitz, Gesetzessystematik des CIC, 322 (Anm. 230). Vgl. auch can. 1351 CIC/1917.

407 Vgl. Semmelroth, Kirche, Laie, Sendung, 3 (Anm. 310).

408 Ebd., 3.

409 Vgl. ebd., 3.

eine Seele.[410] Demzufolge kommt es vor allem dem Klerus zu, die Sendung der Kirche zu verwirklichen. Philipp Hofmeister ergänzt, dass die Sendung der Kirche amtlich nur mit der vom kirchlichen Lehramt verliehenen missio canonica rechtmäßig ausgeübt werden darf.[411] Er führt dazu aus, dass in der Regel die missio canonica für den Predigtdienst nur Priestern oder Diakonen erteilt wird.[412] Dagegen kann sie insbesondere für den Schuldienst auch an Laien verliehen werden.[413]

Im Gegensatz zur konziliaren Ausfaltung der Theologie von der gemeinsamen Verantwortung zur Verwirklichung der Sendung der Kirche wird vorkonziliar vor allem vom Klerus erwartet, diesen Dienst zu erfüllen. Dagegen wird durch das Konzil die vorkonziliare Lehre, wonach die Sendung der Kirche in der Sendung Jesu Christi gründet, bestätigt und fortgeführt.

2.1.4 Die historische Entwicklung pastoraler Laienberufe in vorkonziliarer Zeit

Schon vor dem Zweiten Vatikanischen Konzil gab es unterschiedliche, richtungsweisende Impulse in Bezug auf die Förderung und Anerkennung des Apostolates der Laien und in Bezug auf die Entwicklung der Berufe hauptberuflicher Laien in der Pastoral.

Diese historisch-theologischen Kontexte sollen nun kurz zusammenfassend dargestellt werden, um ähnlich wie die Position des CIC/1917 auch diesbezüglich die Tragweite der konziliaren Aussagen für die spätere Entstehung des Berufes der Pastoralreferenten einordnen zu können.

Eine zentrale Rolle nimmt dabei sicherlich die sogenannte Katholische Aktion ein, die in Entstehung und Programm eng mit dem Pontifikat Papst Pius‘ XI. verknüpft ist.[414] Diese häufig als Laienapostolat bezeichnete Tätigkeit hatte letztlich die Aufgabe, nicht das eigene Apostolat der Laien, sondern das den

410 Vgl. ebd., 5.
411 Vgl. Hofmeister, Philipp: Art. Missio canonica, in LThK¹, Bd. 7, 217.
412 Vgl. ebd., 217.
413 Vgl. ebd., 217.
414 Vgl. Hallermann, Vereinigungen im Verfassungsgefüge, 166–182 (Anm. 89) sowie ders.: Art. Katholische Aktion, in: LKStKR, Bd. 2, 400–402. Vgl. außerdem Meckel, Konzil und Codex, 99–103 (Anm. 42) sowie ders.: Art. Katholische Aktion – Katholisch, in: LKRO, https://dx.doi.org/10.30965/9783506786388_0596, Zugriff: 20.03.2020 und Algermissen, Konrad: Art. Katholische Aktion, in: LThK¹, Bd. 5, Freiburg 1933, 902–908. Vgl. auch Demel, Sabine: Zur Verantwortung berufen. Nagelproben des Laienapostolates, Freiburg im Breisgau 2009, hier: 141–143. Zur Katholischen Aktion in Deutschland: Vgl. u. a. auch Steinmaus-Pollak, Angelika: Das als Katholische Aktion organisierte Laienapostolat. Geschichte seiner Theorie und seiner kirchenrechtlichen Praxis in Deutschland, in: Forschungen zur Kirchenrechtswissenschaft 4, Würzburg 1988.

Bischöfen durch Christus verliehene Apostolat zu unterstützen.[415] So waren die Mitglieder der Katholischen Aktion durch ein mandatum dazu berechtigt, im Binnenbereich der Kirche für das hierarchische Apostolat tätig zu werden.[416] Meckel spricht in diesem Zusammenhang mit Verweis auf Pius XI. von der „Subordination des Laienapostolates unter das Apostolat der kirchlichen Hierarchie"[417] und betont, dass die Katholische Aktion letztlich nur das damals vorherrschende Societas-Perfecta-Modell umgesetzt hat.[418] Die Katholische Aktion war demnach ein hierarchisch strukturiertes Instrument der Kirche und ihrer Hierarchie.[419] Im Rahmen der Katholischen Aktion wurde als ein Ziel unter anderen auch das Glaubenswissen der Mitglieder verstärkt und gefördert.[420]

Im deutschsprachigen Raum entwickelte sich etwa zeitgleich mit der Entstehung der Katholischen Aktion der Beruf der Seelsorgehelferin.[421] Ähnlich wie die Katholische Aktion zeichnete sich auch dieser neue pastorale Beruf dadurch aus, dass er vor allem eine Hilfsfunktion für das Apostolat der kirchlichen Hierarchie darstellte. Dieses Hilfsapostolat war zumeist dem Priester zugeordnet.[422] Es ist Meckel zuzustimmen, wenn er zusammenfasst, dass dabei „ekklesiologisch konsequent [...] Laienapostolat gerade nicht ein Apostolat der Laien, sondern eine Teilhabe am Apostolat der Hierarchie und damit ein via mandatum von der Hierarchie abgeleitetes, delegiertes und koordiniertes Apostolat"[423] meint. Rahner seinerseits formuliert dazu treffend, dass „die Katholische Aktion und die Aktion der Katholiken nicht zusammenfallen."[424]

Auch Papst Pius XII. stellt mit seiner Enzyklika „Mystici Corporis"[425] und der darin enthaltenen Leib-Christi-Ekklesiologie einen weiteren zentralen Entwicklungsschritt im Verständnis des Laienapostolates dar.[426] Meckel hält dazu fest, dass der Papst dort erstmals aussagt, dass „der Kirchenbegriff nicht ausschließlich mit der kirchlichen Hierarchie zu füllen oder auf diese zu reduzieren ist, noch die Kirche einzig auf das Charisma hin verstanden

415 Vgl. Hallermann, Katholische Aktion, 400 (Anm. 414).
416 Vgl. ebd., 401.
417 Meckel, Konzil und Codex, 100 (Anm. 42).
418 Vgl. ebd., 101.
419 Vgl. Demel, Verantwortung, 141 (Anm. 414).
420 Vgl. Hallermann, Katholische Aktion, 400 (Anm. 414).
421 Vgl. hierzu weiter oben 1.3.2. Der Begriff *Seelsorgehelferin*. Vgl. Schieffer, Elisabeth: Art. Seelsorgehelferin, Seelsorgehelfer, in: LThK³, Bd. 9, 390 sowie Schwerdt, Karl: Art. Seelsorgehelferin, in: LThK², Bd. 9, 586–587. Vgl. außerdem Fischer, Seelsorgehilfe, 587 (Anm. 53).
422 Vgl. hierzu weiter oben 1.3.2. Der Begriff *Seelsorgehelferin*.
423 Meckel, Katholische Aktion, 85 (Anm. 87).
424 Rahner, Karl: Über das Laienapostolat, in: Rahner, Karl (Hg.): Schriften zur Theologie Bd. 2, Einsiedeln 1955, 369.
425 P. Pius XII., Encyclica Mystici Corporis Christi, in: AAS 35 (1943), 193–248.
426 Vgl. ebd., 15.

werden kann."[427] Auch wenn Pius XII. die Tria-Munera-Lehre ausschließlich auf Kleriker anwendet[428], betont er doch zugleich das bedeutsame Wirken der Laien in der Welt.[429] Dieses Wirken im Sinne der Katholischen Aktion wird aber eben nicht als eigenständiges Apostolat, wie später im Konzil, sondern in Abhängigkeit von der kirchlichen Hierarchie beschrieben.[430] Meckel erkennt in der Enzyklika die Erweiterung der Societas-Perfecta-Ekklesiologie um die pneumatologische Dimension, aber auch das beginnende Aufbrechen der vorherrschenden Aufteilung der Kirche in einen lehrenden und einen gehorchenden Teil.[431]

Auch wenn es sich bei all diesen drei vorkonziliaren Entwicklungen und Strömungen nur um delegiertes Apostolat der Hierarchie handelt, sind darin doch erste Schritte hin zu einem apostolischen Handeln im eigenen Namen aufgrund der sakramentalen Grundlage der Taufe zu erkennen, wie es dann im Konzil entfaltet wird. Die nachkonziliar entstandenen pastoralen Laienberufe können auf die Erfahrungen des Berufes der Seelsorgehelferin aufbauen und mit der konziliaren Theologie weiterführende eigenständige Berufsbilder entwickeln.

2.1.5 Zusammenfassung

In Bezug auf das heutige Berufsbild der Pastoralreferenten ergeben sich aus den bisherigen Untersuchungen zum christlichen Laien als Mitglied des Volkes Gottes und als Sendungsträger theologische, konziliare Impulse, die zusammenfassend eingeordnet werden sollen.

Das Zweite Vatikanische Konzil greift in seiner Kirchenkonstitution auf diverse, bekannte Kirchenbilder aus der biblisch-patristischen Tradition zurück. Besonders stark wird der sakramentale Charakter von Kirche hervorgehoben. Dabei wird Kirche als Realsymbol für die innigste Vereinigung mit Gott angesehen im Sinne eines verbindenden Elementes zwischen Immanenz und Transzendenz. Die Spannung zwischen *innen* und *außen* wird damit aufgehoben und das Denksystem der Kirche als societas perfecta aufgegeben. Im

427 Meckel, Konzil und Codex, 104 (Anm. 42). So kann P. Pius XII., Encyclica Mystici Corporis Christi, 15, formulieren: „Man darf jedoch nicht glauben, dieser organische Aufbau des Leibes der Kirche beziehe und beschränke sich allein auf die Stufenfolge der kirchlichen Ämter, noch auch, wie eine entgegengesetzte Meinung behauptet, sie bestehe einzig aus Charismatikern, wenngleich solche mit wunderbaren Gaben ausgestattete Menschen niemals in der Kirche fehlen werden."

428 Vgl. P. Pius XII., Encyclica Mystici Corporis Christi, 15.

429 Vgl. ebd., 15. Vgl. auch Hofmann, Linus: Die Rechte der Laien in der Kirche, in: TrThZ 64, 1955.

430 Vgl. P. Pius XII., Encyclica Mystici Corporis Christi, 15.

431 Vgl. Meckel, Konzil und Codex, 106 (Anm. 42).

Zentrum der Selbstaussage des Konzils über die Kirche steht dann das Bild von der Kirche als Volk Gottes. Mit diesem Verständnis von Kirche wird das vorkonziliar dominierende paulinische Bild vom einen Leib und den vielen Gliedern als vorherrschende Metapher für Kirche abgelöst. Die Rückbesinnung auf die Theologie der Kirche als Teil des Volkes Gottes ist eine zentrale und theologisch richtungsweisende Änderung des Konzils. Ein wesentliches Element dieses Ansatzes ist die Lehre von der Teilhabe aller Gläubigen an den drei munera Jesu Christi. In dieser Teilhabe am jesuanischen Priester-, Propheten- und Königsdienst gründet der Sendungsauftrag jedes Getauften, der wiederum essentieller Bestandteil der Sendung der Kirche ist. Das alte Schema der Zweiteilung mit den Klerikern als aktiven und den Laien als passiven Mitgliedern des Volkes Gottes wird mit Lumen Gentium und Apostolicam Actuositatem überwunden. Damit eng verbunden ist die theologische Aussage, dass alle Menschen zu diesem einen Gottesvolk berufen sind. Darin ist zudem das Bild der Kirche als Communio verankert. Sie findet ihren Ausdruck im Zusammenwirken der verschiedenen Glieder des Gottesvolkes, um die Sendung der Kirche zu verwirklichen. Diese Darstellung als Communio ist darüber hinaus komplementär und ergänzend zur hierarchischen Struktur der Kirche. Hierarchie ist dabei die gottgewollte Ordnungsstruktur der Kirche, die in Bezug auf die Sendung und die Glieder der Kirche einen dienenden Charakter haben soll.

In der Präambel der Rahmenstatuten von 2011 für Pastoral- und Gemeindereferenten wird mit Verweis auf LG 1 zunächst ausdrücklich herausgestellt, dass Kirche in Christus das Sakrament ist, das die innigste Vereinigung mit Gott und die Einheit der gesamten Menschheit zeichenhaft ausdrückt.[432] Darüber hinaus wird dort ebenfalls aufgezeigt, dass Kirche wesentlich Communio ist. Die zentrale konziliare Beschreibung der Kirche als Volk Gottes hat in den Rahmenstatuten von 2011 nur eine untergeordnete Bedeutung. So werden zentrale Elemente der Volk Gottes-Ekklesiologie wie die Teilhabe aller Gläubigen an der Sendung der Kirche und den tria munera in Bezug auf die Leib Christi-Metapher interpretiert.[433] Mit dem Begriff *Volk Gottes* wird zudem defizitär mitunter nur das Gegenüber von Klerikern dargestellt, an dem diese einen besonderen Dienst auszuüben haben.[434] Damit folgen die Rahmenstatuten eher dem vorkonziliaren Kirchenbild der hörenden *ecclesia obediens*, in Form der Laien, dem die lehrende *ecclesia docens*, in Form der Kleriker, gegenübersteht. So wird erst nach der Betonung, dass Laien nicht zum Klerus gehören, in der Präambel der Rahmenstatuten ausgeführt, dass Laien durch die Taufe ins Volk Gottes eingegliedert werden.[435] Die wichtige konziliare Grundaussage, wonach

[432] Vgl. Rahmenstatuten 2011, in: DDB Nr. 96, 1.1.1, 11.
[433] Vgl. Rahmenstatuten 2011, in: DDB Nr. 96, 1.1.2, 11–12.
[434] Vgl. Rahmenstatuten 2011, in: DDB Nr. 96, 1.1.4, 12.
[435] Vgl. Rahmenstatuten 2011, in: DDB Nr. 96, 1.2.1, 13.

alle Getauften Sendungsträger der Kirche sind, wird in den Rahmenstatuten aufgegriffen und als „theologische Grundlage für einen hauptberuflichen Dienst von Laien in der Pastoral“[436] angesehen.[437] Die hierarchische Verfasstheit als ekklesiales Strukturprinzip wird in den Rahmenstatuten von 2011 ebenfalls angeführt und als einheitsstiftendes Prinzip betont.[438]

Der Laie wird im Zweiten Vatikanischen Konzil in enger Verbindung zum Kirchenbild des Volkes Gottes beschrieben. In dieser Zuordnung erlangt der Begriff *Laie* auch seine ursprüngliche etymologische Bedeutung als *zum Volk gehörig* zurück. Die Eingliederung zum Gottesvolk geschieht durch die Taufe. Darin liegt auch der Auftrag zur Verwirklichung des je eigenen Anteils der Sendung der Kirche ebenso sakramental begründet, wie die Teilhabe an den drei munera Jesu Christi. Darüber hinaus bildet die Taufe auch die Grundlage für die Teilhabe der Laien am gemeinsamen Priestertum aller Gläubigen. Aus dieser Zuordnung erwächst auch das grundlegende Verständnis des Konzils vom Laien als Sendungsträger der Kirche, das sich deutlich vom vorkonziliar geprägten Bild des nur passiven Laien unterscheidet. In dieser Funktion benennt das Konzil die besondere aber keinesfalls exklusive Sorge der Laien für alles Weltliche mit dem sogenannten *Weltcharakter* als ein Proprium der Sendung der Laien. Dabei formulieren die Konzilsväter vor allem die Heiligung der Welt als eine Hauptaufgabe der Laien. Des Weiteren wird die besondere Sorge für die christliche Ehe dem Sendungsauftrag der Laien explizit zugeordnet. Grundsätzlich betont das Konzil zudem, dass Laien Menschen sind, die von Gott zum Volk Gottes berufen sind. Diese göttliche Berufung, die allen Gliedern des Volkes Gottes gemeinsam ist, stellt ein einendes und verbindendes Element dieses Gottesvolkes dar. Überhaupt wird im Kapitel über die Laien der Kirchenkonstitution herausgestellt, dass bei aller Verschiedenheit der Dienste und Charismen unter allen Gliedern des Gottesvolkes eine wahre Gleichheit vorherrscht. Für die Entstehung der pastoralen Laienberufe nach dem Konzil ist darüber hinaus vor allem auch die Aussage des Konzils bedeutsam, dass Laien von der Hierarchie unter bestimmten Voraussetzungen zu kirchlichen Ämtern herangezogen werden können, die einem geistlichen Zweck dienen. Des Weiteren wird der christliche Laie vom Konzil als Träger von Rechten und Pflichten innerhalb der Kirche herausgestellt: Er hat das Recht, die Sakramente empfangen zu können, das Recht und bisweilen auch die Pflicht, die eigene Meinung zum Wohl der Kirche zu äußern, und die Pflicht der Annahme der kirchlichen Lehraussagen.

Das Bild vom Laien ist eng mit dem konziliaren Bild der Sendung der Kirche verbunden. Dieses Verständnis von der Sendung der Kirche, das dem Konzil

436 Rahmenstatuten 2011, in: DDB Nr. 96, 1., 11.
437 Vgl. Rahmenstatuten 2011, in: DDB Nr. 96, 1., 11 und 1.2.1, 13 sowie 31 und 62.
438 Vgl. Rahmenstatuten 2011, in: DDB Nr. 96, 1.1.4, 13.

zu Grunde liegt, ist dabei universal und soll von allen Getauften gemeinsam verwirklicht werden. Das verdeutlichen sowohl die Kirchenkonstitution als auch das Missionsdekret Ad Gentes. Grundlegend wird betont, dass diese Sendung in Jesus Christus begründet und somit göttlichen Ursprungs ist. Sakramentale Grundlage dabei bildet die Taufe und insbesondere die Berufung zum gemeinsamen Priestertum aller Getauften. Jedes Glied des Gottesvolkes hat gemäß den Konzilsvätern deshalb den Auftrag, entsprechend der persönlichen Voraussetzung an der Verwirklichung der Sendung der Kirche mitzuwirken. Die beiden Begriffe, die das Konzil für die Sendung der Kirche verwendet, sind *missio* und *apostolatus*. Beide Begriffe werden sowohl für Kleriker als auch für Laien verwendet. Überhaupt sind sowohl das Apostolat der Hierarchie wie auch das Apostolat der Laien ergänzend aufeinander bezogen. Den kirchlichen Verantwortungsträgern obliegt es dabei dafür zu sorgen, dass jeder Christ seinem Sendungsauftrag und somit seinem Anteil an der Sendung der Kirche nachkommen kann, um ihn zum Wohl der Kirche zu verwirklichen. Der je eigene Anteil dieser Sendung ist dabei in den Bedingungen der jeweiligen Lebensform zu realisieren.

Auch in den Rahmenstatuten von 2011 für Pastoral- und Gemeindereferenten wird zunächst die konziliare Aussage herausgestellt, wonach zwischen allen Gläubigen eine wahre Gleichheit in Würde und Tätigkeit zum Aufbau des Leibes Christi vorherrscht.[439] Weiter wird dort diese grundlegende Konzilsaussage dahingehend gedeutet, dass alle Glieder der Kirche, „geweihte Amtsträger wie die Laien“[440], an der Sendung der Kirche teilhaben. So wird auch dort der enge Zusammenhang zwischen der Frage, was den Laien ausmacht und der Sendung der Kirche zum Ausdruck gebracht. Dies zeigt sich auch darin, dass in der theologischen Präambel der Rahmenstatuten Berufung, insbesondere die Berufung der Laien, mit Verweis auf Apostolicam Actuositatem immer auch als Berufung zum Apostolat zu verstehen ist.[441] Wie im Konzil wird auch dort der Laie als Sendungsträger der Kirche angesehen. In den Rahmenstatuten wird diesbezüglich aber zunächst mit der Auswahl entsprechender Konzilsbelege besonders betont, dass es einen Unterschied in der Verwirklichung der Sendung zwischen Klerikern und Laien, entsprechend der je spezifischen – beziehungsweise verschiedenen – Weise gibt.[442] Darüber hinaus wird im

439 Vgl. Rahmenstatuten 2011, in: DDB Nr. 96, 1.1.2, 12. Vgl. auch LG 32,3.

440 Rahmenstatuten 2011, in: DDB Nr. 96, 1.1.2, 12.

441 Vgl. Rahmenstatuten 2011, in: DDB Nr. 96, 1.1.3, 12. Vgl. auch AA 2,1. Vgl. hierzu auch Meckel, Katholische Aktion, 94 (Anm. 87). Meckel stellt dort heraus, dass das Konzil dort einen sehr viel weiteren Apostolatsbegriff definiert, als es der Begriff *Laienapostolat* im Zuge der Katholischen Aktion beschreibt.

442 Vgl. Rahmenstatuten 2011, in: DDB Nr. 96, 1.1.2, 12. Vgl. dabei auch LG 32,3 sowie Rahmenstatuten 2011, in: DDB Nr. 96, 1.1.3, 12. Vgl. dazu auch AA 2,1 und Rahmenstatuten 2011, in: DDB Nr. 96, 1.2.1, 13. Vgl. dabei auch LG 31,1.

Gliederungspunkt 1.1.4 der Präambel zum Verhältnis von gemeinsamen Priestertum aller Gläubigen zum hierarchischen Priestertum nicht, wie zu erwarten wäre, das Mitwirken der Laien am gemeinsamen Priestertum aller Getauften, sondern vor allem das besondere Priestertum des geweihten Amtes in seiner Bedeutsamkeit für die Kirche näher beschrieben und herausgestellt.[443] Unter dem Aspekt *Das Apostolat der Laien* wird sowohl die Taufe als Eingliederung der Laien zum Gottesvolk als auch die Teilhabe der Laien an den drei munera Jesu Christi betont.[444] Die konziliare Aussage über den Weltcharakter der Laien oder die bedeutsame konziliare Forderung an die Laien, von innen heraus zur Heiligung der Welt beizutragen, finden sich nicht beziehungsweise nur indirekt in einem Zitat aus dem Dokument „Instruktion zu einigen Fragen über die Mitarbeit der Laien am Dienst der Priester" wieder, ohne aber auf die entsprechenden Konzilsaussagen in LG 31,2 Bezug zu nehmen.[445]

Der Verweis auf die vom Konzil eröffnete Möglichkeit, dass Laien zur Mitarbeit am Apostolat der Hierarchie berufen werden können, wird bei den Rahmenstatuten abschließend unter dem Aspekt *Das Apostolat der Laien* angeführt, ehe dort dann *der hauptberufliche Dienst von Laien in der Pastoral* behandelt wird.[446] Dieser aufeinander aufbauenden Logik folgend soll nun in einem nächsten Schritt das Handeln von Laien im Namen der Kirche aus Sicht des Konzils im Fokus der Betrachtungen stehen.

2.2 Das Handeln von Laien im Namen der Kirche

Das Rahmenstatut von 2011 benennt an keiner Stelle ausdrücklich, dass Laien dazu befähigt und beauftragt sind, nicht nur im eigenen Namen, sondern auch im Namen der Kirche zu handeln. Gleichwohl betont es im Sinne des Konzils die Teilhabe von Laien an der Sendung der Kirche in unserer Zeit.[447]

In der kanonistischen Forschung hat sich die Frage, ob hauptberufliche Laien in der Pastoral kirchliche Amtsträger sind oder nicht, als ein zentraler Forschungsgegenstand herauskristallisiert.[448] Um aber der Ausgangsfrage

443 Vgl. Rahmenstatuten 2011, in: DDB Nr. 96, 1.1.4, 12–13.
444 Vgl. Rahmenstatuten 2011, in: DDB Nr. 96, 1.2.1, 13.
445 Vgl. Rahmenstatuten 2011, in: DDB Nr. 96, 1.2.1, 13. Vgl. auch Instruktion, 6.
446 Rahmenstatuten 2011, in: DDB Nr. 96, 1.2.4, 14.
447 Vgl. Rahmenstatuten 2011, in: DDB Nr. 96, 7., 30.
448 Vgl. Hallermann, Kirchliche Ämter, 200–219 (Anm. 65) sowie ders., Pastoralreferent, 165–167 (Anm. 47) und ders., Amtsträger LKRO (Anm. 475). Vgl. außerdem Loretan, Laien im pastoralen Dienst, 214–273 (Anm. 63). Vgl. auch Köhl, Georg: Erneuerung und Entwicklung des Berufes ‚Pastoralreferent/in', in: Olbrich, Clemens; Stammberger, Rald (Hg.): Pas-

nachzugehen, inwieweit die Rahmenstatuten von 2011 für Gemeinde- und Pastoralreferenten die theologischen und kirchenrechtlichen Möglichkeiten rezipieren, um den Beruf des Pastoralreferenten zu beschreiben, ist es notwendig, das konziliare Konzept vom Handeln der Laien im Namen der Kirche darzulegen und einzuordnen.

2.2.1 Die Laien als Träger einer spezifischen Sendung

Zunächst soll untersucht werden, welche Konsequenzen sich für die Laien aus der Tatsache ergeben, dass sie wie alle Getauften Sendungsträger in der Kirche sind. Besonders in Bezug auf den Beruf der Pastoralreferenten gilt es diesbezüglich zu klären, inwieweit das Konzil für Laien ein Handeln im Namen der Kirche ermöglicht hat. Die nachkonziliare Diskussion um das Verständnis des kirchlichen Amtes hat in den neuartigen Aussagen zum Verständnis des Kirchenamtes im Konzil[449] seinen Ursprung. Die Konzilsväter hatten nicht die Intention, das kirchliche Amt in seiner bis dahin bestehenden Art und Weise grundlegend zu ändern und für Laien zu öffnen. Aus den konziliaren Aussagen lassen sich dennoch Grundlagen für ein erneuertes Verständnis des kirchlichen Amtes erkennen, wie sie der Codex von 1983 danach in gültiges Recht gefasst hat.[450] So wird von den Konzilsvätern deutlich die Revision des Ämter- und Benefizialsystems gefordert.[451] In der Trennung von Amt und Benefizium wiederum liegt die rechtliche Möglichkeit begründet, dass nach damals geltendem kirchlichen Recht gewisse kirchliche Ämter auch Laien übertragen werden können.

Sowohl in der Kirchenkonstitution als auch im Dekret über die Priester wird ausdrücklich darauf hingewiesen, dass kirchliche Ämter auch an Laien übertragen werden können, sofern diese Laien dafür geeignet sind.[452] Die un-

toralreferent/Innen – unverzichtbar für die Kirche. Und sie bewegen sie doch, Freiburg 2000, 52–75, hier: 61–71. Im Gegensatz dazu: Vgl. DBK: Stellungnahme der Deutschen Bischofskonferenz zur Vorlage der Sachkommission I ‚Die Beteiligung der Laien an der Verkündigung im Gottesdienst‘, in: Homeyer, Josef (Hg. In seiner Funktion als Sekretär der Gemeinsamen Synode): SYNODE, Amtliche Mitteilungen der Gemeinsamen Synode der Bistümer in der Bundesrepublik Deutschland, München 1972/2, 29–30.

449 Vgl. etwa PO 9,2 und LG 33,3. Vgl. dazu auch PO 20,2. Vgl. auch Koch, Peter: Art. Benefizium – Historisch, in: LKRO, https://dx.doi.org/10.30965/9783506786371_0262, Zugriff: 20.03.2020.

450 Vgl. c. 145, CIC/1983.

451 Vgl. PO 20,2. Vgl. auch Althaus, Rüdiger: Die Rezeption des Codex Iuris Canonici von 1983 in der Bundesrepublik Deutschland unter besonderer Berücksichtigung der Voten der Gemeinsamen Synode der Bistümer der Bundesrepublik Deutschland, Paderborn/München/Wien/Zürich 2000, hier: 1028–1030.

452 Vgl. PO 9,2: „Probantes spiritus si ex Deo sint, charismata laicorum multiformia, tam humilia quam altiora, cum sensu fidei detegant, cum gaudio agnoscant, cum diligentia foveant.

terschiedlichen lateinischen Begrifflichkeiten, die für solche Laienämter verwendet werden, „munus“[453] und „officium“[454], lassen erkennen, dass es keine einheitliche Redaktion des Konzils zum Thema des kirchlichen Amtes gegeben hat. Dies ist keineswegs verwunderlich. Es zeigt aber dennoch, dass vom Konzil her sowohl das eher schwächere Wort *munus* als auch das eindeutig als Amt erkennbare Wort *officium* für Laien und deren mögliche Aufgaben Anwendung findet. Meckel bemerkt dazu, dass die einseitige Reduzierung des Amtsbegriffs auf Geweihte mit Verweis auf das Konzil problematisch sei, da der Amtsbegriff dort sowohl auf Kleriker als auch auf Laien Anwendung findet.[455]

Aus kirchenrechtlicher Perspektive stellt Riedel-Spangenberger weiter heraus, dass sowohl die Formulierung von LG 33,3 („können Laien zu bestimmen Ämtern berufen [vocare] werden“) als auch die Formulierung von PO 9,2 („Ebenso sollen sie [die Priester] vertrauensvoll den Laien Ämter zum Dienst in der Kirche anvertrauen“), keine eindeutige rechtliche Aussagekraft besitzen, da die beiden Begriffe *vocare* und *adsumere* kein präzises Rechtsverhältnis deutlich werden lassen.[456] Dennoch macht Riedel-Spangenberger deutlich, dass das Konzil darin Formen des beauftragten Apostolates erkennt, die über das private Tätigwerden zur Verwirklichung der Sendung der Kirche hinausgehen.[457] So können Laien etwa zur Zusammenarbeit mit dem Apostolat der Hierarchie berufen oder bei entsprechender Eignung auch eigenständig zu gewissen kirchlichen Aufgaben herangezogen werden.[458]

Das Konzil verwendet beispielsweise den Begriff *missio canonica* um den Dienst von Männern und Frauen zu beschreiben, die offiziell zur Verbreitung des Glaubens der Kirche als Katecheten beitragen.[459] Unabhängig davon, wie die jeweilige Form des Laienapostolates geartet ist, wird immer deutlich, dass diese mit der Hierarchie in Beziehung steht. Im Laiendekret lassen sich fünf unterschiedliche Ausfaltungen dieses Laienapostolates in Bezug zur Sendung der Kirche erkennen:[460]

Inter alia vero dona Dei quae in fidelibus abundanter inveniuntur, peculiari cura digna sunt, quibus non pauci ad altiorem vitam spiritualem attrahuntur. Item cum fiducia laicis in servitium Ecclesiae officia committant, eis agendi libertatem et spatium relinquentes, immo eos ut opera etiam sua sponte aggrediantur opportune invitantes.“

453 LG 33,3.
454 PO 9,2.
455 Vgl. Meckel, Tria-Munera-Lehre, 122 (Anm. 230) sowie ders., Konzil und Codex, 133 (Anm. 42).
456 Vgl. Riedel-Spangenberger, Sendung in der Kirche, 178 (Anm. 186).
457 Vgl. ebd., 177.
458 Vgl. LG 33,3.
459 Vgl. Riedel-Spangenberger, Sendung in der Kirche, 177 (Anm. 186). Vgl. auch PO 9, LG 35 und AA 5.
460 Vgl. Riedel-Spangenberger, Sendung in der Kirche, 178–181 (Anm. 186).

1. Zunächst wird das private Apostolat aufgrund von Taufe und Firmung angeführt.[461] Bei diesem Handeln handelt es sich um ein ureigenes Apostolat der Laien, das seine Wurzel in der Taufe und im gemeinsamen Priestertum aller Getauften hat. Es ist ausdrücklich „kein delegiertes und zugestandenes Apostolat"[462] der Hierarchie, sondern ein Handeln im eigenen Namen.
2. Weiter werden apostolische Initiativen von Laien benannt[463], die „kein zusätzliches, über die rechtliche Beziehung, die jeder christlichen und kirchlichen Existenz innewohnt, hinausgehendes rechtliches Verhältnis zwischen der Hierarchie und dem Laienapostolat"[464] begründen.
3. Eine dritte Ausfaltung sind die Formen des Laienapostolates, die ausdrücklich von der Hierarchie anerkannt werden[465] und somit zum öffentlichen Wirken im Namen der Kirche ermächtigen.[466]
4. Darüber hinaus gibt es für Laien die Möglichkeit, mit einem „mandatum"[467] ausgestattet zu werden. Diese Form des Laienapostolates ist eng mit dem eigenen apostolischen Amt der Hierarchie verbunden und ermächtigt ebenfalls zum öffentlichen Wirken im Namen der Kirche. Riedel-Spangenberger stellt dabei unterscheidend heraus, dass es sich „bei der Anerkennung [...] um eine auf die bereits vorhandene Institutionalisierung gegebene nachträgliche Ermächtigung"[468] handelt, „während beim ‚mandatum' ein bestimmtes schon vorhandenes Laienapostolat von der Hierarchie ausgewählt wird, um dafür Verantwortung zu übernehmen."[469]
5. Als engste juristische Bindung sieht das Konzil vor, dass einzelnen Laien von der Hierarchie bestimmte Aufgaben übertragen werden können, die eng mit den Kirchenämtern der Seelsorge verbunden sind.[470] In Bezug auf die in AA 24 beschriebenen Formen des Laienapostolates wird zudem festgehalten, dass es Aufgabe der Hierarchie ist, dieses originäre Apostolat der Laien zu „fördern, Grundsätze und geistliche Hilfen zu geben, seine Ausübung auf das kirchliche Gemeinwohl hinzuordnen und darüber zu wachen, daß Lehre und Ordnung gewahrt bleiben."[471] Grundsätzlich hält Meckel dazu fest, dass Laien auf der Grundlage des Taufapostolates darüber hinaus von der kirchlichen Autorität gemäß LG 33 und PO 9 herangezogen werden können „nicht nur im eigenen Namen, sondern auch im Namen der Kirche

[461] Vgl. bspw. AA 23,1.
[462] Meckel, Konzil und Codex, 119 (Anm. 42).
[463] Vgl. AA 24,3.
[464] Vgl. Riedel-Spangenberger, Sendung in der Kirche, 178 (Anm. 186).
[465] Vgl. AA 24,4.
[466] Vgl. Riedel-Spangenberger, Sendung in der Kirche, 179 (Anm. 186).
[467] AA 24,5.
[468] Riedel-Spangenberger, Sendung in der Kirche, 180 (Anm. 186).
[469] Ebd., 180.
[470] Vgl. AA 24,5.
[471] AA 24,1.

[zu] handeln.“[472] Die für Laien bestehenden Möglichkeiten, im Namen der Kirche zu handeln, entfaltet Meckel anhand unterschiedlicher Konzilsdokumente.[473]

Damit lässt sich festhalten, dass das Konzil mit der Betonung, dass alle Getauften Träger der Sendung der Kirche sind, den Grundstein dafür gelegt hat, dass auch Laien im Namen der Kirche handeln können. Meckel bindet dieses Konzept zurück an die konziliare Tria-Munera-Lehre, wenn er ausführt, dass „der Unterschied der Teilhabe der christifideles laici gegenüber den christifideles clerici an den drei munera Christi [...] sich in unterschiedlichen Handlungsqualitäten“[474] zeigt. So können die christfideles laici die tria munera vor allem im eigenen Namen ausüben, aber eben auch von der kirchlichen Hierarchie gemäß LG 33 beauftragt werden, im Namen der Kirche zu handeln.[475] Dem gegenüber handeln gemäß AA 2 die Nachfolger der Apostel Jesu Christi in seinem Namen und in seiner Vollmacht.[476] Laien haben somit auf der Basis und im Sinne des Konzils die Möglichkeit, nicht nur im eigenen Namen, sondern auch aufgrund bestimmter Formen der Beauftragung im Namen der Kirche zu handeln. Eine wichtige Grundlage hierfür bilden auch die konziliaren Anstöße, das Benefizialsystem zu überarbeiten und von dem jeweiligen kirchlichen Amt zu lösen.[477] Laien haben aufgrund der konziliaren Impulse die Möglichkeit, in besonderer Weise an der Sendung der Kirche beteiligt zu werden, die über das persönliche in Taufe und gemeinsamem Priestertum aller Getauften grundgelegte Apostolat hinausgeht. Für die Entstehung von eigenständigen pastoralen Laienberufen, wie etwa dem des Pastoralreferenten und dem des Gemeindereferenten, stellt die Möglichkeit des offiziellen Handelns im Namen der Kirche durch Laien eine grundlegende theologisch und kirchenrechtliche Voraussetzung dar.

Daher ist es verwunderlich, dass das Konzept von Laien, die befähigt und berechtigt sind, im Namen der Kirche zu handeln, in den Rahmenstatuten von 2011 nicht oder nur sehr indirekt aufgegriffen wird. So wird beispielsweise in

[472] Meckel, Tria-Munera-Lehre, 127 (Anm. 230) sowie ders., Konzil und Codex, 134 (Anm. 42).

[473] Vgl. Meckel, Konzil und Codex, 134 (Anm. 42). In Bezug auf liturgische Dienste: Vgl. Concilium Vaticanum Secundum, Constitutio de sacra Liturgia „Sacrosanctum Concilium“, in: AAS 55 (1964) 97–138. Lateinisch – deutscher Text in: LThK², Bd. 12, 14–109, hier: SC 28 und SC 29. In Bezug auf die missionarischen Tätigkeiten: Vgl. AG 21; AG 23; AG 25; AG 26 und AG 41. Vgl. außerdem AA 17; AA 10; AG 14 und CD 30. Bzgl. des Religionsunterrichtes vgl. GE 7; AA 30; PO 21 und CD 27.

[474] Meckel, Konzil und Codex, 128 (Anm. 42).

[475] Vgl. ebd., 128. Vgl. auch Hallermann, Heribert: Art. Amtsträger, kirchlicher – Katholisch, in: LKRO, https://dx.doi.org/10.30965/9783506786371_0108, Zugriff: 20.03.2020.

[476] Vgl. Meckel, Konzil und Codex, 128 (Anm. 42). Vgl. auch AA 2.

[477] Vgl. PO 20,2. Vgl. zudem Hommens, Maximilian: Art. Benefizium, in: LKStKR, Bd. 1, 236 sowie Mörsdorf, Rechtssprache, 184–186 (Anm. 206) und Koch, Benefizium LKRO (Anm. 449).

Bezug auf die notwendige bischöfliche Beauftragung zum pastoralen Dienst nur ausgesagt, dass sie „konstitutive Voraussetzung dafür [ist], dass Laien im hauptberuflich pastoralen Dienst beschäftigt werden können".[478] Dass aus einer solchen Beauftragung besondere Rechte und Befugnisse erwachsen, weil damit ein Handeln im Namen der Kirche grundgelegt wird, wird in den Rahmenstatuten von 2011 nicht deutlich.[479] Lediglich in Bezug auf den Religionsunterricht wird gesagt, dass mit der „unbefristeten Anstellung die Missio für den schulischen Religionsunterricht"[480] verbunden ist. Auch im anschließenden Schlusswort wird in Bezug auf hauptberufliche Laien nicht auf die rechtlichen Möglichkeiten, die das Konzil eröffnet hat, eingegangen, sondern nur ausgesagt, dass Laien mit ihren vielfältigen Geistesgaben besondere Akzente im Aufbau des Leibes Christi wirken können und dass dieses Rahmenstatut einen „weiten und vielfältigen Aufgabenbereich [absteckt], in dem Laien am Handeln der Kirche in unserer Zeit teilhaben".[481] Diese Teilhabe wird aber nicht näher theologisch und rechtlich qualifiziert.

2.2.2 Das Handeln im Namen der Kirche nach Maßgabe des CIC/1917

Um die konziliaren Aussagen einordnen zu können, soll nun das Konzept vom Handeln im Namen der Kirche untersucht werden, wie es dem CIC/1917 zu Grunde liegt. Dabei soll dargelegt werden, wer in der Zeit vor dem Konzil im Namen der Kirche handeln konnte. Unbestritten ist dazu eine Rückbindung an die kirchliche Hierarchie notwendig. Um im Namen der Kirche zu handeln, bedarf es entweder eines Kirchenamtes oder eines Mandates im Sinne einer kirchlichen Delegation. Diese beiden Konzepte sollen nun näher ausgeführt werden.

Nach dem Befund des CIC/1917 sind durch Amt oder Delegation beauftragte Personen dazu befähigt, im Namen der Kirche zu handeln und dementsprechend Rechtsgeschäfte für die Kirche tätigen zu können.[482] Diesen Personen kann entweder ein Kirchenamt übertragen werden, mit dem keine *iurisdictio* verbunden sein muss, oder sie können durch Beauftragung zum Handeln im Namen der Kirche befähigt werden.[483] In beiden Fällen handelt es sich „im Gegensatz zu privaten Handlungen um offiziell gebilligte oder gewollte öf-

478 Rahmenstatuten 2011, in: DDB NR. 96, 6.2, 29.
479 Vgl. ebd., 1.3.3, 14–15.
480 Ebd., 6.3, 29.
481 Ebd., 7., 30.
482 Vgl. Riedel-Spangenberger, Sendung in der Kirche, 135 (Anm. 186).
483 Vgl. ebd., 135.

fentliche Handlungen für die Kirche, deren Berechtigung an eine besondere Beauftragung durch kirchliche Hoheitsträger gebunden ist".[484]

Eine Form dieser Bevollmächtigung ist die Delegation. Unter dem Begriff *Delegation* ist innerhalb der kirchlichen Rechtsordnung „das Übertragen hoheitlicher Vollmacht (potestas) oder Befugnis (facultas) an eine dazu befähigte natürliche oder juristische Person, die diese Vollmacht nicht schon durch die Übertragung eines Amtes erhalten hat"[485], zu verstehen. Im Gegensatz zur *potestas ordinaria*, die an ein Amt gebunden ist, wird die durch Delegation übertragene potestas unmittelbar einer Person übertragen.[486] Gemäß can. 118 CIC/1917 können nur Kleriker delegiert werden. Es werden im CIC/1917 mehrere Delegationen, die von Rechts wegen vorgesehen sind und damit jurisdiktionelle Befugnisse enthalten, benannt.[487] Ebenfalls bedeutsam in Bezug auf den Akt der Delegation ist die Tatsache, dass der Delegierte „nicht im Namen und als Stellvertreter des Deleganten, sondern als dessen Bevollmächtigter in eigenem Namen"[488] handelt. Die delegierte Gewalt kann auch wieder erlöschen, wenn entweder der Auftrag erfüllt, die Frist abgelaufen oder die Zahl der Fälle erschöpft ist, für die die Delegation gegeben war, sowie durch Verzicht des Delegierten beziehungsweise Zurücknahme der Delegation durch den Deleganten.[489] Delegieren kann nur, wer auch Träger ordentlicher Gewalt ist.[490] Delegation kann entweder durch Gesetz (a iure) oder durch einen Verwaltungsakt (ab homine) erfolgen.[491]

Neben der Möglichkeit der Delegation ist die Übertragung eines Kirchenamtes der Normalfall, um die Befugnis zu einem Handeln im Namen der Kirche erlangen zu können. Das vorkonziliare Recht hat das *Handeln im Namen der Kirche* in erster Linie an den Begriff des *Kirchenamtes* (officium ecclesiasticum[492]) geknüpft.[493] Der CIC/1917 kennt durchaus ein sogenanntes

[484] Ebd., 136.

[485] Wenner, Reinhard: Art. Delegation, in: LKStKR, Bd. I, 384 sowie Mörsdorf, Rechtssprache, 99.105–106.109–110 (Anm. 206).

[486] Vgl. Rösser, Ernst: Art. Delegation, in LThK² Bd. 3, Freiburg im Breisgau 1959, 206–207, hier: 207.

[487] Vgl. can. 207 § 2 CIC/1917; can. 209 CIC/1917; can. 882 CIC/1917; can. 883 CIC/1917; can. 900 CIC/1917; can. 1044 CIC/1917; can. 1045 § 3 CIC/1917; can. 2247 § 3 CIC/1917; can. 2253 CIC/1917; can. 2254 §§ 1 und 3 CIC/1917; can. 2290 CIC/1917.

[488] Rösser, Delegation, 207 (Anm. 486).

[489] Vgl. ebd., 207. Vgl. auch Fahrnberger, Gerhard: Art. Delegation, in: LThK³ Bd. 3, Freiburg im Breisgau 1995, 73.

[490] Vgl. Pree, Helmuth: Die Ausübung der Leitungsvollmacht, in: HdbKathKR, Regensburg ¹1983, 131–141, hier: 134 sowie Fahrnberger, Delegation, 73 (Anm. 489).

[491] Vgl. Pree, Leitungsvollmacht, 134 (Anm. 490) sowie Riedel-Spangenberger, Sendung in der Kirche, 143 (Anm. 186).

[492] Vgl. can. 145 § 1 CIC/1917.

[493] Vgl. Mörsdorf, Rechtssprache, 183–184 (Anm. 206).

Kirchenamt im weiteren Sinne (lato sensu[494]), das auch an Laien übertragen werden kann. Ein solches Kirchenamt im weiteren Sinne ist aber qualitativ nicht vergleichbar mit dem *normalen* Kirchenamt im engeren Sinne (stricto sensu), das nur an Kleriker übertragen werden kann.[495] Dies ergibt sich daraus, dass ein enger Zusammenhang zwischen dem Kirchenamt und dem Benefizialwesen besteht.[496] Unter Benefizium beziehungsweise dem Begriff *beneficium ecclesiasticum* versteht man ein „mit einem Kirchenamt verbundenes Recht aus einer bestimmten Vermögensmasse oder bestimmten Gaben ein festes Einkommen zu beziehen, das dem Inhaber eines Kirchenamtes zum Lebensunterhalt dient."[497] Diese Koppelung von materiellem Nutzen und dem dazugehörigen Amt ist notwendig, um die Versorgung und den Unterhalt der Kleriker zu gewährleisten.[498] Problematisch ist diesbezüglich die Knüpfung mehrerer Benefizien an ein bestimmtes Amt, um den Straftatbestand der Ämterhäufung zu umgehen.[499] Des Weiteren sind mit Benefizien wirtschaftliche und/oder machtpolitische Vorteile verbunden, so dass die Gefahr besteht, dass der eigentliche geistliche Zweck des jeweiligen Kirchenamtes in den Hintergrund tritt. Umgekehrt ist die kirchliche Hierarchie daran interessiert, Kirchenbesitz und Kirchenvermögen nicht an Nicht-Kleriker zu übertragen. Die enge Verbindung zwischen Benefizium und Kirchenamt ist daher ein beschränkender Faktor, weshalb Kirchenämter im engeren Sinne nur an Kleriker übertragen werden sollen und dürfen.[500]

Zusammenfassend lässt sich daher festhalten, dass das Handeln im Namen der Kirche gemäß dem CIC/1917 fast ausschließlich[501] den Klerikern vorbehalten ist. Diese sind entweder durch ein *officium ecclesiasticum* oder durch eine entsprechende Delegation dazu befähigt. Ohne rechtliche Delegation oder gültige Übertragung eines Kirchenamtes ist es nicht möglich, im Namen der Kirche zu handeln. Die konziliaren Aufbrüche in Bezug auf die Reform des Benefizialsystems und die damit verbundene Weitung des kirchlichen Amtes

494 Vgl. can. 145 § 1 CIC/1917.

495 Vgl. etwa Schmitz, Gesetzessystematik des CIC, 79–81 (Anm. 139). Deutlicher noch bei: Sägmüller, Johannes Baptist: Lehrbuch des katholischen Kirchenrechts. Vierte, auf Grund des Codex Iuris Canonici vollständig umgearbeitete Auflage, Freiburg im Breisgau, ⁴1925, hier: 388. Vgl. auch Sipos, Enchiridion, 115 (Anm. 199) sowie Jone, Heribert: Gesetzbuch der lateinischen Kirche, Erklärung der Kanones, Bd. 2, Sachenrecht, Paderborn, ²1952.

496 Vgl. can. 146 CIC/1917 i.V.m. cann. 1409–1488 CIC/1917.

497 Hommens, Benefizium, 236 (Anm. 477). Vgl. auch Mörsdorf, Rechtssprache, 184–186 (Anm. 206).

498 Vgl. Hommens, Benefizium, 237 (Anm. 477).

499 Vgl. ebd., 237.

500 Vgl. can. 145 § 1 CIC/1917.

501 Auch der CIC/1917 kennt einige Ausnahmen, in denen in bestimmten Fällen Nicht-Kleriker ein Kirchenamt verliehen werden kann, das eine Handlungsermächtigung im Namen der Kirche beinhaltet bspw. das Amt eines Notars (vgl. hierzu cann. 372–374 CIC/1917) oder auch die ergänzenden Laien-Mitglieder von Kirchenstiftungsräten (gemäß can. 1183 § 1 CIC/1917).

sind durchaus bemerkenswert. Sie stellen eine grundlegende Neuerung dar, die das Konzept vom Handeln im Namen der Kirche grundsätzlich auch für Laien geöffnet hat.

2.2.3 Das Zusammenwirken verschiedener Sendungsträger zum bonum commune ecclesiae

Das vorkonziliare Konzept von der *ecclesia docens* auf der einen und der *ecclesia obediens* auf der anderen Seite wurde durch die konziliare Lehre revidiert. Als Konsequenz ergibt sich, dass nun alle Getauften Sendungsträger und als solche auch aktive Glieder der Kirche sind. Die Teilhabe an der Sendung der Kirche ist ein zentrales Element, das alle Glieder der Kirche miteinander verbindet und sie als solche auszeichnet. Durch die Ekklesiologie des Konzils und das damit veränderte Verständnis des Laienapostolates muss folgerichtig das Verhältnis zwischen Laienapostolat und Hierarchie neu bestimmt werden.[502] Deshalb soll nun das Verhältnis der einzelnen Glieder innerhalb des Gottesvolkes zueinander dargestellt werden, gerade vor dem Hintergrund, dass es unterschiedliche Dienste und Ämter innerhalb des Gottesvolkes gibt. Dies soll unter dem Aspekt des Handelns von Laien in der Kirche auch in Blick auf das Zusammenwirken verschiedener Sendungsträger zum *bonum commune Ecclesiae* untersucht und in Bezug zu den Rahmenstatuten von 2011 für Pastoral- und Gemeindereferenten gesetzt werden. Schließlich wird in den Rahmenstatuten von 2011 an unterschiedlichen Stellen immer wieder die Notwendigkeit des Zusammenwirkens der unterschiedlichen Glieder der Kirche betont.[503]

Zunächst ist festzuhalten, dass das Konzil in Lumen Gentium im Passus über das Gottesvolk eine bereichernde Verschiedenheit der Glieder konstatiert.[504] Diese „innige […] Gemeinschaft“[505] gilt es zum Wohl der Kirche für die eine gemeinsame Sendung zu nutzen. Norbert Witsch konkretisiert diesen konziliaren Ansatz, wenn er klarstellt, dass aus dem Zusammenwirken der unterschiedlichen Berufungen der Gläubigen eine Optimierung kirchlichen Lebens erwächst.[506]

Die Konzilsväter beschreiben das Verhältnis der einzelnen Glieder des Gottesvolkes vom Ziel der gemeinsamen Sendung[507] her als einen wechselseitigen

502 Vgl. Meckel, Konzil und Codex, 131 (Anm. 42) und ders., Apostolat LKRO (Anm. 161).
503 Vgl. etwa Rahmenstatuten 2011, in: DDB Nr. 96, 19–21 und 28.
504 Vgl. LG 13,3.
505 Ebd.
506 Vgl. Witsch, Norbert: Art. Bonum commune – Katholisch, in: LKStKR, Bd. 1, 294–297, hier 297.
507 Vgl. AA 2,1: „Est in Ecclesia diversitas ministerii, sed unitas missionis.“

Vorgang.[508] Dabei soll jeder christifidelis die übrigen Mitglieder des Gottesvolkes in ihrem Dienst an der Erfüllung der gemeinsamen Sendung unterstützen oder ergänzen.[509] Daraus lässt sich dann implizit die Erwartungshaltung an diejenigen Glieder des Gottesvolkes ableiten, die Träger einer spezifischen Sendung sind. Als Träger einer solchen spezifischen Sendung sorgen sie in besonderer Weise dafür, dass an ihrem Ort und entsprechend ihrem Auftrag jeder seinen Anteil an der gemeinsamen Sendung verwirklichen kann.

Konkret geben die konziliaren Ausführungen zum Volk Gottes innerhalb der Kirchenkonstitution den Interpretationsrahmen vor. Dabei ist die Tatsache wesentlich, dass die Sendung der Kirche nur im Miteinander und Zueinander aller Glieder des Gottesvolkes verwirklicht werden kann. Exemplarisch dafür ist die Formulierung, wonach sowohl das Priestertum des Dienstes[510] als auch das gemeinsame Priestertum aufeinander bezogen und einander zugeordnet sind.[511] Grillmeier stellt heraus, dass die Gläubigen dabei in den Prozess eines heiligen Tausches hineingenommen sind und dass sich erst im Zusammenwirken von besonderem und gemeinsamem Priestertum die volle priesterliche Wirklichkeit des Gottesvolkes ergibt.[512] Er differenziert dies weiter aus, indem er das besondere Priestertum auf den einzigartigen priesterlichen Dienst Jesu Christi zurückführt.[513] Die Verwendung des Begriffes *sacerdotium ministeriale* in Lumen Gentium unterstreicht dabei den Gedanken, dass es sich um ein Dienstamt handelt, das alle christifideles in der Verwirklichung des gemeinsamen Priestertums aller Getauften unterstützen soll.[514] Mit der Bezeichnung *sacerdotium ministeriale* haben sich die Konzilsväter für eine Formulierung entschieden, die keine Machtansprüche gegenüber den übrigen Gläubigen geltend machen lässt. Die Formulierung des gemeinsamen Priestertums, des *sacerdotium commune* aller Getauften seinerseits betont, dass alle Menschen

[508] Vgl. bspw. LG 9,1; LG 10,2; LG 18;1, LG 33,2; LG 33,3; LG 37,4.

[509] Vgl. AA 6,1: „Hoc potissimum in ordine apostolatus laicorum et ministerium pastorale mutuo se complent".

[510] In Artikel 28 der Kirchenkonstitution, der explizit von den Priestern handelt, wird deutlich, dass diese an der *potestas* des Bischofs partizipieren, die wiederum direkt an der eigenen Weihe und Sendung Jesu Christi teilhaftig gemacht wurden. Doch gerade in Bezug auf Artikel 10 und die Aussagen des Konzils über das gemeinsame Priestertum aller Gläubigen wird deutlich, dass dieses *Teilhaftig-sein an Weihe und Sendung Jesu Christi* jedem unterschiedlich, je nach der eigenen Stellung innerhalb des Gottesvolkes zukommt. Anteil an der Sendung Jesu Christi gilt also den geistlichen Hirten in ihrer eigenen Weise besonders, aber nicht exklusiv.

[511] Vgl. LG 10,2. Vgl. hierzu Meckel, Konzil und Codex, 117–119 (Anm. 42) sowie in diesem Sinne Riedel-Spangenberger, Ilona: Art. Gemeinsames Priestertum – Katholisch, in: LKStKR, Bd. 2, 43–46.

[512] Vgl. Grillmeier, Kommentar II, 183 (Anm. 146).

[513] Vgl. ebd., 183.

[514] Vgl. LG 10,2. Vgl. interpretiend dazu Meckel, Tria-Munera-Lehre, 122 (Anm. 230).

in diesen Dienst mit hineingenommen werden sollen.[515] Mit Meckel ist dabei zudem festzuhalten, dass es sich beim gemeinsamen Priestertum und dem Priestertum des Dienstes „um eine Unterscheidung und keine Trennung handelt, da Trennung die absolute Beziehungslosigkeit zweier unterschiedlicher Gruppen“[516] bedeuten würde. Auch Witsch führt diesen Gedanken aus, wenn er den Begriff des *bonum commune Ecclesiae* auf die kirchliche Communiostruktur zurückführt.[517] Durch die Taufe wird der einzelne Mensch in die kirchliche Communio eingegliedert und hat damit an „deren Leben, ihren Heilsmitteln und der Ausübung ihrer Sendung“[518] auf die je eigene Weise Anteil. Die getreue Ausübung der von Christus übertragenen Sendung innerhalb der kirchlichen Communio kann in Anlehnung an Aymans-Mörsdorf folglich als das *bonum commune Ecclesiae* bestimmt werden.[519]

Die konziliare Ekklesiologie vom Volk Gottes gründet darauf, dass einige christifideles im Sinne der gemeinsamen Sendung im Dienst der anderen stehen. Das betrifft vor allem diejenigen, die durch Amt, Weihe oder Beauftragung einen besonderen Anteil an der Sendung der Kirche haben. Zu Beginn des dritten Kapitels der Kirchenkonstitution, dem Kapitel über die hierarchische Verfassung der Kirche, betonen die Konzilsväter daher die Zuordnung der „Amtsträger, die mit heiliger Vollmacht ausgestattet sind“[520], zu den übrigen Gliedern im Gottesvolk. Diese *ministri* sollen ihren „heiligen Dienst zum Nutzen ihrer Brüder wirken“[521], damit alle, die zum Volk Gottes gehören, sich in „freier und geordneter Weise“[522] auf das gemeinsame Ziel, nämlich die gemeinsame Sendung hin entfalten können.[523] Dies ist deshalb von Bedeutung, da durch diese konziliare Vorgabe innerkirchliche Ämter und Positionen nie

515 Vgl. Grillmeier, Kommentar II, 183 (Anm. 146). Grillmeier verweist in dem Zusammenhang auch darauf, dass es die Überlegungen gab, *sacerdotium ministeriale* als *sakramentales* oder *stellvertretendes Priestertum* (sacerdotium repraesentans) zu bezeichnen, um den Unterschied zum gemeinsamen Priestertum aller Gläubigen tiefer zu erfassen. Dabei betont er, dass beide Bezeichnungen nicht dienlich sind, da auch das *gemeinsame Priestertum aller Getauften* einen sakramentalen Grund besitzt und das Stellvertretungsmerkmal weder den einzigen noch den entscheidenden Unterschied darstellt.

516 Meckel, Katholische Aktion, 90 (Anm. 87).

517 Vgl. Witsch, Bonum comune, 296 (Anm. 506).

518 Ebd., 296.

519 Vgl. Aymans, Winfried - Mörsdorf, Klaus: Kanonisches Recht. Lehrbuch aufgrund des Codex Iuris Canonici, Bd. 1, Paderborn 1991, 150.

520 LG 18,1: „Ministri enim, qui sacra potestate pollent, fratribus suis inserviunt, ut omnes qui de Populo Dei sunt, ideoque vera dignitate christiana gaudent, ad eumdem finem libere et ordinatim conspirantes, ad salutem perveniant“.

521 LG 13,3: „Adest enim inter membra eius diversitas, sive secundum officia, dum aliqui sacro ministerio in bonum fratrum suorum funguntur, sive secundum condicionem et vitae ordinationem, dum plures in statu religioso, arctiore via ad sanctitatem tendentes, fratres exemplo suo stimulant“.

522 LG 18,1.

523 Vgl. LG 18,1.

als abschottende Abgrenzung gegenüber anderen Mitgliedern des Gottesvolkes zu verstehen sind, sondern als Dienstämter. Im Kapitel über die Laien wird gemäß Otto Hermann Pesch dieser Dienstcharakter der Hierarchie gegenüber den Laien besonders hervorgehoben.[524] Er bezeichnet dabei die Amtsträger der Hierarchie als „Rückendeckung für die Laien [um sie] bei deren Erfüllung der ‚eigentümlichen' Sendung der Kirche in der Welt"[525] zu unterstützen.

Noch mehr vertieft das Konzil diesen Aspekt im Dekret über das Laienapostolat. Dort wird darauf verwiesen, dass das Tun der Laien innerhalb der Kirche ohne das unterstützende Apostolat der Hirten meist nicht zu seiner vollen Wirkung kommen kann.[526] Dies bedeutet nicht, dass die Hirten eine Exklusivposition innehaben, wenn es um die Verwirklichung der drei munera Jesu Christi geht. Vielmehr gilt für diejenigen, die aufgrund von Amt, Weihe, Beauftragung oder einer anderen Form kirchlicher Sendung einen besonderen Anteil an der Sendung der Kirche besitzen, dass sie in besonderer Weise dafür Sorge zu tragen haben, dass diese große und herausfordernde Aufgabe von allen Sendungsträgern verwirklicht werden kann. Im Sinne des Konzils ist daher mit jedem besonderen Dienst innerhalb der Kirche auch immer die besondere Sorge dafür verbunden, dass jeder christifidelis nach seinen Möglichkeiten den je eigenen, persönlichen Beitrag zum gemeinsamen Auftrag leisten und einbringen kann.[527] In diesem Sinne besteht eine der wichtigsten Aufgaben dieser „mandadierten Formen des Apostolates"[528] darin, auf das „individuelle und auf eigene Verantwortung in Familie, Beruf und Gesellschaft auszuübende Apostolat vorzubereiten."[529] Dies gilt auch für Laien, die durch kirchliche Beauftragung oder Ämterübertragungen einen spezifischen Anteil an der Sendung der Kirche ausüben. Auch deren Dienst ist als Dienst am gesamten Gottesvolk und seinen einzelnen Gliedern zu verstehen.

Vor diesem Hintergrund soll speziell die Rolle der Laien in dieser Zuordnung der einzelnen Glieder des Gottesvolkes untersucht werden. Dies ist insofern bedeutsam, als dass sich dabei eine deutliche Abkehr von der vorkonziliaren Theologie erkennen lässt. Laien sind nun nicht mehr nur passive, hörende Glieder der Kirche, sondern aktive Sendungsträger. So formulieren die Konzilsväter den Auftrag an die geistlichen Hirten, dass sie die Würde

524 Pesch, Das Zweite Vatikanische Konzil, 205 (Anm. 89).
525 Ebd., 205.
526 Vgl. AA 10,1: „Utpote participes muneris Christi sacerdotis, prophetae et regis, laici suas partes activas habent in Ecclesiae vita et actione. Intra communitates Ecclesiae eorum actio tam necessaria est ut sine ea ipse pastorum apostolatus plenum suum effectum assequi plerumque nequeat".
527 Vgl. etwa LG 9,1; LG 10,2; LG 18,1.
528 Klostermann, Kommentar LG, 271 (Anm. 261).
529 Ebd., 271.

und Verantwortung der Laien in der Kirche anerkennen und fördern sollen.[530] So sollen sie „deren klugen Rat benutzen und ihnen vertrauensvoll Aufgaben im Dienst der Kirche übertragen und ihnen Freiheit und Raum im Handeln lassen."[531] Ganz in diesem Sinn werden im Dekret „Presbyterorum Ordinis"[532] auch die Priester aufgefordert, die Würde und die bestimmte Funktion der Laien mit Blick auf die gemeinsame Sendung aller Gläubigen wahrhaft anzuerkennen und zu fördern.[533] Die Konzilsväter betonen dabei ausdrücklich, dass die Zusammenarbeit von Klerikern und Laien in einem vertrauten Umgang geschehen soll.[534] Daraus erwarten sie sich viel Gutes für die Kirche.[535] Es ist Meckel zuzustimmen, dass an dieser Stelle der Kirchenkonstitution nicht nur eine Vision, sondern zugleich ein ekklesiologischer Anspruch formuliert wird.[536] Im Laiendekret betonen die Konzilsväter, dass das Apostolat der Laien und der Dienst der Hirten einander ergänzen sollen.[537] Durch den Verweis auf die wechselseitige Bezogenheit von Laien und Klerikern geht Klostermann soweit, dass er einen beiderseitigen Austausch des Glaubens und eine gegenseitige Stärkung von Klerikern und Laien daraus ableitet.[538] Auch im Missionsdekret wird bezüglich des Zusammenwirkens von Hierarchie und Laien herausgestellt, dass die Kirche nicht wahrhaft gegründet ist, nicht voll lebt und kein vollkommenes Zeichen Christi unter den Menschen ist, „wenn nicht mit der Hierarchie auch ein wahrer Laienstand da ist und arbeitet."[539]

Ein weiterer Aspekt im Sinne des Zusammenwirkens des gesamten Gottesvolkes ist die Äußerung der eigenen Meinung zum Wohl der Kirche.[540] Die Konzilsväter betonen, dass es ein positives Recht der Laien und implizit somit aller Gläubigen gibt, die eigene Meinung in angemessener Weise zu äußern.[541]

530 Vgl. LG 37,3: „Sacri vero Pastores laicorum dignitatem et responsabilitatem in Ecclesia agnoscant et promoveant; libenter eorum prudenti consilio utantur, cum confidentia eis in servitium Ecclesiae officia committant et eis agendi libertatem et spatium relinquant, immo animum eis addant, ut etiam sua sponte opera aggrediantur".

531 LG 37,3.

532 Concilium Vaticanum Secundum, Decretum de Presbyterorum ministerio et vita „Presbyterorum Ordinis", in: AAS 58 (1966) 991–1024. Lateinisch – deutscher Text in: LThK², Bd. 14, 142–239.

533 Vgl. PO 9,2: „Presbyteri sincere laicorum dignitatem atque propriam, quam laici in missione Ecclesiae habent partem, agnoscant et promoveant".

534 Vgl. LG 37,4: „Ex hoc familiari commercio inter Laicos et Pastores permulta bona Ecclesiae exspectanda sunt: ita enim in laicis roboratur propriae responsabilitatis sensus, fovetur alacritas, et facilius laicorum vires Pastorum operi associantur".

535 Vgl. ebd.

536 Vgl. Meckel, Katholische Aktion, 92 (Anm. 87).

537 Vgl. AA 6,1: „Hoc potissimum in ordine apostolatus laicorum et ministerium pastorale mutuo se complent."

538 Vgl. Klostermann, Kommentar AA, 635 (Anm. 227).

539 Vgl. AG 21,1.

540 Vgl. LG 37,1.

541 Vgl. ebd.

Mitunter wird in diesem Zusammenhang sogar von der Pflicht gesprochen, die eigene Meinung kundzutun, sofern es um das Wohl der Kirche geht.[542] Ausdrücklich wird darauf verwiesen, dass die geistlichen Hirten den klugen Rat der Laien hören und nutzen sollen.[543]

Bei all den Ausführungen um das Zueinander der unterschiedlichen Glieder des Gottesvolkes lässt sich festhalten, dass den Konzilsvätern an einem Miteinander aller Glieder des Gottesvolkes gelegen ist. Die aus diesen und anderen Konzilsaussagen heraus entstandene Theologie der Communio kann als Grundlage der nachkonziliaren Ekklesiologie verstanden werden. Es geht hierbei, zumindest der Intention und dem Wortlaut nach, nicht um Machtstrukturen, sondern um gegenseitige Wertschätzung und Unterstützung, die auf dem fundamentalen Grundsatz beruht, dass allen Gläubigen eine wahre Gleichheit zukommt, die in der gemeinsamen Würde und Tätigkeit zum Aufbau des Leibes Christi besteht.[544] Dabei ist der Grundsatz leitend, dass die Verschiedenheit der einzelnen Glieder des Gottesvolkes eine Bereicherung darstellt, die es für die gemeinsame Sendung und das *bonum commune Ecclesiae* nutzbar zu machen gilt.[545] Für diejenigen Glieder des Gottesvolkes, denen durch kirchliche Sendung oder Weihe ein besonderer Anteil innerhalb der Sendung der Kirche zukommt, bedeutet dies, dass sie dafür zu sorgen haben, dass alle christifideles den je eigenen Sendungsanteil verwirklichen können.[546]

2.2.4 Zusammenfassung

Gemäß den Vorgaben des CIC/1917 war das Handeln im Namen der Kirche fast ausschließlich Klerikern vorbehalten. Diese wurden entweder durch ein officium ecclesiasticum oder eine entsprechende Delegation dazu befähigt.

Die vorkonziliare Theologie der *ecclesia docens* auf der einen und der *ecclesia obediens* auf der anderen Seite wurde durch die konziliaren Lehre jedoch

[542] Vgl. ebd.: „Pro scientia, competentia et praestantia quibus pollent, facultatem, immo aliquando et officium habent suam sententiam de iis quae bonum Ecclesiae respiciunt declarandi."

[543] Vgl. LG 37,3: „Sacri vero Pastores laicorum dignitatem et responsabilitatem in Ecclesia agnoscant et promoveant; libenter eorum prudenti consilio utantur, cum confidentia eis in servitium Ecclesiae officia committant et eis agendi libertatem et spatium relinquant, immo animum eis addant, ut etiam sua sponte opera aggrediantur." Vgl. auch AA 26,3.

[544] Vgl. LG 32,3: „Etsi quidam ex voluntate Christi ut doctores, mysteriorum dispensatores et pastores pro aliis constituuntur, vera tamen inter omnes viget aequalitas quoad dignitatem et actionem cunctis fidelibus communem circa aedificationem Corporis Christi." Vgl. auch AA 8: „libertas et dignitas personae auxilium accipientis maxima humanitate respiciatur" und GS 92.

[545] Vgl. LG 13,3.

[546] Vgl. AA 6,1.

revidiert. Als Konsequenz ergibt sich, dass nun alle Getauften Sendungsträger der Kirche sind.

Mit dem Zweiten Vatikanischen Konzil wurden die Entwicklung des Begriffes vom kirchlichen Amt und die Reform des bisherigen Benefizialsystems angestoßen. So wurde die frühere Bindung zwischen Amt und Benefizium gelöst. Ebenso haben die Konzilsväter die Differenzierung des officium ecclesiasticum in ein *Kirchenamt im engeren Sinn* und ein *Kirchenamt im weiteren Sinn* aufgehoben. Der Fokus, den das Konzil in Bezug auf das kirchliche Amt gesetzt hat, liegt nun in der pastoralen Zielsetzung und wird nicht mehr von Vermögens- und Versorgungsaspekten überlagert. Damit wurde auch ausdrücklich die Übernahme von gewissen kirchlichen Ämtern durch dafür befähigte Laien eröffnet. Laien, die ein solches Kirchenamt ausüben, sind damit auch befähigt, amtlich, das heißt im Namen der Kirche, zu handeln.

Die Rahmenstatuten von 2011 tun sich schwer mit der Weitung, die das Konzil in Bezug auf das Kirchenamt gebracht hat. So wird zwar auf c. 228 § 1 des CIC/1983 verwiesen, der bezogen auf Formulierung und Inhalt die Entsprechung zur Konzilsstelle in LG 33,3 ist, allerdings wird der Canon entgegen der konziliaren Lesart als Mitwirkung am Dienst des Priesters gedeutet und nicht als Befähigung für Laien, kirchliche Ämter zu übernehmen.[547] Das Konzept von Laien, die dazu befähigt sind, im Namen der Kirche zu handeln, wird in den Rahmenstatuten nicht aufgegriffen. Damit wird ein wesentlicher kirchenrechtlicher Aspekt, der in den konziliaren Texten grundgelegt ist, ausgeklammert.

Das leitende ekklesiologische Motiv des Konzils bei der Verwirklichung der kirchlichen Sendung ist das Modell der kirchlichen Communio. Demnach kann die Verwirklichung der gemeinsamen Sendung nur im Miteinander der unterschiedlichen Glieder des Gottesvolkes gelingen. Entsprechend gilt es, die Verschiedenheit der Glieder für das *bonum commune Ecclesiae* nutzbar zu machen. Für diejenigen Glieder des Gottesvolkes, denen durch kirchliche Sendung oder Weihe ein besonderer Anteil innerhalb der Sendung der Kirche zukommt, bedeutet dies, dass sie dafür zu sorgen haben, dass alle Gläubigen den je eigenen Sendungsanteil verwirklichen können.

547 Vgl. LG 33,3: „Praeterea aptitudine gaudent, ut ad quaedam munera ecclesiastica, ad finem spiritualem exercenda, ab Hierarchia adsumantur." Vgl. auch c. 228 § 1 CIC/1983: „Laici qui idonei reperiantur, sunt habiles ut a sacris Pastoribus ad illa officia ecclesiastica et munera assumantur, quibus ipsi secundum iuris pracscripta fungi valent". Vgl. außerdem Rahmenstatutem 2011, in: DDB Nr. 96, 1.3.4, 15.

2.3 Die besondere Qualifizierung von Laien durch theologische Bildung

„Das Zweite Vatikanische Konzil würdigt ausdrücklich den hauptberuflichen Dienst von Laien, die ‚sich selbst für immer oder auf Zeit mit ihrem Fachwissen dem Dienst an den kirchlichen Institutionen und Werken hingeben' (AA 22)."[548] Mit diesem Zitat aus dem Dekret über das Laienapostolat Apostolicam Actuositatem des Zweiten Vatikanischen Konzils begründen die Rahmenstatuten von 2011 zunächst den hauptberuflichen Dienst von Laien in der Pastoral. Dieses Fachwissen besteht entsprechend den Voraussetzungen für den Beruf des Pastoralreferenten zu einem Großteil aus theologischer Bildung.[549] Aus dieser Perspektive heraus soll daher ausgehend vom Konzil in einem nächsten Schritt nach der besonderen Qualifizierung von Laien durch theologische Bildung gefragt werden. Hierfür sollen zunächst der Zweck sowie die Adressaten theologischer Bildung herausgearbeitet werden, ehe die theologische Bildung als solche als Eignungsvorausetzung für die Übernahme kirchlicher Ämter untersucht wird.

2.3.1 Der Zweck theologischer Bildung

Die Rahmenstatuten von 2011 betonen ausdrücklich, dass neben den Dimensionen *Spiritualität* und *menschliche Befähigung* sowie *pastoralpraktische Befähigung* die Erweiterung theologischer und humanwissenschaftlicher Kenntnisse zentral für den Beruf des Pastoralreferenten ist und einen wesentlichen Bestandteil der ersten[550], zweiten[551] und dritten[552] Bildungsphase darstellen.[553] Ausgehend davon soll nun zunächst der Zweck theologischer Bildung im Mittelpunkt der Untersuchungen stehen, insbesondere vor dem Hintergrund der Fragestellung, inwieweit die Rahmenstatuten die Möglichkeiten rezipieren, die das Konzil vorgegeben hat.

548 Rahmenstatuten 2011, in: DDB Nr. 96, 1.3.1, 14. Vgl. zudem AA 22,1: „Speciali honore et commendatione in Ecclesia digni sunt laici, sive caelibes sive matrimonio iuncti, qui perpetuo aut ad tempus servitio institutionum earumque operum seipsos, sua peritia professionali, devovent".

549 Vgl. Rahmenstatuten 2011, in: DDB Nr. 96, 24–25.

550 Darunter wird die Phase des Studiums und der Studienbegleitung verstanden.

551 Darunter wird die Phase der Berufseinführung verstanden.

552 Darunter wird die Phase der Fortbildung und beruflichen Begleitung verstanden.

553 Vgl. Rahmenstatuten 2011, in: DDB Nr. 96, 24–27.

2.3.1.1 Der Zweck theologischer Bildung aus konziliarer Perspektive

Das Verständnis von Bildung, das dem Konzil zu Grunde liegt, gründet vor allem auf dem Dekret „Gravissimum Educationis".[554] Dort tauchen zwei Begrifflichkeiten für den Erwerb theologischer Bildung auf. So wird auf der einen Seite die christliche Erziehung, „educatio"[555], als ein wesentliches Element herausgestellt; auf der anderen Seite wird der Begriff „formatio"[556] für theologische Bildung verwendet. Beides sind unterschiedliche und doch zugleich wesentliche Aspekte des *munus docendi*. Die Verwendung der unterschiedlichen Begrifflichkeiten innerhalb der Konzilstexte lässt auch hier den Rückschluss zu, dass den konziliaren Ausführungen kein einheitlich definierter Bildungsbegriff zu Grunde liegt. Bei der Frage nach dem Zweck theologischer Bildung, stellt die Kirchenkonstitution Lumen Gentium wieder den hermeneutischen Schlüssel beziehungsweise den Interpretationsrahmen dar. Davon ausgehend entfaltet das Konzil seine Aussagen zur theologischen Bildung dann vor allem in den Artikeln 28–32 des Laiendekretes, Artikel 10 und 11 des Erziehungsdekretes und in der Konstitution Gaudium et Spes über Kirche und Welt in Artikel 62.

Die Konzilsväter betonen in den unterschiedlichen Dokumenten immer wieder die grundsätzliche Bedeutsamkeit von theologischer Bildung.[557] Der hohe konziliare Anspruch, dass alle christifideles „so wie ein Sauerteig zur Heiligung der Welt"[558] mitwirken sollen und vom „Geist des Evangeliums geleitet"[559] zur Verwirklichung der Sendung der Kirche beitragen sollen, lässt auch Rückschlüsse auf den Zweck theologischer Bildung zu. So wird durch diesen Anspruch deutlich, dass die konziliare Vorstellung nur realisierbar wird, indem jedem christifidelis auch in entsprechender Weise die dazu notwendige theologische Bildung zur Verfügung steht[560], um sie so auch für das „Apostolat

554 Concilium Vaticanum Secundum, Declaratio de educatione christiana „Gravissimum educationis", in: AAS 58 (1966) 728–739. Lateinisch – deutscher Text in: LThK², Bd. 13, 366–403.

555 Vgl. bspw. GE 1,2; GE 2,1; GE 3,1.

556 Vgl. etwa GE 1,1 und GE 2,1.

557 Vgl. etwa LG 35,4; GS 60,3; GS 62,2; GS 62,7; AA 6,4; AA 28,1; AA 29,4; AA 30,1; AA 30,4; AA 30,6; AA 31,1; GE 10,4.

558 LG 31,2.

559 Ebd.

560 Vgl. GE Vorwort,3: „Cum vero Sancta Mater Ecclesia ad mandatum implendum a divino suo Conditore acceptum, mysterium nempe salutis omnibus hominibus nuntiandi et omnia instaurandi in Christo, integram hominis vitam etiam terrenam quatenus cum vocatione coelesti connexam curare debeat (4), in educationis progressu atque amplificatione partes suas habet. Proinde S. Synodus de educatione christiana praesertim in scholis fundamentalia quaedam principia declarat, quae a speciali post Concilium Commissione fusius evolvenda erunt atque ab Episcoporum Conferentiis ad diversas regionum condiciones applicanda." Vgl. auch GS 62,7.

des Geistes zu befähigen".[561] So soll „in der Erfüllung des Auftrages ihres göttlichen Stifters [...] die heilige Mutter Kirche das Heilsmysterium allen Menschen verkünden"[562] und hat demzufolge den Auftrag, für die Förderung und Ausweitung der christlichen Erziehung und Bildung zu sorgen.[563] Im Dekret Gravissimum Educationis werden Bildung und Erziehung als grundlegende Prinzipien zur Gestaltung des gesellschaftlichen Lebens[564] dargestellt und somit als Voraussetzung für die Verwirklichung des Weltauftrages der Laien gedeutet. Auch Hallermann unterstreicht die konziliare Bedeutung insbesondere der wissenschaftlichen Theologie „als eine Investition in die Gesellschaft und in deren humane und christliche Gestaltung".[565] An dieser Stelle korrespondiert der Nutzen für die Gesellschaft mit der umfassenden Heilssendung der Kirche.[566]

Weiter stellen die Konzilsväter in diesem Dekret und im Zusammenhang mit theologischer Bildung besonders die Bedeutung von Universitäten und Fakultäten als den Orten heraus, an denen „Glaube und Vernunft sich in der einen Wahrheit treffen".[567] Dabei wird ausdrücklich die Freiheit der wissenschaftlichen Forschung als wichtiges Gut gebilligt.[568] Johannes Pohlschneider hält dazu fest, dass die Konzilsväter damit dem Vorwurf begegnen wollten, dass „der ‚weltanschaulich gebundene' Christ nicht ‚wissenschaftlich' sein"[569] könne. Das Konzil bezieht seine Aussagen hier allgemein auf alle wissenschaftlichen Fächer, wonach die Studenten zu Menschen werden sollen, die in ihrer je eigenen Profession und Wissenschaft bestens ausgebildet sein sollen, damit sie wichtige Aufgaben im öffentlichen Leben übernehmen und Zeugen des Glaubens in der Welt sein können.[570] Dies lässt sich analog auf die theologische Wissenschaft und die Kirche übertragen und darauf schließen, dass wichtige Aufgaben im öffentlichen Leben auch Aufgaben der Kirche sein können. Unabhängig von

561 Hallermann, Heribert: Zugangsvoraussetzungen zum wissenschaftlichen Theologiestudium. Erwägungen anlässlich des gesetzlich eröffneten Hochschulzugangs für qualifizierte Berufstätige, in: AfkKR 178 (2009), 144–162, hier: 155. Vgl. auch GE 11,1 und GE 11,2.

562 GE Vorwort, 3.

563 Vgl. GE Vorwort, 3. Ausdrücklich betonen die Konzilsväter dabei den Zusammenhang zwischen (theologischer) Bildung und der himmlischen Berufung der Gläubigen.

564 Pohlschneider, Johannes: Kommentar zur Erklärung über die christliche Erziehung „Gravissimum educationis", in: LThK², Bd. 12, 357–404, hier: 367.

565 Hallermann, Zugangsvorausetzungen, 155 (Anm. 561).

566 Vgl. ebd., 155.

567 GE 10,1: „Quin etiam in iis quae ab ipsa dependent, organica ratione intendit ut singulae disciplinae propriis principiis, propria methodo atque propria inquisitionis scientificae libertate ita excolantur, ut profundior in dies earum intelligentia obtineatur et, novis progredientis aetatis quaestionibus ac investigationibus accuratissime consideratis, altius perspiciatur quomodo fides et ratio in unum verum conspirent, Ecclesiae Doctorum, praesertim S. Thomae Aquinatis vestigia premendo".

568 Vgl. ebd.

569 Pohlschneider, Kommentar GE, 393 (Anm. 564).

570 Vgl. GE 10,1. Vgl. auch: Hallermann, Zugangsvoraussetzungen, 154–155 (Anm. 561).

der jeweiligen wissenschaftlichen Disziplin wird weiterhin herausgestellt, dass auch in der Wissenschaft christifideles ihren Anteil an der gemeinsamen Sendung aller Gläubigen als „Zeugen des Glaubens“[571] verwirklichen können. Diese Weltimmanenz, die hier der Wissenschaft und implizit auch der Theologie zugesprochen wird, ist im Kontext des besonderen Weltauftrags der Laien und somit der kirchlichen Sendung relevant.[572] So ist entsprechende Bildung mitunter ein Qualifizierungsmerkmal für Laien, um ihren besonderen Weltcharakter und Auftrag als Teil der kirchlichen Sendung zu verwirklichen. Dies gilt auch für theologische Bildung. Die Konzilsväter betonen dabei, dass das Schicksal von Gesellschaft und Kirche eng mit der Entwicklung, insbesondere der geistlichen Entwicklung der Menschen verbunden ist.[573]

Theologische Bildung kann den persönlichen Glauben bereichern und der individuellen Bildungsentwicklung dienen. Georg May betont dazu, dass theologische Universitäten und Fakultäten den Auftrag haben, für öffentliche, ständige und allgemeine Präsenz des christlichen Geistes in der Welt der Wissenschaft zu sorgen.[574] Außerdem sollen sie gut ausgebildete Menschen hervorbringen, die für „wichtige Ämter in der Gesellschaft und für das Glaubenszeugnis in der Welt geeignet sind“.[575] Diese Zielvorstellung lässt sich auch auf die Kirche übertragen. So ist eine adäquate theologische Bildung auch für die Übernahme eines Kirchenamtes notwendig.[576] Die Grundintentionen des Gesetzgebers zum kirchlichen Amt innerhalb des CIC/1917, die den Konzilsvätern zu Grunde lag, besteht darin, dass jeder der ein Amt übertragen bekommen soll, die entsprechenden von diesem Amt geforderten Fähigkeiten besitzen muss.[577] Umgekehrt hat derjenige, der ein Amt überträgt, dafür zu sorgen, dass derjenige, dem ein Amt übertragen werden soll, zu dessen Übernahme auch befähigt ist. So lässt sich aus dem vorkonziliaren Rechtsverständnis für die Frage nach dem Zweck theologischer Bildung ableiten, dass kirchliche Ämter nur an dazu befähigte Personen verliehen werden dürfen. Weiter lässt sich ableiten, dass es Aufgabe der kirchlichen Hierarchie ist, die entsprechende Befähigung zu prüfen und auch gegebenenfalls für sie zu sorgen. Wenn im Sinne des Konzils auch Laien befähigt sein können im Namen der Kirche zu

571 GE 10,1: „Ita quidem veluti publica, stabilis atque universalis praesentia efficiatur mentis christianae in toto culturae altioris promovendae studio atque horum institutorum alumni formentur homines doctrina vere praestantes, gravioribus officiis in societate obeundis parati atque fidei in mundo testes“.

572 Vgl. LG 31,2.

573 Vgl. GE 10,2.

574 Vgl. May, Georg: § 69 Die Hochschulen, in: Listl, Joseph; Müller, Hubert; Schmitz, Heribert (Hg.): HdbKathKR, Regensburg [1]1983, 605–631, hier: 606. Vgl. auch GE 10,1.

575 May, Hochschulen, 607 (Anm. 574).

576 Vgl. LG 33,3; PO 9,2.

577 Vgl. can. 149 § 1 + § 2 CIC/1917. Vgl. dazu auch Schmitz, Gesetzessystematik des CIC, 92–93 (Anm. 139).

handeln[578], bedeutet dies konkret, dass Laien der Zugang zu theologischer Bildung in entsprechendem Maß ermöglicht werden muss.

So lässt sich zunächst ein doppelter Zweck theologischer Bildung festhalten. Theologische Bildung kann aus einer persönlichen Motivation heraus zu einem tieferen Wissen über die geoffenbarten Geheimnisse führen.[579] Unabhängig von diesen subjektiven Interessen einzelner hat die Kirche auch ein objektives Interesse daran, dass Theologie und theologische Bildung gefördert und verbreitet werden, da theologische Bildung für bestimmte Aufgaben und Ämter innerhalb der kirchlichen Sendung qualifiziert.

Die Konzilsväter begründen die Notwendigkeit theologischer Bildung außerdem in der Pastoralkonstitution. So sehen sie einen wichtigen Sinn theologischer Bildung und Forschung darin, dass sich Menschen um eine „tiefe Erkenntnis der geoffenbarten Wahrheiten bemühen und die Verbindung mit der eigenen Zeit nicht vernachlässigen“[580] sollen. Das bedeutet implizit auch, dass es sich bei theologischer Bildung um eine qualifizierte und fundierte Auseinandersetzung mit dem vorhandenen Glaubenswissen handelt, um dieses besser verstehen oder hinterfragen zu können. So konstatiert Roberto Tucci in seinem Kommentar zum Zweiten Kapitel von Gaudium et Spes, dass „auch in den theologischen Wissenschaften manchmal festgestellt wird, dass gewisse Dinge, auch wenn sie lange Zeit hindurch problemlos angenommen wurden, mit dem Fortschreiten der Forschung offenbar einer Revision unterzogen werden müssen.“[581] Weiter lässt sich in Bezug auf die theologische Bildung der Wunsch der Konzilsväter erkennen, dass möglichst vielen Menschen der Zugang zu theologischer Bildung ermöglicht werden soll.[582] So betont das Konzil, dass gerade die theologische Bildung ein Bindeglied zwischen kirchlicher Lehre und der aktuellen Zeit darstellt.[583] Theologischer Bildung kommt hierbei gleichsam eine wechselseitige Übersetzungs- und Vermittlungsaufgabe zu. Dabei besitzt die in Artikel 10 des Dekretes Gravissimum Educationis festgeschriebenen wissenschaftlichen Freiheit eine wichtige Bedeutung. Die Konzilsväter plädieren dort implizit auch für die wissenschaftliche Freiheit von theologischer Bildung. Von den Studenten wird erwartet, dass sie vom christlichen Geist geprägt, so gebildet werden, dass sie in ihrer je eigenen Disziplin bestens bewandert sind.

Festzuhalten bleibt also, dass für die Sendung der Kirche jedem Sendungsträger die persönlich notwendige theologische Bildung vermittelt werden muss. In Bezug auf diejenigen, die amtlich im Namen der Kirche handeln, betonen die

578 Vgl. LG 33,3; PO 9,2.
579 Vgl. GS 62,7.
580 Ebd.
581 Tucci, Roberto: Art. Kommentar zum Zweiten Teil des Zweiten Kapitels von „Gaudium et Spes“, in: LThK², Bd. 14, 447–485, hier: 484.
582 Vgl. GS 62,2.
583 Ebd.

Konzilsväter die Bedeutung von wissenschaftlicher katholischer Theologie.[584] Theologische Bildung kann nicht nur der persönlichen Glaubensvertiefung und dem persönlichen Bildungsstand dienen, sondern sie kann auch notwendige Voraussetzung für die Übernahme eines Amtes oder einer Aufgabe in der Kirche sein, um im Namen der Kirche zu handeln.[585] Daraus lässt sich konsequenterweise auch die Aufgabe der Hierarchie ableiten, die Befähigung entsprechender Kandidaten zu prüfen und auch für eine solche Befähigung Sorge zu tragen. Das bedeutet, dass der Zugang zu theologischer Bildung in dem entsprechenden Maß gewährleistet sein muss.[586] Das Konzil bekennt sich ausdrücklich zur wissenschaftlichen Freiheit in Forschung und Lehre.[587] Als besonderer Zweck kommt theologischer Bildung darüber hinaus zu, als ein Bindeglied zwischen der kirchlichen Lehre und der aktuellen Zeit zu fungieren.[588]

2.3.1.2 Der Zweck theologischer Bildung im vorkonziliaren Verständnis

Der Zweck theologischer Bildung an Hochschulen lag im vorkonziliaren Verständnis vor allem darin, die wissenschaftlich theologisch-philosophische Grundlage der zukünftigen Priester zu garantieren.[589] So bezeichnet Franz Xaver Eggersdorfer die Bedeutung der philosophisch-theologischen Ausbildung der künftigen Seelsorger[590] als „Lebensinteresse der Kirche“[591] und verweist dabei auf die Sicherung ebendieser Ausbildung durch die Reichsverfassung (Art. 149) sowie das bayrische (Art. 4) beziehungsweise das preußische Konkordat (Art. 12).[592]

Im dritten Buch des CIC/1917 über das Sachenrecht gibt vor allem der sechste Teil *Das kirchliche Lehramt* Einblicke in das vorkonziliare Rechtsverständnis bezüglich des Zweckes theologischer Bildung. So wird im Canon 1325 § 3 des CIC/1917 beispielsweise ausgesagt, dass theologische Streitgespräche zu meiden sind und nur mit Erlaubnis des Ortsoberhirten abgehalten werden dürfen. Mörsdorf verweist darauf, dass dort vor allem die ökumenischen Zusammenkünfte im Fokus des Gesetzgebers standen.[593] In solchen und ähnlichen Aussagen wird die Haltung des Gesetzgebers deutlich, dass theologische Bildung nur streng kontrolliert und rückgebunden an das Lehramt sinnvoll ist.

584 Vgl. GE 10,1 und GE 10,2.
585 Vgl. LG 33,3 und PO 9,2.
586 Vgl. LG 33,3.
587 Vgl. GE 10,1.
588 Vgl. GS 62,7.
589 Vgl. Eggersdorfer, Franz-Xaver: Art. Hochschule, in: LThK[1], Bd. 5, 86–89, hier: 88.
590 Darunter versteht Eggersdorfer ausschließlich Kleriker.
591 Eggersdorfer, Franz-Xaver: Art. Hochschule, in: LThK[1], Bd. 5, 86–89, hier: 88 (Anm. 589).
592 Vgl. ebd., 88.
593 Mörsdorf, Klaus: Lehrbuch des Kirchenrechts auf Grund des Codex Iuris Canonici, Bd. 2, Sachenrecht, Paderborn [6]1950, hier: 374.

2.3.2 Die Adressaten theologischer Bildung

Vor dem Zweiten Vatikanischen Konzil war wissenschaftliche theologische Bildung vor allem im Kontext der Klerusausbildung notwendig und angesiedelt. Mit der ekklesiologischen Hinwendung des Konzils zu den christifideles laici stellte sich auch die Frage nach adäquater theologischer Bildung für diese Gliedgruppe der Kirche, um entsprechend den tria munera ihren originären Anteil an der Sendung der Kirche zu verwirklichen. Für die Entstehung der Berufsgruppe der Pastoralreferenten war der Zugang zu universitärer theologischer Bildung konstituierend. Aus diesem Bewusstsein heraus soll nun noch explizit nach den Adressaten theologischer Bildung gefragt werden.

2.3.2.1 Die Adressaten theologischer Bildung aus Sicht des Konzils

Aus der grundlegenden Lehre des Konzils, dass alle Getauften Anteil an der gemeinsamen Sendung der Kirche haben, lässt sich auch das Recht für alle christifideles ableiten, sich tiefer und umfassender in theologischen Fragen zu bilden. Vorkonziliar war die Theologenausbildung und in analoger Weise die theologische Aus- und Weiterbildung fast ausschließlich im Rahmen der Priesterausbildung und -weiterbildung angesiedelt.[594] Dies war einer der Gründe, weshalb der Begriff *Laie* auch synonym für den theologischen Nichtfachmann verwendet wurde. Insofern soll an dieser Stelle danach gefragt werden, ob und inwieweit in Texten des Konzils neben den christifideles clerici auch die christifideles laici als Adressaten für theologische Bildung angesprochen werden.

Das Konzil betont die aktive Teilhabe aller Getauften an der Sendung Jesu Christi und der Kirche. In diesem Sinne ist es den Konzilsvätern ein Anliegen, dass „einer großen Zahl von Laien eine hinreichende Bildung in Theologie vermittelt werde und recht viele von ihnen die Theologie auch zum Hauptstudium machen und selber weiterfördern."[595] Klostermann weist darauf hin, dass diese Konzilsaussage „kein geringes Aufsehen"[596] erregte und letztlich das moderne Phänomen der Laientheologen einleitete.[597] In ihrer Klarheit ist die Pastoralkonstitution mit der Forderung eines breiten und offenen Zugangs zu theologischer Bildung für alle christifideles unübertroffen. Ausdrücklich werden dort mit dem Begriff „fideles"[598] sowohl Kleriker als auch Laien angesprochen, denen der Zugang zu wissenschaftlicher Theologie und die entspre-

594 Vgl. bspw. Klostermann, Ferdinand: Die pastoralen Dienste heute. Priester und Laien im pastoralen Dienst – Situation und Bewältigung, Linz, 1980, hier: 265.
595 GS 62,7.
596 Klostermann, Die pastoralen Dienste heute, 265 (Anm. 594).
597 Vgl. ebd., 265.
598 GS 62,7.

chende Freiheit des Forschens und Denkens zugebilligt wird.[599] Frauen werden durch die Begrifflichkeit fideles nicht ausgeschlossen.

Im Laienkapitel von Lumen Gentium wird zwar nicht explizit Bezug genommen auf die Frage nach einem Zugang zu universitärer theologischer Bildung für Laien. Dennoch wird dort deutlich, dass es wohl im Sinne der Konzilsväter ist, dass sich Laien um „eine tiefere Kenntnis der geoffenbarten Wahrheit"[600] bemühen, um wirksam ihre Sendung erfassen und erfüllen zu können. Wie bereits dargestellt, bezieht sich diese Sendung nicht ausschließlich auf den weltlichen, sondern auch auf den kirchlichen Bereich.[601] Daher ist der offene Zugang von Laien zu theologischer Bildung sowohl aus den Aussagen der Konzilsväter als auch der konziliaren ekklesiologischen Ausrichtung heraus für die Hirten erstrebenswert. Auch die Formulierung der Konzilsväter, dass gewünscht wird, dass sich Laien um eine tiefere Erkenntnis der geoffenbarten Wahrheit[602] bemühen sollen, ist ein Hinweis auf die inhaltliche Verbindung und den engen Zusammenhang von Kirchen- und Pastoralkonstitution in diesem Kontext.

Im Dekret über die christliche Erziehung Gravissimum Educationis wird vom Konzil weiter gefordert, dass es theologische Vorlesungen und Angebote an Lehrstühlen, Instituten und Fakultäten geben soll, die auch für Laien geeignet sind.[603] Auch wenn sich vermuten lässt, dass die Konzilsväter an dieser Stelle nicht unbedingt ein Vollstudium der Theologie im Blick hatten[604], wird darin doch die konziliare Forderung deutlich, dass Laien der Zugang zur wissenschaftlichen Theologie und zu theologischer Bildung ermöglicht werden soll.

Festzuhalten bleibt, dass die Konzilsväter den Zugang zu theologischer Bildung möglichst weit offenhalten wollten. Theologische Bildung auch in Bezug auf universitäre theologische Bildung soll ausdrücklich auch Laien zugänglich sein.

2.3.2.2 Die Adressaten theologischer Bildung aus vorkonziliarer Perspektive

Auch im vorkonziliaren Verständnis war es durchaus möglich, dass Laien Adressaten wissenschaftlich theologischer Bildung waren, auch wenn dies im kirchlichen Gesetzbuch an keiner Stelle explizit Erwähnung fand. So weist

599 Vgl. ebd.
600 Vgl. LG 35,4.
601 Vgl. 2.1.3.1. Das Verständnis des Konzils von der Sendung der Kirche.
602 Vgl. LG 35,4: „Quapropter laici sollerter in profundiorem cognitionem veritatis revelatae incumbant, et instanter a Deo sapientiae donum impetrent." Vgl. auch GS 62,7: „Theologica inquisitio insimul profundam veritatis revelatae cognitionem prosequatur et coniunctionem cum proprio tempore ne negligat, ut homines variis disciplinis excultos ad pleniorem fidei scientiam iuvare possit".
603 Vgl. GE 10,2.
604 Vgl. im Gegensatz dazu GS 62,7.

Mörsdorf beispielsweise daraufhin, dass zum Studium des kanonischen Rechts und zur Promotion im selbigen auch Laien zugelassen werden können.[605] Dennoch waren die Adressaten wissenschaftlich theologischer Bildung vorwiegend auszubildende Kleriker.[606] Auf sie war das System der theologischen Bildung hin konzipiert.[607] Zumal es im Anschluss an die eigene Ausbildung[608] auch zur Pflicht des jeweiligen Seelsorgers gehörte, das Volk religiös zu unterweisen.[609] Nur im Verhinderungsfall durfte diese Pflicht an einen anderen Geistlichen oder, wenn es notwendig erschien, auch an fromme Laien übertragen werden.[610] Laien als Adressaten von theologischer Bildung bedurften der kirchlichen Erlaubnis.[611] Leo Karrer arbeitet diesbezüglich heraus, dass männliche Laien erst ab Mitte des 20. Jahrhunderts an theologischen Fakultäten auftauchten, wo hingegen schon seit den 1920er Jahren Frauen an der Universität Münster Theologie studieren konnten.[612]

2.3.3 Die theologische Bildung als Eignungsvoraussetzung für die Übernahme kirchlicher Ämter

Nachdem deutlich geworden ist, dass die Kirche ein Interesse daran hat, dass es theologisch ausgebildete Glieder des Gottesvolkes sowohl als Kleriker als auch als Laien geben soll, gilt es in einem nächsten Schritt zu untersuchen, inwieweit theologische Bildung auch eine Eignungsvoraussetzung für bestimmte kirchliche Aufgaben und Ämter darstellt.

Theologische Bildung als Eignungsvoraussetzung wird beispielweise für die Aufgabe der Katecheten vorausgesetzt. So heißt es im Dekret über die Hirtenaufgabe der Bischöfe „Christus Dominus"[613], dass die Katecheten „ge-

605 Vgl. Mörsdorf, Kirchenrecht II, 394 Anm. 593). Vgl. auch can. 1377 CIC/1917 und can 1378 CIC/1917. Außerdem wird darauf verwiesen, dass bei Laien auf die Erfordernis des vorherigen Studiums der scholastischen Philosophie verzichtet werden kann. Vgl. auch Sacra Congregatio de seminariis et studiorum universitatibus, Declaratio vom 11.04.1928, in: AAS 20 (1928), 157.

606 Vgl. Eggersdorfer, Hochschule, 86–89 (Anm. 589).

607 Vgl. cann. 1352–1371 CIC/1917.

608 Zur Pflicht der wissenschaftlichen Weiterbildung von Geistlichen: Vgl. cann. 129–131 CIC/1917.

609 Vgl. cann. 1329–1332 CIC/1917.

610 Vgl. can. 1333 CIC/1917 und can. 1334 CIC/1917.

611 Vgl. can. 1363 CIC/1917 i.V.m. cann. 1376–1380 CIC/1917 i.V.m. can. 682 CIC/1917. Vgl. ergänzend auch Loretan, Laien im pastoralen Dienst, 31 (Anm. 63).

612 Vgl. Karrer, Leo: Von Beruf Laientheologe?, Wien 1970, hier: 21–26.

613 Concilium Vaticanum Secundum, Decretum de pastorali episcoporum munere in ecclesia „Christus Dominus", in: AAS 58 (1966) 673–696. Lateinisch-deutscher Text in: LThK^2, Bd. 13, 127–247.

bührend vorbereitet“[614], das heißt auch entsprechend theologisch gebildet sein sollen. Weiter wird im Konzilstext der Pastoralkonstitution die Ausbildung der Seelsorger im selben Abschnitt des Artikels 62 behandelt wie die Forderung der Öffnung des Theologiestudiums für Laien.[615] So lässt sich dieser dort beschriebene, größte Nutzen der theologischen Bildung für die Seelsorge[616], „die Lehre der Kirche über Gott, den Menschen und die Welt den Menschen unserer Zeit in geeigneter Weise darzulegen“[617], letztlich nicht nur als sinnvolles Beiwerk, sondern als grundlegende Voraussetzung klassifizieren, die für Kleriker und Laien gleichermaßen gilt.

Prinzipiell bekennt sich das Konzil zudem zum bereits vorkonziliaren Handlungsgrundsatz, wonach nur dazu befähigten Personen kirchliche Ämter verliehen werden. Auch im Dekret über das Laienapostolat wird betont, dass es für „nicht wenige Formen des Apostolates“[618] auch einer spezifischen und gesonderten Bildung bedarf. Dieser Grundsatz, dass Personen entsprechend den eigenen conditiones für gewisse Aufgaben der kirchlichen Sendung geeignet oder eben nicht geeignet sind, zieht sich durch die gesamte Kirchenkonstitution.[619]

Wie zu erwarten behandeln die Konzilstexte Theologie und theologische Bildung als Eignungsvoraussetzung für kirchliche Ämter hauptsächlich in Bezug auf Kleriker. So wird beispielsweise im Dekret Presbyterorum Ordinis Priestern empfohlen, zur Verbesserung ihrer Fähigkeiten unter anderem theologische Kurse zu besuchen.[620] Weiter wird dort angeregt, dass allen in der Seelsorge Tätigen „sorgfältig Hilfe geboten werden“[621] soll. Klostermann unterstreicht in Bezug auf die Priester zudem, dass ein gewisses Maß theologischer Ausbildung verlangt werden müsse, um ein kirchliches Amt übertragen zu bekommen.[622] Im Dekret über die Priesterausbildung „Optatam Totius“[623] stellen die Konzilsväter weiter die theologische Kompetenz der Priesterkandidaten als notwendige Voraussetzung für die Weihe heraus und betonen zugleich den Stellenwert der Theologie und der theologischen Bildung als bedeutsam für diejenigen, die in der Seelsorge beziehungsweise in der Pastoral

614 Vgl. CD 14,2: „Curent praeterea ut catechetae ad munus suum rite praeparentur, ita ut Ecclesiae doctrinam plane cognoscant, necnon et leges psychologicas et disciplinas paedagogicas theoretice et practice addiscant“.

615 Vgl. GS 62,7.

616 Vgl. ebd.

617 Ebd.

618 Vgl. AA 28,1.

619 Vgl. bspw. LG 18,1; LG 32,3; LG 32,4; LG 33,3; LG 35,3.

620 Vgl. PO 19,3.

621 Ebd.

622 Vgl. Klostermann, Priester für Morgen, Innsbruck, 1968, hier: 305.

623 Concilium Vaticanum Secundum, Decretum de institutione sacerdotali „Optatam Totius”, in: AAS 58 (1966) 713–727. Lateinisch – deutscher Text in: LThK^2, Bd. 13, 309–355.

tätig sein sollen.[624] Die Sicht auf theologische als umfassende Bildung, wie sie dem Dekret Gravissimum Educationis zu Grunde liegt, wird auch in Optatam Totius geteilt.[625] So soll die Theologie von Anfang an in Bezug gesetzt werden zur späteren Tätigkeit als Priester beziehungsweise als Seelsorger.[626] Weiter soll die theologische Bildung auch ein Gewinn für das eigene geistliche Leben sein[627] und dadurch schließlich die persönliche Hingabe an den Beruf gefestigt werden.[628] Josef Neuner stellt in seinem Kommentar zu Optatam Totius ergänzend heraus, dass alle philosophischen und theologischen Studien auf ein umfassendes Verständnis von Mensch und Welt mit Christus als geheimnisvoller Mitte hinzielen.[629]

In den Konzilstexten selber finden sich nur vage und allgemeine Aussagen darüber, welcher Grad an theologischer Bildung notwendig ist, um ein Amt zu übernehmen, das an der cura pastoralis Anteil hat und zur Ausübung von Seelsorge und dem Handeln im Namen der Kirche befähigt. Die nachkonziliare Diskussion um zwei unterschiedliche Arten universitärer Theologie zeigt dies. So wird auf der einen Seite eine eher pastoral ausgerichtete Theologie für diejenigen verlangt, die danach in der Seelsorge beziehungsweise der Pastoral tätig sind. Auf der anderen Seite wird eine eher akademisch ausgerichtete Theologie vorgeschlagen, die zur wissenschaftlichen Vertiefung theologischer Studien geeignet ist.[630] Unabhängig von einem Mindestmaß an theologischer Bildung als Eignungsvoraussetzung für ein Amt, das der *cura animarum* dient, erfährt ein solches Amt immer auch durch denjenigen, der dieses Amt ausübt, eine persönliche Prägung. So ist es durchaus vorstellbar, dass eine entsprechende Person mit der *conditio* eines fundierteren theologischen Wissens, als es für das Amt als Eignungsvoraussetzung notwendig ist, diesem Amt zusätzlich eine tiefere theologische Prägung verleiht.

Klostermann verweist in seinen Ausführungen zur pastoralen Ausbildung nach dem Zweiten Vatikanischen Konzil darauf, dass unter gewissen Modifizierungen die Aussagen über die pastorale Ausbildung der Presbyter auf Laien übertragbar sei, die sich „hauptberuflich dem kirchlichen Dienst [...]

624 Vgl. OT 14,1 und OT 14,2.
625 Vgl. Hallermann, Zugangsvorausetzungen, 155 (Anm. 561).
626 Vgl. OT 14,2.
627 Vgl. ebd.
628 Vgl. ebd.
629 Vgl. Neuner, Josef: Einleitung und Kommentar zum Dekret über die Ausbildung der Priester „Optatam Totius“, in: LThK², Bd. 13, 309–355, hier 337.
630 Vgl. Rahner, Karl: Der Theologe. Zur Frage der Ausbildung der Theologen heute, in: Rahner, Karl: Sendung und Gnade, Innsbruck 1959, 352–355 sowie Reuß, Josef-Maria: Priesterliche Ausbildung heute, in: Wort und Wahrheit 9 (1954), Bd. 1, 85–105 und Klostermann, Priester für Morgen 248.252–254 (Anm. 622). Vgl. außerdem Fichte, Johann Gottlieb: Deduzierter Plan einer zu Berlin zu errichtenden höheren Lehranstalt. Die Idee der deutschen Universität, Darmstadt 1956, 159–161.

widmen.“[631] Auch wenn die Entwicklung der hauptamtlichen pastoralen Laienberufe Klostermann in seiner Einschätzung durchaus recht geben, ist diese Kongruenz zwischen dem Dienst der Presbyter und dem der Laien aus den Konzilstexten nur zu vermuten und nicht zu belegen.

Festzuhalten bleibt demnach, dass theologische Bildung auch als Eignungsvoraussetzung für den pastoralen Dienst beschrieben wird. Das Konzil stellt dies für die Kleriker heraus. Prinzipiell siedelt es den Stellenwert von Theologie sehr hoch an[632], lässt aber offen, welchen Grad an theologischer Bildung für welches Amt beziehungsweise welchen Dienst benötigt wird. Empfohlen wird allerdings beispielsweise für die Priester mindestens eine humanistische und naturwissenschaftliche Bildung auf dem Niveau, das landesüblich für die Hochschulreife vorgesehen ist, um anschließend sich den eigentlichen theologischen Studien zu widmen.[633]

2.3.4 Zusammenfassung

Bildung und insbesondere auch theologische Bildung wird an mehreren Stellen in den Konzilstexten sehr wertschätzend hervorgehoben. Bildung und Erziehung werden als notwendige Instrumente der persönlichen Entwicklung und auch als ein mögliches Instrument der persönlichen Glaubensvertiefung angesehen. In Bezug auf die Verwirklichung des genuinen Sendungsanteils eines jeden christifidelis kommt der (theologischen) Bildung eine grundsätzliche und bedeutsame Funktion zu. Sie kann ein Qualifizierungsmerkmal sein, um beispielsweise in Bezug auf den besonderen Weltcharakter der Laien die kirchliche Sendung zu verwirklichen. Prinzipiell ist den Konzilsvätern daran gelegen, dass möglichst viele Menschen[634] einen Zugang zu theologischer Bildung bekommen. Theologische Bildung wird zudem so verstanden, dass sie Menschen helfen soll, tiefere Erkenntnisse über die offenbarten Wahrheiten zu erlangen um somit als wichtiges Bindeglied zwischen kirchlicher Lehre und der aktuellen Zeit zu fungieren.

Auch für bestimmte Ämter wird ein Mindestmaß an Bildung vorausgesetzt. Im Bereich der Kirche bedeutet dies mitunter, dass für gewisse kirchlicher Ämter auch ein Mindestmaß an wissenschaftlich theologischer Bildung gefordert wird. Aufgabe der Hierarchie ist es dabei, die entsprechende Befähigung zu prüfen und grundsätzlich den Zugang zur geforderten theologischen Bildung

631 Vgl. Klostermann, Priester für Morgen, 305 (Anm. 622). Vgl. auch Meckel, Hauptberufliche LKRO (Anm. 47).

632 Vgl. GS 62,7; AA 28,1; PO 19,3; OT 14,1; OT 4,2.

633 Vgl. OT 13,1.

634 Damit sind innerkirchlich Kleriker als auch Laien gemeint.

zu gewährleisten. Theologische Bildung wird vor allem in Bezug auf die Ausbildung der Kleriker innerhalb der Konzilsdokumente als Eignungsvoraussetzung für die zu erwartenden Aufgaben angeführt.

Die Rahmenstatuten von 2011 für Pastoral- und Gemeindereferenten teilen das wertschätzende, konziliare Verständnis zur theologischen Bildung. Ebenso wird theologische Bildung als Eignungsvorausetzung für den pastoralen Dienst aufgegriffen. Angelehnt an die Konzilsaussagen über die Priesteraus- und Fortbildung greifen die Rahmenstatuten diese bezogen auf die hauptberuflichen Laien in der Pastoral auf. So wird dort je nach Beruf ein Mindestmaß an wissenschaftlich theologischer Bildung als fachliche Voraussetzung für den hauptberuflichen pastoralen Dienst angeführt.[635] Auch in Bezug auf Ausbildung, Berufseinführung und Fortbildung wird die Bedeutung theologischer Bildung herausgestellt.[636]

2.4 Zusammenfassung

Das Zweite Vatikanische Konzil hat mit seiner Ekklesiologie die theologischen Grundlagen gelegt, auf denen im deutschsprachigen Raum anschließend sogenannte eigenverantwortlich handelnde pastorale Laienberufe entstehen konnten.

Zu diesen Grundlagen gehören vor allem die Eckpfeiler konziliarer Theologie in Bezug auf den christlichen Laien. So wird ausgehend vom Bild des Volkes Gottes eine Communioekklesiologie entfaltet, die jeden Getauften als Teil dieses Volkes Gottes und als Sendungsträger anerkennt. Diese originäre Sendung eines jeden christifidelis ist sakramental begründet durch die Taufe. Als Getaufte haben alle, jeder späteren Differenzierung im Volk Gottes vorangestellt, Anteil am Priestertum Jesu Christi durch das gemeinsame Priestertum aller Getauften. Darin ist auch der genuine Anteil eines jeden christifidelis an den tria munera des Heiligungs-, des Verkündigungs- und des Leitungsdienstes Jesu Christi grundgelegt.

Das Konzil hatte den Anspruch das kirchliche Benefizial- und Ämterwesen neu zu ordnen, indem es die Koppelung der Benefizien an die Ämter aufhob. Der geistliche Zweck des jeweiligen Kirchenamtes sollte nicht mehr von anderen Interessen überlagert werden. Dadurch, dass Benefizien nur Klerikern übertragen werden konnten, wurde es mit dieser Aufhebung möglich, dass ge-

[635] Vgl. Rahmenstatuten 2011, in: DDB Nr. 96, 3.3, 22–23.
[636] Vgl. ebd., 4., 24–27.

wisse Kirchenämter auch an Laien übertragen werden konnten. Sowohl in LG 33 als auch in Artikel 9 des Dekretes Presbyterorum Ordinis wird explizit die Möglichkeit eröffnet, dass Laien von der kirchlichen Hierarchie ein Kirchenamt übertragen bekommen und somit auch befähigt werden können im Namen der Kirche zu handeln. Dieses Handeln im Namen der Kirche ist ein qualitativ anderes als das Verwirklichen der Sendung der Kirche im eigenen Namen.

Theologische Bildung wird vom Konzil hochgeschätzt. So wird auf der einen Seite theologische Bildung als persönliche Bereicherung für jeden Getauften, auf der anderen Seite aber auch als notwendige Eignungsvoraussetzung angesehen, um gewisse kirchliche Ämter übertragen zu bekommen. Die Bischöfe haben dafür Sorge zu tragen, dass allen christifideles im jeweils notwendigen Maß Zugang zu theologischer Bildung gewährleistet wird, um den genuinen Anteil an der Sendung der Kirche zu erfüllen.

Die unterschiedlichen Bilder für Kirche, die das Konzil verwendet, werden von den Rahmenstatuten von 2011 durchaus aufgegriffen und rezipiert. Die zentrale ekklesiologische Aussage der Kirche als Volk Gottes hat dagegen 2011 nur eine untergeordnete Bedeutung. So wird etwa die Konzilsekklesiologie mit der Betonung der Communio erst aufgegriffen, nachdem die unterscheidenden Elemente zwischen Klerikern und Laien vorangestellt worden sind. Die Argumentationslinie des Konzils läuft dem genau entgegengesetzt. So werden jedweder Differenzierung die verbindenden Elemente des Volkes Gottes, des gemeinsamen Priestertums aller Getauften mit der Ausprägung, dass alle Getauften Anteil an der Sendung der Kirche haben, vorangestellt. In den Rahmenstatuten dagegen wird *Volk Gottes* als Begriff mitunter defizitär im Sinne eines Gegenübers zu den Klerikern verwendet, an dem deren besonderer Dienst ausgeübt werden soll. Überhaupt fällt in den Rahmenstatuten von 2011 auf, wieviel Raum die Betonung der hierarchischen Struktur der Kirche und die Aufgabe des besonderen Priestertums einnehmen.[637] Ebenso wird dort, im Gegensatz zum Konzil, weniger das Verbindende als vielmehr das Trennende zwischen Klerikern und Laien hervorgehoben. Auch wenn Laien, insbesondere hauptberufliche Laien, in den Statuten als Sendungsträger gesehen werden, prägt doch das vorkonziliare theologische Denken die Präambel, wonach Laien lediglich als Hilfsarbeiter für die Priester wahrgenommen werden. Das Konzept des Konzils, dass Laien befähigt werden können, im Namen der Kirche zu handeln, wird in den Rahmenstatuten nicht aufgegriffen. So wird der Aspekt, dass Laien gemäß LG 33 oder PO 9 auch Träger eines kirchlichen Amtes sein können nahezu ausgeklammert beziehungsweise mit Verweis auf Christifideles Laici 23 sogar negiert.[638] Das Zusammenwirken für das allen gemeinsame

637 Vgl. exemplarisch Rahmenstatuten 2011, in: DDB Nr. 96, 1.1.4, 12–13 und 1.2.4, 14 sowie 1.3.4, 15.
638 Vgl. Rahmenstatuten 2011, in: DDB Nr. 96, 1.3.4, 15.

bonum commune Ecclesiae wird in der Präambel der Rahmenstatuten von 2011 der Differenzierung zwischen Laien und Klerikern untergeordnet. Das wertschätzende Verständnis des Konzils von theologischer Bildung und insbesondere theologischer Bildung als Eignungsvorausetzung für den pastoralen Dienst wird dagegen im konziliaren Sinne rezipiert. Dabei finden Anforderungen des Konzils in Bezug auf die Priesterausbildung kongruent Anwendung in Bezug auf die Aus- und Fortbildung pastoraler Laienberufe.

3. DAS NACHKONZILIARE PHÄNOMEN *PASTORALREFERENTEN* ALS BERATUNGSGEGENSTAND DER WÜRZBURGER SYNODE

Die nach ihrem Tagungsort benannte *Würzburger Synode* war eine gemeinsame Synode der damaligen westdeutschen Bistümer der Bundesrepublik Deutschland, die vom 3. Januar 1971 bis zum 23. November 1975 tagte.[639] Diese Würzburger Synode hatte von ihrem Selbstverständnis her den Anspruch, „in ihrem Bereich die Verwirklichung der Beschlüße des Zweiten Vatikanischen Konzils zu fördern und zur Gestaltung des christlichen Lebens gemäß dem Glauben der Kirche beizutragen."[640] Auch wenn dieser Artikel 1 der Statuten der Gemeinsamen Synode in den Synodendiskussionen relativ unbeachtet blieb[641], hat sie nicht zuletzt aufgrund dieser Selbstaussage eine enorme Bedeutung für die Kirche in der damaligen Bundesrepublik Deutschland erlangt.[642] Gerade aufgrund der großen Bedeutung, Rezeption und Akzeptanz in Bezug

[639] Vgl. Lehmann, Karl: Zeittafel: Gemeinsame Synode der Bistümer in der Bundesrepublik Deutschland, in: Offizielle Gesamtausgabe, Bd. 1, hg. Im Auftrag des Präsidiums der Gemeinsamen Synode der Bistümer in der Bundesrepublik Deutschland und der Deutschen Bischofskonferenz von Bertsch, Ludwig; Boonen, Philipp; Hammerschmidt, Rudolf; Homeyer, Josef; Kronenberg, Friedrich; Lehmann, Karl unter Mitarbeit von Imhof SJ, Paul, Freiburg/Basel/Wien, 1976, 849–855. Vgl. Hallermann, Heribert: Art. Gemeinsame Synode, in: LKStKR, Bd. 2, 41–44 sowie Althaus, Rezeption (Anm. 451). Vgl. außerdem Meckel, Konzil und Codex, hier im Besonderen: 184–209 (Anm. 42) sowie Lehmann, Karl: Der doppelte Aufbruch – und was nun? Standortbestimmung 30 Jahre nach dem Vaticanum II und 20 Jahre nach der Gemeinsamen Synode: Wo steht die Kirche? Orientierung am Zweiten Vatikanischen Konzil und an der Gemeinsamen Synode, in: Käuflein, Albert; Licht, Tobias (Hg.), Karlsruher Beiträge zu Theologie und Gesellschaft 1, Karlsruhe 1998, 15–28.

[640] Zitiert nach: Gemeinsame Synode der Bistümer in der Bundesrepublik Deutschland, Offizielle Gesamtausgabe, nach der Gesamtausgabe I ^{7}1989, hg. v.: Präsidium der Gemeinsamen Synode der Bistümer der Bundesrepublik Deutschland und der Deutschen Bischofskonferenz Bertsch, Ludwig SJ; Boonen, Philipp; Hammerschmidt, Rudolf; Homeyer, Josef; Kronenberg, Friedrich; Lehmann, Karl unter Mitarbeit von Imhof, Paul SJ, Freiburg im Breisgau 2012. Im Folgenden wird in den Literaturangaben die allgemeine Abkürzung GSyn I für die Beschlüsse der Vollversammlung der Gemeinsamen Synode der Bistümer in der Bundesrepublik Deuschland verwendet. Die Abkürzung GSyn II bezieht sich auf die Arbeitspapiere der Sachkommissionen der Gemeinsamen Synode.
Hier: Gemeinsame Synode der Bistümer in der Bunderepublik Deutschland: Das Statut der Gemeinsamen Synode der Bistümer in der Bundesrepublik Deutschland, in: GSyn I, 856–862, hier: Art. 1, 856.

[641] Vgl. Lehmann, Karl: Gemeinsame Synode der Bistümer in der Bunderepublik Deutschland, Allgemeine Einleitung, in: GSyn I, Offizielle Gesamtausgabe, Freiburg ^{2}1976, 21–67, hier: 57.

[642] Vgl. Demel, Sabine: Synoden – Synodale Prozesse – Synodalität, die Nachkonziliare Entwicklung im Bereich der Deutschen Bischofskonferenz, in: Rees, Wilhelm und Schmiedl, Joachim (Hg.), Unverbindliche Beratung oder kollegiale Steuerung. Kirchenrechtliche Überlegungen zu synodalen Vorgängen, Freiburg im Breisgau 2014, 68–86.

auf die Entwicklung des Berufes der Pastoralreferentinnen[643] gilt es, die Ergebnisse der Gemeinsamen Synode näher zu betrachten und zu analysieren. Auch wenn in den Rahmenstatuten von 2011 auf die Gemeinsame Synode nicht direkt Bezug genommen wird, ist es im Rahmen dieser Arbeit sinnvoll und notwendig, der Frage nachzugehen, inwiefern die Synode relevante Inhalte für das theologische Profil des Berufs *Pastoralreferent* geliefert hat und inwieweit diese Inhalte aus den Dokumenten der Würzburger Synode in den Rahmenstatuten von 2011 rezipiert worden sind.

Für die Beantwortung dieser Fragestellung sind vor allem die jeweiligen Einleitungen und Beschlusstexte der Dokumente zur „Beteiligung der Laien an der Verkündigung“[644] sowie „Die pastoralen Dienste in der Gemeinde“[645] im Besonderen näher zu untersuchen. Dabei ist die jeweilige rechtliche Qualifikation der einzelnen Dokumente der Würzburger Synode gemäß ihrem Statut[646] zu beachten, da es in den verschiedenen Texten der Synode unterschiedliche rechtliche Verbindlichkeiten gibt.[647] So wurden üblicherweise die einzelnen Texte entweder als Beschlüsse[648] mit Anordnungen, Empfehlungen und Voten eingestuft oder als Arbeitspapiere[649] veröffentlicht. Unter dem Begriff *Anordnung* wurden alle Teile der Dokumente eingeordnet, denen aufgrund von bischöflicher Anerkennung und Veröffentlichung in den Amtsblättern der Diöze-

[643] Vgl. bspw. Loretan, Laien im pastoralen Dienst, 51–83 (Anm. 63) sowie Renner, Entstehung eines Amtes, 34–35 (Anm. 71). Vgl. zudem Hallermann, Kirchliche Ämter, 201 (Anm. 65). Auch Köhl, Entstehung und Entwicklung, 64 (Anm. 448), nennt die Gemeinsame Synode einen ersten wichtigen Eckstein für die Grundlegung des Berufs der Pastoralreferenten. Vgl. außerdem Althaus, Rezeption, 659 (Anm. 451) sowie Zollitsch, Grußwort, 7 (Anm. 1).

[644] Lehmann, Karl: Einleitung zum Beschluss ‚Die Beteiligung der Laien an der Verkündigung‘, in: GSyn I, Offizielle Gesamtausgabe, Freiburg ²1976, 153–169 und Gemeinsame Synode der Bistümer in der Bunderepublik Deutschland: Beschluss ‚Die Beteiligung der Laien an der Verkündigung‘, in: GSyn I, 153–178, sowie zugehöriger Dokumentenanhang ebd., 179–185. Im Weiteren abgekürzt durch *Laienverkündigung* bzw. *Laienverkündigung Anhang/Reskript.*

[645] Kasper, Walter: Einleitung zum Beschluss ‚Die pastoralen Dienste in der Gemeinde‘, in: GSyn I, Offizielle Gesamtausgabe, Freiburg ²1976, 581–596 und Gemeinsame Synode der Bistümer in der Bunderepublik Deutschland: Beschluss ‚Die pastoralen Dienste in der Gemeinde‘, in: GSyn I, 597–636. Im Weiteren abgekürzt durch *Dienste und Ämter.*

[646] Vgl. Statut Synode, Art. 14,1 und 14,2, 860.

[647] Vgl. Meckel, Konzil und Codex, 185 (Anm. 42). Vgl. in diesem Sinne Hallermann, Heribert: Das Statut der Gemeinsamen Synode der Bistümer in der Bundesrepublik Deutschland, in: Ress, Wilhelm und Schmiedl, Joachim (Hg.), Unverbindliche Beratung oder kollegiale Steuerung. Kirchenrechtliche Überlegungen zu synodalen Vorgängen, Freiburg 2014, 87–104.

[648] Die Synode hat 18 Textdokumente als Beschlüsse veröffentlicht (Angaben in Kurztiteln): Unsere Hoffnung, Religionsunterricht, Laienverkündigung, Gottesdienst, Sakramentenpastoral, Jugendarbeit, Kirche und Arbeiterschaft, ausländische Arbeitnehmer, Ehe und Familie, Entwicklung und Frieden, Bildungsbereich, Orden, Dienste und Ämter, Räte und Verbände, Pastoralstrukturen, Verwaltungsgerichtsordnung, Ökumene und Missionarischer Dienst.

[649] Die sechs Arbeitspapiere bedurften nicht der Zustimmung der Vollversammlung und lagen in der Verantwortung einzelner Sachkommissionen. Folgende Arbeitspapiere sind auf diese Weise entstanden: Katechetisches Wirken, Not der Gegenwart, Menschliche Sexualität, Kirche – Staat – Gesellschaft, Kirche – Kommunikation, Deutsches Pastoralinstitut.

sen verbindlicher Rechtscharakter im Sinne eines Teilkirchengesetzes für die jeweilige Diözese zukommt. Unter der Bezeichnung *Empfehlung* sind dagegen nachdrücklich gut geheißene, aber nicht rechtsverbindliche Vorschläge zu verstehen. Als *Voten* oder auch *Stellungnahmen* sind solche Teile der Beschlüsse zu verstehen, die über das geltende kirchliche Recht hinausgehen und deren Neuregelung bzw. Änderung nur gesamtkirchlich möglich ist. Solche Voten sind demnach Anträge oder Bitten an den obersten kirchlichen Gesetzgeber. In der nachfolgenden Betrachtung soll aufgrund ihrer rechtlichen Relevanz der Fokus der Betrachtungen auf den Beschlüssen und ihren Anordnungen liegen. Die Empfehlungen und Voten werden dabei lediglich ergänzend mit in den Blick genommen. Im Fall von Beschlüssen mit Anordnungen hatte die DBK ein Vetorecht[650], um die bischöfliche Gesetzgebungskompetenz zu wahren.[651] Karl Lehmann ergänzt hierzu, dass Beschlüsse mit Anordnungen zudem der recognitio durch den Apostolischen Stuhl bedürfen.[652]

Lehmann weist in seiner allgemeinen Einleitung zur Synode darauf hin, dass es sich bei der Würzburger Synode um einen „neuen Synodentyp"[653] handelt. Diese Feststellung gründet darauf, dass die Synode nach damaliger Rechtslage ein Novum war, da es sich weder um ein Plenarkonzil noch um eine Diözesansynode handelte.[654] Dies ist auch erkennbar aus dem Statut der Gemeinsamen Synode, wie es durch die Bischofskonferenz am 11. November 1969 beschlossen wurde.[655] Das Statut der Gemeinsamen Synode der Bistümer in der Bundesrepublik Deutschland stellte mit ausdrücklicher Zustimmung des apostolischen Stuhls in einer Zeit des Übergangs vom CIC/1917 hin zum CIC/1983 tatsächlich partikulares Recht der Deutschen Bischofskonferenz dar.[656]

650 Vgl. Statut Synode, Art 13,4.

651 Vgl. Statut Synode, Art 14,2: „Beschlüsse der Synode, die Anordnungen enthalten, treten in den einzelnen Bistümern mit der Veröffentlichung im Amtsblatt des Bistums als Gesetz der Deutschen Bischofskonferenz oder – je nach Zuständigkeit – als Diözesangesetz in Kraft." Vgl. dazu Meckel, Konzil und Codex, 185 (Anm. 42). Vgl. auch Althaus, Rezeption 126–127 (Anm. 451) sowie Hallermann, Das Statut der Gemeinsamen Synode, 97–98 (Anm. 647).

652 Vgl. Lehmann, Karl: Register, Erläuterung verfahrenstechnischer Begriffe, in: GSyn I, 915–917, hier: 915 und 917. Vgl. auch Hallermann, Das Statut der Gemeinsamen Synode, 99–100 (Anm. 647).

653 Lehmann, Allgemeine Einleitung, 27 (Anm. 641). Vgl. hierzu auch Hallermann, Das Statut der Gemeinsamen Synode, 101 (Anm. 647).

654 Vgl. Hallermann, Das Statut der Gemeinsamen Synode, 99 (Anm. 647).

655 Vgl. Lehmann, Allgemeine Einleitung, 41–42 (Anm. 641). Vgl. hierzu auch Sacra Congregatio pro Episcopis, Prot. Nr. 122/69, Dekret zur Approbation des Statutes der Gemeinsamen Synode der Bistümer in der Bundesrepublik Deutschland, in: GSyn I, Freiburg ²1976, 861–862.

656 Hallermann, Das Statut der Gemeinsamen Synode, 99 (Anm. 647).

3.1 Relevante Synodendokumente

Um die Frage zu beantworten, inwieweit Inhalte der Würzburger Synode für das theologische Profil der Pastoralreferenten rezipiert worden sind, ist vor allem auf die beiden Beschlusstexte über die Laienverkündigung und die Dienste und Ämter näher zu einzugehen. Der Beschluss mit dem vielversprechenden Namen „Verantwortung des ganzen Gottesvolkes für die Sendung der Kirche“[657] behandelt fast ausschließlich Rätestrukturen und kann daher in Bezug auf die Frage nach den Pastoralreferenten kaum weiterführende Impulse geben. Mit Meckel bleibt diesbezüglich vor allem die Erkenntnis festzuhalten, dass durch die Doppelung der Rätestrukturen eine institutionelle Grundlage im Sinne des Zwei-Säulen-Modells für eine der Synode eigentlich entgegenstehende Trennungsekklesiologie zwischen Klerikern und Laien geschaffen wurde.[658]

Für das weitere Vorgehen sollen die beiden relevanten Synodenbeschlüsse (*Laienverkündigung* und *Dienste und Ämter*) separat untersucht werden. Natürlich handelt es sich auch bei den Synodendokumenten um Kompromisstexte[659] der beteiligten Personen, wie die jeweiligen interpretierenden Einleitungen durch Walter Kasper oder Karl Lehmann deutlich machen. So stehen bei der Würzburger Synode die relevanten Beschlüsse mit ihren mitunter unterschiedlichen theologischen Aussagen gleichwertig nebeneinander, so dass es sinnvoll ist, zunächst eine getrennte Analyse der beiden Dokumente vorzuschalten. Auch bei den relevanten Konzilstexten gab es keine einheitliche Textredaktion. Dadurch, dass jedoch die Kirchenkonstitution Lumen Gentium den Deutungs- und Interpretationshorizont für die anderen relevanten Dokumente vorgibt, war im vorangegangenen Kapitel dieser Arbeit eine getrennte Analyse der Konzilstexte nicht geboten.

3.1.1 Der Synodenbeschluss *Die Beteiligung der Laien an der Verkündigung*

Zunächst soll das Synodendokument *Die Beteiligung der Laien an der Verkündigung* im Fokus der Betrachtung stehen.[660] Die Genese des vorliegenden Textes wird von Lehmann im Rahmen seiner Einleitung zu diesem Beschluss ausführlich beschrieben.[661] Der vorliegende Beschlusstext wurde am 4. Januar 1973

[657] Gemeinsame Synode der Bistümer in der Bunderepublik Deutschland: Die Verantwortung des ganzen Gottesvolkes für die Sendung der Kirche, in: GSyn I, 651–677.
[658] Vgl. Meckel, Konzil und Codex, 233 (Anm. 42). Ausführlicher ebd., 207–209.
[659] Vgl. Hallermann, Laienpredigt, 111 (Anm. 401).
[660] Dieser Beschluss der Gemeinsamen Synode wird im Nachfolgenden mit dem Kurztitel *Laienverkündigung* bezeichnet.
[661] Vgl. Lehmann, Einleitung Laienverkündigung, 153–169 (Anm. 644).

von der Vollversammlung der Gemeinsamen Synode im Sinne eines Votums an den Heiligen Stuhl verabschiedet.[662] Daraufhin verfasste die Kleruskongregation am 20. November 1973 ein Reskript an den Vorsitzenden der Deutschen Bischofskonferenz, Kardinal Döpfner, durch das der Synodenbeschluss einige Einschränkungen in Bezug auf die Frage nach der Predigt von Laien erhielt.[663] In Folge dessen erließ die DBK auf ihrer Vollversammlung am 3. bis 7. März 1974 in Stuttgart-Hohenheim ihrerseits Richtlinien für die Beteiligung der Laien an der Verkündigung in den Diözesen der Bunderepublik Deutschland.[664] Diese Richtlinien unterscheiden sich maßgeblich vom ursprünglichen Synodenbeschluss.[665] So stellt Bernhard Spielberg dazu beispielsweise heraus, dass „am 8. April 1974 mit der Veröffentlichung der Richtlinien in den Amtsblättern der Diözesen ein Synodenbeschluss in Kraft gesetzt [wurde], der sich von dem, was die Synode tatsächlich beschlossen hat, stark unterschied."[666] Auch Rüdiger Althaus betont in dem Zusammenhang, dass den Richtlinien der Bischofskonferenz ein grundlegend anderer „Ansatz als im Synodentext zugrunde"[667] lag. So steht die sogenannte Laienverkündigung nur bei Priestermangel und „physischer und moralischer Unmöglichkeit"[668] im Dokument der Bischöfe im Vordergrund.[669] Im Synodenbeschluss sieht Althaus dagegen den Aspekt der gemeinsamen Verantwortung des Gottesvolkes für die Verkündigung als theologische Grundlage, die auf der Basis des Konzils beruht.[670]

Lehmann stellt in seiner Einleitung zu diesem Synodendokument fest, dass mit der Predigtreform ein konkretes und praktisches Kristallisationszentrum gegeben war, um sich dem großen Thema *Verkündigung von Laien* anzunähern.[671] Grundsätzlich stellt er heraus, dass im Hintergrund auch die Frage stand, „wie die Kirche in der Bundesrepublik Deutschland die zahlreichen Laientheologen in ihren pastoralen Dienst einbeziehen kann."[672] In diesem Zusammenhang ist seine Forderung einzuordnen, dass die Erschließung neuer pastoraler Dienste gerade vor dem Hintergrund des Rückgangs an Priesterberufen noch dringlicher sei.[673] Loretan weist dagegen darauf hin, dass diese

662 Vgl. ebd., 164. Vgl. auch Laienverkündigung Anhang/Reskript, 179.
663 Vgl. Laienverkündigung Anhang/Reskript, 182–185.
664 Vgl. ebd., 179.
665 Vgl. Hallermann, Laienpredigt, 120–121 (Anm. 401).
666 Spielberg, Bernhard: Ein Beschluss unter Beschuss. Die Beteiligung der Laien an der Verkündigung – und was daraus geworden ist, in: Feiter, Reinhard; Hartmann, Richard; Schmiedl, Joachim (Hg.): Die Würzburger Synode – Texte neu gelesen, Freiburg im Breisgau 2013, 56–78, hier: 63.
667 Althaus, Rezeption, 742 (Anm. 451).
668 Ebd., 742.
669 Vgl. ebd., 742.
670 Vgl. ebd., 742.
671 Vgl. Lehmann, Einleitung Laienverkündigung, 153 (Anm. 644).
672 Ebd., 154.
673 Vgl. ebd., 154.

pastoralen Notlösungen angesichts des Priestermangels nicht geeignet sind, um die den Pastoralreferenten eigenen Aufgaben zu umschreiben.[674] In Bezug auf den Beruf der Pastoralreferenten gilt es daher eben dieses Spannungsfeld zwischen Ersatz für fehlende Priester einerseits und dem Anspruch der positiven Standortbestimmung präsent zu haben, wenn im Folgenden der Beschluss *Die Beteiligung der Laien an der Verkündigung* näher untersucht wird.

3.1.1.1 Begriffsklärungen innerhalb des Synodenbeschlusses zur Laienverkündigung

Lehmann stellt in seiner Einleitung zum Beschluss über die Laienverkündigung fest, dass es durchaus etliche begriffliche Unklarheiten innerhalb des Dokuments gibt, wie beispielhaft an dem Begriff *Laie* oder dem Begriff *Predigt* deutlich wird.[675] Um den Beschluss auf der inhaltlichen Ebene näher zu untersuchen, bedarf es daher zunächst einiger Begriffsklärungen, die für die weitere Analyse notwendig sind.

3.1.1.1.1 Der Begriff Verkündigung innerhalb des Synodenbeschlusses zur Laienverkündigung

Der Begriff *Verkündigung* wird innerhalb des Dokumentes über die Laienverkündigung sehr vielschichtig und keineswegs einheitlich verwendet. Innerhalb des Beschlusses tauchen unterschiedliche synonyme Wendungen dafür auf. So wird beispielsweise Verkündigung als „Bezeugung des Evangeliums“[676] oder „Begegnung mit dem Evangelium“[677] verstanden, andernorts aber auch als „Dienst am Wort“[678], „missionarischer Auftrag der Kirche“[679] oder „Bezeugung und Vermittlung des Glaubens“[680] bezeichnet. So wird durchaus an manchen Stellen *Verkündigung* weit gefasst, um die komplexe, vielschichtige Herausforderung zu beschreiben, als Volk Gottes die gemeinsame Sendung der Kirche zu verwirklichen.[681] Im vierten Kapitel des Beschlusses wird beispielsweise definiert, dass *Verkündigung* mehr ist als die Information über religiöse Sachverhalte.[682] Ergän-

674 Vgl. Loretan, Laien im pastoralen Dienst, 78 (Anm. 63). Loretan, ebd., 78 (Anm. 63), bemerkt aber auch, dass es umgekehrt genauso unverantwortlich wäre, die angehenden pastoralen Mitarbeiter angesichts des Priestermangels nicht auf die damit für sie verbundenen Aufgaben aufmerksam zu machen.

675 Vgl. Lehmann, Einleitung Laienverkündigung, 154 (Anm. 644).

676 Laienverkündigung, 2.1.2, 172.

677 Ebd., 1.3, 170.

678 Ebd., 1.4, 171 und 2.1.3, 172.

679 Ebd., 2.1.1, 171.

680 Ebd., 3., 175.

681 Vgl. bspw. ebd., 2.1.1, 171 sowie 2.1.3, 172.

682 Vgl. ebd., 4.1.2, 176.

zend dazu hat der Verkündende grundsätzlich nicht sich selbst, sondern Jesus Christus als den Herrn zu verkünden.[683] An anderen Stellen wiederum wird der Begriff *Verkündigung* auf die Liturgie oder gar die Predigt reduziert,[684] obwohl indirekt zumindest herausgestellt wird, dass der primäre Ort des Glaubenszeugnisses der Christen „außerhalb der gottesdienstlichen Versammlung“[685] sein sollte. In seiner Einleitung zum Beschluss über die *Beteiligung der Laien an der Verkündigung* stellt Lehmann heraus, dass die Frage nach der sogenannten Laienpredigt ein zentrales Diskussionsfeld und Anliegen des gesamten Dokumentes war.[686] Aus dieser Haltung heraus ist es nachvollziehbar, dass Verkündigung in seiner umfänglichen Bedeutung als wesentlicher Teil der Sendung der Kirche, wie sie dem Konzil zu Grunde liegt, hinter dem Anliegen der Frage nach der Laienpredigt im gesamten Dokument in den Hintergrund gedrängt wurde. In den Folgejahren hat sich daher als ein Ergebnis des Synodenbeschlusses über die Laienverkündigung die Frage nach der Predigt von Laien in der Eucharistiefeier als ein wesentlicher Diskussionspunkt erwiesen.[687]

Schließlich bleibt festzuhalten, dass der Begriff *Verkündigung* innerhalb des Dokumentes über die Laienverkündigung nicht eindeutig ist und somit immer einer klärenden Einordnung bedarf.

3.1.1.1.2 Der Begriff Amt innerhalb des Synodenbeschlusses zur Laienverkündigung

Ein weiterer Begriff, den es in Bezug auf den Synodenbeschluss über die Laienverkündigung zu klären gilt, ist der Begriff des *Amtes.* So versteht der Synodentext zur Beteiligung der Laien an der Verkündigung unter dem Begriff *Amt* ausschließlich das Weiheamt.[688] In der Folge werden daher nur Kleriker als Amtsträger angesehen. Dieser stark von der Dogmatik geprägte Begriff des *kirchlichen Amtes* führt zu Widersprüchen. So wird zwar beispielsweise von einem möglichen

[683] Vgl. ebd., 4.1.2, 176. Trotz des Versuches einer breit gefassten kurz gehaltenen Definition dessen, was Verkündigung ist, wird an dieser Stelle das Verb *predigen* verwendet und somit eine Engführung vorgenommen.

[684] Vgl. Laienverkündigung, 1.1, 169 sowie 2.3.3, 175.

[685] Ebd., 2.2.1, 172.

[686] Vgl. u. a. Lehmann, Einleitung Laienverkündigung, 160–162 (Anm. 644).

[687] Vgl. bspw. Instruktion (Anm. 34); DBK: Ordnung des Predigtdienstes von Laien, beschlossen in der Vollversammlung der Deutschen Bischofskonferenz am 24. Februar 1988, in: Wenner, Reinhard (Hg.): Beschlüsse der Deutschen Bischofskonferenz. Partikularnormen und weitere Gesetze sowie Richtlinien, Statuten, Geschäftsordnungen, Verträge, Stellungnahmen, Sankt Augustin 1999ff.; Müller, Klaus: Homiletik. Ein Handbuch für kritische Zeiten, Regensburg 1994; Pacik, Rudolf: Laien und Liturgie, in: Ritzer, Georg (Hg.): "Mit euch bin ich Mensch...", Festschrift anlässlich des 60. Geburtstages von Friedrich Schleinzer, Innsbruck 2008, 461–477; Hallermann, Heribert: Priesterliche Identität gewinnen in Abgrenzung oder in Kooperation? Zur sogenannten ‚Laieninstruktion‘, in: Diakonia 29 (1998), 195–201.

[688] Vgl. bspw. Laienverkündigung: 2.1.2, 172 sowie 2.3.2, 174 und 2.3.3, 175 sowie 2.3.4, 175.

amtlichen Auftrag für Laien zur Predigt gesprochen[689], aber gleichzeitig betont, dass eine solche amtliche Beauftragung den Laien nicht zu einem Amtsträger machen würde.[690] In diesem Zusammenhang merkt man innerhalb des Textes das Ringen um die konziliaren Vorgaben. So wird auf LG 33 verwiesen, wonach Laien die Befähigung haben, „von der Hierarchie zu gewissen kirchlichen Ämtern (munera) herangezogen zu werden, die geistlichen Zielen dienen".[691] Interpretierend wird dazu allerdings betont, dass mit der möglichen Übernahme des Verkündigungsdienstes in Form der Predigt durch Laien kein neues Amt kreiert würde.[692] Festzuhalten bleibt daher, dass der Synodentext zur Laienverkündigung mit dem Begriff des *Amtes* ringt, da er diesen an die sakramentale Weihe knüpft oder exklusiv daran geknüpft wissen will. Meckel merkt zu dem Begriff des *Amtes* in den Synodentexten allgemein an, dass, „wenngleich der Begriff des Amtes sich […] entgegen dem weiteren Amtsverständnis des II. Vatikanischen Konzils nur auf Geweihte bezieht"[693], der Synode durchaus sehr bewusst war, dass „die Kleriker ekklesiologisch nicht als additives Gegenüber zum Volk Gottes, sondern als innerhalb und gegenüber des Volkes Gottes situiert werden."[694] Weiter stellt er grundlegend heraus, dass die DBK bei den Diskussionen über den Beschluss *Die Beteiligung der Laien an der Verkündigung* eine grundsätzliche Entscheidung getroffen hat, wonach man die Begriffe *Amt (officium)* und *Dienst (munus)* dahingehend unterscheiden sollte, dass für Nichtgeweihte lediglich der Begriff *Dienst* und nicht der Begriff *Amt* zu verwenden ist.[695]

3.1.1.1.3 Der Begriff Gemeinde innerhalb des Synodenbeschlusses zur Laienverkündigung

Entscheidend für das Verständnis des Synodentextes zur Laienverkündigung ist des Weiteren die Bedeutung des Begriffes *Gemeinde* innerhalb dieses Dokumentes beziehungsweise innerhalb der gesamten Synodenpapiere. Ganz im Sinne der pastoraltheologischen Strömung der damaligen Zeit[696] werden fast

689 Vgl. ebd., 2.3, 174 und 2.3.3, 175 sowie 2., 181.

690 Vgl. ebd., 2.3.2, 174. Hallermann, Laienpredigt, 111 (Anm. 401) betont dazu, dass solche Formulierungen im Ringen um einen Kompromisstext entstehen, um vorgetragene Bedenken zu beschwichtigen.

691 Laienverkündigung, 2.3.2, 174 Vgl. auch LG 33,3. Der Hinweis des Synodentextes auf das lateinische Wort *munus* blendet an dieser Stelle aus, dass das Konzil durchaus an anderer Stelle – PO 9,2 – das Wort *officium* in Bezug auf Laien verwendet hat. Vgl. hierzu auch weiter oben 2.2.1 Die Laien als Träger einer spezifischen Sendung.

692 Vgl. Laienverkündigung 2.3.2, 174.

693 Meckel, Konzil und Codex, 188 (Anm. 42).

694 Ebd., 188.

695 Vgl. ebd., 201. Vgl. auch DBK: Stellungnahme, 29–30 (Anm. 448).

696 Vgl. Fischer, Henry; Greinacher, Norbert; Klostermann, Ferdinand: Die Gemeinde. Pastorale Handreichung für den pastoralen Dienst, Mainz 1970.

alle Ansätze der Synode innerhalb dieser *Gemeindetheologie* angesiedelt.[697] Gemeinde ist dabei der ekklesiologische und pastorale Ausgangs- und Zielpunkt der Überlegungen. Diese Beschränkung auf die Perspektive aus der Gemeinde heraus ersetzt im Text faktisch die weiterführendere Communioekklesiologie des Konzils sowie die Rede vom Volk Gottes.[698] Spielberg bezeichnet die theologische Würdigung der ganzen Gemeinde als Trägerin der Verkündigung[699] als eine „spezifische Perspektive mit der die Synode zwei naheliegende aber defizitorientierte Scheinlösungen [...] überwindet: nämlich sowohl die Fixierung auf den Ersatz fehlender Priester durch laienhafte Lückenbüßer als auch wenig hilfreiche Polarisierungen zwischen allgemeinen [sic!] und besonderem Priestertum, Amt und Charisma oder Gottesdienst und Weltauftrag."[700] Aus heutiger Sicht erscheint die Theologie der Gemeinde, wie sie zur Zeit der Würzburger Synode als pastoraltheologische Richtung maßgeblich war, als überholt.[701] Trotzdem gilt es diese Perspektive zu berücksichtigen, um die grundsätzlichen Synodenaussagen einordnen zu können.

3.1.1.2 Gliederung des Synodenbeschlusses zur Laienverkündigung

Die viergliedrige Unterteilung des Beschlusses in *Einleitung*, *Grundsätze und Impulse*, *Empfehlungen* und *Richtlinien* stellt das Grundgerüst des Synodendokumentes dar. Dabei kommt vor allem dem zweiten Gliederungspunkt grundlegende Bedeutung in Bezug auf die zu untersuchende Fragestellung nach dem theologischen Profil der Pastoralreferenten zu. Die Untergliederung des zweiten Punktes in „1. Die Verantwortung der ganzen Gemeinde für die Verkündigung"[702], „2. Das Glaubenszeugnis einzelner Gemeindemitglieder im Gottesdienst"[703] und schließlich „3. Die amtliche Beauftragung von Laien zur Predigt"[704] führt weg von einem breiten Verständnis von Sendung und Verkündigung und verengt dieses zu Liturgie und Predigt. Der vierte Gliederungsaspekt *Richtlinien* ist insofern missverständlich, als dass dort keinesfalls Richtlinien zur Umsetzung des Beschlusses beschrieben werden. Vielmehr greift

697 Vgl. hierzu Lehmann, Allgemeine Einleitung, 64 (Anm. 641).
698 Vgl. Laienverkündigung 1.1, 169 sowie 2.1.1, 171 und 2.1, 171. Vgl. auch Hallermann, Gemeinde LKRO (Anm. 170).
699 Vgl. Spielberg, Ein Beschluss unter Beschuss, 60 (Anm. 666).
700 Ebd., 61.
701 Vgl. bspw. Bucher, Rainer: Die Gemeinde nach dem Scheitern der Gemeindetheologie. Perspektiven einer zentralen Sozialform der Kirche, in: Ritzer, Georg (Hg.): „Mit euch bin ich Mensch..." Festschrift anlässlich des 60. Geburtstages von Friedrich Schleinzer, Innsbruck/Wien 2008, 19–46. Aus kirchenrechtlicher Sicht vgl. Hallermann, Gemeinde LKRO (Anm. 170).
702 Laienverkündigung, 2.1., 171–172.
703 Ebd., 2.2, 172–173.
704 Ebd., 2.3, 174–175.

dieser Punkt nur Vorschläge auf, wie die unter Gliederungspunkt 3 angeregten Empfehlungen umgesetzt werden könnten.

3.1.1.3 Zielsetzung des Synodenbeschlusses zur Laienverkündigung

Die „gemeinsame Verantwortung von Laien und Priestern für den Dienst am Wort [...] unter Wahrung der unterschiedlichen Funktionen“[705] sollte laut der Einleitung von Lehmann, die „grundsätzliche Zielsetzung“[706] des Beschlusses über die Laienverkündigung sein. Darüber hinaus wurde diese grundsätzliche Zielsetzung durch die praktische Frage beeinflusst, „wie die Kirche in der Bundesrepublik Deutschland die zahlreichen Laientheologen in ihrem pastoralen Dienst einbeziehen kann“[707] gerade angesichts des erheblichen Rückgangs der Priesterberufungen.[708] Ein zentrales Thema war zudem von Anfang an die sogenannte *Predigtkrise*, wie sie unter anderem in der pastoralen Handreichung von den Autoren Bartsch, Kamphaus, Massa, Schlösser und Zerfaß[709] diagnostiziert wurde.[710] In diesem Zusammenhang stellt Lehmann ausdrücklich heraus, dass einige der genannten Autoren[711] auch Mitglieder der betreffenden Sachkommission I waren, die das Dokument zur Laienverkündigung erarbeitete. Er selbst hatte dabei bis 1973 den Vorsitz inne[712] und war maßgeblich für die Erstellung des Beschlusstextes verantwortlich.[713]

3.1.2 Der Synodenbeschluss *Die pastoralen Dienste in der Gemeinde*

Ausgehend von einer kirchlichen Situationsanalyse[714] und den konziliaren Impulsen zur innerkirchlichen Erneuerung[715] werden in dem Beschluss der Würzburger Synode *Die pastoralen Dienste in der Gemeinde*[716] die unterschiedlichen

705 Lehmann, Einleitung Laienverkündigung, 1.3, 154 (Anm. 644).
706 Ebd., 154.
707 Ebd., 1.3, 154.
708 Vgl. ebd., 1.3, 154.
709 Vgl. Bartsch, Elmar; Kamphaus, Franz; Massa, Willi; Schlösser Felix; Zerfaß, Rolf: Verkündigung. Pastorale Handreichung für den pastoralen Dienst, Mainz 1970.
710 Vgl. Lehmann, Einleitung Laienverkündigung, 153 (Anm. 644).
711 Lehmann bezieht sich hierbei auf Rolf Zerfaß, Franz Kamphaus und Felix Schlösser. Letzterer war der Sekretär der Sachkommission I (vgl. GSyn II, Sachkommsissionen, 313–314).
712 Ab Februar 1973 wurde der Vorsitz von Hans Werners übernommen (vgl. GSyn II, Sachkommissionen, 313).
713 Vgl. GSyn II, Sachkommissionen, 313–314.
714 Vgl. Dienste und Ämter 1.1 Die Situation der Gemeinden; 1.2 Die Situation der pastoralen Dienste und 1.3 Die Situation als Aufgabe.
715 Vgl. Dienste und Ämter, 1.1.1, 598 und 1.1.2, 599 sowie 1.2.1, 599.
716 Der Beschluss der Würzburger Synode *Die pastoralen Dienste in der Gemeinde* wird im Nachfolgenden mit dem Kurztitel *Dienste und Ämter* beschrieben.

innerkirchlichen Gliedgruppen, die das Leben der Gemeinden prägen, vor dem Hintergrund der synodalen Überlegungen behandelt. Nach langem Ringen wurde der vorliegende Beschluss schließlich in der nun vorliegenden Fassung in SYNODE 1976/1 amtlich veröffentlicht.[717] Kasper stellt dazu heraus, dass die Grundlage für die Sachkommission I, die diesen Synodenbeschluss erarbeitete, die Kirchenkonstitution des Zweiten Vatikanischen Konzils war.[718] Insbesondere die Gedanken über das Volk Gottes, das gemeinsame Priestertum aller Getauften, die charismatische Dimension der Kirche, das kirchliche Amt als Dienst und die kollegiale Struktur des Amtes sowie die Bedeutung der Ortskirche und Ortsgemeinde hält er dabei zentral für die Entstehung des Beschlusses über die Dienste und Ämter.[719] Die für die Erstellung des Synodenbeschlusses zuständige Sachkommission VII stand unter Vorsitz des Bischofs von Münster, Heinrich Tenhumberg.

3.1.2.1 Begriffsklärungen innerhalb des Synodenbeschlusses über die Dienste und Ämter

Um den Synodenbeschluss *Die pastoralen Dienste der Gemeinde* näher zu untersuchen, bedarf es auch hier für die nachfolgenden Untersuchungen einiger Begriffsklärungen. Mit diesen Klärungen soll die Relecture des Synodenbeschlusses in Bezug auf die theologische Verortung der Pastoralreferenten zu einem „Disclosure-Erlebnis"[720], das heißt zur Erschließung eines neuen Reflexionshorizontes werden, wie es Salvatore Loiero fordert.[721]

3.1.2.1.1 Der Bezeichnung Dienste und Ämter innerhalb des Synodenbeschlusses über die Dienste und Ämter

Der Begriff, beziehungsweise besser die Begriffe, *Dienste und Ämter* sind sehr präsent und grundlegend im gleichgenannten Synodenbeschluss. Dabei korrelieren die Begriffe stark miteinander. In aller Regel ist auch in diesem Dokument der Synode der Begriff *Amt* sehr stark dogmatisch belegt. Das bedeutet, dass jedwedes kirchliche Amt untrennbar mit der sakramentalen Weihe

717 Vgl. zu Entstehung und Veröffentlichung: Kasper, Einleitung Dienste und Ämter, 581–584 (Anm. 645).

718 Vgl. ebd., 582. Kasper, ebd., 582 (Anm. 645), weist zudem daraufhin, dass ergänzend zu Lumen Gentium die Konzilsdokumente über die Hirtenaufgabe der Bischöfe, über das Apostolat der Laien, über den Dienst der Priester sowie über die Priesterausbildung herangezogen wurden.

719 Vgl. Kasper, Einleitung Dienste und Ämter, 582 (Anm. 645).

720 Loiero, Salvatore: Die pastoralen Dienste in der Gemeinde. Blick zurück in die Zukunft der pastoralen Dienste, in: Feiter, Reinhard; Hartmann, Richard; Schmiedl, Joachim (Hg.): Die Würzburger Synode – Texte neu gelesen, Freiburg im Breisgau 2013, 234–250, hier: 235.

721 Vgl. ebd., 235.

verknüpft ist.[722] Aus dieser Denkweise heraus ist nachvollziehbar, dass der Begriff *Amt* nicht im Zusammenhang mit Laien verwendet wird. Auch der Begriff *hauptamtlich* wird vor allem in Bezug auf Priester und nicht auf Laien bezogen verwendet.[723] Vielmehr umschreibt der Text das hauptamtliche pastorale Tun von Laien als *hauptberuflichen Dienst von Laien.*

Der Begriff *Dienst* wird dagegen sowohl auf Kleriker als auch auf Laien angewendet, um die pastoralen Aufgaben zu umschreiben. Durch diese dezidiert dogmatisch im Sinne einer exklusiven Weiheamtstheologie motivierte Verwendung des Begriffes *Amt* stärkt der Text die entsprechende vorkonziliare Theologie[724] und steht der Weitung des Begriffes vom *kirchlichen Amt* durch das Konzil entgegen, wie es im Speziellen durch die Artikel LG 33 und PO 9 geschehen ist.

3.1.2.1.2 Der Begriff Pastoralreferent innerhalb des Synodenbeschlusses über die Dienste und Ämter

Der Synodenbeschluss *Dienste und Ämter* verwendet vorwiegend den Begriff Pastoralassistent für die heute gängige Berufsbezeichnung der Pastoralreferenten. Grundsätzlich wird der Begriff nur selten im Synodenbeschluss verwendet.[725] Es wird jedoch als Anordnung festgehalten, dass in allen Diözesen die Bezeichnungen *Pastoralassistent/-referent* und *Gemeindeassistent/-referent* verbindlich verwendet werden sollen.[726] Im Beschluss selber wird, vor allem in Kapitel 3.3 „Haupt- und nebenberufliche Dienste der Laien", vom haupt-, beziehungsweise nebenberuflichen Dienst von Laien in der Pastoral gesprochen. In seiner Einleitung zu diesem Beschluss stellt Kasper jedoch deutlich heraus, dass der Begriff des *Pastoralreferenten/Pastoralassistenten* sehr wohl sehr präsent und wesentlich in der Entstehung und Diskussion des vorliegenden Dokumentes war.[727] So versteht er die *Frage nach den Pastoralassistenten/referenten* neben dem *Diakonat der Frau* und der *Diskussion um das Zölibat* als eines von drei *heißen Eisen*[728], die bei den Überlegungen der Synode sehr präsent waren. Meckel betont dabei, dass im gesamten Beschlussdokument auffällt, dass auch in Bezug auf Pastoralreferenten vornehmlich vom hauptberuflichen und nicht vom hauptamtlichen Dienst gesprochen wird, um den

[722] Vgl. exemplarisch Dienste und Ämter, 1.1.1, 598 und 2.5, 607 oder auch 2.5.1, 607.
[723] Vgl. bspw. Dienste und Ämter, 3.3.1, 613 und 3.3.2, 613. Im Gegensatz dazu: Vgl. ebd., 5.3.3, 622 sowie 7.2, 634. Vgl. außerdem Meckel, Hauptberufliche LKRO (Anm. 47).
[724] Vgl. Bierbaum, Max: Art. Hierarchie, in: LThK[1], Bd. 5, 10–12.
[725] Vgl. Dienste und Ämter, 1.2.1, 599 und 1.2.3, 601 sowie 6.1, 632 und 7.2, 634.
[726] Vgl. ebd., 7.2.5, 634.
[727] Vgl. Kasper, Einleitung Dienste und Ämter, 592–594 (Anm. 645).
[728] Vgl. ebd., 590, 592–594.

Amtsbegriff für Laien in der Pastoral zu vermeiden.[729] Hierbei wird Meckel zufolge die Nichtrezeption des Konzils besonders deutlich.[730]

3.1.2.1.3 Der Begriff Gemeinde innerhalb des Synodenbeschlusses über die Dienste und Ämter

Auch der Beschluss *Dienste und Ämter* ist sehr stark von einer Theologie der Gemeinde geprägt. Dies wird nicht zuletzt dadurch deutlich, dass die Erneuerung der Gemeinde als das vorrangigste Ziel der Synode ausgegeben wird.[731] Dabei wird der Begriff *Gemeinde* öfter im Sinne von *Kirche* verwendet.[732] Die Gemeinsame Synode vereinnahmt das Konzil, das andernorts mit Erneuerung der Kirche und innerkirchlicher Reform[733] in Verbindung gebracht wird, für eine eigene Theologie der Gemeinde, wenn „lebendigen Gemeinden in denen vielfältige Geistgaben zusammenwirken“[734] als ein wichtiges Ziel der kirchlichen Reformbemühungen formuliert wird.[735] Grundsätzlich verwendet die Synode den eher unkonkreten Gemeindebegriff und verzichtet stattdessen weitgehend auf den kirchenrechtlich spezifischeren Begriff der *Pfarrei*.[736] Meckel arbeitet dazu heraus, dass diese definitorische Offenheit des Begriffes offensichtlich bewusst gewollt ist.[737] Besonders im zweiten Kapitel *Wesen und Formen der Gemeinde* wird das Gemeindeverständnis der Verfasser des Beschlusstextes beschrieben.[738] Demnach gibt es neben territorial abgegrenzten Gemeinden auch sogenannte Personalgemeinden, die sehr vielseitig und unterschiedlich sein können.[739] In diesem Kapitel wird auch der Begriff der *Gemeinde* definiert. Entsprechend dieser Definition ist Gemeinde „die durch Wort und Sakrament begründete, durch den Dienst des Amtes geeinte und geleitete, zur Verherrlichung Gottes und zum Dienst an den Menschen berufene Gemeinschaft derer, die in Einheit mit der Gesamtkirche an Jesus Christus glauben und das durch ihn geschenkte Heil bezeugen.“[740]

729 Vgl. Meckel, Konzil und Codex, 205 (Anm. 42).
730 Vgl. ebd., 232. Meckel, Hauptberufliche LKRO (Anm. 47), weist zudem daraufhin, dass entgegen dem üblichen Sprachgebrauch in den Dokumenten der DBK der Begriff *Hauptamtliche* für Pastoral- und Gemeindereferenten kirchenrechtlich zutreffender wäre, als der meist verwendete Begriff der *Hauptberuflichen*.
731 Vgl. Dienste und Ämter, o., 598.
732 Vgl. bspw. Dienste und Ämter, 1.1.1, 598 sowie 1.1.2, 599 und 1.2.1, 599.
733 Vgl. bspw. ebd., 1.1.1, 598; 1.2.1, 599 und 1.2.2, 599.
734 Ebd., 1.1.1, 598.
735 Vgl. ebd., 1.1.1, 598.
736 Vgl. Meckel, Konzil und Codex, 192 (Anm. 42).
737 Vgl. ebd., 193.
738 Vgl. Dienste und Ämter, 2.3, 604–606.
739 Vgl. ebd., 2.3.1, 605.
740 Ebd., 2.3.2, 605.

3.1.2.2 Gliederung des Synodenbeschlusses über die Dienste und Ämter

Der Synodenbeschluss *Dienste und Ämter* ist in sieben Gliederungspunkte unterteilt, denen eine zielformulierende Präambel vorangestellt ist.[741] Zunächst wird in einer Situationsanalyse die jeweilige Situation der Gemeinden[742] und der dazugehörigen pastoralen Dienste[743] beschrieben, ehe diese gegenwärtige Situation mit all den Gefahren, Chancen und Möglichkeiten als Aufgabe dargestellt wird.[744] Grundlegend wird danach zunächst der gemeinsame Dienst aller in der Gemeinde herausgestellt[745], ehe dann der Reihe nach der Dienst der Laien[746], des Ständigen Diakons[747] und des Priesters[748] im Zentrum der Betrachtungen stehen. Besonders das Kapitel über den Dienst der Laien ist für die nachfolgenden Untersuchungen zentral. In diesem Laienkapitel wird zunächst die Sendung der Laien[749] und besonders der Dienst der Frau[750] thematisiert. Für die Beantwortung der Forschungsfrage nach dem theologischen Ort des Berufsbildes der Pastoralreferenten ist aber vor allem der Gliederungspunkt 3.3 relevant, in dem pastorale haupt- und nebenberufliche Dienste der Laien näher konkretisiert werden.[751] Das Kapitel über den Laien wird schließlich mit Aussagen zum geistlichen Leben der Laien im pastoralen Dienst abgeschlossen.[752] Kasper kritisiert in seiner Einleitung zum Synodenbeschluss prinzipiell, dass dieses Laienkapitel aufgrund von zu intensivem Ringen an Spezialproblemen insgesamt eher dürftig ausgefallen ist[753] und es von Seiten der Synode versäumt wurde, „grundsätzlich über die Rolle des Laien nachzudenken".[754] Die gemeinsame Sendung als das Verbindende zwischen Laien, Diakonen und Priestern wird in einem sechsten Gliederungspunkt betont, wenn das Zusammenwirken

741 Vgl. Dienste und Ämter, 0., 598.
742 Vgl. ebd., 1.1 Die Situation der Gemeinden, 598–599.
743 Vgl. ebd., 1.2 Die Situation der pastoralen Dienste, 599–600.
744 Vgl. ebd., 1.3 Die Situation als Aufgabe, 601–602.
745 Vgl. ebd., 2. Der Gemeinsame Dienst der Gemeinde, 602–607. Dabei wird zunächst Jesus Christus als Grund und Maß (vgl. ebd., 2.1., 602–603) und die Sendung der Kirche (vgl. ebd., 2.2, 603–604) klärend herausgestellt, ehe konkretisierend Wesen und Formen der Gemeinde (vgl. ebd., 2.3, 604–606), der Einzelne in der Gemeinde (vgl. ebd., 2.4, 606–607), der Dienst des Amtes und der Räte in der Gemeinde (vgl. ebd., 2.5, 607–608) und der pastorale Dienst als Sinnerfüllung (vgl. ebd., 2.6, 608–609) ergänzt werden.
746 Vgl. Dienste und Ämter, 3. Der Dienst der Laien, 609–614.
747 Vgl. ebd., 4. Der Dienst des Ständigen Diakons, 614–619.
748 Vgl. ebd., 5. Der Dienst des Priesters, 619–631.
749 Vgl. ebd., 3.1 Die Sendung der Laien, 609–611.
750 Vgl. ebd., 3.2 Der Dienst der Frau, 611–612.
751 Vgl. ebd., 3.3 Haupt- und nebenberufliche Dienste der Laien, 612–614.
752 Vgl. ebd., 3.4 Das geistliche Leben der Laien im pastoralen Dienst, 614.
753 Vgl. Kasper, Einleitung Beschluss Dienste und Ämter, 587 (Anm. 645) sowie Loretan, Laien im pastoralen Dienst, 52 (Anm. 63).
754 Kasper, Einleitung Beschluss Dienste und Ämter, 587 (Anm. 645).

der verschiedenen Dienste eigens dargestellt wird.[755] Abschließend werden noch Voten[756], Anordnungen[757] und Empfehlungen[758] zu den zuvor ausgeführten Inhalten angeführt.

3.1.2.3 Zielsetzung des Synodenbeschlusses über die Dienste und Ämter

Im Synodenbeschluss *Dienste und Ämter* werden in der dem Text vorgeschalteten Präambel zwei grundsätzliche Ziele der Synode benannt. So wird vor allem die „Erneuerung der Gemeinde und ihrer pastoralen Dienste“[759] als vorrangige Aufgabe beschrieben. Darüber hinaus wird in Bezug auf die „Erfordernisse und Möglichkeiten der Situation“[760] als zweites Ziel formuliert, dass es Aufgabe der Gemeinsamen Synode ist, „mögliche Schritte der Reform einzuleiten“.[761] Die beiden Ziele werden faktisch zusammengefasst, wenn im nachfolgenden Abschnitt 1.1.1 dann betont wird, dass „lebendige Gemeinden [...] eines der wichtigsten Ziele der kirchlichen Reformbemühungen“[762] sind. Gemeinde wird dabei als der normale, unmittelbare Lebensraum für den einzelnen Christen charakterisiert.[763]

3.2 Die Laien als Glieder des Volkes Gottes und als Sendungsträger innerhalb der Texte der Würzburger Synode

Die theologische Grundlage für die Gemeinsame Synode bilden von ihrem Selbstverständnis[764] her die Texte des Zweiten Vatikanischen Konzils. So ist auch ihr Verständnis des Laien eng verknüpft mit dem theologisch neuartigen

755 Vgl. Dienste und Ämter, 6. Zusammenwirken der verschiedenen Dienste, 632–633.
756 Vgl. ebd., 7.1 Voten, 633–634.
757 Vgl. ebd., 7.2 Anordnungen, 634–635.
758 Vgl. ebd., 7.3 Empfehlungen, 635–636.
759 Dienste und Ämter, 0., 598.
760 Ebd., 0., 598. Die aktuelle Situation wird dabei im Folgenden als wachsende Entfremdung zwischen Kirche und Gesellschaft diagnostiziert (vgl. ebd., 1.1.2, 599), die sich dadurch zeigt, dass die Gottesdienstbesucherzahlen abnehmen, dass kirchliche Gruppen und Verbände zurückgehen und es einen erschreckenden Nachwuchsmangel in den Orden und vor allem im Priesterberuf gibt.
761 Dienste und Ämter, 0., 598.
762 Ebd., 1.1.1, 598.
763 Vgl. ebd., 2.2.2, 604.
764 Vgl. Statut Synode, Art. 1, 856.

Blick des Konzils auf den Laien.[765] Dazu merkt Kasper in seiner Einleitung zum Beschluss über die Dienste und Ämter an, dass die Konstitution Lumen Gentium unter anderem die Gedanken der Kirche als Volk Gottes, des gemeinsamen Priestertums, die der charismatischen Dimension der Kirche und des kirchlichen Amtes als Dienst grundlegend herausstellt.[766] Diese vier Aspekte waren für ihn im Speziellen auch richtungsweisend für die Gemeinsame Synode.[767] Loiero weist diesbezüglich besonders daraufhin, dass nicht nur Kasper, sondern die gesamte Synode den theologischen Interpretationsrahmen des konziliaren Volk Gottes- und Communio-Verständnisses als Deute- und Handlungshorizont herangezogen haben.[768] Meckel erkennt mit Verweis auf die Ermutigung der Synode zur Eigenverantwortung[769] außerdem die Abkehr von einer vorkonziliaren Ekklesiologie, die nur die Kleriker als Subjekte kirchlichen Handelns kannte.[770] Ebenso wie das Konzil hat auch die Würzburger Synode ein positives Bild vom christlichen Laien. Schon in der bis dahin einzigartigen Zusammensetzung der Synodenteilnehmer[771] und des Ringens um den Modus des Verfassens von rechtsverbindlichen Beschlüssen wird dies deutlich.[772]

Nachfolgend sollen die grundsätzlichen Aspekte aufgezeigt werden, wie die Würzburger Synode den christifidelis laicus als aktives Glied des Gottesvolkes darstellt. Außerdem soll aufgezeigt werden, wie die kirchliche Sendung durch die Laien im Sinne der Synode verwirklicht werden kann. Um anschließend die Frage zu beantworten, inwiefern relevante Inhalte der Würzburger Synode für das theologische Profil des Berufsbildes der Pastoralreferenten rezipiert worden sind, gilt es nun vor allem die Ergebnisse der Textanalyse der beiden Beschlüsse über die Laienverkündigung und über die Dienste und Ämter einzuordnen.

3.2.1 Der christifidelis laicus als aktives Glied des Volkes Gottes

Das Zweite Vatikanische Konzil hat in seinen Aussagen über die Laien neue richtungsweisende Impulse ganz im Sinne des von Johannes XXIII. gefor-

765 Vgl. Kasper, Einleitung Dienste und Ämter, 582 und 586–587 (Anm. 645) sowie Spielberg, Ein Beschluss unter Beschuss, 58 (Anm. 666).
766 Vgl. Kasper, Einleitung Dienste und Ämter, 582 (Anm. 645).
767 Vgl. ebd., 582.
768 Vgl. Loiero, Die pastoralen Dienste in der Gemeinde, 238 (Anm. 720).
769 Vgl. Dienste und Ämter, 1.3.2, 602.
770 Vgl. Meckel, Konzil und Codex, 194 (Anm. 42).
771 So waren neben den Mitgliedern der deutschen Bischofskonferenz unter anderem auch 40 Laien des Zentralkomitees der deutschen Katholiken und 22 Ordensleute sowie diverse gewählte Mitglieder aus den Diözesen und 40 von der Bischofskonferenz berufene Männer und Frauen Mitglieder der Gemeinsamen Synode. Zur genauen Zusammensetzung: Vgl. Statut Synode, Art. 2, 856–857.
772 Vgl. Statut Synode.

derten *aggiornamento* gegeben.[773] Jeder Unterscheidung von Klerikern und Laien stellt das Konzil den Begriff des *christifidelis* voran.[774] Dieser Begriff wird allerdings von den Synodentexten nicht konsequent rezipiert.[775] Dennoch war es Aufgabe und Herausforderung der Würzburger Synode, die konziliaren Impulse auch für ihren Geltungsbereich zu übertragen und umzusetzen. Im einleitenden Beschlusstext *Unsere Hoffnung* wird darauf verwiesen, dass die Kirche von Jesus Christus gestiftet wurde und kein Verein ist, „der sich selbst immer neu zur Disposition stellen könnte, [vielmehr ist sie] in ihrer Gemeinschaftsform ein Volk – pilgerndes Gottesvolk".[776] In dieser Volk Gottes-Perspektive soll nun zunächst der christliche Laie aus der Perspektive der Synode im Zentrum der Betrachtung stehen. Dabei gilt es zunächst folgende Fragen zu beantworten: Welche Aussagen über den christlichen Laien trifft die Synode? Inwiefern konkretisieren sie die konziliaren Vorstellungen oder wo unterscheiden sie sich von den Aussagen des Zweiten Vatikanischen Konzils? Mit den Ergebnissen dieser Fragestellungen gilt es dann zu untersuchen, inwieweit sie für das theologische Profil der Pastoralreferenten rezipiert worden sind.

Zunächst ist festzustellen, dass im Beschlusstext über die Laienverkündigung nur an einer Stelle das Volk Gottes ausdrücklich erwähnt wird.[777] Dort handelt es sich um einen Bezug zum Zweiten Vatikanischen Konzil. Im weiteren Verlauf des Dokumentes werden für Volk Gottes dann die Formulierungen *Gemeindemitglieder* oder *Mitglieder der Gemeinde* mehr oder weniger synonym verwendet und somit die vorherrschende Theologie der Gemeinde in ein konziliares Gewand gepackt.[778] In Bezug auf die Frage nach der Predigt versucht der Beschluss, Laien als aktive Glieder des Volkes Gottes herauszustellen, die jedoch nicht eigenständig, sondern in Abhängigkeit von einem Priester handeln können. So wird besonders das Glaubenszeugnis von Laien, „die den eigenen Lebensfragen und Belastungen des Glaubens näherstehen"[779] im Gottesdienst als „Ergänzung der priesterlichen Verkündigung"[780] betont. Grundsätzlich wird diesbezüglich weiter herausgestellt, dass jeder, der im Gottesdienst das Wort ergreift, dies als aktiv „Mitfeiernder und im Dienst an der Feier"[781] tun soll.

773 Vgl. P. Johannes XXIII., Primus Concilii Oecumenici nuntius vom 25.1.1959, in: AAS 51 (1959), 65–69. Zum Begriff *Aggiornamento* vgl. Alberigo, Guiseppe: Art. Aggiornamento, in: LThK³, Bd. 1, Freiburg im Breisgau 1993, 231.

774 Vgl. bspw. LG 1,3 und LG 30,1.

775 Vgl. Meckel, Konzil und Codex, 198 (Anm. 42).

776 Gemeinsame Synode der Bistümer in der Bunderepublik Deutschland: Unsere Hoffnung, Ein Bekenntnis zum Glauben in dieser Zeit, in: GSyn I, 84–111, hier: 99.

777 Vgl. Laienverkündigung, 2.1.1, 171.

778 Vgl. Laienverkündigung, 2.1.1, 171; 2.2, 172; 2.2.1, 172; 2.2.2, 173 und 2.2.3, 173.

779 Vgl. ebd., 4.1.3, 177.

780 Vgl. ebd., 4.1.3, 177.

781 Ebd., 4.2.1, 177.

Der für die Laien im Konzil verwendete Begriff des *Weltcharakters*[782] findet sich ebenfalls im Synodentext zur Laienverkündigung wieder. Dort wird er interpretierend als Weltaufgabe der Laien wiedergegeben, die vor allem beinhaltet, den Menschen den Sinn ihres Lebens vom Glauben her zu erschließen, sich für bessere soziale Verhältnisse einzusetzen, zur Konfliktlösung beizutragen und Menschen in Frieden und Freiheit zueinander zu führen.[783] Auch wenn der Beschluss über die Laienverkündigung nicht explizit von der Anteilhabe der Laien an der Sendung der Kirche spricht, haben die Laien doch in Rezeption von LG 31 einen besonderen Weltauftrag.[784] Dieser Weltauftrag für die christlichen Laien wird schließlich umfassend als „Bezeugung des Evangeliums mitten unter den Menschen"[785] sowie als „Glaubenszeugnis der Christen"[786] gefasst. Ausdrücklich betont die zuständige Kommission I in diesem Kontext in Bezug auf LG 33 und LG 35, dass Laien einen aktiven Anteil an der Verwirklichung der kirchlichen Sendung haben.[787] Von diesem Weltauftrag der Laien her begründet der Synodenbeschluss auch die notwendige Mitarbeit von Laien bei der Wortverkündigung, da die „Verkündigung in der Welt und [die] Verkündigung in der Gemeinde"[788] aufeinander bezogen sein müssen.[789] Spielberg kommentiert hierzu, dass die Synode eine „naheliegende Polarisierung wie die zwischen dem *Weltauftrag* der Laien und dem Gemeindeauftrag der Kleriker"[790] vermeiden will. Diese Verbundenheit von Weltauftrag und Liturgie wird weiter unterstrichen, wenn gefordert wird, dass das eigene Leben kongruent sein soll zur zu verkündenden Botschaft.[791] Grundsätzlich ergänzt Meckel zum Weltauftrag der Laien, dass es den Mitgliedern der Kommission I bei der Erarbeitung des Beschlusstextes auch darum ging, eine positive Beschreibung des Laien im Sinne des Konzils zu verwenden, die über eine bloße Abgrenzung via negativa als Nichtkleriker hinausreicht.[792] Heilsdienst und Weltdienst sind, so die Kommission, nicht komplett trennbar,[793] andernfalls würde dies zu einer „beziehungslos gedachten Weltaufgabe des Laien und zu einer für das Leben

782 Vgl. LG 31,2.
783 Vgl. Laienverkündigung, 2.1.2, 172.
784 Vgl. Meckel, Konzil und Codex, 196 (Anm. 42).
785 Laienverkündigung, 2.1.2, 172.
786 Ebd., 2.1.2, 172.
787 Kommission I, Erläuterungen und Bericht zum Text der zweiten Lesung, in: Homeyer, Josef (Hg. In seiner Funktion als Sekretär der Gemeinsamen Synode): SYNODE, Amtliche Mitteilungen der Gemeinsamen Synode der Bistümer in der Bundesrepublik Deutschland, 1972/5, 15–34, hier: 16–17.
788 Laienverkündigung, 2.1.3, 172.
789 Vgl. ebd., 2.1.3, 172.
790 Spielberg, Ein Beschluss unter Beschuss, 58 (Anm. 666).
791 Vgl. Laienverkündigung, 4.2.1, 177.
792 Vgl. Kommission I, Erläuterungen, 16–17 sowie Meckel, Konzil und Codex, 189 (Anm. 42).
793 Vgl. Kommission I, Erläuterungen, 16–17 sowie Meckel, Konzil und Codex, 198 (Anm. 42).

der Welt irrelevanten Gottesdienstauffassung führen."[794] Im Beschlusstext sind diese weiterführenden Gedanken der Kommission zu Gunsten einer bewussten Betonung des Weltauftrages für die Laien nur schwer wiederzufinden. Die Intention war es, eine Klerikalisierung der Laien zu vermeiden.[795]

Den Begriff des „Weltcharakters"[796] greift die Synode auch im Beschluss über die Dienste und Ämter auf und interpretiert ihn dahingehend, dass „Kirche immer wieder neu in der Welt und aus der Welt entstehen"[797] muss. Kasper warnt dabei in seiner Einleitung zu diesem Beschluss allerdings vor dem Rückzug der Laien aus der „Weltverantwortung"[798] hin zu einem vornehmlich innerkirchlichen Engagement.[799] So plädiert er stattdessen dafür, den genuinen Auftrag der Pastoralreferenten aus dem Weltcharakter der Laien heraus zu bestimmen.[800] Das hat zur Folge, dass im Synodendokument tendenziell eine Überbetonung dieses Weltauftrags vorherrscht, auch wenn im Text selber ebenso betont wird, dass sich Gottesdienst, Dienst am Menschen, Heils- und Weltdienst nicht voneinander trennen lassen.[801] Letzteres wird im Kapitel über die Sendung der Laien noch vertieft, wenn dort beschrieben wird, dass grundsätzlich alle Christen zum Dienst in der Welt berufen sind, den Laien aber mit Verweis auf LG 31 dieser Weltcharakter in besonderer Weise zu eigen ist.[802] Konkret wird der Weltcharakter dahingehend gedeutet, dass es Aufgabe der Laien ist, das „soziale Milieu, Beruf und Freizeit, Mentalität und Sitte, Gesetz und Strukturen der Gesellschaft durch Wort und Tat mit dem Geist Christi zu durchdringen."[803] Weiter wird ganz im Sinne des gemeindetheologischen Duktus des Beschlusstextes über die Dienste und Ämter darauf verwiesen, dass jeder Dienst in der Welt zugleich ein wesentlicher Dienst für die Gemeinde ist.[804] Meckel macht diesbezüglich darauf aufmerksam, dass es während der Synode Bedenken gab, „dass Kleriker eine Art Weltflucht und Laien in der Gegenbewegung zu sehr ‚veramtet' werden könnten, wenn ihre vornehmliche Sendung in der Welt abgeschwächt würde."[805] Daher wird weiter kritisiert, dass die Synode aufgrund der Gefahr von Überbetonung und Exklusivierung des Weltauftrages die Grundaussagen aus Lumen Gentium und Gaudium et Spes,

794 Kommission I, Erläuterungen, 17.
795 Vgl. Lehmann, Einleitung Laienpredigt, 159 sowie Meckel, Konzil und Codex, 233 (Anm. 42).
796 Vgl. LG 31,2.
797 Beschluss Dienste und Ämter, 3.1.1, 609.
798 Kasper, Einleitung Beschluss Dienste und Ämter, 586 (Anm. 645).
799 Vgl. ebd., 586–587.
800 Vgl. ebd., 593–594.
801 Vgl. Dienste und Ämter, 2.4, 606. Vgl. hierzu auch Meckel, Konzil und Codex, 196 und 198 (Anm. 42).
802 Vgl. Dienste und Ämter, 3.1.1, 609.
803 Ebd., 3.1.1, 609. Vgl. hierzu LG 31,2.
804 Vgl. Dienste und Ämter, 3.1.1, 610 sowie ergänzend, Meckel, Konzil und Codex, 196 (Anm. 42).
805 Meckel, Konzil und Codex, 233 (Anm. 42).

wonach alle Gläubigen ihre Sendung in Kirche und Welt ausüben sollen, unklar erscheinen lässt.[806]

Schon zu Beginn des Beschlusses über die Dienste und Ämter wird einleitend herausgestellt, dass die gemeinsame Verantwortung aller Glieder der Kirche aus der durch das Konzil angestoßenen innerkirchlichen Erneuerung resultiert.[807] In diesem Sinne wird auch am Ende des ursprünglichen Beschlusstextes über die Laienverkündigung die Empfehlung formuliert , dass „in den Bistümern und Gemeinden das Verantwortungsbewusstsein aller Gläubigen für eine Bezeugung und Vermittlung des Glaubens geweckt und gefördert"[808] werden soll.

Die theologische Grundlage für diese Aussage und den Beschlusstext im Ganzen liegt in der von Lumen Gentium vertretenen Volk Gottes- beziehungsweise Communio-Ekklesiologie verankert.[809] Konkretisierend wird im Beschlusstext auch die Hilfsfunktion der Gremien der Gemeinde betont, die existieren, „damit alle ihre Verantwortung für die Gemeinde auf wirksame Weise wahrnehmen können."[810] Relativiert wird dies durch die missverständliche Darstellung, wonach es eine exklusive Aufgabe der Räte und Gremien in den Gemeinden sei, die „gemeinsame Sendung aller darzustellen".[811] Grundsätzlich wird dennoch auch im Beschluss über die Dienste und Ämter deutlich gemacht, dass jeder Christ Anteil an der Sendung Jesu Christi hat.[812] Ähnlich wie in Lumen Gentium[813] werden Taufe und Firmung als sakramentale Grundlage dieser Sendung herausgestellt.[814] Die konziliare Lehre vom gemeinsamen Priestertum aller Getauften wird insofern aufgegriffen, als dass klar gestellt wird, dass alle „das eine priesterliche Volk Gottes [bilden], das berufen ist das Heilswerk Jesu Christi in den konkreten menschlichen und gesellschaftlichen Situationen zu vergegenwärtigen"[815]. Meckel arbeitet dazu heraus, dass die Lehre vom gemeinsamen Priestertum für den Beschluss über die Dienste und

806 Vgl. ebd., 233.
807 Vgl. Dienste und Ämter, 1.1.1, 598.
808 Laienverkündigung, 3, 175–176.
809 Vgl. Meckel, Konzil und Codex, 187 (Anm. 42).
810 Dienste und Ämter, 2.5.2, 607.
811 Ebd., 2.5.2, 607. In diesem Zusammenhang sei auch auf den Beschlusstext über die Räte und Verbände *Verantwortung des ganzen Gottesvolkes für die Sendung der Kirche* verwiesen.
812 Vgl. Dienste und Ämter, 3.1.1, 609.
813 Vgl. LG 10,1; LG 10,2 und LG 11,1. Im Gegensatz zur Synode hebt das Konzil die alleinige Bedeutung der Taufe als sakramentale Grundlage des Anteils an der Sendung Jesu Christi stärker hervor. Die Firmung dient gemäß LG 11,1 zur vollkommeneren Verbundenheit, die in strengerer Weise dazu verpflichtet, den Glauben als wahre Zeugen Christi in Wort und Tat zu verbreiten.
814 Vgl. Dienste und Ämter, 3.1.1, 609.
815 Ebd., 3.1.1, 609.

Ämter als „Leitidee des Konzils“[816] charakterisiert wurde, die ins Bewusstsein der Gläubigen gerufen und in der Praxis erfahrbar werden soll.[817]

Die mögliche spezifische Sendung der Laien als christliche Eheleute wird ebenfalls besonders aus der Perspektive der Gemeinde erläutert. So wird in Bezug auf den Begriff der Ehe als „Hauskirche“[818] im Synodentext herausgestellt, dass die christliche Ehe die wichtigste Zelle der Gemeinden darstellt.[819] Grundsätzlich wird in diesem Zusammenhang das im Konzil durch das munus regendi begründete Mitwirken aller Getauften am Aufbau und Wachstum des Volkes Gottes von der Synode umgedeutet im Sinne des Mitwirkens am Aufbau und Wachstum der jeweiligen Gemeinde.[820]

3.2.2 Die Verwirklichung der Sendung der Kirche durch die Laien

„Hier schulden wir uns selbst und unserer Lebenswelt mehr denn je das Zeugnis einer Hoffnungsgemeinschaft [...]. Dabei müssen [...] die Gefahren im Auge behalten [werden], die sich aus der eigenen behördlichen Organisationsform der Kirche, aus ihrer Verwaltungsapparatur und den damit zusammenhängenden institutionellen Zwängen für eine lebendige Gemeinschaftserfahrung ergeben.“[821] Diese Aussage der Synode deutet Meckel dahingehend, dass bei aller Notwendigkeit institutioneller Strukturen der eigentliche Charakter der Kirche als Sendungsgemeinschaft nicht verdunkelt werden darf.[822] Den Grundgedanken konziliarer Theologie, dass jeder Laie aktiven Anteil an der Sendung Jesu Christi hat und dass diese Teilhabe in der Taufe sakramental begründet ist, gilt es nun in den beiden zu untersuchenden Beschlusstexten der Synode herauszuarbeiten.

Zunächst ist dabei anzumerken, dass in dem Dokument über die Laienverkündigung das Konzept einer umfassenden Sendung der Kirche, wie es beispielsweise der Kirchenkonstitution Lumen Gentium oder auch dem Laiendekret Apostolicam Actuositatem zu Grunde liegt, nur bedingt aufgegriffen wird. Vielmehr wird Sendung mit Verkündigung gleichgesetzt und auch der Begriff der *Verkündigung* wird mehrfach allein auf die Predigt beschränkt.[823] Dennoch

[816] Kommission VII: Begründung zur Vorlage „Pastorale Dienste in der Gemeinde“, in: (Hg. In seiner Funktion als Sekretär der Gemeinsamen Synode: SYNODE, Amtliche Mitteilungen der Gemeinsamen Synode der Bistümer in der Bundesrepublik Deutschland, München 1974/1, 87.

[817] Vgl. Meckel, Konzil und Codex, 194 (Anm. 42).

[818] LG 11,2.

[819] Vgl. Dienste und Ämter, 2.3.2, 605.

[820] Vgl. ebd., 2.3.2, 605.

[821] Gsyn I, Unsere Hoffnung, 100.

[822] Vgl. Meckel, Konzil und Codex, 187 (Anm. 42).

[823] Vgl. bspw. Laienverkündigung 1.1, 169 sowie 2.3.3, 175.

bietet das Dokument wertvolle Impulse, was die Verwirklichung der Sendung der Kirche durch Laien anbelangt. In Bezug auf das Konzil beispielsweise wird mit Verweis auf LG 31,1 herausgestellt, dass es Aufgabe aller Glieder der Kirche ist, den je eigenen Teil zum missionarischen Auftrag der Kirche zu verwirklichen.[824] Hallermann merkt hierzu an, dass die umfassende konziliare Formulierung *missio totius populi christiani* von LG 31 in ihrer Übersetzung mit *missionarischer Auftrag der Kirche* eher verengend nur auf das munus propheticum in seiner missionarischen Ausrichtung abzielt.[825] Die Synode „ermutigt“[826] ausdrücklich dazu, allen Gemeindemitgliedern ins Bewusstsein zu bringen, dass alle berufen sind für die Botschaft Jesu Christi einzutreten.[827] Unter *Gemeindemitglieder* sind an dieser Stelle alle Glieder des Volkes Gottes gemeint, wie der einleitenden Satz dieses Abschnitts deutlich macht.[828] Auch an anderer Stelle innerhalb des Beschlusses über die Laienverkündigung wird im Sinne der gemeinsamen Sendung aller Getauften herausgestellt, dass „das deutende und erhellende Wort des Glaubens allen Christen aufgetragen“[829] ist.

Aus der Intention des Synodenbeschlusses über die Laienverkündigung ergibt sich die von der Gliederung des zweiten Kapitels vorgegebene Engführung der Verkündigung durch die Laien auf die Liturgie und schließlich auf die Predigt. Dennoch werden auch dort Elemente herausgestellt, die zur Verwirklichung der Sendung der Kirche beitragen sollen. So wird die „vielfältige Lebenserfahrung“[830] von Laien dahingehend wertgeschätzt, als dass sie damit gegebenenfalls in einem Glaubenszeugnis den Gottesdienst „bereichern und für viele ansprechender machen“[831] können. Solche Glaubenszeugnisse unterliegen dabei der Verantwortung des Priesters für einen geordneten und geregelten Gottesdienstablauf sowie der Einhaltung der Einheit des Glaubens[832] und bedürfen daher seiner Erlaubnis.[833] Als ein weiteres Kriterium für die Übernahme eines solchen Glaubenszeugnisses durch Laien wird neben der vielfältigen Lebenserfahrung auch die besondere Sachkompetenz benannt.[834] In den Richtlinien der Deutschen Bischofskonferenz für die Beteiligung der

[824] Vgl. Laienverkündigung, 2.1.1, 171. Vgl. auch LG 31. Das an dieser Stelle im Synodendokument angegebene Zitat der deutschen Konzilstextübersetzung aus LG 31,1 *für ihren Teil* ist falsch wiedergegeben und müsste *zu ihrem Teil* lauten; unabhängig davon drücken beide Formulierungen das lateinische *pro parte sua* korrekt aus.

[825] Vgl. Hallermann, Laienpredigt, 112 (Anm. 401).

[826] Laienverkündigung, 2.1.1, 171.

[827] Vgl. ebd., 2.1.1, 171.

[828] Vgl. ebd., 2.1.1, 171.

[829] Ebd., 2.1.3, 172. Vgl. auch LG 31,2. Vgl. außerdem Meckel, Konzil und Codex, 190 (Anm. 42).

[830] Laienverkündigung, 2.2.2, 173.

[831] Ebd., 2.2.2, 173.

[832] Vgl. ebd., 2.2.3, 173.

[833] Vgl. ebd., 2.2.4, 173.

[834] Vgl. ebd., 2.2.4, 173.

Laien an der Verkündigung[835] werden folgende Voraussetzungen für Laien benannt, um mit der Predigt beauftragt zu werden: christliches Leben, die Übereinstimmung mit dem kirchlichen Lehramt und der Gemeinschaft mit dem Bischof, aktive Beteiligung am kirchlichen Leben und Erfahrung in der verantwortlichen Mitarbeit in der Pfarrei.[836]

Im Kontext der Frage nach einer amtlichen Verkündigung durch Laien wird der Satz formuliert, dass die Verkündigung[837] eine Hauptaufgabe derer bleibt, die das Weihesakrament empfangen haben.[838] Der Grundgedanke, dass die Verkündigung eine Kernaufgabe der Kleriker ist, ist sicherlich richtig, jedoch darf dies nicht, wie an dieser Stelle vermutlich intendiert, als exklusive Aufgabe für die geweihten christifideles verstanden werden, sondern gilt im Sinne von Lumen Gentium selbstverständlich allen Getauften.

In den sogenannten Richtlinien zur Empfehlung wird zudem betont, dass jeder, der den Glauben der Kirche verkündet, „nicht Herr der Botschaft, sondern ihr Diener"[839] sein soll. Die nachfolgend dazu formulierten Anforderungen an den Verkündenden lassen aber auch an dieser Stelle erahnen, dass hier tendenziell ausschließlich die geweihten Amtsträger angesprochen sind, wenn dort nämlich von „brüderlicher Rücksichtnahme"[840] die Rede ist. Weiter werden dort Nüchternheit sowie Begeisterungsfähigkeit, prophetischer Mut, Hingabe an Christus, Übereinstimmung mit dem Lehramt, Offenheit für den Heiligen Geist, ständige Bemühung um Schriftlesung, Meditation, Gebet und Vertiefung des Glaubens als Kriterien für die offiziellen Verkünder des Glaubens eingefordert.[841]

Auch der Synodenbeschluss über die Dienste und Ämter stellt zunächst heraus, dass allen Gliedern der Kirche die Verantwortung zukommt, die gemeinsame Sendung der Kirche zu verwirklichen.[842] In Bezug auf alle Glieder der Kirche wird formuliert, dass sie unmittelbar durch Taufe und Firmung Anteil an der Sendung der Kirche haben.[843] Außerdem wird betont, dass jeder Christ, also Kleriker ebenso wie Laien, zur Gliedschaft des priesterlichen Volkes Gottes gehören und somit „berufen ist das Heilswerk Jesu Christi in den konkreten

835 Vgl. Laienverkündigung Anhang/Reskript, 3.1, 181.

836 Vgl. ebd., 3.1, 181.

837 Der Begriff *Verkündigung* an dieser Stelle ist aufgrund seiner Unklarheit und Deutungsoffenheit kritisch zu betrachten. Aus dem Kontext lässt sich erahnen, dass damit an dieser Stelle wohl nicht das munus propheticum, sondern vor allem die Liturgie und darin die Predigt gemeint sein dürfte.

838 Vgl. Laienverkündigung., 2.3.3, 175.

839 Vgl. ebd., 4.1.2, 176.

840 Ebd., 4.1.2, 176.

841 Vgl. ebd., 4.1.2, 175.

842 Vgl. Dienste und Ämter, 2.1.2, 603 sowie 1.3.2, 602.

843 Vgl. ebd., 3.1.2., 610. Vgl. hierzu LG 31 und LG 33. Meckel, Konzil und Codex, 195 (Anm. 42), stellt dazu heraus, dass beide Konzilsquellen der Kirchenkonstitution inhaltlich rezipiert werden ohne direkt genannt zu sein.

menschlichen und gesellschaftlichen Situationen zu vergegenwärtigen“.[844] Loiero unterstreicht dabei, dass sich der Beschluss ausdrücklich zur „Pluralität der Charismen und der Sendung jeder und jedes Getauften bekennt.“[845] Die Beauftragung der pastoralen Dienste setzt der Synodentext in „besonderer Weise“[846] in einen Zusammenhang zum „Propheten-, Priester- und Hirtenamt Jesu Christi“.[847] Wo das Konzil diesbezüglich formuliert, dass alle christifideles Anteil an den drei munera Jesu Christi haben[848], reduziert der Beschluss über die Dienste und Ämter diesen grundlegenden Aspekt der Sendungsverwirklichung auf die pastoralen Dienste[849] beziehungsweise auf die Gemeinde als Ganzes.[850] So wird mehrfach die Sendung der Gemeinde betont.[851] Diese Sendung zeichnet sich dadurch aus, dass Gemeinde ein wesentlicher Teil der Gesellschaft ist und sich daher um die Sorgen und Nöte der einzelnen, aber auch um Frieden, Gerechtigkeit und Freiheit kümmern soll.[852] Ein weiterer bedeutsamer Aspekt dieser gemeindlichen Sendung ist es, Gottes Heilsangebot zu den Menschen zu bringen.[853] In Bezug auf die Sendung der Gemeinde wird die Bedeutung des einzelnen Gläubigen mit seinen persönlichen Aufgaben und seiner persönlichen Verantwortung dennoch gesehen, wenn im Beschlusstext ausgedrückt wird, dass es ebenso Ziel der Gemeinde sein muss, dem Einzelnen zu helfen, seine Berufung zu erkennen und zu entfalten.[854] Meckel merkt zur Umsetzung der konziliaren Tria-Munera-Lehre kritisch an, dass in den Synodentexten der Eindruck erweckt wird, „dass die Ausübung der tria munera durch die Gläubigen nur delegierte Mithilfe an der Ausübung der tria munera des Klerikers ist, obwohl die lehramtliche konziliare Vorgabe von einem nicht delegierten ureigenen in der Taufe begründeten Apostolat aller Gläubigen ausgeht, das nicht nur Mithilfe am Apostolat der Hierarchie ist, sondern berechtigte Ausübung des eigenen Apostolates.“[855] Entgegen den konziliaren Impulsen wird die Teilhabe der Gläubigen an den tria munera im Synodenbeschluss nicht konsequent durchgehalten.[856]

Einen wesentlichen Bestandteil der Sendung der Kirche erkennt die Gemeinsame Synode in der gegenwärtigen Situation. Darin sieht sie eine doppelte

[844] GSyn I, Beschluss Dienste und Ämter, 609.
[845] Vgl. Loiero, Die pastoralen Dienste in der Gemeinde, 242 (Anm. 720).
[846] Dienste und Ämter., 2.1.2, 603.
[847] Ebd., 2.1.2, 603.
[848] Vgl. hierzu weiter oben 2.1.2.1. Das Verständnis des Konzils von den Laien.
[849] Vgl. Dienste und Ämter, 2.1.2, 603. Meckel, Konzil und Codex, 195 (Anm. 42), meint dazu, dass sich aus dem Kontext schließen ließe, dass alle Gläubigen dem Beschluss folgend einen pastoralen Dienst ausüben.
[850] Vgl. Dienste und Ämter, 2.3.3, 605.
[851] Vgl. ebd., 2.3.3, 605; 2.3.3, 606 und 2.4, 606.
[852] Vgl. ebd., 2.3.3, 606.
[853] Vgl. ebd., 2.3.3, 606.
[854] Vgl. ebd., 2.4, 606.
[855] Meckel, Konzil und Codex, 199 (Anm. 42).
[856] Vgl. ebd., 199.

Aufgabe: Kirche muss auf der einen Seite Kirche für die Menschen ihrer Zeit sein[857], auf der anderen Seite darf sie sich dem „Geist der Zeit nicht einfach anpassen".[858] Konkret werden die Laien in Bezug auf Artikel 1 von Gaudium et Spes angehalten, dass sie ihre Erfahrungen und Probleme in die Gemeinden einbringen, um so dafür zu sorgen, „dass diese lebendig und offen bleiben für die vielfältigen Fragen und Nöte der Menschen."[859] Doch nicht nur damit, sondern vor allem auch dadurch, dass sie „durch das Leben und Wirken in ihrem jeweiligen Lebensbereich Zeugnis für ihren Glauben ablegen"[860], erfüllen sie „ihre Sendung in fundamentaler Weise".[861]

Im Weiteren benennt der Synodenbeschluss auch Betätigungsfelder, in denen diese Sendung der Kirche von Laien innerhalb der Kirche verwirklicht werden kann. So werden exemplarisch der sozial-caritative Bereich, der liturgisch-sakramentale Bereich, der Verkündigungsdienst sowie das Engagement in den kirchlichen Räten, Gremien, Gruppen und Verbänden als grundlegend bedeutsam beschrieben.[862] Festzuhalten bleibt, dass im Beschluss über die Dienste und Ämter jeder Laie aktiven Anteil an der Sendung Jesu Christi hat und dass diese Teilhabe durch Taufe und Firmung sakramental begründet ist.[863]

3.2.3 Zusammenfassung

„Eine Kirche, die sich erneuern will, muss wissen, wer sie ist und wohin sie zielt."[864] Mit diesem einleitenden Satz beginnt der erste Beschlusstext der Würzburger Synode *Unsere Hoffnung*. Nachfolgend setzt die Synode dies dadurch um, dass sie sich an der konziliaren Theologie des Zweiten Vatikanums orientiert. Dies wird in den unterschiedlichen Aussagen der Synode über die Laien als Glieder des Volkes Gottes und als Sendungsträger deutlich. Auch die Synode betont im Sinne des Konzils die wichtige, wenngleich auch nicht exklusive, Scharnierfunktion von Laien zwischen Kirche und Welt beziehungsweise im Duktus der Synode zwischen Gemeinde und Welt. Diese wichtige,

[857] Vgl. Dienste und Ämter, 1.3.1, 601.
[858] Ebd., 1.3.1, 601. Im Nachfolgenden werden die beiden Sendungsaspekte in Bezug auf die pastoralen Dienste konkretisiert. Diese sollen demnach (vgl. ebd., 1.3.1, 601) den Mut aufbringen, sich auf gesellschaftliche Entwicklungen einzulassen, und gleichzeitig das unterscheidend Christliche zu bekennen und durchzutragen.
[859] Dienste und Ämter, 3.1.1, 610.
[860] Ebd., 3.1.2, 610.
[861] Ebd., 3.1.2, 610.
[862] Vgl. ebd., 3.1.2, 610 und 3.1.3, 610.
[863] Vgl. ebd., 609. Vgl. auch LG 11,1; AA 2,1; AA 3,1.
[864] GSyn I, Unsere Hoffnung, 85.

den christlichen Laien charakterisierende Aufgabe spiegelt sich zumindest im Ansatz auch im theologischen Profil der Pastoralreferenten wider.[865]

Grundsätzlich ist die Synode daran interessiert, ein positives Bild vom christlichen Laien zu zeichnen, das über die reine Negativabgrenzung als Nichtkleriker hinausreicht. Dies wird mitunter dadurch versucht, dass die besondere Weltaufgabe der Laien im Sinne des konziliaren Gedankens des Weltcharakters von LG 31 besonders betont wird. Durch diese einseitige Betonung des Weltauftrages der Laien tritt die Klerikerzentriertheit innerkirchlichen Handelns wesentlich stärker in den Vordergrund, als es die konziliaren Aussagen vorgeben, was nicht unbedingt der Intention der Synode entspricht. Außerdem wird dadurch die konziliare Grundaussage, dass die Sendung der Kirche durch alle Gläubigen verwirklicht werden soll, verdunkelt. Dennoch ist auch der Synode grundsätzlich daran gelegen, dass die Sendung der Kirche in der Verantwortung aller Gläubigen liegt. Dies wird ersichtlich, wenn gefordert wird, dass die gemeinsame Sendung mehr ins Bewusstsein der Gemeinde gelangen soll. Als sakramentale Grundlage dafür werden Taufe und Firmung genannt. Jeder Getaufte hat Anteil an der gemeinsamen Sendung aller. Problematisch hierbei ist allerdings, dass diese Verantwortung der Laien nur in Abhängigkeit zum Priester gedacht wird, wie der Beschluss über die Beteiligung der Laien an der Verkündigung in Bezug auf die Predigt exemplarisch herausstellt. Auch die konziliare Lehre vom gemeinsamen Priestertum wird aufgegriffen, wenngleich in einer reduzierteren Art und Weise als dies von einer, nach eigenen Angaben, „Leitidee des Konzils"[866] zu erwarten gewesen wäre. Prinzipiell hat die Synode in ihren Beschlusstexten eine gemeindetheologische Perspektive, aus der heraus sie auf das Konzil blickt. Dies wird beispielsweise deutlich in Bezug auf die Verwirklichung der Sendung der Kirche durch christliche Eheleute oder durch Umdeutung der konziliaren Forderung *am Aufbau der Kirche* mitzuwirken hin zur Forderung der Synode *am Aufbau der Gemeinde* mitzuwirken. Im Gegensatz zu den konziliaren Aussagen wird die Teilhabe der Gläubigen an den tria munera in den Synodenbeschlüssen, soweit sie aufgegriffen werden, nicht konsequent durchgehalten.

Für den Beruf des Pastoralreferenten sind zunächst vor allem die grundlegenden konziliaren Aussagen über den Laien, die von der Synode rezipiert wurden, von Bedeutung. Dazu gehört im Besonderen die Teilhabe am gemeinsamen Priestertum aller Getauften und damit verbunden der Anteil an der Sendung der Kirche, auch wenn die Synode dies vor allem in Abhängigkeit zum geweihten Amt sieht. Ebenso bedeutsam ist die sakramentale Grundlegung des Sendungsauftrages der Laien durch Taufe und Firmung. In besonderer Weise sollen sich die hauptberuflichen Laien in der Pastoral den Weltauftrag

865 Vgl. Rahmenstatuten 2011, in: DDB Nr. 96, 1.2.2, 13 sowie 1.3.7, 16.
866 Kommission VII: Begründung zur Vorlage „Pastorale Dienste in der Gemeinde", 87.

gemeinsam mit den übrigen Gläubigen zu Eigen machen. Im Sinne der Synode gilt es den Sendungsauftrag von Pastoralreferenten in Bezug auf die jeweilige Gemeinde zu verwirklichen.

3.3 Das Handeln von Laien im Namen der Kirche innerhalb der Texte der Würzburger Synode

Die Rahmenstatuten von 2011 unterstreichen gut 40 Jahre nach der Würzburger Synode folgende im Synodenbeschluss über die Dienste und Ämter gefasste Äußerung, nach der der pastorale Dienst von Laien als wichtiger Teil des pastoralen Wirkens der Kirche in Deutschland qualifiziert wird[867]: „Die haupt- und nebenberufliche Mitarbeit von Laien im pastoralen Dienst der Gemeinde hat sich erst in jüngster Zeit herausgebildet und bereits eine wesentliche Bedeutung erlangt.“[868] Im Folgenden soll der Blick gezielt darauf gerichtet werden und das Handeln von Laien im Namen der Kirche unter Berücksichtigung der beiden Beschlussdokumente der Würzburger Synode *Die Beteiligung der Laien an der Verkündigung* und *Die pastoralen Dienste in der Gemeinde* untersucht werden. Loretan weist in diesem Zusammenhang darauf hin, dass die Formulierung vom *Handeln im Namen der Kirche* auf der Synode sehr umstritten war und deutet dieses Handeln daher dahingehend, dass so beauftragte Laien Handlungen *im Namen der Kirche* ausüben dürfen, zu denen sie ohne diese spezielle Sendung nicht berechtigt wären.[869]

3.3.1 Das konziliare Verständnis des kirchlichen Amtes im Spiegel der Würzburger Synode

Das Konzil hatte die Öffnung des Kirchenamtes für Laien angestoßen, indem es das im CIC/1917 festgeschriebenen Verständnis vom Kirchenamt geweitet und insbesondere vom Benefizialsystems gelöst hatte. Ausdrücklich hat es in LG 31 und PO 9 die Möglichkeit für Laien eröffnet, ein kirchliches Amt übertragen zu bekommen. Die Rahmenstatuten für Pastoral- und Gemeindereferenten von 2011 tun sich sehr schwer, von den jeweiligen Berufen im Sinne eines kirch-

[867] Vgl. Rahmenstatuten 2011, in: DDB Nr. 96, 7.
[868] Dienste und Ämter, 3.3.1, 612.
[869] Vgl. Loretan Laien im pastoralen Dienst, 65 (Anm. 63). Vgl. auch Kommission I, Erläuterungen, 18.

lichen Amtes zu sprechen.[870] So wird dort vor allem von der Partizipation an „bestimmten Aufgaben und Ämtern, die zum Dienst des Priesters gehören“[871], gesprochen und nicht etwa von einem eigenständigen Amt für Laien.[872] Im Nachfolgenden gilt es zunächst, die Entwicklung in Bezug auf das kirchliche Amt, gerade mit Blick auf die Berufsgruppe der Pastoralreferenten, anhand der beiden ausgewählten Beschlusstexte der Würzburger Synode aufzuzeigen.

Das Verständnis des kirchlichen Amtes, wie es dem Synodenbeschluss über die Laienverkündigung zu Grunde liegt, ist stark von einem dogmatischen Amtsbegriff geprägt, der allein das Weiheamt im Blick hat.[873] Dies wird auch dadurch deutlich, dass die entsprechende Konzilsstelle in LG 33,3, wonach Laien prinzipiell von der Hierarchie zur Übernahme kirchlicher Ämter herangezogen werden können, zwar zitiert[874], aber sehr abschwächend interpretiert wird.[875] Hallermann unterstreicht dies, wenn er in diesem Kontext darauf hinweist, dass die Tragweite der konziliaren Aussagen nicht zur Geltung kommt.[876] Dies wird deutlich an der „Tatsache, dass im Synodenbeschluss Laienverkündigung 2.3.2 der Begriff kirchliche Ämter durch den lateinischen Begriff munera erläutert wird und im folgenden Absatz solche Ämter abschwächend in eine besondere ‚Zuordnung zum geistlichen Amt‘ (Synodenbeschluss Laienverkündigung 2.3.2, 174) umgedeutet werden“.[877] Darüber hinaus tut sich die Gemeinsame Synode „offenkundig schwer mit der Vorstellung, dass Laien eigenständige und eigenverantwortliche Ämter in der Kirche übernehmen könnten.“[878]

Dennoch werden vier Kriterien im Synodentext benannt, die Laien erfüllen sollten, um amtlich zur Verkündigung des Wortes Gottes beauftragt und um „mit der Predigt im Gottesdienst“[879] betraut zu werden. So wird von diesen Personen erwarten, dass sie 1. als Christen leben, 2. mit der Heiligen Schrift sowie 3. mit dem Glauben der Kirche vertraut sind und schließlich, dass sie

870 Vgl. Rahmenstatuten 2011, in: DDB Nr. 96, 1.3.4, 15.

871 Ebd., 1.3.4, 15.

872 Vgl. ebd., 1.3.4, 15.

873 Vgl. hierzu weiter oben 3.1.1.1.2. Der Begriff *Amt* innerhalb des Synodenbeschlusses zur Laienverkündigung.

874 Vgl. Laienverkündigung 2.3.2, 174. Vgl. auch LG 33,3: „Außerdem haben sie (die Laien) die Befähigung dazu, von der Hierarchie zu gewissen kirchlichen Ämtern (munera) herangezogen zu werden, die geistlichen Zielen dienen.“

875 Vgl. weiterführend Meckel, Konzil und Codex, 200 (Anm. 42).

876 Vgl. Hallermann, Laienpredigt, 115 (Anm. 401).

877 Ebd., 115 (Anm. 401).

878 Ebd., 115. Vgl. auch Meckel, Konzil und Codex, 200 (Anm. 42).

879 Laienverkündigung, 2.3.1, 174. Der Synodenbeschluss verwendet mit den Worten *Predigt* und *Gottesdienst* zwei allgemeine Begriffe, die in ihrer Offenheit nicht notwendigerweise die *Homilie* in der *Eucharistiefeier* bezeichnen, obwohl dies möglicherweise die Intention dieser Aussage in dem Kontext sein soll, wie die weiteren Ausführungen erkennen lassen.

sich 4. ausdrücken können.[880] Unter *amtlich* versteht die Synode hierbei, im Gegensatz zum „Glaubenszeugnis einzelner Christen"[881] ohne kirchlichen Auftrag, eine Befähigung durch Beauftragung im Namen der Kirche und nicht nur im eigenen Namen öffentlich zu handeln beziehungsweise zu sprechen.[882] Dabei wird betont, dass in dieser Weise beauftragte Laien den Predigtdienst der Kleriker nur ergänzen und keinesfalls substituieren sollen.[883] Die nachfolgende Einschränkung, dass diese Beauftragung kein neues Amt für Laien kreieren oder den Laien zu einem Amtsträger machen würde[884], steht dem dort zitierten Konzilstext von LG 33,3, durch den ebendies ermöglicht wird, entgegen.[885] Nachvollziehbar erscheint diese Einschränkung der Synode nur dann, wenn für die Verfasser dieses Textes jedes Kirchenamt notwendigerweise an die sakramentale Weihe geknüpft ist und man somit verhindern möchte, dass Laien durch Verleihung eines Kirchenamtes indirekt zu Klerikern werden. Lehmann plädiert dafür, dieses Amt für Laien als „spezielles Mandat"[886] und nicht als kirchliches Amt anzusehen. Meckel weist in diesem Zusammenhang darauf hin, dass eine der zentralen Konzilsstellen zur Übernahme kirchlicher Ämter durch Laien in PO 9 nicht aufgegriffen oder diskutiert wird.[887] Dort wird der Begriff *officium* für Laien verwendet. In Anlehnung an AA 24 und die Tradition der Katholischen Aktion spricht der Beschluss schließlich von einem Mandat für Laien.[888] Spielberg seinerseits kritisiert, dass die Synode die Verkündigung nach wie vor als Hauptaufgabe der Geweihten sieht.[889] In diesem Sinn wird in den ergänzenden Richtlinien auch betont, dass jedwede „Verkündigung des Wortes Gottes durch Laien [...] ein Ehrendienst"[890] ist und deshalb unentgeltlich übernommen werden soll.

Selbstverständlich erhalten Bischöfe, Priester und Diakone die sakramentale Befähigung, durch die Weihe in besonderer Weise mitzuwirken, die Sendung der Kirche zu verwirklichen, indem sie dadurch berechtigt werden, „im Namen Jesu Christi und der Kirche das deutende und wirksame Wort der Verkündigung auszuüben".[891] Dessen unbenommen haben aber auch die Laien Anteil an der Sendung der Kirche. Mit Verweis auf den CIC/1917 stellt die Synode schließlich heraus, dass die sogenannte facultas für den Predigtauftrag auch an

880 Vgl. Laienverkündigung, 2.3.1, 174.
881 Ebd., 2.3.2, 174.
882 Vgl. ebd., 2.3.2, 174.
883 Vgl. Meckel. Konzil und Codex, 202 (Anm. 42).
884 Vgl. Laienverkündigung., 2.3.2, 174.
885 Vgl. LG 33,3.
886 Lehmann, Einleitung Laienverküdnigung, 160 (Anm. 644).
887 Vgl. Meckel, Konzil und Codex, 200 (Anm. 42).
888 Vgl. ebd., 200. Vgl. auch Kommission I, Erläuterungen 20.
889 Vgl. Spielberg, Ein Beschluss unter Beschuss, 58 (Anm. 666).
890 Vgl. Laienverkündigung, 4.1.4, 177.
891 Laienverkündigung, 2.3.4, 175.

nichtgeweihte Personen verliehen werden kann.[892] Dabei ist anzunehmen, dass die Verleihung der facultas im CIC/1917 grundsätzlich rechtlich losgelöst von der Weihe zu betrachten ist.

In Bezug auf den Begriff des *kirchlichen Amtes* liegt dem Text eine vorkonziliare kirchenrechtliche Position zu Grunde, die für Laien fast ausschließlich ein untergeordnetes Kirchenamt im weiteren Sinne vorsah.[893] In der Beschreibung einer amtlichen Beauftragung von Laien als einer „besonderen Zuordnung zum kirchlichen Amt“[894] lässt sich eher die vorkonziliare Hilfsfunktion im Sinne des Dienstes der Seelsorgehelferin denn ein eigenständiges amtliches pastorales Tätigwerden für Laien erkennen.[895]

Das Verständnis des kirchlichen Amtes wird im Synodentext über die Dienste und Ämter an die Verhältnisbestimmung vom „gemeinsamen und besonderen Priestertum“[896] gekoppelt.[897] Daraus ist ersichtlich, dass die grundsätzliche Theologie des Konzils, wonach alle Getauften auf Basis der sakramentalen Grundlage durch die Taufe Anteil am gemeinsamen Priestertum aller Gläubigen haben und somit Sendungsträger sind, unzulässig auf die Frage verkürzt wird, ob Laien dadurch kirchliche Ämter übernehmen können. Die Problemstellung, die die Verfasser dieses Beschlusses aufzeigen wollen, ergibt sich aus der Vorstellung, dass das Sakrament der Weihe konstitutiv für die Übernahme eines kirchlichen Amtes sei. Meckel unterstreicht dies, wenn er festhält, dass stets davon ausgegangen wird, dass ein Amtsträger mit sacra potestas ausgestattet ist.[898] Er führt dies darauf zurück, dass „man begrifflich Weihestruktur und Ämterstruktur der Kirche nicht hinreichend unterscheidet und insofern nur von dem einen Amt in der Kirche ausgeht.“[899] Aus diesem Denken der Synode heraus ist auch ersichtlich, dass der Begriff des *gemeinsamen Priestertums*[900] auf Laien angewendet, die Sorge eines nach „innen und außen undeutlich“[901] werdenden Bildes von Kirche mit sich bringt. Für den Synodenbeschluss über die Dienste und Ämter ist die Diskussion um das Verständnis des Amtes, das vor allem in Bezug zum Priester gesehen wird, eine Belastung, wie sowohl der Synodentext[902] als auch Kasper in seiner Ein-

892 Vgl. ebd., 2.3.4., 175 Vgl. dazu auch can. 1342 § 1 CIC/197 i.V.m. can. 1327 § 2 CIC/1917.
893 Vgl. can. 145 § 1 CIC/1917.
894 Vgl. Laienverkündigung, 2.3.2, 174.
895 Vgl. ebenfalls ebd., 2.3.3, 175.
896 Dienste und Ämter, 1.1.1, 599.
897 Vgl. ebd., 1.1.1, 598–599.
898 Vgl. Meckel, Konzil und Codex, 201 (Anm. 42).
899 Ebd., 201.
900 Vgl. LG 10, 1.
901 Dienste und Ämter, 1.1.1, 599.
902 Vgl. ebd., 1.2.2, 600.

leitung[903] aufzeigen. So wird beispielsweise die Aufgabe von hauptberuflichen Laien in der Pastoral nicht als eigenständiges Amt, sondern als Teilhabe am amtlichen Auftrag der Kirche charakterisiert.[904] Dabei bleibt letztlich unklar, was diese Teilhabe bedeutet und ob sie beispielsweise das Handeln im Namen der Kirche beinhaltet.[905] Im Synodenbeschluss wird sorgsam darauf geachtet, dass im Zusammenhang mit Laien nur das Wort Dienst und nicht das Wort Amt verwendet wird. Bemerkenswert in diesem Kontext ist die Aussage von Kasper, der als Mitglied der deutschen Bischofskonferenz in seinen Ausführungen über die Pastoralassistenten[906] auf das Gutachten von Semmelroth verweist, wonach „die begriffliche Differenzierung zwischen Amt und Dienst, wie sie die DBK in ihrer Stellungnahme zur Vorlage über die Teilnahme der Laien an der Verkündigung im Gottesdienst forderte (SYNODE/1972/2,29), sprachlich unkorrekt, geschichtlich unrealistisch und angesichts des tatsächlichen Sprachgebrauchs vergeblich ist."[907] Mit Verweis auf die entsprechenden Konzilsstellen in LG 33 und AA 6 sowie AA 20 kommentiert Kasper dann weiter, dass die Partizipation von Laien am kirchlichen Amt traditionelle kirchliche Lehre sei.[908] Seine Beschränkung dieser Teilhabe auf einzelne Funktionen zeugt allerdings davon, dass auch Kasper zu diesem Zeitpunkt Kirchenamt als Synonym für die kirchliche Hierarchie und unbedingt an die Weihe gekoppelt sieht.[909]

3.3.2 Die Verwirklichung der Sendung der Kirche durch hauptberufliche Laien

Das Zweite Vatikanische Konzil würdigt, zumindest nach Aussagen der Rahmenstatuten von 2011, ebenso wie diese Statuten selbst, ausdrücklich den Dienst von Laien in der Pastoral.[910] Die Würzburger Synode sieht sich indes mit dem neuen Phänomen von hauptberuflichen Laien in der Pastoral konfrontiert[911] und versucht hierfür zukunftsweisende Impulse zu geben. Im Nachfolgenden soll daher der Fokus darauf liegen, welche Aspekte für die Verwirklichung der Sendung der Kirche durch hauptberufliche Laien von der Synode benannt werden.

903 Vgl. bspw. Kasper, Einleitung Dienste und Ämter (Anm. 645), I. 2., Der Rahmen der Diskussion, 582; II. 3. Der Dienst des Priesters, 588–590 und III. 2. Pastoralassistenten, 592–594.
904 Vgl. Dienste und Ämter, 3.3.1, 612.
905 Vgl. Meckel, Konzil und Codex, 205 (Anm. 42).
906 Auch hier ist der Begriff *Pastoralassistent* im Sinne des weiter oben (1.3.1. Die Begriffe *Pastoralreferentin* und *Pastoralreferent*) beschriebenen Pastoralreferenten zu verstehen.
907 Kasper, Einleitung Dienste und Ämter, 593 (Anm. 645).
908 Vgl. ebd., 593.
909 Vgl. ebd., 593.
910 Vgl. Rahmenstatuten, 1.3.1, 14. Vgl. AA 22.
911 Vgl. Dienste und Ämter, 3.3.1, 612.

Diese müssen dann wieder in Bezug zu den Rahmenstatuten gesetzt werden, um zu klären, inwieweit dort diese synodalen Ansätze rezipiert wurden.

Im Beschluss über die Laienverkündigung werden an keiner Stelle hauptberufliche Laien, die in der Pastoral tätig sind, explizit als Gemeinde- oder Pastoralreferenten benannt. Sehr wohl wird aber auf die „besondere Chance der Kirche in der Bundesrepublik Deutschland“[912] verwiesen, die die Synode in der großen Zahl theologisch ausgebildeter Laien erkennt.[913] Hallermann stellt heraus, dass hiermit wohl die Gemeinde- und Pastoralreferenten gemeint sind.[914] Der Fokus im Beschluss über die sogenannte Laienverkündigung liegt auf allgemeinen Aussagen und hat die sich neu ausbildenden pastoralen Laienberufe nicht oder nur sehr vage im Blick.

Die Frage nach der Verwirklichung der Sendung der Kirche durch hauptberufliche Laien ist dagegen eines der zentralen Themen im Synodenbeschluss über die Dienste und Ämter. Dieser Sendungsanteil von hauptberuflichen Laien in der Pastoral wird als pastoraler Dienst im engeren Sinn bezeichnet[915] und wird dadurch charakterisiert, dass Laien „von Bischöfen ausdrücklich beauftragt in bestimmten Sachbereichen am amtlichen Auftrag der Kirche“[916] teilnehmen. Der Synodentext unterscheidet den hauptberuflichen pastoralen Dienst von Laien „von der jedem Christen unmittelbar durch Taufe und Firmung gegebenen Sendung“[917] und von anderen ehrenamtlichen Diensten[918], ohne dabei ausdrücklich herauszustellen, dass auch für hauptberufliche Laien die Taufe essentielle sakramentale Grundlage zur Verwirklichung der Sendung der Kirche ist. Grundsätzlich wird innerhalb des Beschlusses betont, dass Laien als Mitarbeiter in der Pastoral eine „wesentliche Bedeutung erlangt“[919] haben, jedoch zum Teil noch Unklarheit über Stellung und Aufgabe dieser Dienste herrscht.[920] Dabei wird vor allem auf die Uneinheitlichkeit, Unterschiedlichkeit und Ungleichzeitigkeit der einzelnen Diözesen in Bezug auf Einführung und Konzeption solcher pastoraler Dienste verwiesen.[921] Innerhalb des Dokumentes wird vor allem die Frage des Priesternachwuchses als „Lebensfrage

912 Laienverkündigung, 2.3.1, 174.
913 Vgl. ebd., 2.3.1, 174.
914 Vgl. Hallermann, Laienpredigt, 116–117 (Anm. 401). Dies legt auch die kommentierende Aussage Lehmanns, Einleitung Laienverkündigung, 5.3, 168 (Anm. 644), zum Synodenbeschluss nahe.
915 Vgl. Dienste und Ämter, 3.1.2, 610.
916 Ebd., 3.1.2, 610.
917 Ebd., 3.1.2, 610.
918 Vgl. ebd., 3.1.2, 610. Vgl. kritisch Meckel, Thomas: Art. Ehrenamtliche – Katholisch, in: LKRO, https://dx.doi.org/10.30965/9783506786371_0604, Zugriff: 20.03.2020 sowie ders., Hauptberufliche LKRO
919 Dienste und Ämter, 3.3.1, 612.
920 Vgl. ebd., 3.3.1, 612.
921 Vgl. ebd., 3.3.1, 612. Vgl. auch Kasper, Einleitung Dienste und Ämter, 599 (Anm. 645).

der Kirche“[922] herausgestellt. Für die nachfolgenden Untersuchungen ist bedeutend, dass eben aus dieser Perspektive heraus die pastoralen Dienste der hauptberuflichen Laien betrachtet werden. So werden von Seiten der Synode Möglichkeiten erkannt, die sich durch die Einführung neuer pastoraler Dienste ergeben haben.[923] In der Situationsanalyse über die hauptberuflichen pastoralen Dienste benennt die Synode allerdings auch diverse Aspekte, die als Gründe für mögliche Resignation und Unsicherheit pastoraler Mitarbeiter erkannt werden. So wird dabei zu allererst die Sorge um die rechte Entwicklung sowohl in der Kirche als auch in der Theologie angeführt[924] sowie die Unklarheit im Verhältnis zur eigenen Rolle in der Pastoral.[925] Des Weiteren werden wachsende Anforderungen an den Dienst[926], ein Mangel an Zusammenarbeit[927], Spannungen mit der kirchlichen Obrigkeit[928], persönliche Glaubens- und Gewissensnöte und die Gefahr von Isolierung und Einsamkeit[929] diagnostiziert. Besonders anhand der letztgenannten Aspekte lässt sich vermuten, dass diese Gründe für Resignation vor allem auf das Berufsbild der Priester bezogen sind. Dessen ungeachtet lassen sich aus diesen Gründen durchaus appellativ Aufgaben erkennen, die es in Bezug auf alle pastoralen Dienste zu beachten gilt, seien es nun Kleriker oder Laien. So gilt es beispielsweise in Bezug auf alle pastoralen Mitarbeiter die je eigene Rolle zu klären oder das konstruktive Zusammenwirken unterschiedlicher Glieder der Kirche insbesondere auch mit der kirchlichen Hierarchie zu fördern. Darüber hinaus stellt die Synode in Bezug auf die pastoralen Dienste heraus, dass die persönliche „Identifikation mit der Aufgabe und mit der Kirche“[930] nicht nur erwartet wird, sondern mitunter auch Grund für Resignation sein kann. Positiv betont der Synodenbeschluss in Bezug auf den pastoralen Dienst, dass durch einen solchen Beruf ein als „sinnvoll erfahrenes Leben ermöglicht“[931] wird. Der pastorale Dienst wird zudem als ganzheitlicher und vielseitiger Dienst am Menschen beschrieben,

922 Dienste und Ämter, 1.2.2, 600.

923 Vgl. Dienste und Ämter, 1.1.1, 598. Gemäß Kasper, Einleitung Dienste und Ämter, 581 (Anm. 645) ist an dieser Stelle sowohl die Berufsgruppe der Pastoralreferenten als auch die Berufsgruppe der Ständigen Diakone gemeint. Auch die Berufsgruppe der Gemeindereferentinnen, die sich aus dem bereits vorkonziliar vorhandenen Beruf der Seelsorgehelferin entwickelt hat, ist im Sinne eines *neuen pastoralen Dienstes* zu verstehen, da sich das Berufsbild mit wenigstens punktuell eigenverantwortlichem Handeln im Namen der Kirche aus der bloßen Hilfsfunktion der Seelsorgehelferin emanzipiert hat.

924 Vgl. Dienste und Ämter, 1.2.1, 599.

925 Vgl. ebd., 1.2.1, 599 und 2.6.1, 608.

926 Vgl. ebd., 1.2.1, 600.

927 Vgl. ebd., 1.2.1, 600. Hierbei bleibt allerdings offen, mit wem es einen Mangel an Zusammenarbeit gibt.

928 Vgl. Dienste und Ämter, 1.2.1., 600.

929 Vgl. ebd., 1.2.1, 600.

930 Ebd., 1.2.1, 600.

931 Ebd., 2.6.1, 608.

der das Glaubenszeugnis im eigenen Leben mit einschließt[932] und somit zum „deutlichen Ausdruck des Hauptgebots [wird], das die Liebe zu Gott und dem Nächsten aus ganzem Herzen fordert".[933]

Die Realität beschreibend nimmt der Synodentext zunächst wahr, dass die Zahl „qualifizierter Laien oder Laientheologen, die zu einem haupt- oder nebenberuflichen Dienst in der Gemeinde bereit sind"[934], zunimmt. Dabei kritisiert die Synode in Bezug auf die Berufsgruppe der Pastoralreferenten[935], dass es keine einheitlichen Konzepte und Regelungen in den verschiedenen Diözesen gibt, wodurch letztlich Unsicherheiten über die Kompetenz, die rechtliche Stellung und die Aufgaben entstehen.[936] Überhaupt stellt die Synode heraus, dass die pastoralen Dienste und „ihre Bedeutung für das Leben der Gemeinden innerhalb der Kirche viel zu wenig bewusst"[937] und darüber hinaus noch unzureichend theologisch reflektiert sind.[938] Ebenso wird festgehalten, dass auch in den pastoralen Laienberufen nur mit „erheblichen Anstrengungen"[939] auf Dauer genügend Nachwuchs gewährleistet ist. Prinzipiell wird dabei betont, dass es einer „Intensivierung des Glaubens"[940] in den Gemeinden bedarf, um dafür die Voraussetzung zu schaffen.

Um den pastoralen Dienst von Laien näher zu beschreiben und zu bestimmen, benennt der Beschlusstext über die Dienste und Ämter Orte des pastoralen Dienstes von Laien.[941] Als Schwerpunkte auf der Ebene der Gemeinde werden dafür der sozial-caritative Bereich[942], Schule und Erziehung, Erwachsenenbildung, Öffentlichkeitsarbeit, Telefonseelsorge, Beratungsdienste, Seelsorge in Krankenhäusern und Gefängnissen, Hausbesuche, Betriebs- und Wohnviertelapostolat sowie die kirchliche Verwaltung aufgezählt.[943] Darüber hinaus wird darauf verwiesen, dass Laien in der Pastoral am Verkündigungsdienst durch Glaubensgespräche in Gruppen, Predigtgespräche, Katechesen, Glaubens- und Eheseminaren partizipieren sowie mit spezieller Beauftragung auch am schulischen Religionsunterricht und dem Predigtdienst.[944] Der liturgisch-sakramentale Aufgabenbereich wird mit Vorbereitung und Gestaltung von

932 Vgl. ebd., 2.6.2, 608–609.
933 Ebd., 2.6.2, 609.
934 Ebd., 1.2.3, 601.
935 Die Synode verwendet an dieser Stelle den Begriff *Pastoralassistent*, der aber wie aus dem Kontext heraus ersichtlich wird, im Sinne des Begriffes *Pastoralreferent* zu verstehen ist.
936 Vgl. Dienste und Ämter, 1.2.3, 601 und 3.3.1, 612.
937 Ebd., 1.2.3, 601.
938 Vgl. ebd., 1.2.3, 601.
939 Ebd., 1.2.3, 601.
940 Ebd., 1.3.1, 601.
941 Vgl. ebd., 3.1.2, 610.
942 Hier wird exemplarisch der Dienst an alten und kranken Menschen, Obdachlosen und ausländischen Arbeitnehmern angeführt.
943 Vgl. Dienste und Ämter, 3.1.3, 610.
944 Vgl. ebd., 3.1.3, 610.

Gottesdiensten, Leitung von Wortgottesdiensten und bestimmten gottesdienstlichen Funktionen wie etwa Lektor, Kantor, Organist und Kommunionhelfer näher beschrieben.[945] Bestimmte Aufgaben und Funktionen werden darüber hinaus aber an den amtlichen Auftrag der Kirche gekoppelt.[946] Hierzu zählen unter anderem der Aufbau und die Betreuung kirchlicher Gruppierungen[947], die Übernahme bestimmter Aufgaben der Gemeindeleitung in Notsituationen[948], das Befähigen von anderen Christen, ihren je eigenen Sendungsanteil zu verwirklichen[949], der Religionsunterricht[950] oder auch das Wirken auf den Ebenen des Dekanates, der Region oder der Diözese.[951] Der hauptberufliche pastorale Dienst von Laien soll gemäß dem Synodenbeschluss zudem berufliche Aufstiegsmöglichkeiten beinhalten.[952] Außerdem soll die Ausbildung so konzipiert sein, dass ein vergleichsweise problemloses Überwechseln zu anderen öffentlichen Institutionen möglich ist.[953]

3.3.3 Das Zusammenwirken der unterschiedlichen Gliedgruppen der Kirche in Bezug auf die gemeinsame Sendung

Im Synodenbeschluss *Unsere Hoffnung* wird deutlich, dass alle Gläubigen auf dieses Zeugnis lebendiger Hoffnung in der Nachfolge Jesu verpflichtet sind, „weil alle auf diesen Weg der Hoffnung geschickt, weil alle in diese Nachfolge gerufen sind – herausgerufen zur Gemeinschaft der Glaubenden, befähigt und geführt durch den Geist Gottes, den er seiner Kirche verheißen hat."[954] Offen bleibt im Weiteren, welche Einschränkung der Synodenbeschluss mit dem *eigentlich* ausdrücken will, wenn es heißt: „Deshalb müssen eigentlich auch alle beteiligt sein und beteiligt werden an der lebendigen Erneuerung unserer Kirche."[955] Die grundsätzliche Haltung des Konzils, wonach im Sinne einer Communioekklesiologie alle Glieder der Kirche in ihrer je eigenen Weise

945 Vgl. ebd., 3.1.3, 611.
946 Vgl. ebd., 3.3.1, 612.
947 Vgl. ebd., 3.3.1, 613.
948 Vgl. ebd., 3.3.1, 613. Meckel, Konzil und Codex, 205 (Anm. 42), ergänzt hierbei, dass durch die Vermeidung des Begriffs *Pfarrei*, die nur von einem Priester geleitet werden kann, der Begriff der *Gemeindeleitung* eingeführt wird, der zwar von der Leitung einer Pfarrei unterschieden werden sollte, aber nicht unterschieden wird. Vgl. auch Hallermann, Heribert: Art. Gemeindeleitung – Katholisch, in: LKRO, https://dx.doi.org/10.30965/9783506786388 0140, Zugriff: 20.03.2020.
949 Vgl. Dienste und Ämter, 3.3.1, 613.
950 Vgl. ebd., 3.3.1, 612.
951 Vgl. ebd., 3.3.1, 613.
952 Vgl. ebd., 3.3.1, 613.
953 Vgl. ebd., 3.3.1, 613.
954 GSyn I, Unsere Hoffnung, 102.
955 Ebd., 102.

gemeinsam zur Verwirklichung der Sendung der Kirche zusammenarbeiten sollen, stellt dennoch erkennbar auch eine wesentliche theologische Grundhaltung der Würzburger Synode dar. Die Rahmenstatuten von 2011 benennen den Bereich *Zusammenarbeit und Gemeinschaftsbildung* sogar explizit als einen wesentlichen Aufgabenbereich für hauptberufliche Laien in der Pastoral.[956] Davon ausgehend soll nun nach den Impulsen der Würzburger Synode gefragt werden, die im Speziellen das Zusammenwirken der unterschiedlichen Gliedgruppen der Kirche in Bezug auf die gemeinsame Sendung herausstellen. Diese Ergebnisse gilt es dann wieder in Bezug auf das theologische Berufsprofil der Pastoralreferenten einzuordnen.

Wenn von Zusammenwirken von unterschiedlichen Gliedgruppen der Kirche im Kontext des Synodenbeschlusses über die Laienverkündigung die Rede ist, betrifft dies zumeist die Zusammenarbeit von Priestern und Laien.[957] Häufig ist dabei dann jedoch nicht die gemeinsame Sendung die Motivation für die Zusammenarbeit, sondern entweder die schlichte Notwendigkeit aufgrund des Mangels an Priestern[958] oder das Herausstellen der Abhängigkeit der Sendung der Kirche vom Weihesakrament.[959] Beides bleibt hinter dem konziliaren Communiogedanken zurück.

Im Abschnitt 2.3.3 des Synodentextes über die Laienverkündigung beispielsweise wird das Zueinander vom möglichen Predigtdienst der Laien zu dem des Priesters[960] beschrieben. So wird dort besonders herausgestellt, dass die amtliche Beauftragung des Laien die Verkündigung der Kleriker nicht ersetzen, sondern ergänzen soll.[961] Scheinbar widersprüchlich wird an dieser Stelle versucht, die amtliche Beauftragung von Laien zum Predigtdienst in das Spannungsfeld einzuordnen, bei dem auf der einen Seite der Pfarrer die alleinige „Sorge und Verantwortung für die gesamte öffentliche Verkündigung in der Gemeinde“[962] hat und auf der anderen Seite die „ganze Gemeinde [als] unmittelbarer Träger der Verkündigung und des liturgischen Handelns“[963] ausgemacht wird.

956 Vgl. Rahmenstatuten 2011, in: DDB Nr. 96, 19–20.
957 Vgl. Laienverkündigung 1.4, 171; 2.1.3, 172; 2.2.3, 173; 2.3.3, 175 und 2.3.4, 175.
958 Vgl. ebd., 1.4, 171.
959 Vgl. ebd., 2.3.3, 175 und 2.3.4, 175
960 Auch an dieser Stelle ist der Synode unpräzise in der Formulierung der Bezeichnung des Gegenübers der Laien. So wird dieses dort in einem Kontext mit unterschiedlichen Begrifflichkeiten sowohl als *Pfarrer* als auch als *Priester* und schließlich wieder als *Prediger* bezeichnet.
961 Vgl. Laienverkündigung, 2.3.3, 175.
962 Ebd., 2.3.3, 175.
963 Ebd., 2.3.3, 175. Die Verweise auf SC 26,1 und LG 11,1 werden hier als Beleg dafür angeführt, dass die ganze *Gemeinde* Träger der Liturgie ist. In den Konzilstexten findet sich an dieser Stelle kein Beleg für eine derartige Gemeindetheologie, vielmehr wird an beiden Stellen der offenere Begriff des *Volkes Gottes* verwendet.

Dennoch werden auch „Formen der Zusammenarbeit zwischen Priestern und Laien im Dienst am Wort […], die sich bereits bewährt haben“[964] ausdrücklich als wertvoll herausgestellt. Hierzu zählen beispielsweise Glaubensgespräche in Gruppen oder die Sakramentenkatechese durch Eltern.[965]

In den Richtlinien zur Empfehlung wird darüber hinaus geraten, dass der Pfarrer Sorge tragen soll, dass Laien, die einen Verkündigungsdienst im Rahmen der Liturgie mit ihm wahrnehmen, untereinander zusammenarbeiten sollen, um sich gegenseitig anzuregen und zu fördern.[966] Grundsätzlich wird in diesen Richtlinien auch noch weitere Zusammenarbeit unterschiedlicher Glieder der Kirche verlangt. So wird herausgestellt, dass Pfarrer und Pfarrgemeinderat gemeinsam Begabungen in der Gemeinde ausfindig machen und fördern sollen.[967] Auch die Zusammenarbeit zwischen dem Pfarrer und seinen Mitarbeitern[968], seinen „Amtsbrüdern im Dekanat“[969] und den „Laien, die in seiner Gemeinde einen Verkündigungsauftrag haben“[970], wird in diesem Zusammenhang betont. Im Zuständigkeitsbereich des Bischofs dagegen liegt es, dafür zu sorgen, dass Laien, die zur Verkündigung im Gottesdienst geeignet sind, an den entsprechenden Fortbildungen des Klerus teilnehmen können.[971] Ausdrücklich wird in diesem Kontext der „persönliche Kontakt zwischen Priestern und Laienverkündigern“[972] als sehr wertvoll und bereichernd für die gemeinsame Aufgabe herausgestellt.[973]

Das Synodendokument *Die pastoralen Dienste in der Gemeinde* benennt zunächst das Zusammenwirken der vielfältigen Geistgaben grundsätzlich als eines der wichtigsten Ziele.[974] Durch den nun eher kollegialen Leitungsstil, den die Synode im Gegensatz zu „überkommenen Formen der Kirchenleitung“[975] aus der Zeit vor dem Konzil erkennt, wird eine Verunsicherung diagnostiziert und in einen Zusammenhang gestellt, was die Begründung des kirchlichen Amtes, das Selbstverständnis von Kirche sowie die Grundfragen des Glaubens anbelangt.[976] In Bezug auf die in LG 32,2 beschriebene wahre Gleichheit unter allen Gliedern des Gottesvolkes stellt der Beschlusstext über die Dienste und Ämter vor allem die Rolle der Frau in der Kirche in den Mittelpunkt seiner

964 Laienverkündigung, 2.1.3, 172.
965 Vgl. ebd., 2.1.3, 172.
966 Vgl. ebd., 4.2.2, 178.
967 Vgl. ebd., 4.2.2, 177.
968 Vgl. ebd., 4.2.2, 178.
969 Ebd., 4.2.2, 178.
970 Ebd., 4.2.2, 178.
971 Ebd., 4.2.3, 178.
972 Ebd., 4.2.3, 178.
973 Vgl. ebd., 4.2.3, 178.
974 Vgl. Dienste und Ämter, 1.1.1, 598.
975 Vgl. ebd., 1.1.1, 598.
976 Vgl. ebd., 1.1.1, 598.

Aussagen über die Laien.[977] So wird dort betont, dass Frauen wie Männer je eigene Gaben in die Kirche einbringen und „gemeinsam in Kirche und Gesellschaft“[978] Verantwortung übernehmen sollen. Weiter wird darauf verwiesen, dass bei aller Unterschiedlichkeit der Aufgaben Männer wie Frauen „gleiche Verantwortung und gleiche Rechte“[979] teilen. Bei aller erkannten und historisch bedingten faktischen rechtlichen Ungleichheit von Frauen in der Kirche[980] sind vor allem die Priester und die Kirchenleitung angehalten, sich „für die partnerschaftliche Mitarbeit der Frauen“[981] zu öffnen und sie wirksam zu fördern. Loretan stellt zu dem Kapitel über den *Dienst der Frau* heraus, dass die Synode Frauen damit den Weg für den hauptberuflichen pastoralen Dienst wie dem der Pastoralreferentin öffnen wollte.[982]

Althaus erkennt in den Forderungen des Beschlusses *Dienste und Ämter* nach einer Gemeinde, die „ihr Leben im gemeinsamen Dienst aller und in unübertragbarer Eigenverantwortung jedes Einzelnen gestaltet“[983], das grundsätzliche Bekenntnis zu einer sogenannten kooperativen Pastoral[984] im Sinne der konziliaren Weisung von LG 33,3.[985] Dies lässt sich innerhalb des Synodentextes erkennen, indem immer wieder das Miteinander unterschiedlicher Gliedgruppen der Kirche ausdrücklich betont wird. Meckel seinerseits hält fest, dass der Synodenbeschluss von einem Zusammenwirken aller Gläubigen ausgeht und damit ausdrücklich der vorkonziliaren Gegenüberstellung eines aktiven und eines passiven Teils entgegensteht.[986] So wird beispielsweise einleitend zur Situationsanalyse der pastoralen Dienste das Verhältnis zwischen Priestern und Laien als „weithin partnerschaftlich“[987] bezeichnet. Ergänzt wird diese Aussage durch den Appell, dass es der Entwicklung weiterer „Formen der Kooperation“[988] bedarf. Außerdem wird die in der Theologie von Lumen Gentium verankerte „gemeinsame Verantwortung aller“[989] in Bezug auf die Sendung der Kirche betont. Meckel kritisiert den Synodentext dahingehend,

977 Vgl. ebd., 3.2, 611–612.
978 Ebd., 3.2.1, 611.
979 Ebd., 3.2.1, 611.
980 Vgl. ebd., 3.2.1, 611.
981 Ebd., 3.2.2, 612.
982 Vgl. Loretan, Laien im pastoralen Dienst, 73 (Anm. 63).
983 Vgl. Dienste und Ämter, 1.3.2, 602. Diese Formulierung bezeichnet Kasper, Einleitung Dienste und Ämter, 585 (Anm. 645), als „Leitidee des Synodenbeschlusses“.
984 Vgl. Althaus, Rezeption, 640 (Anm. 451).
985 Vgl. LG 33,3. Dort heißt es: „Praeter hunc apostolatum, qui ad omnes omnino christifideles spectat, laici insuper diversis modis ad cooperationem magis immediatam cum apostolatu Hierarchiae vocari possunt.“ Althaus, Rezeption, 640 (Anm. 451), leitet daraus die kooperative Pastoral zwischen den unterschiedlichen Gliedern der Kirche ab.
986 Vgl. Meckel, Konzil und Codex, 194 (Anm. 42).
987 Dienste und Ämter, 1.2.1, 599.
988 Ebd., 1.2.1, 599.
989 Ebd., 1.3.2, 602; 2.1.2, 603 und 2.2.2, 604.

dass dort das Zusammenwirken von Klerikern und Laien eher einseitig als bloße Mithilfe der Laien an der Ausübung des geweihten Amtes angesehen wird.[990] Weiter führt er aus, dass „die Divergenz zur konziliaren Ekklesiologie und die Konvergenz mit dem Konzept der Katholischen Aktion“[991] auf der Hand liegen und so „konzeptionell wenig Raum für das ureigene in der Taufe verliehene Apostolat der Gläubigen [bleibt], das diese im eigenen Namen und in eigener Verantwortung ausüben, ohne dass diese Ausübung Mithilfe am Apostolat des sogenannten Amtes ist, sondern Mithilfe an der Verwirklichung der gesamten Sendung des Gottesvolkes“.[992] Darüber hinaus wird dieses Miteinander und Zueinander der unterschiedlichen Glieder der Kirche ausdrücklich als Entfaltung und nicht als Begrenzung wertschätzend für das Wachstum der Kirche herausgestellt.[993] Mit gesundem Realitätssinn nimmt die Synode wahr, dass vielerorts aber auch noch Unklarheit und Unverständnis über das Verhältnis der unterschiedlichen pastoralen Dienste zueinander vorherrschen.[994] Grundsätzlich wird herausgestellt, dass „alle Dienste [...] einander zugeordnet sein und einander ergänzen“[995] müssen. Aus dem betont starken Gemeindeverständnis des Synodenbeschlusses ist es konsequent, dass gerade zum Aufbau von Gemeinde ein brüderliches Zusammenwirken aller gefordert wird.[996] Dieses Zusammenwirken wird nicht nur funktional gedeutet, sondern soll „Zeichen und Werkzeug der Einheit“[997] sein. Im Konzil wird von den Verantwortlichen in der Kirche verlangt, dass sie im Dienste der übrigen Glieder der Kirche stehen.[998] Ähnlich betont die Synode, dass dem geweihten Amt dezidiert die Aufgabe zugesprochen wird, alle Glieder der Gemeinde zu ihrem eigenen Dienst zu bereiten und zu befähigen.[999] Diesen Gedanken weiterführend hält Meckel dazu fest, dass das „besondere Priestertum eine wesentlich andere Teilhabe am Priestertum Christi und eine wesentlich andere Stellung im Volk Gottes verleiht, die Verbundenheit im gemeinsamen Priestertum aber die Kooperation mit den Gläubigen einschließt.“[1000]

990 Vgl. Meckel, Konzil und Codex, 204 (Anm. 42).
991 Ebd., 204.
992 Ebd., 204.
993 Vgl. Dienste und Ämter, 2.2.2, 604.
994 Vgl. ebd., 1.2.3, 601.
995 Ebd., 2.4, 606.
996 Vgl. ebd., 2.4, 606.
997 Ebd., 2.4, 606.
998 Vgl. bspw. LG 18,1.
999 Vgl. Dienste und Ämter, 2.5.1, 607. Vgl. auch Meckel, Konzil und Codex, 188 (Anm. 42).
1000 Meckel, Konzil und Codex, 206 (Anm. 42). Vgl. auch Hallermann, Heribert: Art. Gleichheit aller Gläubigen – Katholisch, in: LKRO: https://dx.doi.org/10.30965/9783506786388_0285, Zugriff: 20.03.2020.

3.3.4 Zusammenfassung

Mit Meckel ist festzuhalten, dass der Beschluss über *Die pastoralen Dienste in der Gemeinde* übersieht, „dass die Gläubigen und damit auch die Kleriker ihr in der Taufe empfangenes gemeinsames Priestertum nicht verlieren, sondern weiterhin im eigenen Namen als Gläubige tätig werden und zugleich auch, wenn es sich um Priester oder Bischöfe handelt, in der Person Jesu Christi als Haupt handeln können. Ferner wird der offene Amtsbegriff des II. Vatikanischen Konzils nicht rezipiert, sodass das kirchliche Amt mit den Klerikern identifiziert wird."[1001] In diesem Denken der Synode ist es konsequent, aber entgegen den konziliaren Impulsen, dass die Teilhabe der Gläubigen an den tria munera nicht durchgehalten wird.

Die Synode tut sich offenkundig schwer mit der Vorstellung, dass Laien eigenständige und eigenverantwortliche Ämter in der Kirche übernehmen können. Im stark dogmatisch geprägten Denken der Würzburger Synode wird jedes Kirchenamt notwendigerweise an die sakramentale Weihe geknüpft. Somit liegt der Synode eine vorkonziliare kirchenrechtliche Position zu Grunde, die für Laien fast ausschließlich ein untergeordnetes Kirchenamt im weiteren Sinne vorsieht. So lässt sich im pastoralen Dienst der Laien, wie ihn die Synode beschreibt, eher eine Hilfsfunktion im Sinne des Dienstes der Seelsorgehelferin erkennen denn ein eigenständiges amtliches pastorales Tätigwerden für Laien. Gründe dafür liegen in der undifferenzierten Parallelsetzung von Weihe- und Ämterstruktur der Kirche sowie in der Haltung, die nur von einem Amt in der Kirche ausgeht. Die Diskussion um das Verständnis des Amtes, das vor allem in Bezug zum Priester gesehen wird, ist für die Synode aber letztlich auch für die theologische Ortsbestimmung der Pastoralreferenten eine Belastung und eine Hypothek, insbesondere mit der rückwärtsgewandten Haltung in dieser Frage gegenüber den konziliaren Vorgaben. Um die Vorgaben der Bischofskonferenz umzusetzen, wird in den Beschlüssen der Synode fast ausschließlich versucht, auf den Begriff *Amt* im Zusammenhang mit Laien zu verzichten. So wird beispielsweise von hauptberuflichen und nicht hauptamtlichen Laien in der Pastoral gesprochen.

In Bezug auf hauptberufliche Laien in der Pastoral bewegt sich die Synode in ihren Aussagen in einem Spannungsfeld. Auf der einen Seite betont sie die wesentliche Bedeutung solcher Laien für die Pastoral, auf der anderen Seite diagnostiziert sie deutlich die vorherrschende Unklarheit über Rolle und Aufgabe derselben. Zudem wird in den Synodenbeschlüssen angemerkt, dass die theologische Bedeutung pastoraler Laienberufe noch nicht geklärt sei. Dies wird in Relation zum erfahrbaren Priestermangel zunehmend als brisant

[1001] Ebd., 199.

wahrgenommen. Grundsätzlich stellt die Synode heraus, dass der theologische Ursprung von hauptberuflichen Laien in der Pastoral in der allgemeinen Berufung der Laien begründet liegt. Daraus lässt sich schließen, dass Taufe und Firmung als sakramentale Grundlage dienen, die durch die Theologie vom gemeinsamen Priestertum aller Getauften und dem damit verbundene ureigenen Anteil an der kirchlichen Sendung einhergehen. Problematisch ist der von der Synode konstruierte notwendige Bezug zum geweihten Amt in der Kirche. Damit werden alle Tätigkeiten und Arbeitsfelder von Laien nur als punktuelle, situative Mithilfe und Anteilhabe am Amt des Klerikers charakterisiert.

Auch beim Zusammenwirken der unterschiedlichen Gliedgruppen der Kirche zeigt sich, dass diese häufige Priesterzentriertheit im Denken hinter den Aussagen der konziliaren Communioekklesiologie zurückbleibt. Dennoch ist in den Texten der Synode deutlich wahrnehmbar, dass das Zusammenwirken der unterschiedlichen Charismen und Geistgaben ein wichtiges Ziel in der Pastoral darstellt. Dies wird deutlich, wenn die Bedeutung der Rolle der Frau in der Kirche gesondert dargestellt wird. Damit wird auch ausdrücklich der Weg für Frauen als hauptberufliche pastorale Mitarbeiter begrüßt und gefördert. Grundsätzlich wird in den Beschlusstexten der Synode die Entwicklung hin zu einer kooperativen Pastoral ausdrücklich unterstützt. So wird in den Beschlusstexten weitgehend das vorkonziliare Kirchenbild mit einem aktiven Teil, der einem passiven Teil gegenübersteht, aufgegeben. Andererseits ergibt sich aus der engen Verknüpfung von Apostolat und Sendung der Laien mit dem geweihten Amt, dass das Laienapostolat weniger im eigenen Namen, sondern nur im Sinne der Katholischen Aktion in Abhängigkeit von der kirchlichen Hierarchie verwirklicht werden soll. Die geistliche Dimension des Zusammenwirkens der Glieder der Kirche wird zeichenhaft als Werkzeug der Einheit erkannt.

3.4 Die besondere Qualifizierung von Laien durch theologische Bildung innerhalb der Texte der Würzburger Synode

Wie im Konzil spielt auch in der Würzburger Synode die Frage nach Bildung und insbesondere die Frage nach religiöser Bildung eine wichtige Rolle. So wird beispielsweise grundlegend auf die Bedeutung des Religionsunterrichts in der Schule verwiesen und der Thematik ein ganzes Beschlussdokument gewidmet.[1002] Auch allgemein wird innerhalb der Synode deutlich, dass Kirche eine verantwortungsvolle Aufgabe im Bildungsbereich zu erfüllen hat[1003] und dies genuiner Teil der kirchlichen Sendung ist.[1004] Judith Könemann erkennt den hohen Stellenwert, den das Thema Bildung für die Synode hat, auch in der Tatsache, dass die Synode zwei Beschlussdokumente und ein Arbeitspapier[1005] zum Thema Bildung veröffentlicht.[1006] Selbstverständlich sind alle Synodenaussagen und -beschlüsse ein Ergebnis ihrer Zeit. Dies wird im kontinuierlich sich weiterentwickelnden Bereich der Bildung besonders deutlich. Einige Aussagen sind dennoch auch heute noch von grundsätzlicher Relevanz.

Im Folgenden sollen nun vor allem die Ausführungen der Synode zur theologischen Bildung untersucht werden. Dabei ist auch hier zunächst nach dem Zweck theologischer Bildung zu fragen, ehe theologische Bildung unter dem Gesichtspunkt der Eignungsvorausetzung für bestimmte pastorale Berufe betrachtet wird.

Die Aussagen zur theologischen Bildung finden sich verteilt auf mehrere Synodendokumente. Für das weitere Vorgehen ist eine separate Untersuchung der betreffenden Beschlüsse jedoch nicht geboten. Vielmehr gilt es, die relevanten Aussagen aus den verschiedenen Beschlusstexten herauszuarbeiten, um sie in Bezug zur Fragestellung nach dem theologischen Ort von Pastoralreferenten zu setzen und zu überprüfen, inwieweit diese Aussagen von den Rahmenstatuten von 2011 rezipiert wurden.

3.4.1 Der Zweck theologischer Bildung innerhalb der Texte der Würzburger Synode

In der gemeindetheologischen Denkweise der Würzburger Synode ist es stringent, dass es als ein großer Gewinn für die Gemeinden angesehen wird, sollte es gelingen, die „große Zahl theologisch ausgebildeter Laien [...] stärker in das Gemeindeleben einzubeziehen“.[1007] Daraus lässt sich das Anliegen der Synode

1002 Vgl. Gemeinsame Synode der Bistümer in der Bunderepublik Deutschland: Der Religionsunterricht in der Schule, in: GSyn I, 123–152.

1003 Vgl. Gemeinsame Synode der Bistümer in der Bunderepublik Deutschland: Schwerpunkte kirchlicher Verantwortung im Bildungsbereich, in: GSyn I, 518–548.

1004 Vgl. ebd., 519–520.

1005 Vgl. ebd., 518–548 und GSyn I, Beschluss Religionsunterricht, 123–152 und Gemeinsame Synode der Bistümer in der Bunderepublik Deutschland: Das katechetische Wirken der Kirche, in: GSyn II, 37–97.

1006 Könemann, Judith: Schwerpunkte kirchlicher Verantwortung im Bildungsbereich. Ein Dokument im Licht von vierzig Jahren, in: Feiter, Reinhard; Hartmann, Richard; Schmiedl, Joachim (Hg.): Die Würzburger Synode – Texte neu gelesen, Freiburg im Breisgau 2013, 210–221, hier: 210.

1007 Laienverkündigung, 2.3.1, 174.

erkennen, die Gemeinden durch theologische Kompetenz zu bereichern beziehungsweise auch umgekehrt Theologie als Bereicherung für die Gemeinde zu verstehen. Wie bereits weiter oben in Kapitel *3.2.2 Die Verwirklichung der Sendung der Kirche durch die Laien* aufgezeigt, wird im Synodenbeschluss über die Laienverkündigung besondere Sachkompetenz als ein Kriterium benannt, das dazu befähigen kann, ein Glaubenszeugnis im Rahmen der Liturgie zu geben.[1008]

Bei der Frage nach dem Zweck theologischer Bildung weist Könemann darauf hin, dass im Bildungsbereich tatsächlich eine „Inkulturation des Zweiten Vatikanums in bundesdeutsche Verhältnisse versucht"[1009] wurde. Gleich zu Beginn des Synodenbeschlusses *Schwerpunkte kirchlicher Verantwortung im Bildungsbereich* wird das grundsätzliche Bekenntnis zu einem kirchlichen Engagement im Bildungsbereich dargelegt. So wird herausgestellt, dass „das Leben jedes einzelnen Menschen und die Zukunft der Gesellschaft [...] entscheidend durch das Bildungswesen beeinflusst"[1010] werden. Außerdem muss Kirche an der Entwicklung des Bildungssystems mitwirken, da Kirche eine Mitverantwortung für das Leben der Menschen und die Zukunft der Gesellschaft hat.[1011] Weiter führt die Synode als theologische Begründung an, dass Christen den „Grund für ihr Wirken im Bildungsbereich [...] in der Liebe, mit der Gott uns Menschen liebt"[1012], erblicken können. Begründet wird dies dadurch, dass Gott in Jesus Christus zum Bruder geworden ist und deshalb durch entsprechende Bildung alle Christen „in liebender Antwort an ihn und alle Mitmenschen das Kommen seines Reiches vorbereiten"[1013] können. Darauf aufbauend liegt ein prinzipieller Zweck und eines der obersten Ziele von Bildung der Menschen in der Entfaltung der menschlichen Anlagen und in der Befähigung des Menschen zum Dienst an seinen Mitmenschen sowie im Aufbau der Welt und des Reiches Gottes.[1014]

Diese allgemeinen Aussagen zur Bildung gelten in entsprechender Weise auch für die theologische Bildung. Dies entfaltet die Synode konkretisierend im Anschluss an die grundsätzlichen Ausführungen zur Bildung.[1015] So sollen theologische Bildung und Theologie „zum rechten Verständnis der christlichen Heilsbotschaft und zu tieferen Einsichten in die Gesamtwirklichkeit"[1016] verhelfen. Neben diesen wichtigen Funktionen soll theologische Bildung au-

[1008] Vgl. ebd., 2.2.4, 173.
[1009] Könemann, Schwerpunkte kirchlicher Verantwortung im Bildungsbereich, 210 (Anm. 1006).
[1010] GSyn I, Beschluss Bildungsbereich, 519.
[1011] Vgl. ebd., 519.
[1012] Ebd., 520.
[1013] Ebd., 520.
[1014] Vgl. ebd., 520.
[1015] Vgl. ebd., 540–545.
[1016] Ebd., 541.

ßerdem eine kritisch-klärende Funktion in der Auseinandersetzung mit unterschiedlichen divergierenden Lebensauffassungen und Ideologien erfüllen.[1017] Darüber hinaus formuliert die Synode als Empfehlung, dass die Reform des Studiums nicht nur die Vermehrung und Verbesserung des Fachwissens zum Ziel haben, sondern zu kritischer Selbstständigkeit und Urteilsfähigkeit sowie zu sozialem Verantwortungsbewusstsein führen solle.[1018] Auch hier lässt sich die Erwartungshaltung und somit ein Zweck theologischer Bildung feststellen: Das Erlernen von Kritik- und Dialogfähigkeit. Außerdem erkennt die Würzburger Synode einen großen Gewinn für das Gemeindeleben darin, wenn sich ausgebildete Theologen stärker dort einbeziehen lassen.[1019]

Ganz grundsätzlich weist Könemann darauf hin, dass der Synode ein Bildungsideal zu Grunde liegt, das nicht nur aus Anhäufen von Wissen oder einer Verzweckung der Bildung besteht.[1020]

3.4.2 Die theologische Bildung als Eignungsvoraussetzung für pastorale Berufe innerhalb der Texte der Würzburger Synode

Die Würzburger Synode betont ausdrücklich, dass theologische Bildung beziehungsweise die wissenschaftliche Theologie sowohl Laien als auch Kleriker „zu einer sachgerechten Erfüllung von Aufgaben im kirchlichen Dienst“[1021] befähigen soll. Im Sinne einer solchen sachgerechten Erfüllung von Aufgaben wird beispielsweise im Beschluss über die Laienverkündigung darauf verwiesen, dass eine „gründliche theologische Aus- und Fortbildung“[1022] als Teil der geistigen und geistlichen Voraussetzungen angesehen wird, um adäquat den Verkündigungsauftrag erfüllen zu können.[1023] Auch in der einleitenden Situationsanalyse dieses Beschlusses wird dies deutlich, wenn von den sogenannten Laientheologen, das heißt Laien, die Theologie studiert haben, synonym von „qualifizierte[n] Laien“[1024] in Bezug auf den pastoralen Dienst gesprochen wird. Theologische Bildung ist demnach ein Qualifikationsmerkmal für den Dienst in den Gemeinden.[1025]

1017 Vgl. ebd., 541.
1018 Vgl. ebd., 542.
1019 Vgl. ebd., 172.
1020 Vgl. Könemann, Schwerpunkte kirchlicher Verantwortung im Bildungsbereich, 213 (Anm. 1006).
1021 GSyn I, Beschluss Bildungsbereich, 541.
1022 Laienverkündigung, 176.
1023 Vgl. ebd., 176.
1024 Dienste und Ämter, 1.2.3, 601.
1025 Vgl. ebd., 1.2.3, 601.

Darüber hinaus hat die Synode die Erwartungshaltung an theologisch gebildete Personen, dass diese durch die theologische Bildung „zum Dialog mit anderen geistigen Kräften und Gruppen der Gesellschaft“[1026] in der Lage beziehungsweise dafür geeignet sind.

Außerdem wird mit Blick auf theologische Bildung als Eignungsvoraussetzung erwartet, dass beispielsweise alle Lehrkräfte für den durch die Verfassung gesicherten Religionsunterricht im Sinne einer bestmöglichen Ausbildung ein gewisses Mindestmaß an theologischer Bildung besitzen sollen.[1027]

Des Weiteren wird in den unterschiedlichen pastoralen Berufen theologische Bildung als wesentliches Zugangskriterium aufgeführt. So werden für den hauptberuflichen Dienst von Laien unter dem Stichwort „Zugangswege“[1028] entweder ein „abgeschlossenes Hochschulstudium mit anschließendem Vorbereitungsdienst“[1029], ein „abgeschlossenes Fachhochschulstudium für kirchliche Gemeindearbeit und Religionspädagogik mit Berufspraktikum“[1030] oder sogenannte „Formen praxisbegleitender Ausbildung für Kandidaten, die durch ehrenamtliche, haupt- und nebenberufliche Arbeit im kirchlichen Bereich oder in einem kirchlichen Verband ihre Eignung nachgewiesen haben“[1031], verlangt. In all diesen Fällen wird aber erwartet, dass für diese Laien Weiterbildungsangebote in Theologie und entsprechenden Humanwissenschaften zur Verfügung gestellt werden müssen.[1032] Dies lässt den Rückschluss zu, dass theologische Bildung eine Grundlage und ein fortwährendes Fundament dieser pastoralen Laienberufe darstellt. Für die Diakone wird eine fachliche Qualifizierung[1033] im Sinne der entsprechenden Grundordnung[1034] gefordert. Schließlich fordert die Synode auch für die Priester ein „gründliches Studium der Theologie“[1035] sowie im Anschluss an die Ausbildung eine ständige theologische Fort- und Weiterbildung.[1036] Die jeweiligen Bischöfe werden nicht zuletzt aufgrund der Notwendigkeit theologischer Bildung für den pastoralen Dienst dazu angehalten, Zugangswege zu theologischer Aus- und Weiterbildung zu ermöglichen. An unterschiedlichen Stellen wird in Bezug auf die theologische Bildung als Eignungsvorausetzung auch erwartet, dass der jeweilige Bischof

1026 GSyn I, Beschluss Bildungsbereich, 541.
1027 Vgl. ebd., 541.
1028 Dienste und Ämter, 3.3.2, 613.
1029 Ebd., 3.3.2, 613.
1030 Ebd., 3.3.2, 613.
1031 Ebd., 3.3.2, 613.
1032 Vgl. ebd., 3.3.2, 613.
1033 Darunter fällt eben auch ein Mindestmaß an theologischer Bildung als Eignungsvoraussetzung.
1034 Am 7. März 1968 hatte die DBK zunächst für drei Jahre *ad experimentum* die *Grundordnung für die Ausbildung des Diakons in der Bundesrepublik Deutschland* beschlossen.
1035 Dienste und Ämter, 626.
1036 Vgl. ebd., 627.

dafür Sorge zu tragen hat, eine solche dem jeweiligen Dienst angemessene theologische Bildung auch demjenigen, der den Dienst ausübt, zugänglich zu machen.[1037]

Für alle pastoralen Berufe wird auch in Beziehung zur theologischen Bildung eine große Praxisnähe in Aus- und Fortbildung gefordert.[1038]

3.4.3 Zusammenfassung

Zusammenfassend lässt sich festhalten, dass der Würzburger Synode prinzipiell ein Bildungsideal zu Grunde liegt, das über das Anhäufen von Wissen oder eine Verzweckung der Bildung hinausreicht. Die Kirche bekennt sich demnach ausdrücklich zu ihrer Verantwortung im Bildungsbereich und begründet dies anthropologisch und theologisch. Auch in Bezug auf theologische Bildung wird dies herausgestellt. Neben der fachlichen Wissensvermittlung werden besonders die kritisch-klärende Funktion, aber auch die kritische Urteilsfähigkeit und das soziale Verantwortungsbewusstsein als Anforderungen an theologischer Bildung formuliert.

Bei der Frage nach theologischer Bildung als Eignungsvoraussetzung liegt der Synode das bewährte Konzept zu Grunde, dass jemand, der einen Dienst oder ein Amt in der Kirche ausüben soll, dafür im notwendigen Maß auch ausgebildet und befähigt sein muss. Besonders von Personen, die hauptberuflich in der Pastoral tätig sind, wird je nach Aufgabe und Beruf ein Mindestmaß an wissenschaftlich theologischer Bildung gefordert. Theologische Bildung ist eines der Qualifikationsmerkmale für den pastoralen Dienst. Dies wird in den unterschiedlichen Zugangswegen für die Ausbildung zu einem pastoralen Laienberuf deutlich. Von den Bischöfen wird erwartet, Zugangswege für pastorale Mitarbeiter zu theologischer Aus- und Weiterbildung zu ermöglichen.

In Bezug auf den Beruf des Pastoralreferenten bedeuten die synodalen Beschlüsse, dass ein theologisches Hochschulstudium eine Eignungsvorausetzung beziehungsweise ein Qualifikationsmerkmal darstellt, um die anschließende praktische Ausbildung zu absolvieren. Der jeweilige Ortsbischof hat für die weitere Fortbildung im Bereich der Theologie und der Humanwissenschaften Sorge zu tragen.

1037 Vgl. etwa Laienverkündigung, 178 oder GSyn I, Beschluss Bildungsbereich, 546 sowie Dienste und Ämter, 613 und 635.

1038 Vgl. bspw. Dienste und Ämter, 613; 618 und 627.

3.5 Zusammenfassung

Die Ausgangsfrage dieses Abschnitts war, inwiefern die Würzburger Synode das theologische Berufsbild der Pastoralreferenten geprägt hat und inwieweit dieses in den Rahmenstatuten von 2011 rezipiert wurde. Die Ergebnisse dazu sollen nun zusammenfassend dargestellt werden.

Die Würzburger Synode hat den Anspruch, die konziliaren theologischen Impulse auf ihren Geltungsraum zu übertragen. Dies gelingt ihr nur zum Teil. Oftmals wird versucht, die Gemeindetheologie der Synode aus den Konzilstexten herauszulesen, ohne dass die Konzilsdokumente dies hergeben würden. Die Synode versucht sich durch eine starke Betonung des Weltauftrages der Laien an einer positiv beschreibenden Darstellung des christlichen Laien. Die Tria-Munera-Lehre des Konzils wird dagegen nur ansatzweise und mitunter exklusiv auf die Kleriker angewendet. Das gemeinsame Priestertum aller Getauften wird aufgegriffen, jedoch zurückhaltender als dies in Lumen Gentium der Fall ist. Die Unsicherheit der Synode in Bezug auf die Neuerung theologisch ausgebildeter Laien in der Pastoral ist deutlich wahrnehmbar. In diesem Zusammenhang werden auch die konziliaren Gedanken zum Kirchenamt nicht aufgenommen, wonach auch Laien kirchliche Ämter übernehmen können. So fällt die Linie der Synode, die auf die DBK zurückgeht, auf, in der auf sprachlicher Ebene der Begriff *Amt* beziehungsweise *hauptamtlich* in Bezug auf Laien in der Pastoral vermieden wird und stattdessen das Tun immer als *Dienst* beziehungsweise *hauptberuflich* bezeichnet wird. Die Bezeichnung *Amt* ist für Kleriker reserviert und wird nur in Bezug auf das geweihte Amt verwendet. Gründe dafür liegen in der undifferenzierten Parallelsetzung von Weihe- und Ämterstruktur der Kirche sowie in der Position, die nur von einem Amt in der Kirche ausgeht.

Weiter wird in Bezug auf die Sendung der Laien und insbesondere der hauptberuflichen Laien in der Pastoral versucht, jeden Anteil der Sendung der Kirche in Abhängigkeit zur kirchlichen Hierarchie zu sehen. Das Laienapostolat wird in den Texten der Synode eher als Hilfsdienst und Mithilfe am Apostolat des Priesters eingeordnet. Es ist innerhalb der Synode eher im Sinne der Katholischen Aktion, das heißt unter hierarchischer Aufsicht, zu verstehen. Die theologische Konzilsaussage, dass Laien einen originären Sendungsanteil besitzen, der durch die Taufe und das damit verbundene gemeinsame Priestertum aller Getauften begründet wird und zum Handeln im eigenen Namen befähigt, wird nicht aufgegriffen. Verstärkt wird diese Sichtweise, indem in den Synodenbeschlüssen eine klare Aufteilung herrscht: Laien sollen in der Welt, die Kleriker in der Kirche ihre Sendung verwirklichen. Damit wird in den Fragen der Sendung der Laien, des kirchlichen Amtes und der Rolle des Priesters tendenziell die vorkonziliare Ekklesiologie fortgesetzt. In den Texten der Synode ist erkennbar, dass das Zusammenwirken der unterschiedlichen Charismen und Geistgaben ein wichtiges Ziel in der Pastoral darstellt. Schwierig ist hierbei die Fokussierung der Synode auf den Priester als eigentlichen Träger des Apostolates. So bleibt die Synode immer wieder vorkonziliar hinter der Communioekklesiologie von Lumen Gentium zurück. Grundsätzlich wird in den Beschlusstexten dennoch die kooperative Pastoral betont und das vorkonziliare Kirchenbild mit einem aktiven Teil, der einem passiven Teil gegenübersteht, aufgegeben. Bei der Bildungsthematik liegt der Synode ein anthropologisch und theologisch begründetes Bildungsideal zu Grunde, das über das Anhäufen von Wissen hinausreicht. Ein Mindestmaß an wissenschaftlich theologischer Bildung wird von Personen, die hauptberuflich in der Pastoral tätig sind, im Sinne einer Eignungsvorausetzung erwartet. Theologische Bildung ist dabei eines der Qualifikationsmerkmale für den pastoralen Dienst.

Den sogenannten hauptberuflichen Dienst der Laien in der Pastoral beschreibt die Synode einerseits als wesentlich bedeutsam, andererseits spiegelt sie Ängste und Befürchtungen in Bezug auf die Rolle und Funktion des Priesters gerade angesichts der Situation des Priestermangels wider, wenn von Unklarheit über Rolle, Aufgabe und theologischer Bedeutung der Laien geschrieben wird. Ursprünglich wollte die Synode selbst, gemäß der Anordnung im Beschluss über die pastoralen Dienste in der Gemeinde, eine „endgültige und gemeinsame Regelung des hauptberuflichen pastoralen Dienstes“[1039] treffen, indem sie gezielt fünfjährige Erfahrungen mit diesen pastoralen Berufen für Laien auswertet.[1040] Nachdem in den Rahmenstatuten von 2011 für Pastoral- und Gemeindereferenten immer noch der ekklesiologische Ort[1041] gesucht wird, scheint in dieser Hinsicht das Ziel der Synode verfehlt. Im Blick auf den Beruf des Pastoralreferenten ist für die Synode besonders die Betonung des Weltauftrages von Bedeutung. Problematisch ist die Darstellung der Synode, dass der pastorale Dienst der Laien vor allem als Hilfsfunktion im Sinne des

1039 Ebd., 7.2., 634.

1040 Vgl. ebd., 634.

1041 Vgl. dazu Toporowsky, Georg: Der Pastoralreferent – ein geistlicher Mensch, in: Geist und Leben 72 (1999), 141–147 und Friesel, Christian: Kooperation und Konflikt im pastoralen Dienst. Erfahrungen und Perspektiven aus dem Projekt ‚Christsein als Beruf‘, in: Diakonia 28 (1997), 185–189 sowie Kreidler, Johannes: Der Ort des Berufs in der Pastoral und pastoralen Planung, in: PThI 25 (2005), 117–121 und Faber, Eva-Maria und Hönig, Elisabeth: Identität, Profil und Auftrag der pastoralen Dienste, in: Augustin, George; Risse, Günther: (Hg.): Die eine Sendung – in vielen Diensten, Gelingende Seelsorge als gemeinsame Aufgabe der Kirche, Paderborn 2003, 107–127. Toporowsky sieht immer noch Klärungsbedarf bezüglich des ekklesiologischen Ortes von Pastoralreferenten ebenso wie Friesel, der sogar eine Rollenunsicherheit von Pastoralreferenten aus der Unklarheit über den theologischen Ort ableitet. Kreidler kommt schließlich zu dem Ergebnis, dass abschließende Bewertungen zum theologischen Ort pastoraler Berufe kaum möglich sind. Und Faber/Hönig ergänzen, dass sich eine ekklesiologische Profilierung und Verortung auf Kosten anderer pastoraler Dienste oder des Volkes Gottes angesichts des gemeinsamen Auftrages verbieten.

Dienstes der Seelsorgehelferin an der Tätigkeit des Priesters beschrieben wird und nicht als ein eigenständiges, amtliches, pastorales Tätigwerden für Laien. Ebenfalls bedeutsam ist die ausdrückliche Öffnung der Synode gegenüber dem hauptberuflichen Dienst von Frauen. Außerdem bedeuten die synodalen Beschlüsse für das Berufsbild des Pastoralreferenten konkret, dass ein theologisches Hochschulstudium ein notwendiges Qualifikationsmerkmal darstellt. Dieses Theologiestudium gilt als eine Voraussetzung, um die praktische Ausbildung unter Anleitung eines Mentors zu beginnen. In Bezug auf das theologische Profil für Pastoralreferenten sind die Konzilsaussagen, die von der Synode aufgegriffen werden, von entscheidender Bedeutung. Dazu gehört im Besonderen die Teilhabe am gemeinsamen Priestertum aller Getauften und damit verbunden der Anteil an der Sendung der Kirche, auch wenn die Synode dies vor allem in Abhängigkeit zum geweihten Amt sieht. Außerdem gehört dazu die sakramentale Grundlegung des Sendungsauftrages der Laien durch die Taufe, auch wenn sie im Gegensatz zum Konzil die Firmung auf die gleiche Stufe stellt und die Bedeutung des speziellen, aber nicht exklusiven Weltauftrages der Laien als abgrenzend zu den Klerikern darstellt.

Die Theologie der Synodenbeschlüsse wird in den Rahmenstatuten von 2011 wahrnehmbar rezipiert, auch wenn die Synodentexte nicht als grundlegende Zitate im Text oder den Fußnoten innerhalb der Theologischen Präambel dieser Statuten benannt werden. Das eigenverantwortliche Handeln von hauptberuflichen Laien in der Pastoral taucht auch hier vor allem als Tätigkeit in Abhängigkeit von der Hierarchie auf.[1042] Dabei wird weder das Handeln im eigenen Namen noch das Handeln im Namen der Kirche charakterisiert. Ebenso wird auf die Bezeichnung *Amt* für Laien im Sinne der Synode verzichtet und stattdessen vom *hauptberuflichen Dienst*[1043] gesprochen. Die mangelnde Unterscheidung zwischen Weihe- und Ämterstruktur setzt sich dabei ebenso in den Rahmenstatuten von 2011 fort, wie die problematische Wendung der „geweihten Amtsträger"[1044] zeigt. In den Rahmenstatuten von 2011 wird darüber hinaus sowohl das gemeinsame Priestertum aller Getauften[1045] als auch die Tria-Munera-Lehre des Konzils mit direkten Konzilsverweisen aufgegriffen.[1046] In der weiterführenden Erklärung lässt sich das Denken der Synode erkennen, wenn auch dort vor allem das amtliche Priestertum beschrieben wird.[1047] Die synodale Gemeindetheologie ist nur noch in Ansätzen im Rahmen der Aufgabenbeschreibung zu erkennen.[1048] Die Überbetonung des Weltauftrages der

1042 Vgl. Rahmenstatuten 2011, in: DDB Nr. 96, 1.2.4, 14 und 1.3.6, 16.
1043 Vgl. ebd., 11–30.
1044 Ebd. 1, 1.1. Vgl. auch Meckel, Konzil und Codex, 221 (Anm. 42).
1045 Vgl. Rahmenstatuten 2011, in: DDB Nr. 96, 1.1.4, 12.
1046 Vgl. ebd., 1.2.1, 13.
1047 Vgl. ebd., 1.1.4, 12–13.
1048 Vgl. ebd., 17–18.

Laien, wie sie der Synode zu Grunde liegt, wird in den Rahmenstatuten nicht rezipiert, stattdessen wird dort direkt auf das Konzil verwiesen.[1049] Positiv werden die Zulassungsbedingungen und dabei insbesondere die wissenschaftlich universitäre Theologie als Eignungsvoraussetzung aufgegriffen.

Grundsätzlich markieren die Überlegungen der Würzburger Synode für den Beruf des Pastoralreferenten und seine Genese wichtige Wegpunkte, die sich bis heute ambivalent auf das Berufsbild auswirken.

[1049] Vgl. ebd., 1.2.1, 13.

4. DIE VORAUSSETZUNGEN FÜR DEN BERUF DES PASTORALREFERENTEN IN DEN NORMEN DES CIC/1983

Der CIC/1983 greift aufgrund seines universalkirchlichen Geltungsanspruchs die in die Zeit der Kodifikation hineinreichende Entwicklung der deutschsprachigen Kirche hinsichtlich hauptberuflicher, in der Pastoral tätigen Laien nicht explizit auf. Dennoch lassen sich aus dem heute geltenden kirchlichen Gesetzbuch grundsätzliche kirchenrechtliche Normen und Rahmenbedingungen ableiten, die für die sogenannten pastoralen Laienberufe rechtlich abgesicherte Handlungsspielräume eröffnen. Entgegen der in der antijuridischen Stimmung während des Konzils verwurzelten Skepsis gegenüber dem Kirchenrecht[1050] lassen sich im kodifizierten Recht des CIC/1983 durchaus positive und wegweisende Impulse erkennen. Diese rechtlichen Impulse, Rahmenbedingungen und Handlungsspielräume gilt es mit dem Fokus auf den Beruf des Pastoralreferenten herauszuarbeiten und in einen kritischen Vergleich zu den Rahmenstatuten von 2011 zu setzen. Dabei ist zu fragen, inwieweit die universalkirchenrechtlichen Vorgaben und Möglichkeiten im Bereich der DBK rezipiert und umgesetzt worden sind.

4.1 Einleitung

Der Codex Iuris Canonici, der 1983 von Papst Johannes Paul II. promulgiert wurde, bildet die kirchenrechtliche Grundlage dieser Arbeit. Die Auslegung und Hermeneutik dieses kirchlichen Gesetzbuches unterliegt dabei den Vorgaben, wie sie in der Promulgationsbulle Sacrae Disciplinae Leges[1051] grundlegend festgelegt wurden. Der Zusammenhang und die innere Bindung zwischen dem Zweiten Vatikanischen Konzil und dem CIC/1983 lässt sich bereits an äußeren Gesichtspunkten festmachen. So ist die Ankündigung des Konzils von Papst Johannes XXIII. inhaltlich eng mit dem Auftrag zur Codexrevision verknüpft worden.[1052] Mit Schmitz ist zudem festzuhalten, dass das Konzil „den unmißverständlichen Auftrag erteilt [hat], entsprechend den Konzilsbeschlü-

[1050] Vgl. Wiljens, Myriam: Das Zweite Vatikanum als Fundament für die Anwendung des Rechts, Hermeneutische Reflexionen und praktische Konsequenzen, in ThG 50 (2007), 2–14, hier: 2–3 sowie Meckel, Konzil und Codex, 137 (Anm. 42).

[1051] Vgl. Anm. 41.

[1052] Vgl. P. Johannes XXIII., Primus Concilii Oecumenici nuntius vom 25.1.1959, in: AAS 51 (1959), 65–69.

ßen neue Rechtsnormen zu schaffen und dadurch die konziliaren Aussagen in anwendbares Recht zu transformieren".[1053] Papst Johannes Paul II. unterstrich bei der Promulgation des CIC/1983 aber auch den inneren Bezug von Konzil und Codex, indem er den CIC als Vervollständigung der Lehre des Konzils bezeichnete.[1054] Es ist daher nicht nur sinnvoll, sondern geboten, in Bezug auf die hauptberuflichen Laien, die in der Pastoral tätig sind und als Frucht des Zweiten Vatikanischen Konzils bezeichnet werden, auch auf die damit verbundenen universalkirchlichen Rechtsgrundlagen zu blicken, die ebenso als eine Frucht dieses Konzils zu verstehen sind.

4.2 Die Laien als Glieder des Volkes Gottes und als Sendungsträger

Auf die Frage was denn die Kirche ohne die Laien machen würde, gibt Sabine Demel eine vielsagende Vermutung ab. „Nahezu zwei Jahrtausende lang hätte wohl die Antwort darauf geheißen: Dann hätten ja die Kleriker niemanden mehr, der ihren Anordnungen gehorcht und der für ihre finanzielle Absicherung sorgt."[1055]

Mit dem Zweiten Vatikanischen Konzil und der darauf aufbauenden kirchlichen Rechtsordnung macht Demel deshalb in Bezug auf die Redeweise über und in der Aufgabenzuweisung an die Laien eine kopernikanische Wende aus.[1056] Dem ist vorbehaltlos zuzustimmen, gerade vor dem Hintergrund, dass im historischen Bezug zur Rolle der Laien im CIC/1917 alle Gläubigen im CIC/1983 als Subjekte des kirchlichen Rechts wahrgenommen werden. Der CIC/1983 greift die konziliare Lehre vom gemeinsamen Priestertum aller Gläubigen auf, indem das kirchliche Verfassungsrecht mit dem zentralen Begriff des Konzils des Volkes Gottes überschrieben ist. Diese „programmatische und leitende Aussage"[1057] steht somit am Beginn und an der Spitze aller nachfolgenden rechtlichen Ausführungen des kirchlichen Gesetzbuches.

1053 Schmitz, Der Codex Iuris Canonici von 1983 (Anm. 90), hier: 36–37. Vgl. hierzu exemplarisch OT 16,4.
1054 Vgl. Sacrae Disciplinae Leges, XIX.
1055 Demel, Verantwortung, 21 (Anm. 414).
1056 Vgl. ebd., 23.
1057 Meckel, Konzil und Codex, 137 (Anm. 42). Vgl. auch Socha, Hubert: Grundlegung der Mitverantwortung der Laien im neuen Kirchenrecht, in: Courth, Franz und Weiser, Alfons (Hg.): Mitverantwortung aller in der Kirche, Festschrift zum 15jährigen Bestehen der Gründung

4.2.1 Das Verständnis des christifidelis im CIC/1983

Das grundlegende Verständnis des christifidelis im CIC/1983 wird in Form einer Legaldefinition programmatisch als Zentrum und Ausgangspunkt zu Beginn des zweiten Buches über das Volk Gottes im c. 204 § 1[1058] ausgesagt. Meckel weist darauf hin, dass dort auch das Sendungsschema der Kirche und darin der einzelnen christifideles, das in der sogenannten Tria-munera-Lehre wurzelt, verankert ist.[1059] Aus c. 204 § 1 wird zudem deutlich, dass von Gott aus der Taufe unmittelbar allen christifideles eine Aufgabe und Sendung für die Kirche erwächst, ohne dass diese von der kirchlichen Hierarchie erst zugestanden werden müsste.[1060] Dieses Sendungsprinzip unterscheidet sich daher grundlegend von dem, was im Sinne der Katholischen Aktion vorher unter dem Begriff *Laienapostolat* verstanden wurde.[1061] In Übereinstimmung mit der Lehre des Zweiten Vatikanischen Konzils, wie sie vor allem in Lumen Gentium und Apostolicam Actuositatem festgeschrieben ist, haben die Laien nun gemäß c. 204 § 1 eben ausdrücklich aufgrund der göttlichen Berufung durch die Taufe[1062] die Aufgabe, ihren Teil zur Verwirklichung der Sendung der Kirche beizutragen. Laut c. 849 i.V.m. c. 845 § 1 drückt die gültig gespendete Taufe ein unauslöschliches Prägemal ein. Die rechtliche Konsequenz daraus ist dann, dass auch die aus der Taufe erworbenen Rechte und Pflichten ebenso unauslöschlich erworben worden sind. Dabei ist darauf hinzuweisen, dass jeder christifidelis gemäß c. 204 § 1 i.V.m. c. 96 diese Rechte und Pflichten besitzt. Die Rechtsausübung geschieht in der Regel innerhalb der jeweiligen Konfession.[1063] Mit Meckel ist zudem festzuhalten, dass c. 204 § 1 außerdem klarstellt, „dass der christifidelis nicht nur Träger von einzelnen Rechten und Pflichten wird, sondern als Subjekt der kirchlichen Rechtsordnung zugleich Träger der Sendung der Kirche ist, an deren Ausübung er aktiv teilnimmt und die sich inhaltlich auf alle drei munera Christi, das munus docendi, munus

Vinzent Pallotis, Limburg 1985, 150–161 oder Reinhardt, Heinrich Josef Ferdi: Art. Volk Gottes: Die Laien, in: MKCIC, 204–1.

1058 Vgl. c. 7 CCEO. Vgl. auch Hallermann, Gläubige LKRO (Anm. 246) sowie ders., Gleichheit aller Gläubigen LKRO (Anm. 1000).

1059 Vgl. Meckel, Tria-Munera-Lehre, 115 (Anm. 230) sowie Hallermann, Gläubige LKRO (Anm. 246).

1060 Vgl. c. 225. Vgl. auch LG 33. Vgl. auch Meckel, Gemeinsames Priestertum LKRO (Anm. 152) und ders., Apostolat LKRO (Anm. 161).

1061 Vgl. Hallermann, Katholische Aktion, 400 (Anm. 414) und ders.: Art. Laienapostolat, in: LKStKR, Bd. 2, 671–673 sowie Meckel, Katholische Aktion, 81–107 (Anm. 87) und Meckel, Apostolat LKRO (Anm. 161).

1062 Vgl. Hallermann, Berufung, 239–241 (Anm. 250). Meckel, Gemeinsames Priestertum LKRO (Anm. 152), benennt entsprechend der Bedeutung von c. 204 die Taufe als den grundlegenden Baustein der Kirchenverfassung.

1063 Vgl. Meckel, Konzil und Codex, 142 (Anm. 42) sowie Hallermann, Heribert: Art. Grundrechte und Grundpflichten – Katholisch, in: LKStKR, Bd. 2, 184–187, hier: 185.

sanctificandi und munus regendi erstrecken."[1064] In der Änderung des vorwiegenden Rechtssubjektes des kirchlichen Rechts von den Klerikern im CIC/1917 hin zu allen christifideles im CIC/1983 liegt eine grundlegende Neuerung vor, die in der Theologie des Zweiten Vatikanischen Konzils wurzelt.[1065] Besonders deutlich wird dies durch die Klarstellung in c. 208, dass aufgrund der Taufe unter allen Gläubigen eine wahre Gleichheit herrscht. So besteht diese „wahre Gleichheit in ihrer Würde und Tätigkeit, kraft der alle je nach ihrer eigenen Stellung und Aufgabe am Aufbau des Leibes Christi"[1066] mitwirken. Der Aufbau und die Orientierung an der potestas, wie sie dem Verfassungsrecht des CIC/1917 zu Grunde lag, wurde im CIC/1983 aufgeben, sodass nun gemäß c. 204 § 1 die Taufe als Fundament der Kirchenverfassung an den Anfang des Verfassungsrechts gestellt wird.[1067]

In Übereinstimmung mit LG 31 erstreckt sich die Sendung aller christifideles auf Kirche und Welt. So wird beispielsweise in c. 275 § 2, im Katalog über die Klerikerrechte und -pflichten darauf hingewiesen, dass die Kleriker verpflichtet sind, „die Sendung anzuerkennen und zu fördern, welche Laien, jeder zu seinem Teil, in Kirche und Welt ausüben."[1068] Mit dieser Wendung „Kirche und Welt"[1069] macht der Gesetzgeber deutlich, dass „Heilsdienst und Weltdienst nicht exklusiv einer Gruppe von christifideles vorbehalten sind."[1070] In diesem Zusammenhang und im Kontext aktueller Kirchenentwicklungen gilt es daher zu berücksichtigen, dass Laien aus kirchenrechtlicher Perspektive gerade nicht passive Empfänger pastoraler Versorgungsstrukturen, sondern aktive und handelnde Glieder der Kirche sind, die eben nicht „für jedwede Aktivität einer Delegation oder Ermächtigung durch die kirchliche Autorität bedürfen"[1071], da sie durch die Taufe allein schon berechtigt sind, im eigenen Namen ihren Teil der Sendung der Kirche in Kirche und Welt zu verwirklichen.

1064 Meckel, Konzil und Codex, 142 (Anm. 42).

1065 Vgl. Correco, Eugenio: Die kulturellen und ekklesiologischen Voraussetzungen des neuen CIC, in: AfkKR 152 (1983), 3–30, hier: 14. Vgl. auch Müller, Hubert: Communio als kirchenrechtliches Prinzip im Codex Iuris Canonici von 1983?, in: Böhnke, Michael; Heinz, Hanspeter (Hg.): Im Gespräch mit dem dreieinen Gott, Festschrift W. Breuning, Düsseldorf 1985, 481–498, hier; 492 sowie Meckel, Konzil und Codex, 147 (Anm. 42).

1066 C. 208. Vgl. auch LG 32,2 sowie Hallermann, Gleichheit aller Gläubigen LKRO (Anm. 1000). Vgl. außerdem Demel, Sabine: Frauen und Kirchliches Amt. Grundlagen – Grenzen – Möglichkeiten, Freiburg i. Br. 2012, hier: 61–65.

1067 Vgl. Meckel, Tria-Munera-Lehre, 138 (Anm. 230) sowie ders., Communio LKRO (Anm. 112). Vgl. auch Hallermann, Gläubige LKRO (Anm. 246).

1068 C. 275 § 2.

1069 Ebd.

1070 Meckel, Konzil und Codex, 143 (Anm. 42) sowie ausführlich Hallermann, Christifideles, 202 (Anm. 234). Vgl. auch Socha, Hubert: Die Mitverantwortung der Laien nach dem neuen Kirchenrecht (1. Teil), in: TrThZ 94 (1985), 54–74, hier: 68–71.

1071 Meckel, Katholische Aktion, 81 (Anm. 87).

Bei den weiteren Überlegungen über den christifidelis gilt es die Klarstellung von Hallermann zu beachten, wonach es sich beim Begriff *christifidelis* in einem gewissen Sinne um ein theologisches Abstraktum handelt, der so in reiner Form nie verwirklicht ist, sondern erst in der Ausübung der Sendung der Kirche mit den für jeden Gläubigen jeweils eigenen conditio qualifiziert wird.[1072] Diese conditiones wie etwa Alter, Geschlecht, Lebensstand oder Wohnsitz treten zum Grundstatus des jeweiligen Gläubigen hinzu, ohne dass sie etwas davon nehmen oder absorbieren, das durch die Taufe verliehen wurde.[1073] Zudem ist der Begriff *christifidelis* ein „Inklusionsbegriff, der vor aller Unterscheidung alle Getauften meint und damit christifideles laici, clerici und religiosi einschließt."[1074] So ergibt sich, dass die kirchlichen Sonderstände (laici, clerici und religiosi) zum bleibenden Grundstatus aller christifideles ergänzend und modifizierend hinzutreten.[1075] Es ist Meckel zuzustimmen, dass hier die deutsche Sprache an ihre Grenzen stößt, wenn eigentlich sinnvoller vom christifidelis laicus, das heißt dem christgläubigen Laien im Sinne der Erneuerung des Laienapostolates die Rede sein müsste, als weiterhin verkürzend nur vom Laien zu sprechen und damit die vorhandene theologische und kirchenrechtliche Vorstellung vom Laienapostolat im Sinne der Katholischen Aktion zu tradieren.[1076] Für die weitere Arbeit, insbesondere mit Bezug auf das Berufsbild der Pastoralreferenten, ist die Feststellung von Thomas Amann grundlegend, dass nämlich „der Laie [...] vom Christgläubigen her definiert" [1077] werden muss.

Entgegen der Definition innerhalb der Rahmenstatuten von 2011 für Pastoral- und Gemeindereferenten[1078] ist Meckel zuzustimmen, dass aus zuvor dargelegten Gründen „die Definition des Laien nicht bei c. 207 § 1 ansetzen [darf], sodass er nur als Nichtkleriker in den Blick kommt"[1079], sondern die Definition des Laien bei c. 204 § 1 beginnen muss.[1080] Darüber hinaus ist das Heranziehen des c. 207 § 1 im Sinne der Rahmenstatuten von 2011 insofern zusätzlich problematisch, als dass die grundlegende Wendung „inter christifideles"[1081] schon

1072 Vgl. ausführlich Hallermann, Vereinigungen im Verfassungsgefüge, 332–348 (Anm. 89).
1073 Vgl. ebd., 332–348.
1074 Meckel, Konzil und Codex, 146 (Anm. 42).
1075 Vgl. Hallermann, Christifideles, 197 (Anm. 234). Vgl. weiter Meckel, Konzil und Codex, 146 (Anm. 42).
1076 Vgl. Meckel, Katholische Aktion, 93 (Anm. 87).
1077 Amann, Thomas: Laien als Träger von Leitungsgewalt? Eine Untersuchung aufgrund des Codex Iuris Canonici, in: Münchner Theologische Studien III, Kanonistische Abteilung 50, St. Ottilien 1996.
1078 Vgl. Rahmenstatuten 2011, in: DDB Nr. 96, 1.2.1, 13.
1079 Meckel, Konzil und Codex, 146 (Anm. 42). Vgl. auch Krämer, Peter: Gleich oder ungleich? Die Gliederung der Kirche in Abgrenzung und Bezug, in: Communio 22 (1993), 284–288, hier: 286.
1080 Vgl. Meckel, Konzil und Codex, 148–156 (Anm. 42) sowie ders., Communio LKRO (Anm. 112).
1081 C. 207 § 1. Demel, Präambel, 81 (Anm. 39), merkt zudem an, dass der Canon nicht nur aus seinem Interpretationsrahmen heraus verwendet, sondern zudem nur einseitig paraphrasierend

in sich die Vorgabe enthält, dass sowohl die Kleriker als auch die Laien[1082] gemäß c. 204 § 1 zunächst und zu allererst als Glieder des Volkes Gottes zu betrachten sind. Dies bedeutet, dass der unterschiedliche Status als Unterscheidungskriterium nicht über der verbindenden Gemeinsamkeit aller Getauften, der Zugehörigkeit zum Volk Gottes, steht.

4.2.2 Das Verständnis der ecclesia im CIC/1983

Papst Johannes Paul II. beschreibt den CIC/1983 als das Bemühen, „die konziliare Ekklesiologie in die kanonistische Sprache zu übersetzen."[1083] Aus diesem Gedanken heraus gilt es Grundlinien der Ekklesiologie des CIC/1983 beziehungsweise des Verständnisses der ecclesia im CIC/1983 herauszuarbeiten – zumal das konziliare Kirchenbild den Kontext für die Gesetze des CIC/1983 bildet.[1084] In der Promulgationsbulle des CIC/1983 benennt Johannes Paul II. dann selbst die Grundzüge der konziliaren Ekklesiologie, auf die der Codex versucht aufzubauen:

„Von den Elementen aber, die das wahre und besondere Bild der Kirche zum Ausdruck bringen, seien vor allem folgende erwähnt: die Lehre, durch die die Kirche als das Volk Gottes (vgl. Konst. LG 2) und die hierarchische Autorität als Dienst dargestellt wird (vgl. ebd., 3); außerdem die Lehre, die die Kirche als Gemeinschaft ausweist und daher die notwendigen Beziehungen festsetzt, die zwischen den Teilkirchen und der Universalkirche und zwischen Kollegialität und Primat bestehen müssen; ebenso die Lehre, nach der alle Glieder des Gottesvolkes, jedes auf seine Weise, an dem dreifachen, dem priesterlichen, prophetischen und königlichen Amt Christi teilhaben. Mit dieser Lehre verbunden ist jene über die Pflichten und Rechte der Gläubigen und insbesondere der Laien; und schließlich der Einsatz, den die Kirche für den Ökumenismus aufbringen muß."[1085]

Wenn nun beschrieben werden soll, worin das Verständnis des Kodex in Bezug auf den Begriff *ecclesia* liegt, ist es sinnvoll, zunächst den c. 204 in den Fokus der Betrachtungen zu rücken. Denn dort wird der bedeutsame konziliare Begriff des *Volkes Gottes* ebenso wie im Titel des zweiten Buches grundlegend aufgegriffen, um die organisatorische Struktur der Kirche zu verdeutlichen.

wiedergegeben wird.

1082 Vgl. hierzu erläuternd Meckel, Tria-Munera-Lehre, 141–142 (Anm. 230) und ders. Konzil und Codex, 146–147 (Anm. 42). Vgl. hierbei auch c. 204 § 1 i.V.m. c. 1008. Vgl. dazu P. Benedikt XVI.: Litterae Apostolicae Motu Proprio datae. Quaedam in Codice iuris canonici immutantur. Omnium in mentem, in: AAS 102 (2010), 8–10.

1083 Sacrae Disciplinae Leges, XIX.

1084 Vgl. Demel, Kirchenrechtlich denken, 58 (Anm. 207).

1085 Sacrae Disciplinae Leges, XIX.

Anders als das individualistisch gestaltete Personenrecht des CIC/1917 war dem Gesetzgeber daran gelegen, „mit diesem Programmbegriff nicht nur das Zueinander einzelner Amtsträger, sondern die Gesamtheit des Volkes Gottes und in ihm das Wirken der Amtsträger in den Blick zu nehmen."[1086] Demnach wird ein Mensch durch die Taufe eingegliedert in eben jenes Gottesvolk. Meckel weist in diesem Zusammenhang darauf hin, dass das hierbei verwendete Verb constituere besonders bedeutsam ist, da damit deutlich wird, dass die Taufe nicht nur „‚ianua sacramentorum', sondern auch ianua Ecclesiae"[1087] ist. Es ist Meckel außerdem zuzustimmen, dass gemäß c. 204 § 1 die Kirche als Communio fidelium, das heißt als Gemeinschaft von Gläubigen zu verstehen ist, bei der alle Getauften mitgedacht werden müssen.[1088] Gerade wenn in c. 204 § 1 von der göttlichen Berufung aller Getauften zur Verwirklichung der Sendung der Kirche die Rede ist, wird deutlich, dass diese Communio fidelium genau wie die Communio hierarchica göttlichen Rechts ist.[1089] In diesem Kontext ist auf c. 113 § 1 hinzuweisen, wonach die katholische Kirche und der Apostolische Stuhl „aufgrund göttlicher Anordnung den Charakter einer moralischen Person"[1090] besitzen. Hierin liegt ein weiterer Unterschied zum CIC/1917, in dem im Zuge der Societas-Perfecta-Lehre lediglich die Hierarchie als moralische Person definiert wurde. Helmuth Pree stellt dazu heraus, dass im Sinne der erneuerten Ekklesiologie die Kirche als Gesamtkirche und als Gesamtheit der Gläubigen gemeint ist.[1091] Durch die konsequente Übernahme der theologischen Impulse von Lumen Gentium in das Verfassungsrecht der Kirche ist diese daher tatsächlich nicht mehr als societas inqaequalis, sondern als societas aequalis konzipiert.[1092] Kirche ist demnach im CIC/1983 wesentlich gekenn-

[1086] Meckel, Tria-Munera-Lehre, 136 (Anm. 230).

[1087] Meckel, Konzil und Codex, 139 (Anm. 42).

[1088] Vgl. ebd., 140. In diesem Sinne vgl. weiter Hallermann, Heribert: Art. Gläubige – Katholisch, in: LKStKR, Bd. 2, 154–156 oder Pulte, Matthias: Taufe – Konversion – Wiedereintritt. Kirchenrechtliche Anmerkungen zu seelsorglichen Herausforderungen bei der Begleitung von Erwachsenen und Familien, in: Militärseelsorge Pastoral, Bd. 40, 2002, hier: 44 oder Selge, Karl-Heinz: Der Begriff *christifidelis* im Codex Iuris Canonici von 1983, in: Reinhardt, Heinrich: Theologia et Ius canonicum, Festgabe für Heribert Heinemann zur Vollendung des 70. Lebensjahres, Essen 1995, 259–273. Dem entgegen Gänswein, Georg: Kirchengliedschaft – Vom Zweiten Vatikanischen Konzil zum Codex Iuris Canonici. Die Rezeption der konziliaren Aussagen über die Kirchenzugehörigkeit in das nachkonziliare Gesetzbuch der Lateinischen Kirche, in: Münchner Theologische Studien III, Kanonistische Abteilung, Bd. 47, St. Ottilien 1989 und Aymans, Winfried in: ders. und Mörsdorf, Klaus: Kanonisches Recht. Lehrbuch aufgrund des Codex Iuris Canonici, Bd. 2, Paderborn 1997, 49–59 außerdem Anuth, Bernhard Sven: Das Recht katholischer Laien auf Anerkennung ihrer bürgerlichen Freiheiten (c. 227 CIC/ c. 402 CCEO), in: Forschungen zur Kirchenrechtswissenschaft 39, Würzburg 2016, 49.

[1089] Vgl. Meckel, Konzil und Codex, 144 (Anm. 42).

[1090] C. 113 § 1.

[1091] Vgl. Pree, Helmuth: C. 113, in: MKCIC, Rn. 3.

[1092] Vgl. Meckel, Konzil und Codex, 145 (Anm. 42).

zeichnet als Volk Gottes und als communio, konkret als Communio fidelium et hierarchica. Dabei ist Demel zuzustimmen, dass es sich bei der Communio-Ekklesiologie im Sinne des Konzils um eine Communio fidelium handelt, in welche die hierarchische Ekklesiologie integriert ist, und nicht umgekehrt die communio-Ekklesiologie auf der Hierarchie-Ekklesiologie aufbaut.[1093] Mit Hallermann ist festzuhalten, dass es sich bei den Beratungsgremien, wie sie der CIC/1983 etwa in Form von Bischofssynoden auf universalkirchlicher, Priester- und Pastoralrat auf diözesaner und Pfarrpastoralrat auf pfarreilicher Ebene vorsieht, „nicht um Marginalien, sondern […] um eine kirchliche Praxis, die dem Selbstverständnis der Kirche als Communio entspricht"[1094], handelt.

Ergänzend zu c. 204 § 2 normiert c. 205, worin die volle Gemeinschaft mit der katholischen Kirche besteht. So werden dort die Bande des Glaubensbekenntnisses, der Sakramente und des Anerkennens kirchlicher Leitung als drei notwendige vincula bezeichnet, um in voller Communio mit der katholischen Kirche zu stehen.[1095] Diese vincula sind in Bezug auf die Fragestellung nach dem kirchenrechtlichen Ort für Pastoralreferenten dahingehend bedeutsam, als dass ausschließlich Laien, die in voller Gemeinschaft mit der katholischen Kirche stehen, diesen Beruf ergreifen können.[1096]

In Bezug auf die Präambel der Rahmenstatuen von 2011 kann mit Demel festgehalten werden, dass es sich dort eher um die Festschreibung der hierarchiezentrierten Ekklesiologie handelt, statt um eine Fortschreibung im Sinne der konziliaren Ekklesiologie,[1097] die so auch dem ekklesiologischen Grundverständnis des CIC/1983 entspräche.

4.2.3 Die Partizipation des *christifidelis laicus* als aktives Glied des Volkes Gottes an den drei *munera* innerhalb des CIC/1983

In c. 204 § 1 ist grundlegend festgeschrieben, dass alle Getauften aktiven Anteil an den drei munera Jesu Christi haben. Im Nachfolgenden geht es nicht darum, alle Canones aufzulisten und zu erläutern, die in irgendeiner Weise die Partizipation der Gläubigen an der Sendung der Kirche beziehungsweise an den drei munera des Propheten-, Priester- und Königsdienstes Jesu Christi aufgreifen. Vielmehr sollen nachfolgend kirchenrechtliche Linien und Grundrichtungen aufgezeigt werden, die es im weiteren Verlauf in Bezug auf den Beruf

1093 Vgl. Demel, Kirchenrechtlich denken, 47 und 54–55 (Anm. 207).

1094 Hallermann, Heribert: Ratlos – oder gut beraten? Die Beratung des Diözesanbischofs und die bischöflichen Beratungsorgane (KStKR 11), Paderborn 2010, hier: 26.

1095 Vgl. c. 205. Vgl. auch LG 8,2; LG 14 und LG 15.

1096 Vgl. dazu weiter unten in dieser Arbeit 4.3.1. Das Handeln im Namen der Kirche nach Maßgabe des CIC/1983.

1097 Vgl. Demel, Präambel, 98–99 (Anm. 39).

der Pastoralreferenten und im Speziellen in Bezug auf die Rahmenstatuten von 2011 einzuordnen gilt. Die Position von Norbert Lüdecke, dass es sich bei dem Auftrag von c. 204 § 1, die tria munera auszuüben, nur um einen reinen Würdeternar im Gegensatz zu einem Funktionsternar in c. 1008[1098] handle,[1099] ist so durch den CIC/1983, wie Meckel richtigerweise herausstellt,[1100] nicht gedeckt. Vielmehr spezifizieren schon die einleitenden Canones zu den Rechten und Pflichten der Gläubigen (cc. 209–211) die Anteilhabe und die Pflicht der Gläubigen, das munus regendi, das munus sanctificandi und das munus docendi auszuüben – auch wenn es neben dem Gebot in c. 209, die Gemeinschaft mit der Kirche zu wahren, stärkere Ausdrucksformen der Gläubigen am Leitungsdienst gegeben hätte.[1101]

Das eher moralische Gesetz des c. 210, wonach alle Gläubigen die Pflicht haben, gemäß ihrer eigenen Stellung das Wachstum und die Heiligung der Kirche zu fördern und ein heiliges Leben zu führen, drückt in konsequenter Weise die Pflicht aus, die im Konzil mit der Teilhabe an den tria munera von allen christifideles gefordert wird.[1102] Meckel führt diesbezüglich aus, dass die Anteilhabe an den tria munera eine echte rechtliche Anteilhabe ist, die direkt und unabgeleitet in der Taufe ihre Ursache findet, und dass daraus neben dem Recht auch die Pflicht zur Mitverantwortung, die Sendung im eigenen Namen zu verwirklichen, erwächst.[1103]

Auch der c. 211 führt diesen Gedanken weiter aus, indem er allen Gläubigen das Recht zuspricht und die Pflicht abverlangt, zur Sendung der Kirche beizutragen und die göttliche Heilsbotschaft immer mehr zu allen Menschen zu bringen.

1098 Er bezieht sich dabei auf die ursprüngliche Fassung des c. 1008 vor dem von P. Benedikt XVI. erlassenen Motu Proprio: Omnium in Mentem.

1099 Lüdecke, Norbert: Die Grundnormen des katholischen Lehrrechts in den päpstlichen Gesetzbüchern und neueren Äußerungen in päpstlicher Autorität, in: Forschungen zur Kirchenrechtswissenschaft 28, Würzburg 1997, hier: 93–122.

1100 Vgl. Meckel, Konzil und Codex, 144–145 (Anm. 42) und ders., Tria-Munera-Lehre, 140 (Anm. 230). Vgl. entgegen der Position von Lüdecke zu Recht kritisch auch Graulich, Markus: Rezension zu Lüdecke, Norbert und Bier, Georg (unter Mitarbeit von Bernhard Sven Anuth): Das römisch-katholische Kirchenrecht. Eine Einführung, Stuttgart 2012, in: ThPQ 162 (2014), 215–216, hier: 216. Vgl. auch Krämer, Peter: Wer sind die Träger des Verkündigungsdienstes, in: Geringer, Karl-Theodor; Schmitz, Heribert (Hg.): Communio in Ecclesiae Mysterio, Festschrift für Winfried Aymans, St. Ottilien 2001, 247–267, hier: 249–250. Vgl. außerdem Ohly, Christoph: Der Dienst am Wort Gottes. Eine rechtssystematische Studie zur Gestalt von Predigt und Katechese im Kanonischen Recht, in: Münchener Theologische Studien III, Kanonistische Abteilung 63, St. Ottilien 2008, hier: 75 in Fußnote 1.

1101 Vgl. Meckel, Konzil und Codex, 145 (Anm. 42). Meckel, ebd., 145 (Anm. 42), stellt dabei heraus, dass gerade in c. 209 der Gesetzgeber die Teilhabe am Aufbau und an der Stärkung der Communio ausführlicher hätte darstellen können.

1102 Vgl. LG 10–12.

1103 Vgl. Meckel, Konzil und Codex, 143 (Anm. 42) sowie ders., Communio LKRO (Anm. 112).

Den Katalog der Pflichten und Rechte der Laien in den cc. 224–231 gilt es in der Fragestellung nach der Beteiligung der Laien an den drei munera ebenfalls zu berücksichtigen. Dennoch ist mit Elisabeth Glaubitz anzumerken, dass aus der Redaktionsgeschichte heraus c. 224 nicht nur als einleitender Canon, sondern auch als Verknüpfungspunkt zu dem vorausgegangenen Titel *De omnibus christifidelium et iuribus* verstanden werden soll.[1104]

4.2.3.1 Die Partizipation des *christifidelis laicus* am Aufgabenbereich der Verkündigung

Gemäß c. 204 § 1 haben alle Getauften auch Anteil am Verkündigungsdienst der Kirche. Im Nachfolgenden soll diese Partizipation am munus docendi insbesondere für die christifideles laici dargestellt werden. Schwerpunktmäßig stehen dabei vor allem jene Aspekte im Mittelpunkt der Betrachtungen, die für hauptberufliche Laien im pastoralen Dienst relevant sind. Auch innerhalb des Katalogs der Grundrechte und -pflichten aller Gläubigen wird in c. 211 das munus docendi aufgegriffen. Danach haben alle Gläubigen nicht nur das Recht, sondern auch die Pflicht, im eigenen Namen am Verkündigungsdienst der Kirche mitzuwirken.[1105] Ausdrücklich wird dieses Recht beziehungsweise auch diese Pflicht im Kontext des Grundrechte- und Grundpflichtenkataloges der Laien in c. 225 § 1 wiederholt. Dort wird auch auf die grundlegende Bedeutung von Taufe und Firmung verwiesen, da diese die sakramentalen Grundlagen bilden, dass die christifideles laici ihren Anteil am Verkündigungsdienst im eigenen Namen und in eigener Verantwortung ausüben können und sollen.[1106] Meckel ist ohne Vorbehalt zuzustimmen, wenn er ausführt, dass das angeborene Recht (ius nativum) der Kirche in c. 747 § 1, „allen Völkern das Evangelium zu verkünden“[1107], nicht so interpretiert werden könne, dass dort nur die kirchliche Hierarchie gemeint sei, sondern in Anlehnung an den theologischen Leitsatz von c. 204 § 1 nur die Kirche als Communio fidelium et hierarchica gemeint sein könne.[1108] Demzufolge haben alle christifideles auch an der Verwirklichung des munus docendi eine Mitverantwortung, die sie als Anteilhabe im eigenen Namen ausüben. Dies ist unter anderem auch daraus ersichtlich, dass in c. 759 unter der Überschrift *Der Dienst am Wort Gottes* festgehalten wird, dass alle Laien „kraft der Taufe und der Firmung, durch ihr Wort und das Beispiel christlichen Lebens Zeugen des Evangeliums“[1109] sein sollen. Besonders relevant im Kontext von hauptbe-

[1104] Elisabeth Glaubitz, Laie, 151 (Anm. 60).
[1105] Vgl. c. 211.
[1106] Vgl. c. 225 § 1 i.V.m. c. 204 § 1. Vgl. zudem Meckel, Konzil und Codex, 169 (Anm. 42).
[1107] C. 747 § 1.
[1108] Vgl. Meckel, Konzil und Codex, 169 (Anm. 42) und ders., Gemeinsames Priestertum LKRO (Anm. 152). Vgl. auch c. 747 § 1 i.V.m. c. 781.
[1109] C. 759.

ruflichen Laien in der Pastoral ist die Berechtigung in c. 759, wonach Laien auch zur Mitarbeit mit dem Bischof und den Priestern zur Ausübung des Dienstes am Wort berufen werden können und somit nicht nur im eigenen Namen, sondern auch im Namen der Kirche handeln können.[1110]

Der aus LG 32 stammende Begriff des *Weltcharakters* wird im Zuge des munus docendi insofern aufgegriffen, als dass in c. 225 § 2 der Auftrag an die christlichen Laien ergeht, insbesondere „die Ordnung der zeitlichen Dinge im Geiste des Evangeliums zu gestalten“[1111] und „bei der Ausübung weltlicher Aufgaben Zeugnis für Christus abzulegen.“[1112] Die Laien haben dabei die rechtmäßige Freiheit, die allen Bürgern zukommt.[1113] Bei diesem *Zeugnis geben* sind sie gemäß c. 212 lediglich zum Gehorsam gegenüber dem kirchlichen Lehramt „im Bewusstsein ihrer eigenen Verantwortung“[1114] verpflichtet, dass sie „keine private Meinung als kirchliche Lehre qualifizieren, die von dieser Lehre abweicht.“[1115] Wie sämtliche christifideles haben auch die Laien im Allgemeinen und im Speziellen diejenigen, die im pastoralen Dienst stehen, die gestufte Verbindlichkeit lehramtlicher Äußerungen gemäß der cc. 747–754 zu beachten.[1116]

Ein großes Feld, auf dem christifideles laici ihren Beitrag zum munus docendi leisten können, ist das Gebiet der Erziehung. Die Kindererziehung wird auch in den Grundnormen zum munus sanctificandi hervorgehoben, sodass mit Verweis auf c. 835 § 4 die Erziehungsleistung neben dem Verkündigungsdienst auch dem Heiligungsdienst der Kirche zuzuordnen ist. Ganz im Sinne von LG 11, wonach die Familie die kleinste Form von Kirche ist, haben alle Gläubigen gemäß c. 217 das Recht auf eine christliche Erziehung. Damit korrespondieren die naturrechtlich gefasste „schwerwiegende Pflicht und das Recht“[1117] der Eltern, ihre Kinder zu erziehen, beziehungsweise die kirchenrechtlich gefasste Pflicht der christlichen Eltern, auch für die christliche Erziehung ihrer Kinder zu sorgen.[1118] Neben den Eltern ist es auch Aufgabe der Kirche, für die christliche Erziehung zu sorgen. In diesem Zusammenhang bildet der katholische Religionsunterricht gemäß den Canones 804 und 805 i. V. m. c. 796 ein Medium christlicher Erziehung, das die Kirche zur Verfügung

1110 Vgl. c. 759.
1111 C. 225 § 2.
1112 C. 225 i.V.m. c. 227. Darüber hinaus wird in der Definition des christifideles laici im c. 399 des diesbezüglich ausführlicheren CCEO auf den Weltcharakter verwiesen, der Laien in besonderer Weise zu eigen ist.
1113 Vgl. c. 227.
1114 C. 212.
1115 Vgl. Meckel, Konzil und Codex, 169 (Anm. 42).
1116 Vgl. hierzu ausführlich Meckel, Thomas: Religionsunterricht im Recht. Perspektiven des katholischen Kirchenrechts und des deutschen Staatskirchenrechts (KStKR 14), Paderborn/München/Wien/Zürich 2011, hier: 118–121.
1117 C. 226 § 2.
1118 Vgl. c. 217 i.V.m. c. 226 i.V.m. c. 793.

stellt.[1119] In Bezug auf den Beruf des Pastoralreferenten sind die Kriterien, die an Religionslehrer gestellt werden, schon deshalb von Interesse, da Pastoralreferenten vielerorts selbst Religionsunterricht erteilen. Bedeutender ist jedoch die Tatsache, dass der Gesetzgeber Kriterien in c. 804 § 2 benennt, die relevant sind, um im Namen der Kirche als Religionslehrer zu handeln. So werden dort neben „Rechtgläubigkeit"[1120] auch das „Zeugnis christlichen Lebens"[1121] sowie das „pädagogische Geschick"[1122] verlangt. Darüber hinaus bedarf es, um im Namen der Kirche als Religionslehrer zu wirken, auch der Ernennung beziehungsweise der Approbation durch den Ortsordinarius.[1123] Diese vier Kriterien (Anerkennung der christlichen Glaubenslehre, christliche Lebensführung, fachliche Kompetenz sowie die Bestätigung des besonderen kirchlichen Auftrages durch den Bischof) können auch für andere kirchliche Aufgaben als den Religionsunterricht, wie etwa den Verkündigungsdienst im Rahmen des pastoralen Dienstes, gemäß c. 17 adäquat herangezogen werden.

Den Erwerb von fachlicher Kompetenz im Bereich der Pastoral und Theologie können christliche Laien dabei ausdrücklich auch als vom Gesetzgeber gefasstes Recht für sich in Anspruch nehmen. So steht gemäß c. 229 allen Getauften der Weg zu theologischer Bildung offen. Diese theologische Bildung soll zur Ausübung des eigenen Apostolates dienen und das Wirken im Bereich des munus docendi unterstützen. Weiter noch können gemäß c. 228 § 1 Laien, die die entsprechende Eignung besitzen, von der kirchlichen Autorität zu verschiedenen Diensten (munera) herangezogen werden.[1124] Dies bedeutet, dass Laien dann nicht nur im eigenen Namen handeln, sondern dass zum Sendungsauftrag aus der Taufe eine spezifische Sendung hinzutritt, die Laien befähigt, im Namen der Kirche zu handeln.[1125] Eine solche Sendung kann durch Beauftragung, Übertragung eines Kirchenamtes, Delegation oder missio[1126] geschehen.[1127] Im Bereich des Verkündigungsdienstes betrifft dies vor allem die Möglichkeit, gemäß c. 759 zur Mitarbeit mit dem Bischof oder den Priestern zum Dienst

1119 Vgl. dazu umfassend Meckel, Religionsunterricht, 117–132 (Anm. 1116).
1120 C. 804 § 2.
1121 Ebd.
1122 Ebd.
1123 Vgl. c. 805. Vgl. auch Riedel-Spangenberger, Ilona: Art. Approbatio, in: LKStKR, Bd. 1, 146–148.
1124 Vgl. c. 228 § 1. Vgl. auch Hallermann, Gemeindereferent(in) LKRO (Anm. 56).
1125 Vgl. Reinhardt, Heinrich Josef Ferdi: Art. Volk Gottes: Die Laien, in: MKCIC, 228–1–5 sowie Meckel, Konzil und Codex, 170–171 (Anm. 42).
1126 Unter dem Begriff *missio* wird nach Riedel-Spangenberger, Ilona: Art. Missio canonica – Katholisch, in: LKStKR, Bd. 2, 809–810, hier: 809, eine Form der kirchlichen Sendung verstanden, die über die sakramententheologische Grundlegung aller kirchlichen Dienste hinausreicht und „verschiedene Arten der rechtlichen Teilhabe am kirchenamtlichen Sendungsauftrag bezeichnet und den Träger eines solchen Auftrags zum Handeln im Namen der Kirche" ermächtigt.
1127 Vgl. Meckel, Konzil und Codex, 170 (Anm. 42).

am Wort berufen werden zu können. Der Sache nach, auch wenn der Begriff *missio* im Canon selbst keine Verwendung mehr findet, wird dort damit eine spezifische Sendung für Laien beschrieben.[1128] Hallermann betont dazu, dass allein diese Berufung zur Mitarbeit am Dienst am Wort noch kein kirchliches Dienstverhältnis begründet.[1129]

Eine spezifische Form des Dienstes am Wort innerhalb des munus docendi ist die Predigt. Gemäß c. 766 i.V.m. c. 230 § 3 und c. 759 können Laien im Einzelfall bei gegebener Notwendigkeit und Nützlichkeit die Zulassung zur Predigt erhalten, wobei die Homilie[1130] laut c. 767 § 1 Klerikern vorbehalten ist.[1131] Meckel weist dabei darauf hin, dass gemäß der Entscheidung des Rats zur authentischen Interpretation der Gesetzestexte vom 20.06.1987 der Diözesanbischof von den Bestimmung des c. 767 § 1 gemäß c. 85 i.V.m. c. 87 nicht dispensieren kann.[1132] Die Ordnung des Predigtdienstes aus dem Jahr 1988 wurde nie gemäß c. 455 § 2 rekognosziert, so dass diese letztlich keine Rechtsgeltung beanspruchen kann.[1133] Die in dieser Ordnung festgehaltene Möglichkeit, dass Laien im Rahmen von Wortgottesdiensten predigen können, deckt sich mit den Vorgaben gemäß c. 766. Ein weiteres breites Feld des munus docendi, bei dem Laien mitwirken können und sollen, ist die Katechese. So können sie zu Katecheten auf Ebene der Pfarrei oder auch im Rahmen der Missionsarbeit herangezogen werden.[1134] C. 780 regelt zudem das Recht der Laien auf eine entsprechende, angemessene Ausbildung „für die rechte Erfüllung der Aufgabe"[1135] als Katechet. Im an die Katechese anknüpfenden Bereich der Sakramentenvorbereitung gibt es schließlich auch Schnittmengen zum Heiligungsdienst der Kirche. So wird in c. 843 § 2 auf die Pflicht der Seelsorger (pastores animarum) sowie der übrigen Gläubigen verwiesen, für eine erforderliche Verkündigung im Vorfeld des Sakramentenempfangs zu sorgen. Konkretisierend für die Ehepastoral normiert dann c. 1063, dass die communitas christifidelium Trägerin der Ehe-

1128 Vgl. Meckel, Religionsunterricht, 142–143 (Anm. 1116) sowie ders., Konzil und Codex, 171 (Anm. 42) und ders., Apostolat LKRO (Anm. 161).

1129 Vgl. Hallermann, Laie, 670 (Anm. 315).

1130 Die Homilie ist die Predigt im Rahmen einer Eucharistiefeier.

1131 Zur Frage der Laienpredigt: Vgl. ausführlich die Monographien Hallermann, Laienpredigt (Anm. 401) und Ohly, Dienst am Wort (Anm. 1100).

1132 Vgl. Meckel, Konzil und Codex, 171 (Anm. 42). Vgl. weiter Pontificia Commissio Codici Iuris Canonici authentice interpretando, Entscheidung zu c. 767 § 1, in: AAS 79 (1987), 1249.

1133 Vgl. Meckel, Konzil und Codex, 171 (Anm. 42). Vgl. auch DBK: Ordnung des Predigtdienstes von Laien, beschlossen in der Vollversammlung der Deutschen Bischofskonferenz am 24. Februar 1988, in: Wenner, Reinhard (Hg.): Beschlüsse der Deutschen Bischofskonferenz. Partikularnormen und weitere Gesetze sowie Richtlinien, Statuten, Geschäftsordnungen, Verträge, Stellungnahmen, Sankt Augustin 1999ff., 202ff.

1134 Vgl. in Bezug auf die Missionsarbeit die cc. 784 und 785; in Bezug auf die Ebene der Pfarrei die cc. 774 § 1; 776 i.V.m. c. 528 § 1.

1135 C. 780.

vorbereitung sein soll und dementsprechend die Hirten erfahrene Eheleute als Katecheten für die Ehevorbereitung gewinnen sollen.[1136]

Hinsichtlich der wissenschaftlichen Theologie haben Laien das Recht, gemäß c. 229 § 2 Theologie zu studieren und bei entsprechenden Leistungen auch akademisch graduiert zu werden. Dieses Recht ist grundlegend für den Beruf der Pastoralreferenten, da das abgeschlossene wissenschaftliche Theologiestudium konstituierend für das Berufsbild ist. Demzufolge schafft dieses Recht die Voraussetzungen, dass es Laientheologen als hauptberufliche Mitarbeiter in der Pastoral geben kann. Darüber hinaus kann die Ausübung des munus docendi durch Laien auch bedeuteten, dass Laien dazu bestellt werden, ein mandatum zur Lehre, zum Dozieren oder einer Professur der katholischen Theologie im Namen der Kirche ausüben. Dazu müssen entsprechende Laien geeignet sein und die kirchliche Hierarchie muss dem zustimmen. Dies kann durch die Verleihung der missio canonica oder des nihil obstat geschehen.[1137]

4.2.3.2 Die Partizipation des *christifidelis laicus* am Aufgabenbereich des Heiligungsdienstes

Neben dem Verkündigungsdienst spricht c. 204 § 1 allen Getauften auch ausdrücklich das Recht und die Pflicht zu, die drei munera Jesu Christi in der je eigenen Weise als Anteil der Sendung der Kirche zu verwirklichen. Dies bedeutet, dass alle christifideles – auch die Laien – ebenso Anteil am Heiligungsdienst der Kirche haben, dem munus sanctificandi. Für die weiteren Ausführungen sind vor allem jene Aspekte von Bedeutung, die für christifideles laici und daher für Pastoralreferenten im Speziellen Relevanz besitzen. Auch wenn die Liturgie der Kirche einen Großteil des Heiligungsdienstes ausmacht[1138], so ist das munus sanctificandi doch nicht ausschließlich darauf zu reduzieren. So gehören etwa auch Gebet, Werke der Buße und der Caritas zu diesem munus.[1139] Auch für den Heiligungsdienst gibt es innerhalb des Kataloges der Grundrechte und Grundpflichten aller Gläubigen einen Canon, der dieses munus aufgreift. So wird mit dem nicht unproblematischen moralischen Gebot von c. 210 die Rechtspflicht normiert, wonach alle Gläubigen verpflichtet sind, die eigene Heiligkeit und die Heiligkeit der Kirche zu fördern.[1140] Grundsätzlich haben alle Gläubigen gemäß c. 214 das Recht auf die eigene Spiritualität und die Feier der Liturgie im eigenen Ritus. Darüber hinaus haben die Gläubigen

1136 Vgl. c. 1063 i.V.m. c. 1064.

1137 Vgl. Riedel-Spangenberger, Ilona: Art. Hochschullehrer – Katholisch, in: LKStKR, Bd. 2, 256–259, hier: 256. sowie Meckel, Konzil und Codex, 173 (Anm. 42).

1138 Vgl. cc. 834 und 837.

1139 Vgl. c. 839 § 1.

1140 Vgl. c. 210. Vgl. hierzu auch Meckel, Konzil und Codex, 173 (Anm. 42).

das Recht, die Heilsgüter der Kirche und dabei insbesondere die Sakramente zu empfangen. Auch wenn dieser Canon vergleichbar mit dem Recht der Laien aus c. 682 des CIC/1917 ist, unterscheidet er sich doch dahingehend, dass darin im CIC/1983 ein Recht für alle christifideles konstatiert wird, und nicht nur, wie im Vorgängergesetzbuch, für die darin passive Gruppe der Laien. In c. 835 § 4 formuliert der Gesetzgeber aber auch die Pflicht der Gläubigen zur tätigen Teilnahme an den liturgischen Feiern, im Speziellen an der Eucharistie.

Im Buch IV des CIC/1983[1141] über den Heiligungsdienst der Kirche wird ebenfalls die theologische Grundlage des kirchlichen Gesetzbuches aufgegriffen. So ist es c. 836, der als einziger Canon des CIC/1983 dem Wortlaut nach das gemeinsame Priestertum aller Gläubigen aufgreift und als Grundlage für den Gottesdienst normiert.[1142] Meckel ist diesbezüglich zuzustimmen, wenn er ausführt, dass das gemeinsame Priestertum nicht nur die Grundlage des munus sanctificandi, sondern der gesamten Kirchenverfassung und der kirchlichen Sendungsgemeinschaft bildet.[1143]

Mit c. 835 § 4 wird nicht nur die Kindererziehung, sondern auch die Bedeutung des Ehelebens zum Heiligungsdienst der Kirche hinzugerechnet. Dies korrespondiert mit der Wertschätzung des spezifischen Apostolates der Eheleute in c. 226 § 1, das wiederum auch im Bereich des munus regendi anzusiedeln ist.[1144] So wird auch hier wiederum deutlich, dass alle christifideles „konstitutive und aktive Glieder für die Ausübung des kirchlichen Heiligungsdienstes sind."[1145] Ein weiterer Aspekt für die christifideles laici, sich am munus sanctificandi zu betätigen, ist die Beteiligung an liturgischen Diensten auf der rechtlichen Basis von c. 230. Dies ist insofern bemerkenswert, als dass es vor der Liturgiereform außer dem Dienst der Ministranten keine liturgischen Dienste gab, die Laien zukamen. Auch wenn der gesetzessystematische Ort von c. 230 fraglich ist, da dort im eigentlichen Sinne kein spezifisches Laienrecht und auch keine spezifische Laienpflicht festgeschrieben ist[1146], gilt es doch diesen Canon in Bezug auf den Beitrag von Laien zum munus sanctificandi in Verbindung mit c. 228 § 1 zu interpretieren. C. 230 § 1 normiert die dauerhafte Beauftragung „geeigneter männlicher Laien"[1147] mit den ministeria des Lektorats und des Akolythats. Ahlers stellt dabei heraus, dass diese Dienste nach der Abschaffung der niede-

1141 Dieses Buch umfasst die Canones c. 834 bis einschließlich c. 1253.
1142 Vgl. c. 836. Vgl. dazu Correco, Voraussetzungen, 24 (Anm. 1065).
1143 Vgl. Meckel, Konzil und Codex, 174 (Anm. 42).
1144 Vgl. ebd., 174.
1145 Ebd., 174.
1146 Vgl. Meckel, Konzil und Codex, 174 (Anm. 42).
1147 C. 230 § 1.

ren Weihen durch Paul VI. 1972[1148] keine solchen darstellen,[1149] auch wenn die dauerhafte Beauftragung zum Lektorat und Akolythat dort ihre entstehungsgeschichtlichen Wurzeln hat und heute faktisch fast ausschließlich für Alumnen im Priesterseminar erteilt wird.[1150] Grundsätzliche Voraussetzungen sind gemäß der entsprechenden Partikularnorm der DBK ausreichende biblische und liturgische Kenntnisse, die Befähigung zum jeweiligen Dienst sowie die notwendige Orthopraxie und Orthodoxie.[1151] Hauptberufliche Laien im pastoralen Dienst erfüllen in aller Regel diese Voraussetzungen und sind vielfach als Lektoren oder Akolythen innerhalb der Liturgie tätig, auch wenn eine Beauftragung zu diesem liturgischen Dienst häufig nur implizit durch die Beauftragung für den pastoralen Dienst geschehen ist. C. 230 § 2 normiert die zeitlich begrenzte Beauftragung weiblicher und männlicher Laien mit den Diensten des Lektors, des Kommentators und des Kantors oder auch anderer liturgischer Aufgaben nach Maßgabe des Rechts, wie beispielsweise den Ministrantendienst. C 230 § 3 sieht weiter vor, dass dort, wo beauftragte Gläubige fehlen, auch Laien ohne Beauftragung einzelne Aufgaben des Lektors oder des Akolythen wahrnehmen können und zwar aufgrund ihrer in der Taufe gründenden Partizipation am munus sanctificandi. Interessanterweise spricht der Gesetzgeber hier von Ämtern (officia) und es ist Meckel zuzustimmen, dass hier der Begriff *munus* sicherlich besser verwendet worden wäre.[1152] Des Weiteren können gemäß c. 230 § 3 Laien auch aufgrund des Fehlens von Amtsträgern „zum Dienst am Wort"[1153], zur Spendung der Taufe, zum Austeilen der Kommunion wie auch zur Leitung liturgischer Gebete herangezogen werden.

Neben den Möglichkeiten, die c. 230 bietet, ist es für Laien zudem möglich, gemäß c. 1112 die Eheassistenz durch den Diözesanbischof in Verbindung mit einer Empfehlung der Bischofskonferenz und einer Beantragung beim Heiligen Stuhl delegiert zu bekommen. Im Bereich der DBK wird hiervon kein Gebrauch gemacht.[1154] Dagegen ist die Feier von Sakramentalien durch Laien mehr als eine theoretische rechtliche Möglichkeit. So können sie nach dem

1148 Vgl. P. Paul VI.: Litterae apostolicae Motu Proprio datae, Disciplina circa Primam Tonsuram Ordines Minores er Subdiaconatum in Ecclesia Latina innovator Ministeria quaedam, in: AAS 64 (1972), 529–534.

1149 Vgl. Ahlers, Reinhild: § 17 Die rechtliche Grundstellung der Christgläubigen, in: HbKathKR³, 289–301, hier: 292.

1150 Vgl. Meckel, Konzil und Codex, 174 (Anm. 42).

1151 Vgl. DBK: Lektorat/Akolythat, Persönliche Voraussetzungen für die durch liturgischen Ritus auf Dauer zu übertragenden Dienste des Lektors und des Akolythen, Partikularnorm zu c. 230 § 1, beschlossen in der Vollversammlung der Deutschen Bischofskonferenz am 22. September 1996, in: Wenner, Reinhard (Hg.): Beschlüsse der Deutschen Bischofskonferenz. Partikularnormen und weitere Gesetze sowie Richtlinien, Statuten, Geschäftsordnungen, Verträge, Stellungnahmen, Sankt Augustin 1999ff., hier: 200.

1152 Vgl. Meckel, Konzil und Codex, 175 (Anm. 42).

1153 C. 230 § 3.

1154 Vgl. Althaus, Rüdiger; Prader, Joseph; Reinhardt, Heinrich Josef Ferdi: Das kirchliche Eherecht in der seelsorgerischen Praxis, Essen ⁵2014, hier: 140–142.

Ermessen des Ortsordinarius beispielsweise gemäß c. 1168 Beerdigungen oder Segnungen vorstehen.[1155] Darüber hinaus können christifideles laici gemäß c. 230 § 3 in Verbindung mit c. 861 § 2 auch außerordentliche Spender des Taufsakramentes sein. In aller Regel wird im Bereich der DBK aber die Taufe in Übereinstimmung mit c. 861 § 1 – sofern es sich um keine Nottaufen handelt – von den ordentlichen Taufspendern, das heißt dem Bischof, dem Priester oder dem Diakon gespendet. Althaus plädiert seinerseits für eine „sinnlogische Übertragung“[1156] der Bestimmungen der Missionsländer auf die Situation der Ortskirchen. Dem Gedanken nach wäre es problemlos möglich, dass ausgebildete Pastoral- und Gemeindereferenten als außerordentliche Spender des Taufsakramentes eingesetzt werden können. Weitere Möglichkeiten für Laien am munus sanctificandi zu partizipieren, sind gemäß c. 930 § 2 die Möglichkeit, schwachen[1157] oder blinden Priestern zu assistieren oder deutlich verbreiteter gemäß c. 872 in Verbindung mit c. 873 den Dienst des Taufpaten und analog dazu den Dienst des Firmpaten[1158] zu übernehmen.

Schließlich gehören auch die Werke der Frömmigkeit und der Caritas zum Heiligungsdienst der Kirche, die jeder Getaufte im eigenen Namen tun kann. Gemäß c. 839 können Laien aber auch mit kanonischer Sendung in diesen Bereichen im Namen der Kirche tätig werden. Gerade im Bereich der strukturell professionell organisierten Caritas geschieht dies vielfach im Rahmen eines kirchlichen Dienstverhältnisses mit entsprechendem Arbeitsrecht.[1159] Aber auch im Rahmen des hauptberuflichen pastoralen Tuns von Pastoralreferenten besteht die Möglichkeit, dass Arbeitsschwerpunkte im Bereich der Caritas so in der jeweiligen Stellenumschreibung verankert sind, dass diese Bereiche Teil des jeweiligen amtlichen Auftrags sein können.

4.2.3.3 Die Partizipation des *christifidelis laicus* am Aufgabenbereich des Leitungsdienstes

C. 204 § 1 spricht allen Getauften Anteil am munus regendi zu. Aus diesem Ansatz heraus gilt es daher deutlich zu machen, worin der Leitungsdienst der Kirche besteht und besonders auch für Laien bestehen kann. Bei der Partizipation der christifideles laici am munus regendi soll deshalb vor allem ein knapper Überblick insbesondere der Aspekte erfolgen, die auch für den Beruf des Pastoralreferenten relevant sind.

[1155] Vgl. Althaus, Rüdiger: Art. Benediktion, in: LKStKR, Bd. 1, 235–236. sowie ders.: Art. Begräbnis - Katholisch, in: LKStKR, Bd. 1, 212–213.
[1156] Vgl. Althaus, Rezeption, 915 (Anm. 451).
[1157] Hier wird eine krankheitsbedingte Schwäche angenommen.
[1158] Vgl. cc. 892 und 893.
[1159] Vgl. hierzu Jurina, Josef: Art. Arbeitsrecht, kirchliches – Katholisch, in: LKStKR, Bd. 1, 154–157.

Den Leitungsdienst im Sinne des kirchlichen Gesetzbuches auf die Frage nach der Teilhabe von Laien an der potestas der Kirche zu reduzieren, würde zu kurz greifen. Sie würde zudem verkürzt und einseitig ausgelegt werden, wenn einerseits entweder allen Gläubigen durch die Taufe der Besitz von potestas zugesprochen würde oder andererseits nur die Kleriker Anteil an den drei munera hätten. Vielmehr kann dieses munus regendi auf der Basis der konziliaren Ekklesiologie beschrieben werden „als Dienst am Aufbau, an der Bewahrung und Stärkung der communio"[1160], wie es c. 226 § 1 in Bezug auf die christlichen Eheleute aussagt. Dementsprechend bedeutet die Teilhabe der Gläubigen am munus regendi, dass sie das Recht und die Pflicht besitzen, die Kirche als Communio aufzubauen, zu stärken und zu erhalten.[1161] Corecco ist zuzustimmen, dass die Spezifizierung der Anteilhabe am Leitungsdienst in c. 209 durchaus ausführlicher und griffiger hätte ausfallen können.[1162] Mit Hallermann lässt sich jedoch sinnvoll festhalten, dass die grundlegende Funktion des munus regendi – gerade in Bezug auf c. 204 § 1 – darin liegt, das Engagement kirchlicher Leitung dahingehend zu gestalten, „dass die ganze Kirche mit allen ihren Gliedern auch tatsächlich immer mehr Sendungsgemeinschaft wird."[1163]

Für die Ebene der Pfarrei drückt c. 529 § 2 sehr deutlich aus, dass „die Gläubigen für die pfarrliche Gemeinschaft Sorge tragen"[1164] sollen und sich „in gleicher Weise als Glieder sowohl der Diözese wie der Gesamtkirche fühlen und an Werken zur Förderung dieser Gemeinschaft teilhaben oder sie mittragen"[1165] sollen. Dabei wird grundlegend für den parochus ausgesagt, dass dieser den Anteil am munus regendi der Laien nicht nur schlichtweg zur Kenntnis nehmen oder hinnehmen soll,[1166] sondern diesen Anteil „anzuerkennen und zu fördern"[1167] hat. Hallermann indes unterstreicht, dass durch eben diese Mitverantwortung die Laien eine Mitverantwortung und Teilhabe an der Stärkung und am Erhalt dieser Gemeinschaft haben.[1168] Ein Ausdruck dieser Mitverantwortung findet sich auch in c. 212 § 3, wonach den christifideles das

1160 Meckel, Konzil und Codex, 161 (Anm. 42). Vgl. dazu auch c. 226 § 1 sowie Hallermann, Gemeindeleitung LKRO (Anm. 948).

1161 Vgl. Meckel, Konzil und Codex, 161 (Anm. 42).

1162 Vgl. kritisch Correco, Eugenio: Aspekte der Rezepzion des Vaticanum II im neuen Codex Iuris Canonici: Oridnatio fidei, in: Ahlers, Reinhild; Gerosa, Libero; Müller, Lüdger (Hg.): Schriften zum kanonischen Recht, Paderborn/München/Wien/Zürich 1994, 109–157, hier: 130.

1163 Hallermann, Mehr als Strukturen, 55 (Anm. 209). Vgl. auch ders., Gemeindeleitung LKRO (Anm. 948).

1164 C. 529 § 2.

1165 Ebd.

1166 Vgl. Meckel, Konzil und Codex, 161 (Anm. 42).

1167 C. 529 § 2.

1168 Vgl. Hallermann, Heribert: Pfarrei und pfarrliche Seelsorge. Ein kirchenrechtliches Handbuch für Studium und Praxis (KStKR 4), Paderborn 2004, hier: 297–298.

Recht und die Pflicht zukommt, aufgrund ihres Wissens, ihrer Zuständigkeit und ihrer herausragenden Stellung sich den sacri pastores zum Wohl der Kirche, das heißt zum bonum commune Ecclesiae, mitzuteilen. Auch an anderer Stelle wird auf das Wissen der Laien zum Wohle der Kirche eingegangen. So werden mit c. 228 § 2 Laien, die „sich durch Wissen, Klugheit und Ansehen“[1169] auszeichnen, vom Gesetzgeber befähigt, die Hirten der Kirche als Sachverständige, Ratgeber und Mitglieder in Ratsgremien nach Maßgabe des Rechts zu unterstützen.

Ein solches Ratsgremium kann entsprechend c. 339 § 2 CIC/1983 ein Partikularkonzil sein, sofern Laien von den Bischöfen dazu berufen sind. Hierin hätten die Laien nach Maßgabe des Rechts die Möglichkeit, beratend mitzuwirken.[1170] Weitere solche Gremien wären eine Diözesansynode[1171], der Diözesanpastoralrat[1172], der Pfarrpastoralrat[1173] oder der Vermögensverwaltungsrat.[1174] Darüber hinaus können Laien gemäß c. 377 § 3 im Rahmen des Informativprozesses der Nuntiatur im Vorfeld einer Bischofsernennung oder der Ernennung eines Bischofskoadjutoren gehört werden. Hallermann gibt ergänzend dazu zu bedenken, dass es über die Gremien, die auf universalkirchlicher Ebene im CIC/1983 normiert sind, im Geltungsbereich der Deutschen Bischofskonferenz auch Gremien gibt, die ihre Grundlagen im Partikularrecht haben und einem Verständnis gemäß der Tradition des CIC/1917 beziehungsweise des Laienapostolates im Sinne der Katholischen Aktion anhängen.[1175] Dazu zählt unter anderem auch der Pfarrgemeinderat, der ein entscheidendes Stimm- und Vetorecht des Pfarrers beinhaltet. Der Pfarrpastoralrat, den der Gesetzgeber gemäß c. 536 vorsieht, ist vom deutschen Pfarrgemeinderat zu unterscheiden, da dieser Pfarrpastoralrat als verfassungsrechtliches Beratungsgremium des parochus konzipiert ist. Der Pfarrgemeinderat seinerseits ist eher vereinsrechtlich konzipiert und zeichnet sich durch ein Verständnis des Laienapostolats aus, das abhängig von der Hierarchie ist.[1176]

Weitere Felder, in denen Laien am munus regendi der Kirche Anteil haben,[1177] sind unter anderem: als Sachkundige in der Ehevorbereitung[1178], als

[1169] C. 228 § 2. Vgl. auch Meckel, Apostolat LKRO (Anm. 161).
[1170] Vgl. c. 443 § 4. Vgl. auch Witsch, Norbert: Art. Partikularkonzil, in: LKStKR, Bd. 3, 154–156.
[1171] Vgl. c. 463 § 1 Nr. 5 i.V.m. c. 463 § 3. Vgl. außerdem Hallermann, Ratlos, 59–84 (Anm. 1094).
[1172] Vgl. c. 512. Vgl. auch Hallermann, Ratlos, 199–226 (Anm. 1094).
[1173] Vgl. c. 536.
[1174] Vgl. c. 537. Vgl. hierzu Pree, Helmuth: Art. Pfarrverwaltungsrat, in: LKStKR, Bd. 3, 232–233.
[1175] Vgl. ausführlich, Hallermann, Ratlos, 259–284 (Anm. 1094).
[1176] Vgl. ebd. 370–377. Vgl. auch Althaus, Rezeption, 690–693 (Anm. 451).
[1177] Riedel-Spangenberger, Sendung in der Kirche, 264–271 (Anm. 186), listet ausführlich auch diverse kirchliche Ämter für Laien auf, die eine Beteiligung an der Leitungsvollmacht und somit am munus regendi beinhalten.
[1178] Vgl. c. 1064.

Vorstände im Sinne autonomer Leitung von privaten Vereinen gemäß c. 321[1179], als Vorsitzende nichtklerikaler öffentlicher Vereine[1180], als Gutachter beim Bau oder der Restaurierung von Sakralbauten und sakraler Kunst[1181], als Sachverständige bei Veräußerungsgeschäften[1182], im Prozesswesen der Kirche[1183], im Vermögensverwaltungsrat oder als Vermögensverwalter[1184], als Diözesanökonom[1185], als Kanzler beziehungsweise Vizekanzler der Kurie[1186], als Notar[1187], als Beamte oder Konsultoren in der römischen Kurie[1188], als Archivare[1189], mit Erlaubnis der Bischofskonferenz[1190] als Richter eines Richterkollegiums[1191] auf der Basis von c. 129 § 2[1192], als Vernehmungsrichter[1193], als Berichterstatter im Gerichtswesen[1194], als Beisitzer[1195] und als Kirchenanwalt oder Bandverteidiger in Weihe- oder Ehenichtigkeitsverfahren.[1196]

Aus der Tatsache, dass das kirchliche Verfassungsrecht, allem voran in c. 204 § 1, auf der Taufe aufbaut, lässt sich die Taufe auch als maßgeblicher Hintergrund verstehen vor dem Leitung in der Kirche betrachtet wird.[1197] In

1179 Vgl. Hallermann, Vereinigungen im Verfassungsgefüge, 441–445 (Anm. 89).

1180 Vgl. c. 317 § 3. Vgl. zudem Hallermann, Vereinigungen im Verfassungsgefüge, 420–421 (Anm. 89).

1181 Vgl. cc. 1189 und 1216.

1182 Vgl. c. 1293 § 1 Nr. 2.

1183 Vgl. cc. 1574–1581.

1184 Vgl. cc. 1279 § 2; 1280; 1282; 1287 § 1; 1289. Vgl. weiter Hammer, Felix: Art. Vermögensverwaltung – Katholisch, in: LKStKR, Bd. 3, 791–794.

1185 Vgl. c. 494 § 1. Vgl. weiter Pree, Helmuth: Art. Ökonom, in: LKStKR, Bd. 3, 63–65 und Pulte, Matthias: Das Missionsrecht, ein Vorreiter des unversalen Kirchenrechts. Rechtliche Einflüsse aus den Missionen auf die konziliare und nachkonziliare Gesetzgebung der lateinischen Kirche, Nettetal 2006, hier: 568–570.

1186 Vgl. c. 482. Vgl. auch Wenner, Reinhard: Art. Kanzler, in: LKStKR, Bd. 2, 376–377.

1187 Vgl. cc. 483 und 1437. Vgl. außerdem Pulte, Missionsrecht, 562–563.

1188 Vgl. P. Johannes Paul II.: Constitutio de Romana Curia Pastor Bonus, vom 28. Juni 1988, Art. 8 und 9, in: AAS 80 (1988), 841–930.

1189 Dieses Amt ist partikularrechtlich eingerichtet und im CIC/1983 nicht eigens normiert. Vgl. dazu Pulte, Missionsrecht, 563–565 (Anm. 1185).

1190 Vgl. DBK: Laien als kirchliche Richter, Zulassung von Laien als kirchliche Richter, Partikularnorm zu c. 1421 § 2 in Fassung des Beschlusses der Vollversammlung vom 22. September 1992, in: Wenner, Reinhard (Hg.): Beschlüsse der Deutschen Bischofskonferenz. Partikularnormen und weitere Gesetze sowie Richtlinien, Statuten, Geschäftsordnungen, Verträge, Stellungnahmen, Sankt Augustin 1999ff., 625.

1191 Vgl. c. 1421 § 2. Vgl. auch Wijlens, Myriam: Art. Richter, in: LKStKR, Bd. 3, 450–452 sowie P. Franziskus: Motu proprio Mitis Dominus Iesus vom 15. August 2015, in: AAS 107 (2015), 958–967.

1192 Vgl. Platen, Peter: Die Ausübung kirchlicher Leitungsgewalt durch Laien. Rechtssystematische Überlegungen aus der Perspektive des ‚Handelns durch andere', Essen 2007.

1193 Vgl. c. 1428. Vgl. auch Graulich, Markus: Art. Vernehmungsrichter, in: LKStKR, Bd. 3, 796.

1194 Vgl. c. 1429.

1195 Vgl. c. 1424.

1196 Vgl. cc. 1435; 1430 und 1431. Vgl. auch Schüller, Thomas: Art. Promotor iustitiae, in: LKStKR, Bd. 3, 303–304 sowie Schirmer, Frederike: Art. Ehebandverteidiger, in: LKStKR, Bd. 1, 498–500.

1197 Vgl. Hallermann, Heribert: Art. Leitung, in: LKStKR, Bd. 2, 727–729.

diesem Kontext stellt sich auch die Frage nach der Beteiligung von Laien an der Leitung beziehungsweise dem munus regendi. Anders als im CIC/1917[1198] haben im kirchlichen Gesetzbuch von 1983 Laien durch Übertragung eines Kirchenamtes die Möglichkeit, an der cura pastoralis gemäß c. 145 § 1 in Verbindung mit c. 228 § 1 beteiligt zu werden, auch wenn der Pfarrer aufgrund seines Amtes[1199] die gesamte cura pastoralis letztlich zu verantworten hat. Diese Beteiligung der Laien an der cura pastoralis betrifft im Besonderen die Ämter der Pastoral- und Gemeindereferenten.[1200] In diesem Zusammenhang gilt es zudem auf zwei grundlegende Aspekte hinzuweisen. Zum einen kennt der CIC/1983 den häufig verwendeten Begriff der *Gemeindeleitung* nicht.[1201] Häufig wird dieser verwendet, um die rechtliche Stellung des Pfarrers zu verunklaren.[1202] Zum anderen bedeutet Letztverantwortung des pastor proprius keinesfalls, dass er die gesamte cura pastoralis alleine oder zusammen mit weiteren hauptamtlichen pastoralen Mitarbeitern ausüben soll oder gar muss.[1203] Vielmehr weisen schon die verwendeten Verben der cc. 528 und 529 daraufhin, dass der Hirte zwar dafür Sorge zu tragen hat, dass dieser Bereich der cura pastoralis verwirklicht wird, aber eben nicht, dass nur er diese verwirklichen kann.[1204] Weiter wird gemäß c. 519 deutlich, dass er diese Bereiche nur in Kooperation mit anderen christifideles verwirklichen kann. Es ist Meckel zuzustimmen, wenn er von Letztverantwortung als einer Gewährleistungspflicht spricht, die ihren tiefsten Grund in dem in c. 213 normierten Grundrecht der Gläubigen, die Heilsgüter der Kirche zu empfangen, hat.[1205] In der Verwirklichung der Letztverantwortung gibt es, unabhängig von allem Auftrag zur Kooperation, unterschiedliche Anforderungen, die tatsächlich an die Weihe[1206]gebunden sind. Dazu zählt bei-

[1198] Die Möglichkeit innerhalb des CIC/1917 für Laien, ein Kirchenamt übertragen zu bekommen, war sehr begrenzt. Das Kirchenamt im weiteren Sinne gemäß can. 145 § 1 CIC/1917 war aber keinesfalls im Sinne eines verantwortlichen Mitwirkens an der cura pastoralis zu verstehen.

[1199] Vgl. c. 145 § 1 i.V.m. cc 150–151 i.V.m. c. 515 § 1 und c. 519 i.V.m. c. 521 § 1.

[1200] Vgl. Meckel, Konzil und Codex, 163–164 (Anm. 42) sowie in diesem Sinne Loretan, Laien im pastoralen Dienst (Anm. 63) und Hallermann, Kirchliche Ämter (Anm. 65) und weiter unten in dieser Arbeit 4.3 Das Handeln im Namen der Kirche gemäß CIC/1983.

[1201] Vgl. Hallermann, Heribert: Art. Gemeindeleitung – Katholisch, in: LKStKR, Bd. 2, 30–32 sowie ders., Gemeindeleitung LKRO (Anm. 948).

[1202] Vgl. ebd., 30–32 sowie Meckel, Konzil und Codex, 164 (Anm. 42).

[1203] Vgl. Meckel, Konzil und Codex, 164 (Anm. 42).

[1204] Vgl. cc. 528 und 529: providere (vorsehen); curare ut (dafür sorgen, dass), fovere (unterstützen), promovere (fördern), curam habere (Sorge tragen), satagare (sich mühen), consulere (Sorge tragen), allaborare (darauf hinarbeiten), annitari (sich Mühe geben), adivare (Hilfe geben), agnoscere (anerkennen) sowie sustinere (stützen). Vgl. dazu auch Hallermann, Pfarrei, 275 (Anm. 1168) und ders., Gemeindeleitung LKRO (Anm. 948) sowie Meckel, Thomas: Die Herde am Laufen halten. Lebendige Hirtensorge mit dem Kirchenrecht, in: Hallermann, Heribert (Hg.): Menschendiener – Gottesdiener, Anstöße – Ermutigungen – Reflexionen, Würzburg 2010, 181–211, hier: 200–205.

[1205] Vgl. Meckel, Herde, 200–211 (Anm. 1204) und ders., Konzil und Codex, 165 (Anm. 42).

[1206] Vgl. c. 1008.

spielsweise der Vorsitz bei der Eucharistiefeier oder die Homilie. Daneben gibt es aber auch Bereiche der Hirtensorge, die zwar dem pastor proprius gemäß c. 530 in besonderer Weise im Sinne der Erstverantwortung anvertraut sind, ohne jedoch festzulegen, dass sie nur durch ihn realisiert werden könnten.[1207] Dazu gehören gemäß c. 530 Nummern 1–7 beispielsweise die Spendung der Taufe[1208], unter bestimmten Konditionen die Spendung der Firmung[1209], die Spendung der Krankenkommunion[1210], die Spendung der Krankensalbung[1211], die Erteilung des apostolischen Segens, die Eheschließungsassistenz[1212], die Durchführung des christlichen Begräbnisses[1213], die Segnung des Taufwassers, die Applikationspflicht für die Eucharistiefeier an Sonntagen und den gebotenen Feiertagen sowie die Prozessionen und Segnungen außerhalb der Kirche.

C. 517 § 2, der von einer vakanten Pfarrei aufgrund von Priestermangel ausgeht, ermöglicht es einem Diakon oder einem Laien, unter der Aufsicht eines Priesters, der als sogenannter moderator fungiert, viele Bereiche der cura pastoralis übertragen zu bekommen. Dabei normiert der Gesetzgeber den Zustand des Priestermangels nicht näher. In einigen deutschen Diözesen ist dieser Canon bereits angewandt worden.[1214] Der Gesetzgeber normiert gemäß c. 517 § 2 deutlich, dass es sich bei der Anwendung dieser Rechtsmöglichkeit um eine konkrete Notsituation als Folge von fehlenden Priestern handeln muss. Die flächenmäßige und außerordentliche Übertragung von Leitungsgewalt gemäß c. 129 an Laien und damit auch an hauptberufliche pastorale Mitarbeiter lässt sich auf der Basis dieses Canons nicht herleiten. Für das Berufsbild des Pastoralreferenten ist zudem die Rolle als defizitärer Ersatzpriester problematisch, die gerade durch die Übernahme solcher Aufgaben, die aus der Situation des Priestermangels resultieren, festgeschrieben werden würde. Die Bedenken von Hallermann, dass es bei der Diskussion um c. 517 § 2 um die Absicht geht, auch anderen Gruppen von Gläubigen „die traditionelle Form

[1207] Vgl. Meckel, Konzil und Codex, 165 (Anm. 42).
[1208] Vgl. c. 861.
[1209] Vgl. cc. 882–888.
[1210] Vgl. c. 911.
[1211] Vgl. cc. 998–1007.
[1212] Vgl. cc. 1108–1123.
[1213] Vgl. cc. 1176–1185.
[1214] Vgl. Schüller, Thomas: Partikularrechtliche Umsetzung des c. 517 § 2 in den deutschsprachigen Bistümern, in: Böhnke, Michael und Schüller, Thomas (Hg.): Gemeindeleitung durch Laien? Internationale Erfahrungen und Erkenntnisse, Regensburg 2011, 226–251 sowie Loretan, Adrian: Die Zukunft der Gemeinden, Perspektiven aus c. 517 § 2, in: ebd., 125–151 und im gleichen Sinne Böhnke, Michael: „Gemeindeleitung“ durch Laien – Genese und Ergebnisse eines Forschungsprojektes, in: ebd. und ders.: Pastoral in Gemeinden ohne Pfarrer. Interpretation von c. 517 § 2, Essen 1994. Vgl. darüber hinaus Althaus, Rezeption, 656–659 (Anm. 451) sowie Pulte, Missionsrecht, 541–556 (Anm. 1185) und Hallermann, Pfarrei, 125–141 (Anm. 1168) sowie ders., Gemeindeleitung LKRO (Anm. 948) und Riedel-Spangenberger, Sendung in der Kirche, 246 und 266 (Anm. 186).

klerikaler Leitung und Machtausübung zu ermöglichen“[1215], verdeutlichen gut, dass so eine zukunftsorientierte Kirchenentwicklung nur schwer denkbar ist, da so vorkonzliare Vorstellungen von Ekklesiologie, Pfarrei und Pfarreileitung weiter geführt werden.

Wie bereits aufgezeigt, ist die Ausübung des Amtes des Pfarrers gemäß c. 515 § 1 i.V.m. c. 519 vom Grundsatz her[1216] kooperativ angelegt, da die Pfarrei gemäß c. 515 § 1 wesentlich eine communitas fidelium ist, die auf die Mitwirkung aller Gläubigen aufgrund ihres in der Taufe verliehenen Apostolates und Auftrages, im eigenen Namen Seelsorge auszuüben, aufbaut.[1217] Dies bedeutet aber auch, dass die Mitwirkung von hauptamtlichen pastoralen Laien an der cura pastoralis das Engagement der übrigen Laien keinesfalls zu ersetzen, sondern vielmehr zu fördern hat. Mitwirkung am munus regendi durch Pastoralreferenten hieße dann, an Aufbau, Bewahrung und Stärkung der communio[1218] maßgeblich mitzuwirken, indem alle Sendungsträger motiviert werden, ihren je eigenen Teil zur Sendung der Kirche beizutragen. Vor diesem Hintergrund ist es eine Aufgabe der Hirten, aber auch der hauptberuflichen Laien, der Gefahr einer „Selbstklerikalisierung gegenüber den sogenannten Ehrenamtlichen“[1219] entgegen zu wirken und stattdessen dafür zu sorgen, dass alle Gläubigen ihr gemeinsames Priestertum entdecken und entfalten können.[1220] Entsprechend den konziliaren Vorgaben von PO 9 verdeutlicht c. 529 § 1, dass die Hirten das Apostolat der Laien zu fördern haben und ihnen „Freiheit und Raum zum Handeln überlassen“[1221] sollen. Die Laien ihrerseits haben demnach die Aufgabe, sich um ihre Hirten zu sorgen.[1222] Hauptberufliche Laien in der Pastoral haben hierbei eine Scharnierfunktion. Als beauftragte Mitarbeiter an der cura pastoralis sollen sie die Verwirklichung der Sendung der übrigen christifideles fördern, als Laien aber auch in besonderer Weise[1223] sich um die jeweiligen Hirten sorgen.

1215 Hallermann, Mehr als Strukturen, 75 (Anm. 209).
1216 Vgl. in diesem Sinne auch cc. 528 und 529.
1217 Vgl. Hallermann, Pfarrei 272–275 (Anm. 1168) und ders., Mehr als Strukturen, 64 (Anm. 209) sowie Meckel, Konzil und Codex, 166 (Anm. 42).
1218 Vgl. Meckel. Konzil und Codex, 166 (Anm. 42). Vgl. auch c. 229 § 1 i.V.m. c. 226 § 1. Vgl. außerdem Lüdicke, Klaus: Art. Befähigung, rechtliche – Katholisch, in: LKRO, https://dx.doi.org/10.30965/9783506786371_0233, Zugriff: 20.03.2020.
1219 Meckel, Konzil und Codex, 167 (Anm. 42). Vgl. auch ders., Ehrenamtliche LKRO (Anm. 918) sowie ders., Hauptberufliche LKRO.
1220 Vgl. Hallermann, Heribert: Klerikalisierung der Laien – Laisierung der Kleriker? Die neuen Kirchenämter in der Perspektive des Kirchenrechts, in: Garhammer, Erich (Hg.): Ecclesia semper reformanda. Kirchenreform als bleibende Aufgabe, Würzburg 2006, 187–208.
1221 PO 9.
1222 Vgl. Meckel, Konzil und Codex, 167 (Anm. 42).
1223 Vgl. c. 212 § 3.

4.2.4 Zusammenfassung

Der CIC/1983 gründet sein Verfassungsrecht grundlegend auf der Ekklesiologie von Lumen Gentium. Konsequent in Rechtsnormen übersetzt bedeutet dies, dass die Gläubigen gemäß c. 204 § 1 zentrales Subjekt der kirchlichen Rechtsordnung sind. Ausgehend von der Theologie vom gemeinsamen Priestertum aller Gläubigen haben alle Getauften Anteil an der Sendung der Kirche und dabei insbesondere an der Verwirklichung der drei munera Jesu Christi. So wie jeder nachfolgenden Differenzierung (vgl. c. 207 § 1) der Glieder des Gottesvolkes diese gemeinsame Grundlage vorausgeht, so sind auch Pastoralreferenten zunächst und zuallererst christifideles, die auf der sakramentalen Grundlage der Taufe (c. 204 § 1 i.V.m. c. 96) ihren je eigenen Anteil zur Verwirklichung der Sendung der Kirche leisten sollen.

Die Möglichkeit der Teilhabe an der Verwirklichung der drei munera hängt von der conditio, das heißt der konkreten Situation eines jeden einzelnen christifideles ab. Ausdrücklich gilt es festzuhalten, dass auch Laien an allen drei munera – dem Heiligungsdienst, dem Leitungsdienst und dem Verkündigungsdienst – ihren je eigenen Anteil leisten können und sollen. Insbesondere der Leitungsdienst darf dabei nicht gleichgesetzt werden mit der Übertragung kirchlicher potestas, sondern muss im Sinne der kirchlichen Rechtsordnung auch als Aufbau des Volkes Gottes und Mitwirken an der Communio verstanden werden.

Die drei munera fungieren beim Bischof und beim Pfarrer wesentlich als Beschreibung für den Inhalt ihres Kirchenamtes. Aus der aufgezeigten Darstellung der Partizipation der Laien an eben diesen drei munera wäre es kirchenrechtlich stimmig, auch die Beschreibungen der Aufgaben der Pastoral- und Gemeindereferenten an den tria munera zu orientieren.

Zusammenfassend lässt sich die eingangs gestellt Frage, was die Kirche ohne die Laien wäre, nur so beantworten, dass diese Gruppe innerhalb der Kirche nicht nur den zahlenmäßig größten Teil des Volkes Gottes ausmacht, sondern konstitutiver, elementarer und notwendiger Bestandteil der Kirche ist, ohne dessen aktives Mitwirken die Sendung der Kirche nicht verwirklicht werden kann.

4.3 Das Handeln im Namen der Kirche gemäß CIC/1983

„Frauen und Männer, [...] die hauptberuflich in der Pastoral tätig sind, [...] können bei bestimmten Aufgaben am Dienst des Priesters mitwirken."[1224] Diese Formulierung der Präambel der Rahmenstatuten von 2011, welche die Aufgabe von Pastoral- und Gemeindereferenten beschreiben will, verkennt völlig, dass das Apostolat der Laien gemäß dem Konzil direkt von Christus abgeleitet wird. Der CIC/1983 sieht zudem eine eigenständige Beteiligung an der cura pastoralis durch Laien vor, die über ein Mitwirken am Dienst des Priesters hinausgeht. Die Beachtung der kirchenrechtlichen Vorgaben, sowohl die der daraus resultierenden Chancen und Freiheitsräume als auch die der Grenzen und Rahmenbedingungen, fallen grundsätzlich eher dünn aus. Demel ist diesbezüglich zuzustimmen, wenn sie darlegt, dass „der Anspruch, nicht nur einzelne Rechtsvorschriften zu bewahren, sondern Recht im umfassenderen Sinn zu wahren und so für Gerechtigkeit zu sorgen, [...] zumindest in der ‚Theologischen Präambel der Rahmenstatuten' nicht eingeholt"[1225] wurde. Daher soll folgend der rechtliche Rahmen für das kirchliche Handeln von Laien und damit auch von Pastoral- und Gemeindereferenten aufgezeigt werden.

4.3.1 Das Handeln im Namen der Kirche nach Maßgabe des CIC/1983

Gerade in Bezug auf den Beruf des Pastoralreferenten gibt es vor allem in der Kirchenrechtswissenschaft und der systematischen Theologie unterschiedliche Positionen, ob und inwieweit es sich dabei um ein kirchliches Amt handelt.[1226] Gefördert wird diese Diskussion durch die problematische Sprachregelung der Deutschen Bischofskonferenz, die diesbezüglich im Erbe der Würzburger

[1224] Rahmenstatuten 2011, in: DDB Nr. 96, 1.3.2, 14.
[1225] Demel, Präambel, 99 (Anm. 39).
[1226] Aus systematischer Perspektive: Vgl. bspw. Löser, Werner: Art. Amt in der Kirche, in: Beinert, Wolfgang (Hg.): Lexikon der katholischen Dogmatik, Freiburg/Basel/Wien [5]1997, 13–14. und Freitag, Josef: Art. Amt, IV, Systematisch-theologisch, in: LThK[3] I, 549. Vgl. auch Stubenrauch, Bertram: Ein Auftrag – viele Beauftragte. Zur dogmatischen Begründung von Priester- und Pastoraldiensten, in: Genn, Felix (Hg.): Aufbau und Aufbruch, Kirche auf dem Weg zum Jahr 2000, Trier 1997, 59–79. Stubenrauch, Ein Auftrag – viele Beauftragte, 59–79, vertritt eine differenziertere, bedenkenswerte Position der systematischen Theologie und spricht auf der Grundlage der Communio-Ekklesiologie einerseits von christologisch begründeten Ämtern, denen vor allem die Christusrepräsentation zu eigen ist. Dem gegenüber erkennt er andererseits eher pneumatologisch begründete kirchliche Ämter, die in der Aufgabe und Mission der Kirche ihren Ursprung haben. Aus kirchenrechtlicher Perspektive: Vgl. etwa Demel, Präambel (Anm. 39) sowie ausführlich Hallermann, Kirchliche Ämter (Anm. 65) und Loretan, Laien im pastoralen Dienst, 214–280 (Anm. 63). Darüber hinaus vgl. die Position der DBK im dritten Kapitel dieser Arbeit: 3 Das nachkonziliare Phänomen *Pastoralreferenten* als Beratungsgegenstand der Würzburger Synode.

Synode konsequent von einem *Dienst* spricht.[1227] Anders als das Konzil ist der CIC/1983 durchaus klarer in der Verwendung der Begriffe *munus* (Dienst) und *officium ecclesiasticum* (Amt).[1228] So werden mit dem Begriff *munus* innerhalb des CIC/1983 Aufgaben und Dienste beschrieben, die einem geistlichen Zweck dienen. Hallermann stellt diesbezüglich heraus, dass dieser geistliche Zweck (finis spiritualis) im umfassenden Sinn den Bereich beschreibt, der zum Rechtsbereich der Kirche gehört und sich vom finis temporalis, also einer weltlichen Zwecksetzung dienend, unterscheidet.[1229] Weiter führt er aus, dass die fehlende Einrichtung (constitutio) und die daraus ergebende fehlende Dauerhaftigkeit „das wesentliche Erkennungszeichen einer als ‚munus' bezeichneten kirchlichen Tätigkeit"[1230] sind. Das officium ecclesiasticum dient ebenfalls einem finis spiritualis, aber unterscheidet sich vom munus durch die constitutio, das heißt die dauerhafte Einrichtung als Kirchenamt.[1231] Eine solche Einrichtung kann kraft göttlicher oder kraft kirchlicher Anordnung geschehen. Wie bei der Definition des munus bleibt auch bei der Definition des officium ecclesiasticum offen, inwiefern ein solches Kirchenamt Teilhabe an der potestas regiminis vermittelt und ob es mit der potestas ordinis verbunden sein muss.[1232] Diesbezüglich unterscheidet sich der Bedeutungsgehalt des Wortes munus im CIC/1983 von dem im CIC/1917. So wurde der Begriff *munus* dort wesentlich für ein Kirchenamt im weiteren Sinne gemäß can. 145 § 1 CIC/1917 verwendet, das heißt einer Tätigkeit, die zwar einem geistlichen Zweck dienen konnte, aber ausdrücklich nicht mit potestas verbunden war.[1233] Da im CIC/1983 beide Begriffe, *munus* und *officium ecclesiasticum*, für Tätigkeiten verwendet werden, die von allen christifideles, das bedeutet von Klerikern und Laien, ausgeübt werden, ist Hallermann zuzustimmen, dass der „Begriff ‚munus' oder ‚Dienst' auch nicht mehr als Terminus technicus zur exklusiven Bezeichnung einer kirchlichen

[1227] Vgl. bspw. Rahmenstatuten 2011, in: DDB Nr. 96, 11–30, im Besonderen: ebd., 1.3.4, 15.

[1228] Zur Unterschiedung zwischen den Begriffen *munus* und *officium*: Vgl. Meckel, Thomas: Art. Dienst – Katholisch, in: LKRO, https://dx.doi.org/10.30965/9783506786371_0472, Zugriff: 20.03.2020. Meckel, ebd., stellt heraus, dass auch der CIC/1983 nicht immer konsequent in der Verwendung der beiden Begriffe ist (bspw. wird in c. 331 für das Papstamt das Wort munus verwendet) und daher grundsätzlich der Kontext zu beachten ist.

[1229] Vgl. Hallermann, Kirchliche Ämter, 206 (Anm. 65). Vgl. auch Meckel, Thomas: Art. Amt – Katholisch, in: LKRO, https://dx.doi.org/10.30965/9783506786371_0094, Zugriff: 20.03.2020.

[1230] Ebd., 206.

[1231] Vgl. Meckel, Amt LKRO (Anm. 1229). Meckel, Amt LKRO (Anm. 1229), stellt zudem heraus, dass das Besondere des officium gegenüber den verschiednenen munera nicht nur die auf Dauer angelegte Festlegung seines Inhaltes, sondern auch die objektive beständige Verwirklichung unabhängig von den wechselnden Amtsinhabern ist.

[1232] Vgl. ebd., 206–207.

[1233] Vgl. Ebd., 206. Vgl. auch May, Georg: Das Kirchenamt in: GrNKirchR, 179–187, hier: 179–180 sowie Socha, Hubert: Kommentar zu c. 145, Einführung, 145/1, 145/2, 145/3, 145/4 und Allgemeine Normen: Kirchenämter 145/5, in: MKCIC.

Tätigkeit von Laien"[1234] verwendet werden kann, „die sich wegen des Fehlens von Vollmacht wesentlich von einem Amt für Kleriker unterscheidet."[1235]

Die konziliaren Vorgaben, die zur Neuregelung des Kirchenamtes im CIC/1983 gesorgt haben, benennen klare definitorische Charakteristika, die ein Kirchenamt auszeichnen. So wird in c. 145 ausgesagt, dass ein Kirchenamt (officium ecclesiasticum) jeder Dienst ist, der durch göttliche oder kirchliche Anordnung auf Dauer eingerichtet ist und zur Wahrnehmung eines geistlichen Zweckes dient. Dies bedeutet auch, dass der kirchenrechtliche Begriff des *Amtes* sich also nicht in den Ämtern erschöpft, die iure divino in der Kirche grundgelegt sind, sondern ausdrücklich auch Ämter umfasst, die die Kirche in eigener Vollmacht eingesetzt hat, um ihre eigene Sendung zu verwirklichen.[1236] Meckel weist zu Recht darauf hin, dass im Unterschied zur systematischen Theologie der Begriff des *Amtes* in der geltenden kirchlichen Rechtsordnung keineswegs per se nur Geweihten vorbehalten ist.[1237] Dagegen wendet sich die Kommentierung von Georg May, wonach die Definition des Kirchenamtes im CIC/1983 „unglücklich und praktisch unverwendbar"[1238] sei, da sie inhaltsarm wäre und den Unterschied zwischen Ämtern, die Teilhabe an Hirtendienst und Weihegewalt beinhalten, und Ämtern, bei denen dies nicht der Fall ist, nicht zum Ausdruck bringe.[1239] May hält in seiner Argumentation an der früheren Handhabung fest, wonach „Rang und Würde der Kirchenämter [...] durch den Empfang des Weihesakramentes und die Übertragung von Hirtengewalt geschaffen wird."[1240] Eine solche Kommentierung lässt sich nur nachvollziehen, wenn man den CIC/1983 durch die Brille des kirchlichen Gesetzbuches von 1917 zu lesen versucht.[1241] Mit dieser Haltung werden die konziliaren Vorgaben von LG 31 und PO 9 ignoriert, die eine Übertragung von Kirchenämtern ausdrücklich auch an Laien vorsehen. Da es aber officia gibt, die rein kirchlichen Rechts sind, und nicht nur solche, die im Ius divinum positivum gründen[1242], bedeutet dies ausdrücklich auch, dass entsprechend der weiteren Definition des Kirchenamtes gemäß c. 145 § 1 i.V.m. c. 228 § 1 nicht nur Klerikern, sondern auch Laien gültig

[1234] Hallermann, Kirchliche Ämter, 206–207 (Anm. 65).

[1235] Ebd., 207.

[1236] Vgl. ebd., 205–206.

[1237] Vgl. Meckel, Konzil und Codex, 163 (Anm. 42). Dem entgegen stehen die Verweise von Anmerkung 1226.

[1238] May, Georg: § 13 Das Kirchenamt, in: Listl, Joseph; Müller, Hubert; Schmitz, Heribert (Hg.): HdkathKR, [1]Regenburg 1983, 141–153, hier: 142.

[1239] Vgl. ebd., 142.

[1240] Ebd., 142.

[1241] Vgl. auch Hallermann, Kirchliche Ämter, 207 (Anm. 65).

[1242] Vgl. hierzu etwa das Amt des Papstes oder des Diözesanbischofs gemäß den cc. 330; 331; 375 i.V.m. c. 381.

Kirchenämter übertragen werden können.[1243] Daneben gibt es gemäß c. 150 durchaus Ämter, die mit plena cura animarum beziehungsweise mit cura pastoralis verbunden sind und daher gültig nur an Personen verliehen werden können, die mindestens das Sakrament der Priesterweihe empfangen haben. Dies betrifft darüber hinaus gemäß c. 274 § 1 auch alle Ämter, „zu deren Ausübung Weihegewalt oder kirchliche Leitungsgewalt erforderlich ist."[1244] Meckel weist in diesem Zusammenhang darauf hin, dass entsprechend c. 151[1245] der CIC/1983 zwischen Seelsorge (cura animarum) und Hirtensorge (cura pastoralis) differenziert und den Begriff der *plena cura animarum* synonym mit dem Begriff der *cura pastoralis* verwendet.[1246] Der sehr offene Amtsbegriff des CIC/1983 kennt „keine absolute Weiheschranke"[1247] und ist daher durchaus geeignet, um die Dienste von Laien, die von der kirchlichen Autorität beauftragt sind, gemäß c. 228 im Namen der Kirche zu handeln, wie etwa Religionslehrer, Diözesanrichter oder eben auch Pastoral- und Gemeindereferenten, als Ämter zu bezeichnen.[1248] Den Pastoralreferenten als Amtsträger zu bezeichnen steht in Übereinstimmung mit den Vorgaben des CIC/1983, da diese Ämter den Vorgaben von c. 145 § 1 entsprechen. Sie sind auf Dauer eingerichtet[1249], dienen einem geistlichen Zweck und werden durch Beauftragung von Seiten des jeweils zuständigen Bischofs gemäß dem geltenden Recht kirchlich übertragen. Zudem ist der Aufgaben- und Pflichtenbereich für Pastoralreferenten nicht nur allgemein durch die Rahmenstatuten, sondern auch individuell durch die jeweilige Stellenumschreibung und Dienstvereinbarung verbindlich geregelt. Damit ist auch dieses „konstitutive Merkmal eines Kirchenamtes"[1250] gegeben. Denn bezüglich des Handelns im Namen der Kirche aufgrund der Übertragung eines Kirchenamtes gilt es herauszustellen, dass der Begriff des *Kirchenamtes* aus rechtlicher Perspektive zunächst unbestimmt ist und erst durch die personale Prägung seines Trägers seine konkrete Gestalt erhält sowie durch das konkrete Aufgabenfeld das mit dem jeweiligen Amt verbunden ist.[1251] Hallermann stellt zudem heraus, dass gemäß c. 145 § 1 die Ämter der Pastoral- und Gemeindereferenten als

[1243] Vgl. Meckel, Konzil und Codex, 163 (Anm. 42). Hallermann, Amtsträger LKRO (Anm. 475), hält diesbezüglich fest, dass gemäß c. 228 § 1 die grundsätzliche Befähigung aller Gläubigen, Amtsträger zu sein, sakramentaler Art ist und eben nicht als eine von geistlichen Amtsträgern zugestandene oder delegierte Berufung und Befähigung zu verstehen ist.

[1244] C. 274 § 1.

[1245] In c. 151 ist die Rede von Ämtern, die mit cura animarum verbunden sind.

[1246] Vgl. Meckel, Herde, 196–199 (Anm. 1204) sowie ders., Konzil und Codex, 163 (Anm. 42). Vgl. außerdem ders., Amt LKRO (Anm. 1229).

[1247] Meckel, Tria-Munera-Lehre, 144 (Anm. 230).

[1248] Vgl. ebd., 144. Vgl. auch Demel, Frauen, hier: 101–106 (Anm. 1066).

[1249] Vgl. ausführlich Hallermann, Kirchliche Ämter, 213–215 (Anm. 65).

[1250] Ebd., 216.

[1251] Vgl. Hallermann, Kirchliche Ämter, 208–209 (Anm. 65).

teilkirchliche Ämter zu verstehen sind, die „kraft kirchlicher Anordnung in den einzelnen Teilkirchen im Bereich der DBK eingerichtet wurden und zwar nach vorheriger gemeinsamer Absprache in der Bischofskonferenz."[1252] Grundsätzlich lässt sich in Bezug auf den hauptberuflichen Dienst der Pastoralreferenten festhalten, dass es sich hierbei um officia ecclesiastica gemäß c. 145 § 1 i.V.m. c. 228 § 1 handelt. Die gesetzlichen Anforderungen sind erfüllt, da es sich um dauerhaft eingerichtete kirchliche Dienste handelt, die einem geistlichen Zweck dienen. Die konkrete Prägung dieser partikularrechtlichen Ämter ergibt sich durch die Anforderungen des jeweiligen Bischofs an ein solches Amt. In der Regel folgen die meisten Hirten hierbei den grundsätzlichen Regelungen, die die Bischofskonferenz erlassen hat.[1253] Insofern lässt sich für das Kirchenamt der Pastoralreferenten allgemein weiter festhalten, dass ein absolviertes Theologiestudium ebenso konstitutiv zu diesem Amt gehört[1254] wie die sakramentale Befähigung durch Taufe und Firmung[1255] sowie die persönliche Eignung.[1256] Die sakramentale Befähigung durch Taufe und Firmung, sowie die kirchliche Beauftragung erlaubt es diesen Amtsträgern, ihren Anteil an der Sendung der Kirche nicht nur im eigenen Namen, sondern auch im Namen der Kirche nach Maßgabe des Rechts zu verwirklichen.[1257] Mit Riedel-Spangenberger ist schließlich festzuhalten: „Sofern Laien ein Kirchenamt oder eine Aufgabe im Namen der Kirche ausüben, benötigen sie die kanonische Sendung in der Regel des zuständigen Diözesanbischofs, hängen also bei der Ausübung ihres Dienstes von diesem ab, nicht aber etwa von den Priestern, es sei denn, diese haben aufgrund eines Kirchenamtes, von Rechts wegen oder durch Delegation die für eine kanonische Sendung von Laien notwendige Befugnis."[1258]

Für die Übernahme von Leitungsvollmacht und der damit verbundenen Möglichkeit, in persona Christi capitis zu handeln, fehlt ihnen dagegen die Weihe als sakramentale Befähigung.[1259] Pastoralreferenten können nicht die potestas regiminis beziehungsweise die potestas iurisdictionis übertragen

[1252] Hallermann, Pfarrei, 366–367 (Anm. 1168) sowie ders., Kirchliche Ämter, 216 (Anm. 65)
[1253] Vgl. Rahmenstatuten 2011, in: DDB Nr. 96, 62–75.
[1254] Vgl. ebd., 64 und 70.
[1255] Vgl. ebd., 14.
[1256] Vgl. ebd., 21–23.
[1257] Vgl. Hallermann, Amtsträger LKRO (Anm. 475). Vgl. auch zur Differenzierung zwischen den Begriffen: *öffentlich*, *amtlich* und *privat* in diesem Zusammenhang c. 116 § 1. Vgl. außerdem Riedel-Spangenberger, Sendung in der Kirche, 212 (Anm. 186).
[1258] Riedel-Spangenberger, Ilona: Seelsorge und Sendung in der kirchlichen Rechtsordnung, in: Riedel-Spangenberger, Ilona; Boekholt, Peter (Hg.): Iustitia et Modestia, Festschrift für Hubert Socha zur Vollendung seines 65. Lebensjahres, München 1998, 54–74, hier: 73.
[1259] Vgl. Hallermann, Kirchliche Ämter, 211 (Anm. 65) sowie Krämer, Peter: Pastorale Dienste und Ämter. Die Untrennbarkeit der sakramentalen und rechtlichen Dimension, in: IKaZ 25 (1996), 514–522, hier: 515–516.

bekommen, da diese Leitungsvollmacht nach Maßgabe des Rechts an die Weihe geknüpft ist, und es sich bei Pastoralreferenten von der Definition her immer um Laien handelt. Wie bereits aufgezeigt können und sollen sie, wie alle Laien auch, dennoch am munus regendi – das von der Leitungsvollmacht zu unterscheiden ist – mitwirken[1260] und dabei auch jurisdiktionelle Einzelbefugnisse erhalten.[1261] Grundsätzlich stellt die Amtsübertragung eine besondere Form der kirchlichen Sendung dar, durch die „für einen Gläubigen Pflichten und Rechte begründet werden, die über die allen Gläubigen zukommenden Befugnisse hinausreichen, und die auf Dauer in dem betroffenen Amt gebündelt sind, und zwar unabhängig vom Wechsel der konkreten Personen, die dieses Amt jeweils innehaben."[1262] Eine solche Amtsübertragung (provisio canonica)[1263] kann als freie Amtsübertragung (collatio libera)[1264] oder durch eine der Formen der gebundenen Amtsverleihung erfolgen. Dabei ist gemäß c. 157 normiert, dass im Regelfall der jeweilige Diözesanbischof für die ihm anvertraute Teilkirche das Recht hat, die Kirchenämter frei zu besetzen, außer eine andere Regelung ist durch das gültige Recht vorgegeben. Dieser Bestellungsvorgang wird mit dem als possessio canonica bezeichnetem Amtsantritt abgeschlossen.[1265] Durch diesen Vorgang des Amtsantritts erhält der jeweilige Amtsinhaber auch das notwendige Recht auf die wirksame Amtsausübung.[1266]

Außer der in c. 228 § 1 des CIC/1983 normierten grundlegenden rechtlichen Befähigung von Laien, officia ecclesiastica übernehmen zu können, lassen sich im kirchlichen Gesetzbuch noch weitere Voraussetzungen erkennen, die notwendig sind, um von der Hierarchie beauftragt zu werden, im Namen der Kirche zu handeln. Zum einen muss der betreffende christifidelis in voller Gemeinschaft gemäß c. 205 i.V.m. c. 149 mit der katholischen Kirche stehen. Das bedeutet, er muss katholischer Christ sein.[1267] Darüber hinaus darf er in seinen Gliedschaftsrechten nicht durch die Spruchstrafe der Exkommunika-

1260 Vgl. hierzu weiter oben 4.2.3.3 Die Partizipation des *christifidelis laicus* am Aufgabenbereich des Leitungsdienstes

1261 Vgl. c. 129 § 2. Vgl. hierzu auch Meckel, Tria-Munera-Lehre, 143 (Anm. 230) sowie ders., Apostolat LKRO (Anm. 161). Vgl. auch Krämer, Pastorale Dienste, 515–516 (Anm. 1259).

1262 Hallermann, Kirchliche Ämter, 212 (Anm. 65). Vgl. dazu weiter Krämer, Pastorale Dienste, 516–517 (Anm. 1259) sowie Socha, Hubert: Allgemeine Normen: Kirchenämter, in: MKCIC, 145/1 und Riedel-Spangenberger, Sendung in der Kirche, 212–254 (Anm. 186).

1263 Vgl. c. 146. Vgl. auch Meckel, Amt LKRO (Anm. 1229) und Hallermann, Amtsträger LKRO (Anm. 475).

1264 Vgl. cc. 147 und 156.

1265 Vgl. Hallermann, Kirchliche Ämter, 212 (Anm. 65) sowie Riedel-Spangenberger, Sendung in der Kirche, 213 (Anm. 186).

1266 Vgl. Hallermann, Kirchliche Ämter, 212 (Anm. 65).

1267 Vgl. ebd., 212 und vgl. Socha, Hubert: Allgemeine Normen: Kirchenämter, in: MKCIC, 145/1 f.

tion beeinträchtigt sein.[1268] Des Weiteren weist Hallermann daraufhin, dass zwar nicht zur Gültigkeit, wohl aber zur Erlaubtheit der Amtsübertragung vom Betreffenden gefordert ist, dass er die Eigenschaften besitzen muss, die von Rechts wegen für dieses Amt gefordert beziehungsweise für dieses Amt festgelegt worden sind.[1269] Für Laien, die auf Zeit oder auf Dauer für einen besonderen Dienst in der Kirche bestellt sind, wie dies auch auf das Amt des Pastoralreferenten zutrifft, hat der Gesetzgeber gemäß c. 231 § 1 normiert, dass sich diese Laien die erforderliche Bildung aneignen sollen, die zur Entfaltung und Ausübung des jeweiligen Amtes erforderlich ist. Der Vorschlag von Bertram Stubenrauch, die Ämter der Pastoral- und Gemeindereferenten auf der ekklesiologischen Grundlage auch unter Berücksichtigung der ämterrechtlichen Vorgaben des Konzils und des CIC/1983 als Ämter zu bezeichnen, die ihren theologischen Ursprung im pneumatischen Wesen der Kirche haben, ist bedenkenswert.[1270] So begründet er die Errichtung und Ausgestaltung solcher Ämter durch die geistbegründete Bevollmächtigung der Kirche, den Umständen und Ansprüchen der Zeit entsprechend die ihr anvertraute Sendung zu verwirklichen.[1271] So ist der Vorschlag Hallermanns hilfreich, in Bezug auf die Profilierung dieser kirchlichen Ämter die Eigenarten derselben „als Ausdruck des pneumatologisch begründeten Selbstvollzugs der Kirche erkennbar werden“[1272] zu lassen, um sie nicht als defizitäre Ersatzformen der christologisch begründeten Leitungsämter der Kirche rechtfertigen zu wollen. Darüber hinaus ist ihm zuzustimmen, dass weitgehende Aspekte des Rechtsschutzes, die im CIC/1983 allgemein und umfassend für kirchliche Ämter geregelt werden[1273], auch für die Ämter der hauptamtlichen Laien in der Pastoral gelten.[1274] Eine partikularrechtliche Konkretisierung wäre dafür ebenso wünschenswert wie analoge Regelungen im Sinne des Rechtsschutzes und der Rechtssicherheit in Bezug auf Amtsenthebung und Versetzungen von Pastoral- und Gemeindereferenten, wie diese für Pfarrer im CIC/1983[1275] geregelt sind.

[1268] Vgl. c. 1331 § 2 Nr.4 CIC/1983 und vgl. Borras, Alphonse: Art. Exkommunikation – Katholisch, in: LKStKR, Bd. 1, 657–660.
[1269] Vgl. c. 149 § 1 2. HS. i.V.m. c. 149 § 2. Vgl. auch Hallermann, Kirchliche Ämter, 213 (Anm. 65) sowie Meckel, Amt LKRO (Anm. 1229).
[1270] Vgl. Stubenrauch, Ein Auftrag, 71 (Anm. 1226) sowie Hallermann, Kirchliche Ämter, 218 (Anm. 65).
[1271] Vgl. Stubenrauch, Ein Auftrag, 71 (Anm. 1226).
[1272] Hallermann, Kirchliche Ämter, 219 (Anm. 65).
[1273] Vgl. cc. 184–196.
[1274] Vgl. Hallermann, Kirchliche Ämter, 219 (Anm. 65). Vgl. auch Meckel, Amt LKRO (Anm. 1229).
[1275] Vgl. cc. 1740–1752.

4.3.2 Laien als Träger einer eigenen spezifischen Sendung

Arturo Cattaneo bezeichnet die Ämter der Pastoral- und Gemeindereferenten kritisch als „provisorische Notlösung".[1276] Doch der Gesetzgeber kennt im Sinne des Zweiten Vatikanischen Konzils durchaus Laien als Träger einer spezifischen kirchlichen Sendung. Eine etwaige Beauftragung von Laien in Form einer konkreten Sendung, die zum Handeln im Namen der Kirche berechtigt, beruht grundlegend auf der geistlichen Bestimmung durch den Empfang der Initiationssakramente sowie auf der Möglichkeit, dass sie gemäß c. 228 § 1 von den geistlichen Hirten zu kirchlichen Ämtern und Aufgaben herangezogen werden können. Im Gegensatz zu Cattaneo macht Riedel-Spangenberger mit Verweis auf das Konzil deutlich, dass eine spezifische Sendung von Laien „kein Ersatz für die Dienste der Priester und Diakone und im Sinne des Konzils auch keine Ausnahme, sondern eine auf Berufung und Eignung gründende Mitarbeit"[1277] ist, da solche Laien von den Trägern kirchlicher Leitungsvollmacht in den Dienst genommen werden.[1278] Grundsätzlich unterscheidet der Kodex vier Formen kirchlicher Sendung: „1. Die juristische Bestimmung der im Weihesakrament gegebenen Befugnisse, 2. Die Verleihung eines Kirchenamtes, 3. Die Delegation als Übertragung von Befugnissen und 4. Die Beauftragung oder Ermächtigung zum Handeln im Namen der Kirche, wobei zwischen diesen vier Formen kirchlicher Sendung Überschneidungen nicht ausgeschlossen sind."[1279] Die Berufe der Pastoral- und Gemeindereferenten sind dabei als Kirchenämter einzuordnen, die eine Beauftragung durch den Bischof als Voraussetzung beinhalten.

Für verschiedene Formen der kirchlichen Sendung ist vor allem die Sammelbezeichnung *missio canonica* gebräuchlich, auch wenn im CIC/1983 dieser Terminus selbst nicht verwendet wird. Missio canonica bezeichnet einen innerkirchlichen kanonischen beziehungsweise kirchlichen Sendungsvorgang.[1280] Diese rechtssprachlich und systematisch nicht eindeutige Sammelbezeichnung für verschiedene Formen der kirchlichen Sendung hat ihren Ausgangspunkt immer bei einem Träger hoheitlicher Leitungsvollmacht gemäß c. 129 § 1

1276 Cattaneo, Institutionalisierung, 77 (Anm. 67).

1277 Riedel-Spangenberger, Seelsorge und Sendung, 73 (Anm. 1258).

1278 Vgl. ebd., 73. Vgl. weiter AA 24. Vgl. auch c. 228 § 1. Aus pastoraltheologischer Persepektive weist Peter Schmid (Schmid, Peter: Art. Kirchliche Ämter und Dienste, V. Praktisch-theologisch, in: LThK³, 1998, Bd. 6, 95–97) darauf hin, dass zum einen die sogenannte communio-Theologie des Konzils die Entstehung neuer kirchlicher Ämter wie das Amt des Pastoralreferenten begünstigt hat. Zum anderen hat aber auch die akademisch neu entstandene Kompetenz von Laientheologen in Kombination mit der personellen Notlage aufgrund von fehlenden Priesterberufungen zur Entstehung dieser Ämter beigetragen.

1279 Riedel-Spangenberger, Sendung in der Kirche, 277 (Anm. 186).

1280 Riedel-Spangenberger, Missio, 809 (Anm. 1126).

und berechtigt zum Handeln im Namen der Kirche.[1281] Riedel-Spangenberger weist daraufhin, dass im Sprachgebrauch des Staatskirchenrechts der Begriff *missio canonica* vor allem bei der Anstellung von Religionslehrern und Theologieprofessoren Anwendung findet.[1282] Kirchlicherseits kann missio canonica aber auch darin bestehen, dass ein Kirchenamt, das zur Mitwirkung an der Ausübung der Hirtensorge berechtigt, – wie das der Pastoral- und Gemeindereferenten – verliehen wird.

Grundsätzlich stellt weder die als habilitas bezeichnete sakramentale Befähigung durch die Taufe noch die sogenannte deputatio, die Befähigung die durch das Sakrament der Weihe vermittelt wird, eine Berechtigung dar, ein kirchliches Amt auszuüben.[1283] Vielmehr ist zusätzlich „zur sakramentalen Befähigung noch eine als ‚determinatio iuridica' bezeichnete rechtliche Bestimmung durch die zuständige kirchliche Autorität"[1284] erforderlich. Ganz im Sinne des Konzils[1285] werden dadurch die vermittelten Befugnisse und gegebenenfalls Vollmachten in der Gemeinschaft der Kirche erst konkret ausübbar.[1286] Dies ist gemäß c. 146 auch normiert, wonach ein kirchliches Amt nur durch kanonische Amtsübertragung gültig erlangt werden kann. Riedel-Spangenberger weist in diesem Kontext darauf hin, dass die in fast allen deutschen Diözesen übliche Sprachregelung, wonach die kirchliche Sendung der Pastoral- und Gemeindereferenten als missio bezeichnet wird, keinesfalls als kanonische Amtsübertragung im Sinne von c. 146 zu verstehen ist, sondern als generelle Beauftragung und Sendung, um im Namen der Kirche zu handeln.[1287] Weiter stellt sie heraus, dass das konkrete Amt erst durch die Zuweisung einer bestimmten Stelle übertragen wird.[1288] Außerdem führt sie weiter aus, dass für solche spezifische Formen der kirchlichen Sendung eine spezielle Dienstordnung ebenso verbindlich geregelt sein muss wie die Beachtung der Grundordnung, die für alle Kirchenglieder gilt.[1289]

Gemäß c. 231 § 1 können Laien auf Dauer oder auf Zeit zu einem besonderen Dienst (servitium speciale)[1290] in der Kirche bestellt werden. Der CIC/1983 ver-

1281 Vgl. ebd., 809–810.

1282 Vgl. ebd., 810.

1283 Vgl. Hallermann, Kirchliche Ämter, 211 (Anm. 65).

1284 Ebd., 211.

1285 Vgl. Concilium Vaticanum Secundum: „Nota explicativa previa" in: AAS 57 (1965) 72–75, Lateinisch – deutscher Text in: LThK², Bd. 12, 348–359, hier: 2.

1286 Vgl. Hallermann, Kirchliche Ämter, 211 (Anm. 65).

1287 Vgl. Riedel-Spangenberger, Sendung in der Kirche, 300–301 (Anm. 186).

1288 Vgl. ebd., 300–301.

1289 Vgl. ebd., 263.

1290 Riedel-Spangenberger, Sendung in der Kirche, 263 (Anm. 186), stellt heraus, dass die Wendung *servitium addicere* bereits im can. 683 CIC/1917 für die Hilfsdienste des Mesners und der Ministranten angewandt wurde; dass aber der CIC/1983 darunter vor allem im allgemeinen Sinn eine dienende Tätigkeit in der Kirche beschreibt wie die folgenden Canones exemp-

pflichtet Laien, die einen solchen Dienst ausüben dazu, dass sie sich die für ihre Aufgabe notwendige (Aus-)Bildung aneignen und die Aufgabe „gewissenhaft, eifrig und sorgfältig“[1291] erfüllen sollen. Von Rechts wegen haben Laien, die auf Dauer zu einem besonderen Dienst in der Kirche herangezogen werden, den Anspruch auf soziale Absicherung und Vergütung.[1292] Riedel-Spangenberger stellt heraus, dass es gemäß c. 230 §§ 1–3 auch Aufgaben, Dienste und Ämter gibt, die keinen Anspruch auf Bezahlung beinhalten[1293], so dass Hugo Schwendenwein zu Recht darauf hinweisen kann, dass erst der gültige Abschluss eines Arbeitsvertrags einen solchen Anspruch wirksam entstehen lässt.[1294]

Zusammenfassend lässt sich festhalten, dass die Möglichkeiten für Laien, Träger einer spezifischen Sendung zu sein, durchaus als eigenständige und wertvolle Bereicherung im Sinne der Communio-Ekklesiologie verstanden werden kann. Solche kirchlichen Ämter für Laien, wie es die Ämter der Pastoral- und Gemeindereferenten sind, können dann aber nicht mehr sinnvoll nur als „provisorische Notlösung“[1295] bewertet werden.

4.3.3 Das Zusammenwirken verschiedener Sendungsträger zum bonum commune Ecclesiae

Die konziliare Zielsetzung für die geistlichen Amtsträger, wie sie die Kirchenkonstitution vorgibt, spiegelt sich auch im CIC/1983 wider: „Denn die Amtsträger, die mit heiliger Vollmacht ausgestattet sind, stehen im Dienst ihrer Brüder, damit alle die zum Volk Gottes gehören und sich daher der wahren Würde eines Christen erfreuen, in freier und geordneter Weise sich auf das nämliche Ziel hinausstrecken und so zum Heile gelangen.“[1296]

So kann Meckel feststellen, dass das ganze Pfarreienrecht kooperatives Handeln in Bezug auf die cc. 515, 519, 528 und 529 atmet.[1297] Die Hauptauf-

larisch deutlich machen: cc. 245 § 2; 257 § 1; 266 § 1; 269 n.3; 276 n.1; 281 § 1; 295 § 1; 375 § 1; 360; 590 § 1; 604 §§ 1 und 2; 713; 1025 § 1; 1271 und 1274 § 1.

1291 C. 231 § 1. Vgl. auch Hallermann, Amtsträger LKRO (Anm. 475).

1292 Vgl. c. 231 § 2. Hallermann, Amtsträger LKRO (Anm. 475), betont, dass gemäß c. 231 § 2 jeder Amtsträger das Recht auf angemessene Entlohnung (remuneratio) hat, die der jeweiligen dienstlichen Stellung enstpricht. Mit Hilfe dieser Vergütung soll nach Maßgabe kirchlichen und unter Beachtung weltlichen Rechts in geziemender Weise für die eigenen sowie die Erfordernisse der Familie gesorgt werden können. Vgl. hierzu auch ders., Art. Lebensunterhalt, in: LKStKR, Bd. 2, 698–700.

1293 Vgl. Riedel-Spangenberger, Sendung in der Kirche, 264 (Anm. 186).

1294 Schwendenwein, Hugo: Der ständige Diakon, in: GrNKirchR, Regenburg 1980, 134–140, hier: 137.

1295 Cattaneo, Institutionalisierung, 77 (Anm. 67).

1296 LG 18,1.

1297 Vgl. Meckel, Tria-Munera-Lehre, 146 (Anm. 230) sowie Hallermann, Mehr als Strukturen, 79 (Anm. 209).

gabe der geistlichen Amtsträger ist es nämlich, den Gläubigen zu helfen, den je eigenen Anteil an der kirchlichen Sendung zu verwirklichen und somit mitzuhelfen, dass jeder christifidelis seine in der Taufe und im gemeinsamen Priestertum aller Gläubigen verankerte Aufgabe erfüllen kann. Hallermann ist unbedingt zuzustimmen, wenn er dabei herausstellt, dass die Kooperation bei der Verwirklichung der pfarrlichen Hirtensorge sich nicht darin erschöpft, „dass andere Gläubige im Sinne des c. 228 § 1 vom Pfarrer zur Realisierung der ihm selbst übertragenen Amtsaufgaben herangezogen werden, sondern meint [...], dass die übrigen Gläubigen ihr je eigenes Apostolat verwirklichen und auf diese Weise dazu beitragen, dass das Gesamtspektrum der pfarrlichen Hirtensorge im Zusammenwirken zwischen den verschiedenen Gliedern der Pfarrei verwirklicht werden kann."[1298] Diese Zielbestimmung gilt nicht exklusiv für die geistlichen Amtsträger, sondern letztlich für alle Inhaber eines Kirchenamtes. Weiter noch ist es auch diese Zielbestimmung zum gemeinsamen Wohl der Kirche, die die unterschiedlichen Amtsträger untereinander verbindet. Meckel stellt dazu treffend heraus, dass es zwar unterschiedliche Handlungsqualitäten gibt, um die Sendung der Kirche zu verwirklichen (im eigenen Namen, im Namen der Kirche und in persona Christi capitis), dass diese Unterschiede dabei aber gerade kein Selbstzweck sind, sondern ausdrücklich im Dienst an der gemeinsamen Sendung der Kirche zu stehen haben.[1299] Die Mitwirkung von Laien an der cura pastoralis als Mitarbeiter oder Helfer ist grundsätzlich vorgesehen und diese Zusammenarbeit ist nicht nur optional, sondern im kirchlichen Recht grundgelegt.[1300] Die Hirtensorge gehört zu den konstitutiven Merkmalen jeder Pfarrei und ist letztlich Ziel jeder Kooperation[1301] und somit auch ein grundlegendes ekklesiologisch-kanonistisches Element.[1302] Die Mitwirkung an der cura pastoralis kann in der Beauftragung mit einzelnen munera bestehen oder aber in der Übertragung eines Kirchenamtes, wie dies bei den Pastoral- und Gemeindereferenten geschieht, mit dem einzelne munera verbunden sind.[1303] Riedel-Spangenberger hält dazu fest, dass mit diesen Teilfunktionen

1298 Hallermann, Mehr als Strukturen, 65–66 (Anm. 209).

1299 Vgl. Meckel, Tria-munera-Lehre, 147 (Anm. 230) und ders., Gemeinsames Priestertum LKRO. Auch Hallermann, Mehr als Strukturen, 72 (Anm. 209), stellt heraus, dass jede amtliche Mithilfe an der Verwirklichung der cura pastoralis in diesem Sinne als ministerium, das heißt als Dienst in und am Volk Gottes zu verstehen ist.

1300 Vgl. bspw. cc. 517 § 2, 519, 536 § 1 und 1032 § 2. Vgl. auch Riedel-Spangenberger, Seelsorge und Sendung, 61 und 64 (Anm. 1258).

1301 Vgl. Ohly, Christoph: Kooperative Seelsorge. Eine kanonistische Studie zu den Veränderungen teilkirchlicher Seelsorgestrukturen in den Diözesen der Kölner Kirchenprovinz, St. Ottilien 2002, 213. Zur Hirtensorge als kooperatives Handeln: Vgl. weiter ebd.: 74–106; 126–160 und 178–197. Vgl. diesbzgl. auch Hallermann, Mehr als Strukturen, 63–67 (Anm. 209) sowie ders., Gemeindeleitung LKRO (Anm. 948).

1302 Vgl. Hallermann, Mehr als Strukturen, 62 (Anm. 209).

1303 Vgl. Riedel-Spangenberger, Seelsorge und Sendung, 61 (Anm. 1258).

aber keinesfalls ein Kirchenamt mit cura pastoralis übertragen wird, sondern dass die Ämter, die mit cura pastoralis verbunden sind, auf die Mitwirkung von anderen Klerikern und Laien angelegt sind.[1304]

Das Apostolat, das alle Gläubigen im eigenen Namen ausüben, ist daher konstitutiv und nicht optional, um die Sendung der Kirche zu verwirklichen. Daher formuliert Riedel-Spangenberger diesbezüglich treffend: „Mit der Erfüllung dieses Dienstes steht und fällt die Kirche selbst."[1305] Die gesamte cura pastoralis – innerhalb einer Diözese die cura pastoralis des jeweiligen Diözesanbischofs – ist letztlich eben auch eine von vielen getragene und gemeinschaftlich wahrzunehmende Aufgabe, an der viele in unterschiedlicher Weise beteiligt sind.[1306]

4.3.4 Zusammenfassung

Die erkennbare Scheu davor, die Dienste der Pastoral- und Gemeindereferenten als kirchliche Ämter zu bezeichnen, ist in den Rahmenstatuten von 2011 deutlich wahrnehmbar. Die ämterrechtlichen Vorgaben des CIC/1983 sind ihrerseits wiederum eindeutig dahingehend, dass es sich bei Pastoral- und Gemeindereferenten sehr wohl um kirchliche Amtsträger im rechtlichen Sinne gemäß c. 145 § 1 i.V.m. c. 228 § 1 handelt. So wurden diese Dienste der hauptberuflichen pastoralen Laienmitarbeiter als partikularrechtliche Ämter, die einem geistlichen Zweck dienen, in diversen Teilkirchen, die zum Bereich der DBK gehören, auf Dauer eingerichtet. Damit sind Pastoralreferenten und analog dazu Gemeindereferenten kirchliche Amtsträger, die befähigt sind, eigenständig mit kirchlichem Auftrag im Namen der Kirche zu handeln. Durch die spezifische Sendung und die gültige Übertragung eines Kirchenamtes gemäß c. 145 § 1 i.V.m. c. 228 § 1 sind sie ermächtigt, in Abhängigkeit von der cura pastoralis des Ortsbischofs die Sendung der Kirche nicht nur im eigenen Namen, sondern auch im Namen der Kirche zu verwirklichen. In den Rahmenstatuten von 2011 wurde es versäumt, die schon bei den Statuten von 1987 „theologisch und kirchenrechtliche überholte [...] Amtskonzeption"[1307] im Sinne der konziliaren und kirchenrechtlichen Vorgaben zu verbessern.

1304 Vgl. ebd., 61; 64–65.

1305 Riedel-Spangenberger, Ilona: Apostolat und Kooperation zwischen Laien und Klerikern, in: Kraus, Georg (Hg.): Wozu noch Laien? Für das Miteinander in der Kirche, Frankfurt 2001, 43.

1306 Vgl. Riedel-Spangenberger, Seelsorge und Sendung, 67 (Anm. 1258). Riedel-Spangenberger, ebd., 66 (Anm. 1258), führt aus, dass die von „vielen zu erbringende ‚cura animarum' nicht ohne einen geistlichen Hirten, der die ‚cura pastoralis' wahrnimmt zu leisten" ist.

1307 Demel, Präambel, 91 (Anm. 39). Vgl. auch Hallermann, Gemeindereferent(in) LKRO (Anm. 56).

In Bezug auf das Zusammenwirken unterschiedlicher Sendungsträger ist mit Meckel festzuhalten, dass es vor allem darum gehen muss, die Lebendigkeit der einzelnen Gläubigen wahrzunehmen, so dass eine vitale Kirche gelingen kann, die reine Strukturdebatten überwindet und vorkonziliare Konzepte und Sichtweisen mutig hinter sich lassen kann.[1308] Die damit verbundene Vision, dass so eine „Kirche lebendiger Kooperation von Laien und Klerikern“[1309] entstehen würde, ist nicht nur die Grundhaltung der konziliaren Communio-Ekklesiologie, sondern auch die Intention des CIC/1983. Die Chance, diese Ekklesiologie in den Rahmenstatuten von 2011 umfänglich aufzugreifen, hätte zum Wahren des Rechts im umfassenderen Sinn[1310] beigetragen. In seiner jetzigen Form wirkt das Dokument jedoch wie eine willkürliche Sammlung theologischer Sätze ohne eine verbindende Rechtsgrundlage. Zudem weist Demel in Bezug auf die in den Rahmenstatuten dargelegte Zuordnung von Pastoralreferenten zu einem verantwortlichen Priester darauf hin, dass die „bisherige Erfahrung in der Praxis dafür [spricht], dass ‚Zuordnung‘ von den zuständigen Priestern ohne negative Konsequenzen als ‚Unterordnung‘ gedeutet werden kann.“[1311] Dies aber widerspräche nicht nur der Communio-Ekklesiologie des Konzils, sondern auch der Grundhaltung des Kirchenrechts.

4.4 Die besondere Qualifikation von Laien durch theologische Bildung als Befähigung zur Mitarbeit an der Hirtensorge innerhalb des CIC/1983

„Durch das Studium soll der von der Kirche bezeugte Glaube an Gott, der sich in Jesus Christus endgültig zum Heil der Menschen geoffenbart hat, wissenschaftlich reflektiert und erschlossen werden. Dazu gehört notwendig die Auseinandersetzung mit der Wirklichkeit von Mensch und Welt im Horizont des christlichen Glaubens. Dieser Aufgabe sind die einzelnen theologischen Disziplinen mit ihren verschiedenen Sachbereichen und Methoden verpflichtet.“[1312] In dieser Weise beschreiben die Rahmenstatuten für Pastoralreferenten die Bedeutung und Relevanz des Theologiestudiums für den Beruf. Aus diesem

[1308] Vgl. Meckel, Katholische Aktion, 106 (Anm. 87).
[1309] Ebd., 106.
[1310] Vgl. Demel, Präambel, 99 (Anm. 39).
[1311] Ebd., 88.
[1312] Rahmenstatuten 2011, in: DDB Nr. 96, 70.

Verständnis heraus gilt es zu fragen, welche spezifische Bedeutung diese Qualifikation als Theologe für den konkreten Dienst tatsächlich bedeutet.

Gemäß den partikularrechtlichen Vorgaben bedarf es unter anderem der theologischen Bildung als Eignungsvoraussetzung für die kirchlichen Ämter der Pastoralreferenten. Theologische Bildung in Form eines abgeschlossenen Hochschulstudiums der Theologie[1313] ist demnach zwar nicht konstitutiv für die Errichtung eines solchen Kirchenamtes, wohl aber eine wesentliche Voraussetzung im Sinne einer Eignungsvoraussetzung für die Übertragung an eine konkrete Person.[1314]

Mit dem Übersetzen der konziliaren Vorstellung, dass jeder christifidelis Sendungsträger ist, in kirchliche Rechtssprache geht auch die Grundhaltung einher, dass dementsprechend jedem Getauften von Seiten der Hierarchie die Möglichkeiten eröffnet werden sollen, den eigenen Anteil an der Sendung der Kirche verwirklichen zu können. Dazu zählt ausdrücklich auch, dass es auch Laien möglich sein muss, gemäß c. 229 § 1 Kenntnis der christlichen Lehre zu erwerben, um den je eigenen Teil des Apostolates zur gemeinsamen Sendung beitragen zu können. Selbstverständlich gilt diese unter den Laienrechten und -pflichten angelegte Rechtsnorm, die sowohl verpflichtet als auch berechtigt, in adäquater Weise auch für Kleriker. In Bezug auf die Berufsgruppe der Pastoralreferenten ist aber vor allem c. 229 § 2 von Bedeutung, da dort Laien ausdrücklich das Recht zugesprochen wird, „jene tiefere Kenntnis in den theologischen Wissenschaften zu erwerben, die in kirchlichen Universitäten oder Fakultäten oder in Instituten für religiöse Wissenschaften gelehrt werden."[1315] So wird Laien im CIC/1983 ausdrücklich das Recht zum Theologiestudium zugesprochen und darauf verwiesen, dass auch Laien die akademischen Grade der Theologie erwerben können.[1316] Weiter wird in c. 229 § 3 auch Laien das Recht zugesprochen, bei erforderlicher Eignung und Befähigung von der kirchlichen Autorität einen Lehrauftrag der Theologie zugesprochen bekommen zu können.[1317]

Riedel-Spangenberger stellt heraus, dass Seelsorge und Sendung die „beiden aufeinander bezogenen Grunddimensionen der Kirche, die einzig und allein auf das Heil der Menschen in Gott ausgerichtet sind"[1318], darstellen. In diesem Kontext arbeitet sie die kirchenrechtliche Bedeutung der beiden Begriffe heraus.[1319] Dabei ist der alles vereinnahmende deutsche Begriff der *Seelsorge* in-

[1313] Vgl. Rahmenstatuten 2011, in: DDB Nr. 96, 22; 24–25 und 64–65.
[1314] Vgl. Hallermann, Kirchliche Ämter, 217 (Anm. 65).
[1315] C. 229 § 2.
[1316] Vgl. ebd.
[1317] Vgl. c. 229 § 3.
[1318] Riedel-Spangenberger, Seelsorge und Sendung, 57 (Anm. 1258).
[1319] Vgl. zum Rechtsbegriff *Seelsorge*: Riedel-Spangenberger, Seelsorge und Sendung 57–67 (Anm. 1258); zum Rechtsbegriff *Sendung*: ebd., 67–73.

sofern problematisch, als dass Begriffe wie *cura animarum* und *cura pastoralis* keineswegs deckungsgleich sind. Cura animarum kann demnach als Seelsorge im eigentlichen Sinn verstanden werden, die auf die salus animarum abzielt, auf der Basis der drei munera geleistet wird und von verschiedenen Trägern mit verschiedener Zuständigkeit und Autorität gewährleistet werden.[1320] Bei der cura pastoralis oder auch plena cura animarum ist die Rede von Hirtensorge treffender als die Verwendung des Begriffes *Seelsorge*.

So wird im CIC/1983 unter pastoraler Arbeit zunächst die Hirtensorge beziehungsweise der Hirtendienst als eben eine solche cura pastoralis verstanden. Diese cura pastoralis stellt eine „spezielle Form und Qualität“[1321] der Seelsorge dar. Wenn nachfolgend über die Mitarbeit von Laien an der Hirtensorge nachgedacht werden soll, ist es notwendig, einige grundlegende relevante Aspekte dieser cura pastoralis aufzuzeigen. Grundsätzlich wird gemäß c. 1008 durch das Sakrament der Weihe die Befähigung und Bestimmung zur Hirtensorge vermittelt, die gleichzeitig auch nach c. 129 zur Übernahme der potestas regiminis seu iuridictionis befähigt.[1322]

Einige Aspekte der Hirtensorge obliegen ausschließlich dem Träger dieser Hirtensorge.[1323] Bei anderen Aspekten die im Bereich der Hirtensorge normiert sind, hat der Träger der Hirtensorge die zur umfassenden cura pastoralis zählenden Funktionen nur sicherzustellen und nach Maßgabe des Rechts zu beaufsichtigen. So muss er diese nicht notwendigerweise selbst auszuüben.[1324] Somit ist die Zusammenarbeit mit den anderen Gläubigen in der Verwirklichung der Hirtensorge konstitutiver Bestandteil des Hirtendienstes.[1325]

Auch wenn die Berufsgruppe der Pastoralreferenten nicht Träger der plena cura animarum ist, so wirken sie doch auch mit als Mitarbeiter der Hirtensorge, um diese zu verwirklichen. Dieses Mitwirken ist nicht im Sinne der priesterlichen Hilfsdienste der vorkonziliaren Seelsorgehelferin zu verstehen, vielmehr handelt es sich um sakramental in der Taufe begründetes, amtliches und somit eigenverantwortliches Handeln im Namen der Kirche. Als Mitwirkende an der Verwirklichung der plena cura animarum bedürfen sie anteilig auch der Eignungsvoraussetzungen, die zur Mitarbeit an der Hirtensorge in bestimmten Bereichen befähigen. So lassen sich aus den im CIC/1983 normierten Eignungsvoraussetzungen für Alumnen Rückschlüsse für die Eignungsvoraussetzungen von hauptberuflichen Laien in der Pastoral ziehen, insofern diese nicht ausschließlich zur Ausübung der plena cura animarum, wohl aber zur Mitarbeit

1320 Vgl. Riedel-Spangenberger, Seelsorge und Sendung, 59 (Anm. 1258).
1321 Hallermann, Heribert: Art. Hirtendienst, in: LKStKR, Bd. 2, 245–246, hier: 245.
1322 Vgl. Hallermann, Hirtendienst, 245 (Anm. 1321).
1323 Vgl. bspw. cc. 312 § 1 Nr. 3; 391 § 2; 393; 400 § 2; 530 Nr. 7 i.V.m. cc. 534; 532; 536 § 1.
1324 Vgl. bspw. cc. 228; 360; 403; 469; 517 § 2; 519; 529; § 2; 540 § 1; 545 § 2; 571; 676; 1286; 1419. Vgl. auch Hallermann, Gmeindeleitung LKRO (Anm. 948).
1325 Vgl. Hallermann, Hirtendienst, 246 (Anm. 1321).

an der Hirtensorge relevant sind. Daher lassen sich aus den cc. 248 und 252 § 3 Voraussetzungen für die theologische Bildung ableiten. Für die Ämter der Pastoralreferenten können demnach, was die Anforderungen für theologische Bildung anbelangt, universalkirchliche Normierungen der Priesterausbildung als Referenzpunkte zu Rate gezogen werden. Dies ist sinnvoll, da die Ämter der Pastoralreferenten partikularrechtlich so eingerichtet sind, dass sie vergleichbar mit den Ämtern der Priester vor allem in dem Bereich der Hirtensorge mitwirken sollen und ein abgeschlossenes Theologiestudium erfordern. Beispielsweise wird von der wissenschaftlichen Ausbildung der Alumnen erwartet, dass sie „zusammen mit der allgemein, den Erfordernissen des Ortes und der Zeit entsprechenden Kultur eine umfassende und tiefe Kenntnis in den theologischen Disziplinen“[1326] erlangen. Damit soll dann einerseits der eigene Glaube gestärkt werden, aber auch in adäquater Weise den Menschen ihrer Zeit die Lehre des Evangeliums vermittelt werden, das heißt das munus docendi verwirklicht werden. Diese Anforderungen lassen sich zweifelsohne im Sinne der Äquivalenz auf Pastoralreferenten übertragen.

Im Kontext der Rahmenstatuten von 2011 für Pastoralreferenten wird durchaus in diesem Sinne das Theologiestudium als Grundlage dafür gesehen, dass Pastoralreferenten „Sachkenntnis und Vertrautheit mit den Methoden der Theologie besitzen“[1327], „dass sie sich in Aufgaben und Problemfeldern ihres kirchlichen Dienstes ein theologisches Urteil bilden“[1328] können und „dass sie Strömungen und Tendenzen der Zeit von der Theologie her kritisch analysieren können“.[1329] Weiter soll das Theologiestudium letztlich zur Vertiefung des eigenen Glaubens, aber auch zur Entwicklung einer beruflichen Identität dienen, um in einen theologisch verantworteten Austausch über Glaubens-, Lebens- und Welterfahungen zu gelangen.[1330]

4.5 Zusammenfassung

In den Rahmenstatuten für Pastoral- und Gemeindereferenten wird der Codex Iuris Canonici nur an zwei Stellen ausdrücklich erwähnt. Dabei ist der paraphrasierte c. 207 dort nicht zielführend und an der entsprechenden Stelle überflüssig. Es ist dagegen durchaus sinnvoll, c. 228 an der zweiten Stelle an-

1326 C. 248.
1327 Rahmenstatuten 2011, in: DDB Nr. 96, 70.
1328 Ebd., 70.
1329 Ebd., 70.
1330 Vgl. ebd., 70.

zuführen. Dieser wird jedoch entgegen seiner philologischen Bedeutung mit rechtlich untergeordneten Dokumenten irreführend und an der eigentlichen Aussage des Canons vorbei interpretiert. Aus diesen beiden Beispielen ist ersichtlich, dass die Rezeption des geltenden Kirchenrechts für die Erstellung der Rahmenstatuten offensichtlich keine Bedeutung hatte. Man kann den Eindruck gewinnen, dass für die Rahmenstatuten von 2011 lediglich rein lexikalisch nach einer kirchenrechtlichen Definition des Laien gesucht wurde. Denn so ist zumindest erklärbar, warum ohne Berücksichtigung des zentralen Interpretationsrahmens des theologischen Leitsatzes in c. 204 § 1 bloß die trennenden Elemente zwischen Laien und Klerikern herausgestellt werden. In diesem Kontext ist Meckel zuzustimmen, dass ordentliches kirchenrechtliches Vorgehen gemäß c. 17 bei der Verwendung von c. 207 den Rekurs auf die entsprechende Legaldefinition notwendig macht.[1331] Die entweder ignorante oder antijuridische Grundhaltung dahinter ist für das Dokument an sich, letztlich aber auch damit für die Beschreibung des Berufsbildes der hauptberuflichen Laien in der Pastoral problematisch. Auch wenn diese Statuten den CIC/1983 nur sehr begrenzt rezipieren, lassen sich daraus doch grundsätzliche theologische und kirchenrechtlich relevante Aussagen zum Beruf des Pastoralreferenten treffen. In diesem Kontext und in Bezug auf die Relevanz des CIC/1983 gerade mit Blick auf die Fragestellung des Berufsbildes der Pastoralreferenten ist Meckel ausdrücklich zuzustimmen, wenn er festhält, dass das Kirchenrecht selten das Fach ist, „von dem eine Anregung für eine lebendige Kirche oder gar für lebendige Pastoral erwartet wird. Das Recht möchte aber grundsätzlich einen Freiheitsrahmen aufspannen, in dem sich Perspektiven und Gestaltungsspielräume finden lassen. Zugleich aber begrenzt Recht auch Möglichkeiten, spannt dennoch einen Begrenzungsrahmen auf, der aber variantenreich gefüllt werden kann und soll."[1332] Wenn dieser Freiheits- beziehungsweise auch der Begrenzungsrahmen des Rechts in den vorhandenen Rahmenstatuten von 2011 fast gänzlich ignoriert wird, bedeutet dies auch eine Absage an das kirchliche Recht als pastorales Instrument. Dabei hätte das Kirchenrecht, das seine Grenze und seine Inspiration aus der salus animarum[1333] ableitet, durchaus Wesentliches für eine lebendige Kirche im Sinne des Konzils beizutragen.[1334] So stellt beispielsweise Riedel-Spangenberger heraus, dass der Zweck des Kirchenrechts darin liegt, den im Konzil begründeten Paradigmenwechsel zu vollziehen und der personalen, gemeinschaftlichen und pastoralen Charakter der Kirche in

[1331] Vgl. Meckel, Katholische Aktion, 98–100 (Anm. 87).
[1332] Meckel, Tria-Munera-Lehre, 147 (Anm. 230). Vgl. dazu auch Demel, Sabine: Einführung in das Recht der katholischen Kirche, Darmstadt 2014, hier: 14 sowie Riedel-Spangenberger, Seelsorge und Sendung, 56 (Anm. 1258).
[1333] Vgl. c. 1752. Vgl. auch Riedel-Spangenberger, Seelsorge und Sendung, 54–56 (Anm. 1258).
[1334] Vgl. Hallermann: Mehr als Strukturen, 32 (Anm. 209).

Rechtsform zu bringen.[1335] So läge deshalb in der Rezeption der Perspektive des CIC, wonach alle Gläubigen als Volk Gottes auf der Basis des gemeinsamen Priestertums Sendungsträger der Kirche sind, der Schlüssel, um auch den Beruf des Pastoralreferenten nicht nur kirchenrechtlich, sondern auch ekklesiologisch zu verorten. Weiter noch würden in diesem Bewusstsein der Beruf des Pastoralreferenten, aber auch alle anderen pastoralen Berufe, als grundsätzlich in dem Sinne der Sendung der Kirche verpflichtet gesehen werden, als dass sie durch die Handlungsqualität des Handelns im Namen der Kirche den übrigen Gliedern des Gottesvolkes den Wert und das Bewusstsein der Verwirklichung der Sendung der Kirche im eigenen Namen, für das es keine Delegation oder Beauftragung der Hierarchie bedarf, vermitteln sollten. Somit ist im kirchlichen Recht eine tatsächliche Perspektive verankert, um der Angst, „pastoral nicht mehr versorgt zu werden"[1336] zu begegnen und diese Passivität dahingehend aufzuklären, dass im Sinne der konziliaren Ekklesiologie das Sein und Werden von Kirche von allen Gliedern des Volkes Gottes abhängt.

Pastoralreferenten werden im CIC/1983 nicht explizit erwähnt. Doch auch wenn selbstverständlich der Beruf nicht namentlich auftaucht, ergeben sich doch viele Referenzpunkte für das Berufsprofil dieser kirchlichen Ämter aus den allgemeinen Rechtsdarstellungen über das Volk Gottes. Möglicherweise liegt darin die Chance, dass dieser pastorale Beruf für Laien gerade dort seinen rechtlichen Ort hat, wo auch alle übrigen Laien und zudem die Kleriker verortet sind: im Volk Gottes. So ist die sakramentale Befähigung durch die Taufe, um die Sendung der Kirche anhand der tria munera zu verwirklichen, eine gemeinsame Grundlage aller Gläubigen. Dies ist dann auch Zielperspektive für pastorale Amtsträger, die im Namen der Kirche diese Sendung mit verwirklichen zu versuchen und deren Konkretion und Spezifikum darin besteht, alle übrigen Gläubigen zu befähigen, den je eigenen Anteil zu dieser gemeinsamen Aufgabe aller christifideles beizutragen. Diese rechtsspezifische Anforderung fehlt in den Rahmenstatuten von 2011. In dem Maße, wie die Rahmenstatuten von 2011 defizitär das geltende kirchliche Recht rezipieren, misslingt die sinnvolle Verortung dieser Berufsgruppe im Sinne des Zweiten Vatikanischen Konzil, da dort die rechtlichen Freiheitsräume aufgezeigt, die Begrenzung normiert und die Aufgabenperspektiven grundgelegt sind.

1335 Vgl. Riedel-Spangenberger, Seelsorge und Sendung, 54 (Anm. 1258).
1336 Meckel, Tria-munera-Lehre, 147 (Anm. 230).

5. IMPULSE FÜR DEN BERUF DES PASTORALREFERENTEN AUS DEM NACHSYNODALEN APOSTOLISCHEN SCHREIBEN CHRISTIFIDELES LAICI

Das nachsynodale Apostolische Schreiben „Christifideles Laici“[1337] vom 30. Dezember 1988 hat nicht den theologischen und kirchenrechtlichen Stellenwert des Konzils. Dadurch, dass dieses Dokument aber in der Theologischen Präambel der Rahmenstatuten für Pastoral- und Gemeindereferenten von 2011 ausdrücklich benannt und als relevant eingestuft wird, da es einzelne Aspekte der „Mitwirkung aller Christgläubigen am Heilsdienst der Kirche [...] präzisiert und weiterführt“[1338], muss auch dieses Dokument in Bezug auf die Forschungsfrage dieser Studie hin untersucht werden. Konkret gilt es deshalb in diesem Kapitel der Frage nachzugehen, inwieweit das nachsynodale Schreiben Christifideles Laici für das Berufsbild der Pastoralreferenten theologisch und kirchenrechtlich relevante Präzisierungen und Weiterführungen vorgenommen hat.

5.1 Hinführung

Nachdem die Reihe der Bischofssynoden mit der Synode, die vom 1.10.1987 bis zum 30.10.1987[1339] dauerte und am 30.10.1987 offiziell beendet wurde[1340], betonte Papst Johannes Paul II. bereits in seiner Schlussansprache, dass er dem Wunsch nach einem päpstlichen Dokument über die Berufung und Sendung der Laien sobald als möglich entsprechen wolle.[1341] Dies tat er mit der Unterzeichnung des nachsynodalen apostolischen Schreibens Christifideles Laici am 30.12.1988. Glaubitz merkt dazu an, dass besonders die Aufgaben, Ämter und Dienste von Laien sowie die Rolle der Frau wie schon innerhalb der Bischofssynode auch bei der Entstehung des Dokumentes Christifideles Laici sehr umstrittene Fragen waren.[1342]

[1337] Vgl. Anm. 33. Bei der Zitation des Schreibens Christifideles Laici wird im Weiteren immer zunächst der jeweilige Artikel (Art.) angeführt und nach einem Komma, die entsprechende Seite im Dokument (S.).

[1338] Rahmenstatuten 2011, in: DDB Nr. 96, 1.1, 11.

[1339] Diese Synode hatte sich umfassend mit dem Thema der Berufung und Sendung der Laien befasst (vgl. Christifideles Laici, Art. 2, S. 8).

[1340] Vgl. dazu ausführlich Glaubitz, Laie, 171–241 (Anm. 60).

[1341] P. Johannes Paul II.: Gratias agamus Deo, in: AAS 80 (1988), 606–611, hier: 607.

[1342] Vgl. Glaubitz, Laie, 242 (Anm. 60).

Hallermann stellt grundlegend zur rechtlichen Einordnung des nachsynodalen Apostolischen Schreibens Christifideles Laici heraus, dass es „weder als Ausführungsgesetz noch als ergänzendes Recht zu verstehen [ist], sondern vielmehr als Äußerung des kirchlichen Lehramtes, durch die der Wille des Gesetzgebers, also die ‚mens legislatoris', zum besseren Verständnis der entsprechenden Normen dargelegt wird."[1343]

Das Dokument ist in fünf Kapitel untergliedert, die sich allesamt am Gleichnis über die Arbeiter im Weinberg des Herrn aus dem Matthäusevangelium[1344] orientieren und auf dieses Gleichnis die einzelnen Gliederungspunkte beziehen.[1345] Dem Ganzen ist eine siebengliedrige Einleitung vorangestellt.

Nach eigenen Angaben besteht das Ziel des Apostolischen Schreibens darin, „ein neues Bewusstsein von den Gaben und der Verantwortung aller Laien und jedes einzelnen für die Sendung und communio der Kirche [zu] wecken und lebendig [zu] erhalten."[1346] Gleichsam will das Dokument gegen die „Gefahren und Schwierigkeiten"[1347] vorgehen, die sich auf dem Weg ergeben haben, den die Laien seit dem Konzil beschritten haben. In diesem Zusammenhang werden zwei Problemfelder benannt: Zum einen wird diagnostiziert, dass Laien sich mitunter zu stark auf innerkirchliche Dienste und Aufgaben konzentrieren und dadurch ihre Verantwortung in Beruf, Gesellschaft, Welt, Wirtschaft, Kultur und Politik vernachlässigen,[1348] zum anderen wird eine Kluft erkannt zwischen dem Glauben und dem Leben der Laien.[1349] Ein weiteres Ziel der Synodenväter, aber auch des Schreibens Christifideles Laici, ist es, die „vielversprechende ‚Theorie' über die Laien, die das Konzil zum Ausdruck gebracht hat, zur echten kirchlichen Praxis"[1350] werden zu lassen.

Die pastoralen Laienberufe der Gemeinde- und Pastoralreferenten, wie sie sich nach dem Konzil innerhalb des Gebietes der deutschen Bischofskonferenz entwickelt haben, werden im Dokument nicht konkret benannt.

1343 Hallermann, Vereinigungen im Verfassungsgefüge, 321 (Anm. 89).
1344 Vgl. Mt 20, 1–16.
1345 Vgl. Christfideles Laici, erstes Kapitel: Die Würde der Laien im Geheimnis der Kirche, 16–28; zweites Kapitel: Die Teilhabe der Laien am Leben in der Communio der Kirche, 29–49; drittes Kapitel: Die Mitverantwortung der Laien für die Kirche in ihrer Sendung, 50–72; viertes Kapitel: Gute Verwalter und vielfältige Gnade Gottes, 73–91 und fünftes Kapitel: Erziehung und Ausbildung der Laien, 92–100.
1346 Christifideles Laici, Art. 2, S. 10.
1347 Ebd., Art. 2, S. 9.
1348 Vgl. ebd., Art. 2, S. 9 und Art. 3., S. 11.
1349 Vgl. ebd., Art. 2, S. 9.
1350 Vgl. ebd., Art. 2, S. 9.

5.2 Die Laien als Glieder des Volkes Gottes und als Sendungsträger innerhalb des Dokumentes Christifideles Laici

In der Einleitung zu Christifideles Laici wird auf die Bedeutung des Zweiten Vatikanischen Konzils insbesondere für die christlichen Laien verwiesen. So wird nochmals erklärt, dass auch die Laien eine persönliche Berufung Gottes und eine Sendung für Kirche und Welt empfangen haben.[1351] Die Laien werden dazu aufgerufen sich lebendig, verantwortlich und bewusst als aktive Subjekte an der Heilsendung der Kirche zu beteiligen.[1352]

Im ersten Kapitel des Schreibens Christifideles Laici wird auf die Frage, wer denn die Laien sind, eine mehrgliedrige Antwort gegeben. In Artikel 9 unter der Unterschrift *Wer sind die Laien?* wird zunächst die positive Beschreibung des Konzils als wegweisend herausgestellt, die sich aus der vollen Zugehörigkeit zur Kirche, der vollen Teilnahme an deren Geheimnissen und dem spezifischen Charakter der Berufung der Laien ergibt.[1353] Weiter wird mit Verweis auf LG 31 besonders die Aufgabe der Laien, „in der Verwaltung und gottgemäßen Regelung der zeitlichen Dinge das Reich Gottes zu suchen"[1354], betont. Darüber hinaus greift Christifideles Laici die in Lumen Gentium herausgestellte Teilhabe der Laien an den tria munera und somit auch die Teilhabe an der Sendung des Volkes Gottes in Kirche und Welt auf.[1355] Außerdem wird die Eingliederung der Laien in Christus durch die Initiationssakramente als „tiefste[r] Grund [und] Voraussetzung jeder Berufung und Dynamik im christlichen Leben der Laien"[1356] bezeichnet. So wird folgerichtig die Taufe auch als grundlegend bezeichnet, „um die ‚Gestalt' des Laien zu beschreiben"[1357], durch die alle Getauften in Christus Kinder Gottes werden. [1358] Im Weiteren wird dies besonders in Bezug auf das metaphorische Bild vom einen Leib in Christus und den vielen Gliedern aufgegriffen.[1359] Darüber hinaus wird das Bild aus dem Petrusbrief auf die Situation der Laien bezogen, wonach die Gläubigen durch Taufe und Firmung, gesalbt mit dem Heiligen Geist, gleichsam lebendige Steine und heilige Tempel des Geistes sein sollen.[1360]

[1351] Vgl. ebd., Art. 2, S. 7.
[1352] Vgl. ebd., Art. 3, S. 10 sowie Art. 33, S. 51.
[1353] Vgl. ebd., Art. 9, S. 17.
[1354] LG 31,2. Vgl. auch Christifideles Laici, Art. 9, 17.
[1355] Vgl. Christifideles Laici, Art. 9, 17. Vgl. auch LG 31. Vgl. außerdem Christifideles Laici, Art. 36, S. 56–57 und Art. 51, S. 81.
[1356] Christifideles Laici, Art. 9, S. 18.
[1357] Ebd., Art. 10, S. 18.
[1358] Vgl. ebd., Art. 11, S. 18–19.
[1359] Vgl. ebd., Art. 12, S. 19.
[1360] Vgl. 1 Petr 2,5 und Christifideles Laici, Art. 13, S. 20.

Von zentraler Bedeutung, um die Rolle der Laien zu beschreiben, sind die Ausführungen in den Artikeln 14 und 15 von Christifideles Laici. So wird dort die konziliare Lehre von den tria munera aufgegriffen und auf die Situation der Laien übersetzt. Der Ursprung für den Anteil aller Glieder des Volkes Gottes am priesterlichen, prophetischen und königlichen Dienst Jesu Christi liegt dabei in der Taufwürde und -gnade jedes Christen begründet.[1361] Grundsätzlich stellt Christifideles Laici dazu heraus, dass die Tria-Munera-Lehre in einer engen, lebensmäßigen Verbindung zum konziliaren Gedanken der Communio steht: „Weil sie [=die Tria-Munera-Lehre] sich von der kirchlichen communio ableitet, muss die Teilhabe der Laien am dreifachen Amt Christi in der communio und um des Wachstums der communio willen gelebt und verwirklicht werden."[1362] Ausdrücklich wird damit ausgesagt, dass das gesamte Gottesvolk somit teilhat an dieser dreifachen Sendung[1363] und demzufolge auch die Laien aufgrund der gemeinsamen Taufwürde mitverantwortlich sind für die Sendung der Kirche.[1364] Das Dokument Christifideles Laici erhebt für sich selbst den Anspruch, „in einer Synthese auf die wesentlichen Elemente dieser Lehre“[1365] hinzuweisen. Beim Anteil der Laien am munus sanctificandi wird vor allem auf die Bedeutung der Eucharistie und die Tatsache hingewiesen, dass die Laien durch ihr Tun die Welt Gott selber weihen.[1366] Darüber hinaus zeugen all die Werke, Gebete, apostolischen Unternehmungen der Laien sowie das Ehe- und Familienleben, die tägliche Arbeit und das Ertragen von Lebenslasten vom Anteil der Laien am priesterlichen Dienst Christi.[1367] Der Anteil der Laien am munus propheticum zeigt sich vor allem in der Befähigung und Verpflichtung, das Evangelium im Glauben anzunehmen und es durch Worte und Werke zu verkündigen. Die Laien sind demnach wie alle Getauften berufen, Zeugen des auferstandenen Christus zu sein und auch hierin seine Gnade „in ihrem täglichen Familien- und Gesellschaftsleben sichtbar werden zu lassen und mutig und geduldig inmitten der Widersprüche unserer Zeit ‚auch durch die Strukturen des Weltlebens‘ ihre Hoffnung auf die ewige Herrlichkeit zu bezeugen.“[1368] Vor allem den komplexen Prozessen der Säkularisierung, des fortschreitenden Indifferentismus und des Atheismus sollen Laien aktiv mit ihrem Glaubenszeugnis begegnen.[1369] Über den Anteil der Laien am munus regendi wird nur knapp darauf verwiesen, dass die Laien zur Ausfaltung des Reiches Gottes in

1361 Vgl. Christifideles Laici, Art. 14, S. 20 und Art. 14, S. 22.
1362 Ebd., Art. 14, S. 22.
1363 Vgl. ebd., Art. 14, S. 21 sowie Art. 64, S. 101.
1364 Vgl. ebd., Art. 15, S. 23.
1365 Ebd., Art. 14, S. 21.
1366 Vgl. ebd., Art. 14, S. 21. Vgl. auch LG 34.
1367 Vgl. Christifideles Laici, Art. 14, S. 21.
1368 Christifideles Laici, Art. 14, S. 22. Vgl. auch LG 35.
1369 Vgl. Christifideles Laici, Art. 34, S. 52–53.

der Geschichte, zum Überwinden der Sünde sowie zum Dienst an den Ärmsten berufen sind.[1370]

Der Laie als Glied des Volkes Gottes ist selbstverständlich auch Teil der communio, die „das eigentliche Geheimnis der Kirche“[1371] bedeutet. Die Dimension der Communio stellt die Ausgangssituation für die Sendung und die Verantwortung der Laien in der Kirche dar.[1372] Die Communio-Ekklesiologie des Zweiten Vatikanischen Konzils bildet dabei die zentrale Grundlage, die die Kirche nicht nur als soziologische oder psychologische Größe, sondern auch als Mysterium wie in den Aussagen von LG 1 beschreibt. Innerhalb dieser Communio-Struktur der Kirche, die „gekennzeichnet von der Koexistenz der Verschiedenheit und der Komplementarität der Berufungen, Lebenssituationen, Diensten, Charismen und Verantwortungen“[1373] ist, stellt der Dienst der Laien einen „besonderen und komplementären Dienst“[1374] zum Dienst der Hirten dar.[1375]

Darüber hinaus werden die Ausführungen über die tria munera durch die Einordnung der Konzilsaussagen über den Weltcharakter der Laien ergänzt. Darin sieht das Dokument Christifideles Laici das in der Taufwürde begründete Proprium der Laien, das diese von den Priestern und Ordensleuten „zwar unterscheidet, aber doch nicht trennt."[1376] So wird dieser Weltcharakter, der den Laien in besonderer Weise zu eigen ist,[1377] als Ort der Laien in der Kirche bezeichnet, der sie voll, sachgerecht und spezifisch beschreibt.[1378] Dabei wird durchaus darauf verwiesen, dass diese säkulare Dimension der Sendung der Kirche nicht exklusiv von den Laien, sondern von allen Gliedern der Kirche auf verschiedene Weise ausgeübt wird.[1379] Die Lebensverhältnisse der Getauften sind dabei nicht nur äußerliche und milieubedingte Deskriptionen, sondern sind für jeden eine Wirklichkeit, die in Jesus Christus die Fülle ihrer Bedeutung finden muss.[1380] So wird in Bezug auf die christlichen Laien die Welt als der Bereich beschrieben, der „zum Mittel der Erfüllung der christlichen Berufung der Laien“[1381] wird. Das Sein und Handeln in der Welt beinhalten demnach für die Laien nicht nur eine anthropologische und soziologische Dimension,

1370 Vgl. ebd., Art. 14, S. 22 sowie Art. 41, S. 64–65.
1371 Ebd., Art. 18, S. 29.
1372 Vgl. ebd., Art. 18, S. 29 sowie Art. 64, S. 101.
1373 Ebd., Art. 20, S. 31.
1374 Ebd., Art. 20, S. 33.
1375 Vgl. ebd., Art. 20, S. 31–33 sowie Art. 27, S. 42.
1376 Ebd., Art. 15, S. 23; Art. 64, S. 101 und Art. 55, S. 89.
1377 Vgl. LG 31.
1378 Vgl. Christifideles Laici, Art. 15, S. 23 sowie Art. 36, S. 54.
1379 Vgl. ebd., Art. 15, S. 23.
1380 Vgl. ebd., Art. 15, S. 23.
1381 Ebd., Art. 15, S. 24. Vgl. auch LG 31.

sondern auch eine theologische und eine kirchliche.[1382] „Die konkrete Form der örtlichen Realisierung der Kirche“[1383] stellt die Pfarrei dar. Auch wenn nicht alle „Arten religiöser Ausstrahlung“[1384] dort ihren Mittel- und Ausgangspunkt haben[1385], wird den Laien dennoch empfohlen, die große „Flexibilität, die das Kirchenrecht vor allem durch die Förderung der Teilhabe der Laien an der pastoralen Verantwortung gewährt“[1386], zu nutzen.

Das durchaus weite Verständnis des Konzils über die Sendung der Laien in Kirche und Welt wird im nachsynodalen apostolischen Schreiben Christifideles Laici auf den Weltauftrag verkürzt, wenn der Ort der Laien in der Kirche ausschließlich durch diesen Weltauftrag charakterisiert werden muss.[1387] Im Weiteren wird herausgestellt, dass sich die Würde der Laien aus der ersten und fundamentalen Berufung zur Heiligkeit speist, die sie mit allen Gliedern der Kirche gemeinsam haben.[1388] Die Wurzeln dieser Berufung liegen sakramental in der Taufe verankert und sollen sich für die Laien im „Einbezogensein in den weltlichen Bereich und in ihrer Teilnahme an den irdischen Tätigkeiten“[1389] entfalten. Ausdrücklich werden mit Verweis auf das Konzil[1390] die Einheit des alltäglichen, familiären, beruflichen und gesellschaftlichen Lebens der Laien als zentrale Elemente ihres geistlichen Lebens eingeordnet.[1391] Diese Berufung zur Heiligkeit ist demzufolge „mit der Sendung, sowie mit der Verantwortung, die den Laien in der Kirche und in der Welt anvertraut ist, auf’s engste verknüpft.“[1392] Zusammenfassend wird in Christifideles Laici festgehalten, dass „die christliche Würde, die Ursprung der Gleichheit aller Glieder der Kirche ist“[1393], den Geist der Communio sowie die apostolische und missionarische Dynamik der Laien fördert.[1394] Darin enthalten ist die anspruchsvolle Herausforderung an alle Laien dafür Sorge zu tragen, dass die göttliche Botschaft mehr und mehr allen Menschen aller Zeiten und überall auf der Erde verkündet werden soll.[1395]

Zusammenfassend lässt sich festhalten, dass gerade in Bezug auf die Fragestellung nach dem Laien als Glied des Volkes Gottes und als Sendungsträger

1382 Vgl. Christifideles Laici, Art. 15, S. 24.
1383 Ebd., Art. 26, S. 40.
1384 Ebd., Art. 26, S. 40.
1385 Vgl. ebd., Art. 26, S. 41.
1386 Ebd., Art. 26, S. 41.
1387 Vgl. ebd., Art. 15, S. 24.
1388 Vgl. ebd., Art. 16, S. 25.
1389 Ebd., Art. 17, S. 26.
1390 Vgl. AA 4.
1391 Vgl. Christifideles Laici, Art. 17, S. 26.
1392 Ebd., Art. 17, S. 26.
1393 Ebd., Art. 17, S. 28.
1394 Vgl. ebd., Art. 17, S. 28.
1395 Vgl. ebd., Art. 17, S. 28. Vgl. auch LG 33.

das nachsynodale Apostolische Schreiben Christifideles Laici wesentliche Aspekte der konziliaren Theologie insbesondere aus Lumen Gentium rezipiert. Der Auftrag der Laien, auch innerhalb der Kirche zu wirken, bleibt dabei dennoch hinter der Überbetonung des Weltcharakters zurück. Pastorale Aufgaben von Laien werden kaum, pastorale Berufe von Laien gar nicht thematisiert.

5.3 Das Handeln im Namen der Kirche innerhalb des Dokumentes Christifideles Laici

Das Handeln im Namen der Kirche wird innerhalb des nachsynodalen Apostolischen Schreibens Christifideles Laici vor allem in den Artikeln 21–24 behandelt. Das Schreiben hat die Intention, „die Ämter und Charismen in ihrer unmittelbaren Beziehung zu den Laien und zu ihrer Teilhabe am Leben der Kirche als communio“[1396] zu betrachten. Daran anknüpfend wird in Bezug auf die vielfältigen und verschiedenartigen Ämter in der Kirche herausgestellt, dass jedes Amt immer Teilhabe am Amt Jesu Christi bedeutet.[1397] In den nachfolgenden Erklärungen zu den vom Ordo abgeleiteten Ämtern[1398] sowie den grundlegenden „kritischen Beurteilungen über den undifferenzierten Gebrauch des Terminus ‚Amt‘“[1399] wird deutlich, dass mit dem Begriff *Amt* nur die Dienste von geweihten christifideles versehen werden. Das Schreiben hält entgegen dem CIC/1983 an einer vorkonziliaren Ämtertheologie fest, wenn dort grundlegend formuliert wird, dass „nicht eine Aufgabe […] das Amt [konstituiert], sondern das Sakrament des Ordo.“[1400] Wahrnehmbar steckt hinter dieser Formulierung die Angst, dass Laien sich durch die Ausübung gewisser kirchlicher Dienste, die in Bezug auf die Hirten durchaus als Ämter bezeichnet werden, anmaßen könnten Hirten zu sein.[1401] So wird daneben, auch in kritischer Referenz zum vorher genannten CIC/1983, herausgestellt, dass sich im Zuge der liturgischen Erneuerung der Übergang von der effektiven Mitwirkung von Laien an der Liturgie bis zu dem Mitwirken am Verkündigungsdienst und der Seelsorge „spontan“[1402] vollzogen habe.[1403] Im Weiteren fällt durchaus

1396 Vgl. Christifideles Laici., Art. 21, S. 33.
1397 Vgl. ebd., Art. 21, S. 33.
1398 Vgl. ebd., Art. 22, S. 34.
1399 Ebd., Art. 23, S. 35.
1400 Ebd., Art. 23, S. 35.
1401 Vgl. ebd., Art. 21, S. 35–37.
1402 Ebd., Art. 23, S. 35. Dabei bleibt offen, was damit letztlich gemeint sein soll.
1403 Vgl. ebd., Art. 23, S. 35.

auf, dass in Bezug auf Laien der Begriff des *Amtes* vermieden wird. Dabei werden vor allem die „Unklarheit und wiederholte Nivellierungen zwischen dem gemeinsamen Priestertum und dem Amtspriestertum“[1404] als Grundlage für eine *Klerikalisierung der Laien* kritisiert, die eine kirchliche Dienststruktur parallel zum Ordo darzustellen versucht.[1405] Die Dienste, Aufgaben und Funktionen, die Laien auf der sakramentalen Grundlage von Taufe und Firmung beziehungsweise vielfach auch aufgrund ihrer Ehe ausüben, sollen von den Hirten dennoch anerkannt und gefördert werden.[1406] Der wesenhafte Unterschied des Amtes der Hirten gegenüber den Aufgaben der Laien soll dabei aber klar herausgestellt werden.

Nach den Jugendlichen[1407], Kindern[1408] und alten Menschen[1409] wird im Weiteren auch die Rolle der Frau zur Sendung der Kirche hervorgehoben. Dabei wird betont, dass auch die Frau „zu bestimmten Aufgaben“[1410] in der Kirche berufen ist. Das Sakrament des Ordo wird dabei „auf der Ebene der Funktion und nicht auf der Ebene der Würde und der Heiligkeit“[1411] angesiedelt und somit ausschließlich Männern vorbehalten. Trotzdem ist es notwendig, die Aufgabe der Frau in der Sendung der Evangelisierung und im Leben der Kirche zu fördern und von „der theoretischen Erkenntnis einer aktiven und verantwortlichen Präsenz der Frau in der Kirche zur praktischen Verwirklichung fortzuschreiten.“[1412] Dabei hat das Schreiben allerdings nicht pastorale Laienberufe, sondern eher Partzipationsmöglichkeiten wie die Teilnahme am Diözesan- oder Pfarrpastoralrat im Blick.[1413]

Außerdem wird konsequenterweise den Hirten auch nachdrücklich angeraten, nicht leichtfertig oder unrechtmäßig „auf vermeintliche ‚Notsituationen‘ oder auf die Notwendigkeit einer Stellvertretung, wo sie in der Tat nicht vorhanden sind oder wo man sie mit einer rationelleren Planung vermeiden könnte“[1414], zu rekurrieren. So wird festgehalten, dass der Dienst der Laien vor allem in der Welt zu verwirklichen ist und dabei der Unterschied zwischen dem Amtspriestertum und dem gemeinsamen Priestertum klar herauszustellen ist. Die rechtliche Dimension des Handelns von Laien im Namen der Kirche wird in dieser Diskussion weder aufgegriffen noch entfaltet. Lediglich in Bezug auf christliche Politiker wird der Begriff vom *Handeln im Namen der Kirche*

1404 Ebd., Art. 21, S. 35–36.
1405 Vgl. ebd., Art. 21, S. 35–36.
1406 Vgl. ebd., Art. 21, S. 35.
1407 Vgl. ebd., Art. 46, S. 74–75.
1408 Vgl. ebd., Art. 47, S. 75–76.
1409 Vgl. ebd., Art. 48, S. 76–77.
1410 Ebd., Art. 49, S. 78.
1411 Ebd., Art. 51, S. 81.
1412 Vgl. ebd., Art. 51, S. 82.
1413 Vgl. ebd., Art. 51, S. 82.
1414 Ebd., Art. 21, S. 36.

verwendet.[1415] Dabei wird vor allem der Aspekt der Abgrenzung zum Apostolat und Handeln im eigenen Namen herausgestellt.[1416] Ein eigenständiges Handeln im Namen der Kirche durch Beauftragung, wie er den pastoralen Laienberufen zu Grunde liegt, ist an dieser Stelle aber keinesfalls intendiert. Die besonderen Charismen, die jeder Gläubige besitzt, werden als Gaben des Heiligen Geistes bezeichnet, die es im Sinne der Sendung der gesamten Kirche zu nutzen gilt. Ausdrücklich wird dabei darauf verwiesen, dass kein Charisma von der Rückbindung an die Hirten der Kirche dispensiert.[1417] In Bezug auf den Beruf des Pastoralreferenten und das mögliche Handeln im Namen der Kirche wird zumindest den Bischofskonferenzen die Freiheit zugebilligt, dass diese nach geeigneten Mitteln und Wegen suchen sollen, die Mitarbeit von Laien weiterzuentwickeln.[1418]

5.4 Die besondere Qualifizierung von Laien durch theologische Bildung innerhalb des Dokumentes Christifideles Laici

Das fünfte Kapitel des nachsynodalen Apostolischen Schreibens Christifideles Laici befasst sich ausdrücklich mit der Erziehung und Ausbildung der Laien.[1419] Darin wird zunächst grundlegend die Pflicht der Gläubigen angesprochen ihre Freiheit zu nutzen, um sich selbst weiterzuentwickeln, zu bilden und zu erziehen, um die persönliche Verantwortung, die allen zukommt, wahrzunehmen.[1420] Grundziel beziehungsweise „Kristallisationspunkt“[1421] jeglicher Bildung und Erziehung ist dabei immer, die individuelle Berufung zu stärken und zu fördern, um den eigenen Sendungsanteil durch konkretes Tun zu verwirklichen.[1422] In diesem Zusammenhang wird auch darauf hingewiesen, dass das „spirituelle“[1423] und „welthafte“[1424] Leben der Laien eine Einheit darstellen.[1425] Dementsprechend müssen sich Erziehung und Bildung auf alle Lebensbereiche

1415 Vgl. ebd., Art. 42, S. 67.
1416 Vgl. ebd., Art. 42, S. 67.
1417 Vgl. ebd., Art. 24, S. 38.
1418 Vgl. ebd., Art. 25, S. 40.
1419 Ebd., 57–63, S. 92–100.
1420 Vgl. ebd., Art. 57, S. 92.
1421 Ebd., Art. 58, S. 93.
1422 Vgl. ebd., Art. 58, S. 93.
1423 Ebd., Art. 59, S. 94.
1424 Ebd., Art. 59, S. 94.
1425 Vgl. ebd., Art. 59, S. 94.

des Menschen erstrecken, da er ja Bürger der menschlichen Gesellschaft und Glied der Kirche ist.[1426]

Konkret werden unterschiedliche Aspekte von Bildung innerhalb des Schreibens Christifideles Laici entfaltet. So wird zunächst der spirituellen Bildung, die als ständiges Wachsen in der Intimität zu Christus charakterisiert wird, ein privilegierter Stellenwert zugewiesen.[1427] Weiter wird auf die theologische Schulung von Laien als Anforderung der Welt mit ihren komplexen Problemen hingewiesen.[1428] Dabei wird vor allem eine systematische, kultur-, lebenssituations- und altersangemessene Bildung angemahnt.[1429] Der Text hat bei diesen Ausführungen wohl kaum eine wissenschaftliche oder gar universitäre theologische Ausbildung im Blick, wenn diese theologische Schulung nachfolgend als „angepasste Katechese"[1430] bezeichnet wird. Unabhängig davon wird darüber hinaus für bestimmte Laien eine „tiefere Kenntnis der Soziallehre der Kirche"[1431] im Sinne eines sozialen Gewissens gefordert. Neben diesen Elementen betont Christifideles Laici die persönliche Stärkung menschlicher Werte, da diesen Werten eine besondere Bedeutung für das apostolische und missionarische Tun der Laien zukommt.[1432]

Das Schreiben stellt im Weiteren in Analogie zur Erziehung von Kindern durch Vater und Mutter Gott als den ersten sowie großen Erzieher und Mutter Kirche als seine Gehilfin dar.[1433] So sollen die Laien von der Kirche und in der Kirche zur gegenseitigen Gemeinschaft und Mitarbeit in Bezug zu allen Gliedern der Kirche erzogen werden.[1434] Insbesondere gegenüber der Universalkirche und dem Papst kommt den Laien lediglich die Aufgabe des bereitwilligen und liebevollen Gehorchens zu. Darüber hinaus kennt Christifideles Laici pastorale Berufe beziehungsweise den „pastoralen Weg"[1435] allein für Priester und Ordensleute und nicht für Laien.[1436] Lediglich in Zusammenhang mit der Missionserfahrung in den jungen Kirchen wird „Erziehung und Ausbildung nicht nur des Ortsklerus, sondern auch reifer und verantwortlicher Laien"[1437] im Sinne einer plantatio Ecclesiae empfohlen.

In Artikel 62, der inhaltlich von *anderen Erziehungsbereichen* handelt, werden neben der christlichen Familie als Hauskirche und Ersterfahrung von

[1426] Vgl. ebd., Art. 59, S. 94.
[1427] Vgl. ebd., Art. 60, S. 95.
[1428] Vgl. ebd., Art. 60, S. 95.
[1429] Vgl. ebd., Art. 60, S. 95.
[1430] Ebd., Art. 60, S. 95. Vgl. auch ebd., Art. 34, S. 54.
[1431] Ebd., Art. 60, S. 95.
[1432] Vgl. ebd., Art. 60, S. 96.
[1433] Vgl. ebd., Art. 61, S. 96–97.
[1434] Vgl. ebd., Art. 61, S. 97.
[1435] Ebd., Art. 61, S. 98.
[1436] Vgl. ebd., Art. 61, S. 98.
[1437] Ebd., Art. 35, S. 55.

Kirche auch katholische Schulen und Universitäten erwähnt.[1438] Dabei wird jedoch auf Theologie als Unterrichtsfach nur indirekt eingegangen. Vielmehr werden Anforderungen an alle Laien formuliert, die sich als Erzieher in Schulen und Universitäten einbringen. So wird von ihnen verlangt, dass sie glaubhafte Zeugen des Evangeliums sein sollen, die sich durch berufliche Kompetenz und Redlichkeit, durch christliche Ausrichtung des Unterrichts und durch das Beispiel ihres Lebens auszeichnen sollen.[1439]

Alles in allem bleibt in Bezug auf die Fragestellung nach der besonderen Qualifikation durch theologische Bildung festzuhalten, dass dieses Denkmuster dem nachsynodalen Apostolischen Schreiben Christifideles Laici fremd ist. Auch wenn das fünfte Kapitel sich eigener Aussage nach ausdrücklich mit Erziehung und Ausbildung der Laien beschäftigen will, bleibt der Text doch beschränkt auf katechetische Unterweisung und christliche Erziehung von Laien. Der Zugang zu Studium, Forschung und Lehre der Theologie wird nur in Kapitel 4 in Bezug zur Rolle der Frau in der Kirche in einem Nebensatz erwähnt.[1440] Darüber hinaus kommt die wissenschaftliche Theologie im Allgemeinen oder als Eignungsvoraussetzung für Laien, um pastorale Berufe auszuüben, im Schreiben nicht vor. Dementsprechend ist diesbezüglich der Mehrwert von Christifideles Laici für den Beruf des Pastoralreferenten nicht zu erkennen.

5.5 Zusammenfassung

Die Ausgangsfrage für dieses Kapitel lautete, inwiefern das nachsynodale Apostolische Schreiben Christifideles Laici für das Berufsbild der Pastoralreferenten theologisch und kirchenrechtlich relevante Präzisierungen und Weiterführungen vorgenommen hat.

In Bezug auf Laien als Glieder des Volkes Gottes und als Sendungsträger greift das Schreiben wesentliche konziliare Ausführungen auf. Laien werden dort als Glieder des Volkes Gottes dargestellt, die wesentlicher Bestandteil der Communio-Struktur der Kirche sind. Aus der Taufe erwächst ihnen die Teilhabe an den tria munera, die sie in ihrer Weise im Sinne der Realisierung der Sendung der Kirche verwirklichen sollen. Deutlich über die Aussagen des Konzils hinaus wird der sogenannte Weltcharakter der Laien betont. Dadurch wird allerdings auf der anderen Seite die Verwirklichung der Sendung und der Dienst der Laien innerhalb der Kirche relativiert. Prinzipiell bieten die Aus-

1438 Vgl. ebd., Art. 62, S. 98–99; Art. 34, S. 54; Art. 40, S. 63–64 sowie Art. 52, S. 84–85.
1439 Vgl. ebd., Art. 62, S. 99.
1440 Vgl. ebd., Art. 51, S. 82.

führungen von Christifideles Laici zu diesem Gliederungspunkt im Vergleich zum Zweiten Vatikanischen Konzil oder dem geltenden Kirchenrecht keine wesentlichen Neuerungen oder Ergänzungen.

Die Frage nach der besonderen Qualifikation von theologischer Bildung insbesondere für die Befähigung von Laien für die Pastoral ist nicht Gegenstand des päpstlichen Schreibens. Es werden lediglich allgemeine Ausführungen zu Erziehung und Ausbildung der Laien behandelt, die kaum ergänzend oder gar präzisierend für den Beruf des Pastoralreferenten herangezogen werden könnten.

Auch der Aspekt des Handelns im Namen der Kirche durch Laien wird nicht ausführlicher behandelt. Sehr wohl werden jedoch auf die Bedeutung des Weihepriestertums und die notwendige klarere Unterscheidung zum gemeinsamen Priestertum aller Getauften hingewiesen. In diesem Zusammenhang wird vor allem der Begriff des *Amtes* zum Kristallisationspunkt für eine derartige Abgrenzungslehre. Nur um den einen – kirchenrechtlich inkorrekten – Satz, dass *nicht eine Aufgabe, sondern der Ordo das Amt konstituiert*[1441], in die Rahmenstatuten 2011 übernehmen zu können, ist der Mehrwert des Dokuments beziehungsweise die Präzisierung und Weiterführung[1442] für den Beruf des Pastoralreferenten auch in diesem Punkt nicht erkennbar.

Aus kirchenrechtlicher Sicht werden bei dem nachsynodalen Apostolischen Schreiben Christifideles Laici keine relevanten Ausführungen vorgenommen. Das Schreiben bringt höchstens die mens legislatoris in Bezug auf die entsprechenden Rechtstexte zum Ausdruck. Alles in allem jedoch bietet der gesamte Text für das Berufsbild der Pastoralreferenten weder theologisch noch kirchenrechtlich bedeutsame oder entscheidende Weiterführungen und Präzisierungen.

1441 Vgl. ebd., Art. 23, S. 35. Vgl. auch Rahmenstatuten 2011, in: DDB Nr. 96, 1.3.4, 15.
1442 Vgl. Rahmenstatuten 2011, in: DDB Nr. 96, 1., 11.

6. IMPULSE FÜR DEN BERUF DES PASTORALREFERENTEN AUS DEM DOKUMENT „INSTRUKTION ZU EINIGEN FRAGEN ÜBER DIE MITARBEIT DER LAIEN AM DIENST DER PRIESTER“

Am 15. August 1997 wurde das Dokument „Instruktion zu einigen Fragen über die Mitarbeit der Laien am Dienst der Priester“[1443] als Verlautbarung des Apostolischen Stuhls veröffentlicht und vom Sekretariat der Deutschen Bischofskonferenz herausgegeben. Hünermann merkt dazu an, dass das Echo bei den Gemeinde- und Pastoralreferenten und vielen anderen engagierten Laien von momentanem Erschrecken über ernsthafte Fragen, ob die Kirche solche Dienste überhaupt wolle, bis zu Resignation und Aufgabe von Diensten reichte.[1444] Dennoch wird dieses Dokument von den Verfassern der Rahmenstatuten von 2011 in Bezug auf das Berufsbild der pastoralen Laienberufe als theologisch bedeutsam zu Beginn der Theologischen Präambel explizit erwähnt und als Präzision und Weiterführung der Konzilstexte qualifiziert.[1445] Aus diesem Grund gilt es, diese Instruktion näher zu untersuchen, um die Frage zu klären, inwieweit ihre Inhalte rezipiert wurden und in welcher Hinsicht sie für das Berufsbild der Pastoralreferenten von Bedeutung sind.

1443 Kongregation für den Klerus – Päpstlicher Rat für die Laien – Kongregation für die Glaubenslehre – Kongregation für den Gottesdienst und die Sakramentenordnung – Kongregation für die Bischöfe – Kongragation für die Evangelisierung der Völker – Kongregation für die Institute des geweihten Lebens und für die Gesellschaften des apostolischen Lebens – Päpstlicher Rat für die Interpretation von Gesetzestexten, Instruktion Ecclesiae de Mysterio zu einigen Fragen über die Mitarbeit der Laien am Dienst der Priester vom 15. August 1997, in: AAS 89 (1997) 852–877. Deutscher Text der Instruktion zu einigen Fragen über die Mitarbeit der Laien am Dienst der Priester: Sekreteriat der deutschen Bischofskonferenz (Hg.), in: Verlautbarungen des Apostolischen Stuhls 129, Bonn 1997
Sofern im Nachfolgenden der komplette Titel dieser Instruktion verwendet wird, wird zugunsten der Lesbarkeit, entgegen des bisherigen Vorgehens in dieser Arbeit (bei Quellen auf die Anführungszeichen zu verzichten) dieser Quellentitel durch Anführungszeichen gerahmt.

1444 Hünermann, Peter: Vorwort des Herausgebers, in: ders. (Hg.): Und dennoch…, Die römische Instruktion über die Mitarbeit der Laien am Dienst der Priester. Klarstellungen – Kritik – Ermutigungen, Freiburg im Breisgau 1998, 7–8, hier: 7. In der weiteren Analyse der Instruktion führt Hünermann (Hünermann, Peter: Zum kirchenpolitischen Hintergrund und zur Bedeutung der Instruktion, in: ders. (Hg.): Und dennoch…, Die römische Instruktion über die Mitarbeit der Laien am Dienst der Priester. Klarstellungen – Kritik – Ermutigungen, Freiburg im Breisgau 1998, 9–28) aus, welche kirchenpolitischen Aspekte der Instruktion zu Grunde lagen.

1445 Vgl. Rahmenstatuten 2011, in: DDB Nr. 96, 1., 11.

6.1 Hinführung

Das Dokument wurde von Papst Johannes Paul II. am 13. August *in forma specifica* approbiert. Es ist in seiner italienischen Textfassung von Präfekten beziehungsweise Propräfekten oder Präsidenten von acht Kurienorganen unterzeichnet. Die Unterschrift des Papstes trägt es nicht. Mit c. 34 ist dennoch anzumerken, dass eine Instruktion kein neues Gesetz darstellt, sondern vorhandene Gesetze erklären und Vorgehensweisen entfalten und bestimmen will, die bei den Gesetzesausführungen zu beachten sind.[1446] Weiter betont der Gesetzgeber, dass Anordnungen von Instruktionen Gesetze nicht aufheben können und, sofern sie den geltenden Gesetzen entgegenstehen, keinen Rechtscharakter besitzen.[1447] Hallermann arbeitet heraus, dass die Approbation des Dokumentes *in forma specifica* durch den Papst keine neue rechtliche Ausgangslage schafft.[1448]

Stefan Knobloch erkennt in den deutschsprachigen Pfarreien und Diözesen die Hauptadressaten der vorliegenden Instruktion.[1449] Schon der Titel des Dokumentes „Instruktion zu einigen Fragen über die Mitarbeit der Laien am Dienst des Priesters" lässt erahnen, dass hier die Theologie der Würzburger Synode aufgegriffen wird, wonach jedes kirchliche Apostolat der Laien immer in Abhängigkeit zu einem Priester gesehen wird.

Das 37 Seiten umfassende Dokument ist zweigeteilt. Zunächst werden im ersten Teil vier theologische Prinzipien[1450] näher beschrieben, ehe im zweiten Teil im Sinne einer pastoralen Konkretion *Praktische Verfügungen*[1451] folgen. Kirchenrechtlich bleibt allerdings offen, was mit diesen erlassenen Verfügungen gemeint ist.[1452] Umrahmt werden diese beiden Teile von einem Vorwort und einem Schlusswort. An zwei Stellen der Theologischen Präambel der Rahmen-

[1446] Vgl. c. 34 § 1. Vgl. dazu auch Hallermann, Instructio, 307–308 (Anm. 38).

[1447] Vgl. c. 34 § 2. Zur formalen Beurteilung dieser Instruktion: Vgl. Riedel-Spangenberger, Ilona: Kirchenrechtliche Analyse der römischen Instruktion, in: Hünermann, Peter (Hg.): Und dennoch... Die römische Instruktion über die Mitarbeit der Laien am Dienst der Priester. Klarstellungen – Kritik – Ermutigungen, Freiburg/Basel/Wien 1998, 68–95, hier: 68–71 sowie außerdem Meckel, Konzil und Codex, 143–144 (Anm. 42).

[1448] Vgl. Hallermann, Heribert: Die ‚approbatio in forma specifica' – Ein Instrument zum Schutz des geltenden Rechts, in: ÖAKR 45 (1998), 160–171. Vgl. auch Riedel-Spangenberger, Analyse, 68–69 (Anm. 1447).

[1449] Vgl. Knobloch, Stefan: Zurück vor das Konzil? Die Instruktion und die Texte des II. Vatikanischen Konzils, in: Hünermann, Peter: Und dennoch…, Die römische Instruktion über die Mitarbeit der Laien am Dienst der Priester. Klarstellungen – Kritik – Ermutigungen, Freiburg im Breisgau 1998, 50–67, hier: 51.

[1450] Folgende Prinzipien werden dabei angeführt: 1. Gemeinsames Priestertum und Priestertum des Dienstes; 2. Einheit und Verschiedenheit der amtlichen Aufgaben; 3. Unersetzbarkeit des Weiheamtes und 4. Mitarbeit der Laien am pastoralen Dienst.

[1451] Hierbei werden unterschiedliche Themen in 13 Artikeln näher erläutert.

[1452] Vgl. Riedel-Spangenberger, Analyse, 73 (Anm. 1447).

statuten für Pastoral- und Gemeindereferenten von 2011 wird ausdrücklich auf die Instruktion verwiesen.[1453]

Das Ziel dieser Instruktion besteht nach eigenen Aussagen „einfach darin, eine klare und verbindliche Antwort zu geben auf drängende und zahlreich bei unseren Dikasterien eingelangte Anfragen von Bischöfen, Priestern und Laien, die gebeten haben, hinsichtlich neuer Formen ‚pastoraler' Tätigkeit von Laien im Bereich der Pfarreien und Diözesen aufgeklärt zu werden."[1454] Riedel-Spangenberger arbeitet zudem heraus, dass es letztlich um eine Profilschärfung des im Sakrament der Weihe begründeten Priestertums geht, indem dieser wesentliche priesterliche Dienst mit den aus den „gegenwärtigen Not- und Ausnahmesituationen"[1455] entstandenen *Ersatzdiensten* von Laien konfrontiert wird.[1456] In der Schlussbemerkung des zweiten theologischen Prinzips wird die grundlegende Angst und das Motiv der Verfasser der Instruktion benannt: Dort wird der „Mangel an geweihten Amtsträgern"[1457] und der „Rückgang der Kandidaten für das Priestertum"[1458] in einen kausalen Zusammenhang gesetzt mit dem pastoralen Engagement der Laien beziehungsweise deren pastoralen Dienst. Begründet wird diese Haltung durch ein „Verständnis vom gemeinsamen Priestertum der Gläubigen [...], das seinen eigentlichen Sinn und seine spezifische Bedeutung [hier: die Bedeutung des hierarchischen Priestertums] verwischt"[1459]. Angesichts der einseitigen und fragwürdigen Rezeption der Konzilstexte von Lumen Gentium und Apostolicam Actuositatem durch die Verfasser der Instruktion ist eine solche Verwischung des eigentlichen Sinnes der konziliaren Aussagen[1460] durchaus auch innerhalb dieses Dokumentes diagnostizierbar.[1461]

1453 Vgl. Rahmenstatuten 2011, in: DBB Nr. 96, 1.2.2., 13 sowie 1.3.4., 15.
1454 Instruktion, 8.
1455 Riedel-Spangenberger, Analyse, 79 (Anm. 1447).
1456 Vgl. ebd., 78–79. Vgl. hierzu auch Hünermann, Instruktion, 13 (Anm. 1444).
1457 Instruktion, 13.
1458 Ebd., 13.
1459 Ebd., 13.
1460 Vgl. hierzu die Konzilsaussagen zum kirchlichen Amt, zu den tria munera, zur Sendung und dem Apostolat der Laien und zum Volk Gottes. Ausführlich weiter oben in dieser Arbeit in Kapitel 2 Der Beruf des Pastoralreferenten als Frucht des Zweiten Vatikanischen Konzils.
1461 Vgl. Knobloch, Instruktion, 50 (Anm. 1449).

6.2 Die Laien als Glieder des Volkes Gottes und als Sendungsträger innerhalb der Instruktion

Schon im Titel der „Instruktion zu einigen Fragen über die Mitarbeit der Laien am Dienst der Priester" ist zu erkennen, dass die grundlegende konziliare Aussage, dass Laien aufgrund der Taufe und des damit verbundenen Anteils am gemeinsamen Priestertum aller Getauften Sendungsträger in der Kirche sind, die befähigt sind ihren Teil der Sendung im eigenen Namen zu verwirklichen, verkannt wird. Das Dokument konstatiert zwar die „Notwendigkeit einer angemessenen Terminologie"[1462], bleibt diese jedoch wenigstens in Bezug auf den Begriff der *Laien* selbst schuldig. Vielmehr gilt es den Begriff des *Laien* innerhalb der Instruktion immer neu zu deuten, unabhängig davon, ob damit nun alle Laien oder alle hauptberuflichen Laien in der Pastoral bezeichnet sind.

Darüber hinaus vermittelt die Instruktion den Eindruck, dass die Ekklesiologie vom Dienst des Priesters her zu denken ist, worin Laien lediglich als Unterstützer und Helfer der Kleriker zu verstehen sind.[1463] So wird beispielsweise der Anteil der Laien an den drei munera Jesu Christi und somit an der Sendung der Kirche negiert, wenn die tria munera nur auf die Kleriker bezogen werden.[1464] Hier entsteht der Eindruck, dass Laien „nur als Helfer im Not- oder Ersatzfall für Kleriker erscheinen".[1465] Damit ignoriert die Instruktion die grundlegende Ekklesiologie des Zweiten Vatikanischen Konzils sowie daran anknüpfend die rechtlichen Bestimmungen des geltenden kirchlichen Rechts und bleibt tendenziell im vorkonziliaren Denken des CIC/1917 mit den Klerikern als alleinigen Sendungsträgern verhaftet. Hünermann spricht in diesem Sinne in seiner Einordnung der Instruktion von einer „Verzeichnung der Ekklesiologie des II. Vatikanischen Konzils."[1466] Knobloch stellt zudem heraus, dass der Grundtenor der Instruktion die eigentlich „sekundäre Unterscheidung in die Verschiedenheit der Glieder als primäre Qualität des Gottesvolkes"[1467] wertet und somit hinter die das Volk Gottes verbindende Gemeinschaft der Glaubenden zurücktritt.[1468]

Exemplarisch lassen sich dafür anhand einiger in der Instruktion behandelten, praktischen Verfügungen und anhand der theologischen Prinzipien Beispiele nennen, insbesondere in Bezug auf hauptamtliche Laien in der Pastoral.

1462 Instruktion, 17.
1463 Vgl. bspw. Instruktion, 12–16. Vgl. auch Meckel, Konzil und Codex, 144 (Anm. 42) sowie Riedel-Spangenberger, Analyse, 79 (Anm. 1447).
1464 Vgl. Instruktion, 13.
1465 Meckel, Konzil und Codex, 144 (Anm. 42).
1466 Hünermann, Instruktion, 19 (Anm. 1444).
1467 Knobloch, Instruktion, 54 (Anm. 1449).
1468 Vgl. ebd., 54. Vgl. auch Riedel-Spangenberger, Analyse, 81 (Anm. 1447).

So wird als erstes theologisches Prinzip in der Instruktion das Gemeinsame Priestertum und das Priestertum des Dienstes näher behandelt.[1469] Mit Zitaten aus LG 10 und LG 31 wird die grundsätzliche Teilhabe aller Gläubigen am Priestertum Jesu Christi betont. Die fehlerhafte Zitation von LG 10[1470] verschiebt den wesentlichen Aspekt der gemeinsamen individuellen Grundlage der Taufe durch die vorangestellte Präposition *in dem* hin zu einer ekklesial kollektiven Begründung des gemeinsamen Priestertums. So stellt Knobloch dazu heraus: „Indem die Instruktion diese absolute Aussage gewissermaßen ‚rahmt' durch den Verweis auf das Volk Gottes ‚*in dem* die Getauften [...] geweiht werden' verlagert sie den Akzent von der einzelnen Person und in ihrer Taufe übernommenen persönlichen Berufung, welche kirchenbegründend wirkt, auf das mit der Taufe gegebene lediglich quantitative Wachstum des Gottesvolkes."[1471] Darüber hinaus ist mit Riedel-Spangenberger festzuhalten, dass, anders als die Überschrift vermuten lässt, kaum das gemeinsame Priestertum im Fokus steht, sondern dass im Dokumententext vielmehr ausführlich und nahezu ausschließlich das Priestertum des Dienstes charakterisiert und herausgestellt wird.[1472] Der Sorge, dass die Unterschiede zwischen dem gemeinsamen Priestertum aller Gläubigen und dem Weihepriestertum „irgendwie verwischt"[1473] werden, mit einer allein auf das Weihepriestertum bezogenen Ekklesiologie zu begegnen, sorgt stattdessen zu einer Verwischung der in Lumen Gentium verankerten konziliaren Theologie. Hünermann seinerseits merkt dazu an, dass solche Ausführungen deshalb möglich seien, weil die Zuordnung der Theologie vom gemeinsamen Priestertum zur Theologie des Amtes sowie zur Theologie des hierarchischen Priestertums durch das Konzil

[1469] Vgl. Instruktion, 10–12.

[1470] Vgl. Knobloch, Instruktion, 58 (Anm. 1449). Die Instruktion zitiert LG 10 demnach so: „Sie [die Kirche] ist das Volk des Neuen Bundes, in dem ‚die Getauften durch die Wiedergeburt und die Salbung mit dem Heiligen Geist [...] zu einem geistigen Bau und einem heiligen Priestertum geweiht werden, damit sie in allen Werken eines christlichen Menschen geistige Opfer darbringen und die Machttaten dessen verkünden, der sie aus der Finsternis in sein wunderbares Licht gerufen hat (vgl. 1 Petr 2,4–10)". Bei Lumen Gentium hingegen steht das Zitat wie folgt: „Christus der Herr, als Hoherpriester aus den Menschen genommen (vgl. Hebr 5,1–5), hat das neue Volk ‚zum Königreich und zu Priestern für Gott und seinen Vater gemacht' (vgl. Offb 1,6; 5,9–10). Durch die Wiedergeburt und die Salbung mit dem Heiligen Geist werden die Getauften zu einem geistigen Bau und einem heiligen Priestertum geweiht, damit sie in allen Werken eines christlichen Menschen geistige Opfer darbringen und die Machttaten dessen verkünden, der sie aus der Finsternis in sein wunderbares Licht berufen hat (vgl. 1 Petr 2,4–10)."

[1471] Knobloch, Instruktion, 58 (Anm. 1449).

[1472] Vgl. Instruktion, 11–12. Vgl. ausführlich Riedel-Spangenberger, Analyse, 72–73 (Anm. 1447).

[1473] Vgl. Instruktion, 17. Vgl. auch P. Johannes Paul II.: Ansprache beim Symposium über die ‚Mitarbeit der Laien am pastoralen Dienst der Priester' vom 22. April 1994, in: L'Osservatore Romano, 23. April 1994, hier: 3.

und seine Rezeption zu wenig erörtert wurden.[1474] Knobloch wiederum betont, dass gemäß der Aussage in Lumen Gentium „unum enim et alterum [...] de uno Christi sacerdotio praticipant“[1475] sowohl das Weihepriestertum als auch das gemeinsame Priestertum aller Gläubigen an dem einen Priestertum Jesu Christi teilhätten.[1476]

Das vierte theologische Prinzip „Mitarbeit der Laien am pastoralen Dienst“[1477] zeichnet sich zunächst durch eine auffällige, scheinbar willkürliche Aneinanderreihung und unzulässige Verknüpfung diverser Rechtsvorschriften aus. So wird beispielsweise zwar auf die Konzilstexte verwiesen, aber konkret wird auf das Schreiben Christifideles Laici eingegangen, wenn es um die Mitwirkung der Laien an bestimmten Aufgaben der Hierarchie geht.[1478] Der darauffolgende Abschnitt, in welchem direkt auf den Codex Bezug genommen wird, nimmt die Hermeneutik des kirchlichen Gesetzbuches und die im Verfassungsrecht durch c. 204 § 1 grundgelegte Haltung des Gesetzgebers nicht zur Kenntnis, wonach aufgrund der Taufe alle Gläubigen Anteil an den tria munera und somit an der Sendung der Kirche haben.[1479] Stattdessen werden die Rechte und Pflichten der Laien auf den Weltcharakter der Laien zurückgeführt. Rechtlich unzulässig ist zudem die Kreation einer neuen Norm durch die Vermischung der beiden Canones 228 § 1 und 230 § 1, um die inhaltliche Aussage dahingehend zu ändern, dass nur dort, wo geistliche Amtsträger fehlen, Laien Aufgaben übernehmen können.[1480] Die tendenzielle Aufteilung in Funktionen und Aufgaben, die entweder eher weltlich[1481] und somit den Laien oder eher kirchlich und somit den geistlichen Amtsträgern zuzuordnen sind, ist in Bezug auf die konziliaren Aussagen und auf die Normen des CIC/1983, auf die sie sich beziehen, so nicht haltbar.[1482]

Artikel 2 der praktischen Verfügungen befasst sich der Überschrift nach mit dem „Dienst am Wort Gottes“.[1483] Dabei wird in § 2 durchaus, entgegen den Ausführungen in den theologischen Prinzipien, auf die Teilhabe von

1474 Vgl. Hünermann, Instruktion, 12 (Anm. 1444).
1475 LG 10,2.
1476 Vgl. Knobloch, Instruktion, 62 (Anm. 1449).
1477 Vgl. Instruktion, 14–16.
1478 Vgl. ebd., 14–15.
1479 Vgl. kritisch Instruktion, 15. Vgl. dem entgegen c. 204 § 1 sowie Riedel-Spangenberger, Analyse, 79 (Anm. 1447).
1480 Vgl. kritisch Instruktion, 15. Vgl. dem entgegen cc. 228 § 1 und 230 § 1. Vgl. auch Riedel-Spangenberger, Analyse, 79 (Anm. 1447).
1481 Vgl. Hünermann, Instruktion, 14 (Anm. 1444).
1482 Vgl. weiterhin kritisch Instruktion, 15. Vgl. hierbei auch Knobloch mit seiner hierzu treffenden Analyse und Einordnung von AA 5; AA 6 und LG 31 in: Knobloch, Instruktion, 55–57 (Anm. 1449) sowie Riedel-Spangenberger, Analyse, 81 (Anm. 1447).
1483 Vgl. Instruktion, 19–20.

Laien am munus propheticum verwiesen. Entfaltet wird dies jedoch kaum. Vielmehr wird einschränkend auf die Möglichkeit der Predigt von Laien eingegangen. Diese wird mit Verweis auf c. 766 in § 3 als „Ausnahmefall"[1484] oder in § 4 als „Ersatz"[1485] charakterisiert.[1486] Im diesen Punkt abschließenden § 5 ist auch wieder die Sorge um eine Verwischung der Grenzen zwischen gemeinsamem Priestertum aller Getauften und dem Weihepriestertum erkennbar, wenn explizit darauf verwiesen wird, dass im Rahmen der Sakramentenkatechese ausdrücklich „auf die Rolle und Gestalt des Priesters als alleinigen Ausspender der göttlichen Geheimnisse"[1487] einzugehen ist. Dies wird auch in den Artikeln 6, 7 und 8 der praktischen Verfügungen über die liturgischen Feiern[1488], die Sonntagsgottesdienste bei Abwesenheit des Priesters[1489] und die außerordentlichen Kommunionspender[1490] deutlich. Auch dort wird letztlich die Vorrangstellung des Priesters vor den Laien herausgestellt. „Schon der bloße Anschein von Verwirrung"[1491] und Amtsanmaßung durch Laien soll demnach vermieden werden. Die Dienste von Laien werden in Abhängigkeit vom Dienst des Priesters gedeutet[1492] und als „wertvoller und delikater Dienst"[1493] qualifiziert, der nur eine „vorläufige Lösung"[1494] darstellt. Diese Rolle als Priesterhelfer soll darüber hinaus von den Laien treu und mit Hingabe ausgefüllt werden.[1495] In ähnlicher Weise wird in Artikel 9 das Apostolat an den Kranken[1496] behandelt. Dieses Apostolat wird als ein Gebiet bezeichnet, bei dem „Laien eine wertvolle Mitarbeit leisten".[1497] Im Folgenden behandelt die Instruktion aber analog zu den vorangegangenen Artikeln der praktischen Verfügungen vor allem die Abgrenzung der Laien zu den geweihten Amtsträgern, indem das Verbot der Vornahme von Salbungen durch Laien ausführlich dargelegt wird.[1498]

1484 Ebd., 20.
1485 Ebd., 20.
1486 Vgl. hierzu auch Riedel-Spangenberger, Analyse, 74 (Anm. 1447).
1487 Instruktion, 20.
1488 Vgl. ebd., 25–26.
1489 Vgl. ebd., 26–27.
1490 Vgl. ebd., 27–28.
1491 Ebd., 26.
1492 Vgl. ebd., 26 und 27.
1493 Ebd., 26.
1494 Ebd., 26.
1495 Vgl. ebd., 25.
1496 Vgl. ebd., 29.
1497 Ebd., 29.
1498 Vgl. ebd., 29.

6.3 Das Handeln im Namen der Kirche gemäß der Instruktion

„Nicht eine Aufgabe konstituiert das Amt, sondern das Sakrament der Weihe.“[1499] Mit diesem kirchenrechtlich problematischen Zitat aus dem nachsynodalen Apostolischen Schreiben Christifideles Laici in den Ausführungen der theologischen Prinzipien der vorliegenden Instruktion lässt sich das der Instruktion zu Grunde liegende Verständnis vom kirchlichen Amt treffend beschreiben. So ist erkennbar, dass auch hier die Theologie der Würzburger Synode beziehungsweise des vorkonziliaren Denkens in Bezug auf das kirchliche Amt wahrnehmbar ist. So werden Amtsträger ausschließlich in Abhängigkeit vom Weihesakrament und der darin grundgelegten Vollmacht beschrieben.[1500] Hünermann bezeichnet diese Begründung des Kirchenamtes als eine mittelalterliche Sicht des Ordo, wie sie etwa dem Trienter Konzil zu Grunde lag.[1501] Ebenso wird diesen geistlichen Amtsträgern die Funktion, die Sendung der Apostel weiterzuführen, exklusiv zugesprochen.[1502] Damit wird innerhalb des Textes bewusst eine Trennung zwischen Klerikern und Laien in Bezug auf die Verwirklichung der Sendung der Kirche grundgelegt. Es wird dabei weder der konziliare Ansatz aufgegriffen, wonach die Sendung der Laien ebenfalls wie die Sendung der übrigen Glieder des Gottesvolkes als Apostolat bezeichnet wird, noch wird diesbezüglich die kirchenrechtliche Grundlage des CIC/1983 in adäquater Weise rezipiert.[1503] Die Instruktion lässt daher wenig Spielraum für das konziliare und kirchenrechtlich normierte Konzept, dass Laien Amtsträger in der Kirche sein können und demzufolge auch zu selbstständigem Handeln im Namen der Kirche befähigt sind. Auch wenn innerhalb des Textes nur Kleriker als Amtsträger verstanden werden, ist der grundsätzliche Impuls, dass jedes kirchliche Amt von seiner Natur her einen Dienstcharakter beinhaltet, durchaus sinnvoll – auch in einem Kontext, in dem kirchliche Ämter ebenso von Laien besetzt sind.[1504]

Das zweite theologische Prinzip der Instruktion, „Einheit und Verschiedenheit der amtlichen Aufgaben“[1505], greift zunächst die Tria-Munera-Lehre auf. Allerdings wird diese auf die Träger des Weihesakramentes beziehungsweise auf die „Ausübung der Funktion des geistlichen Dienstes“[1506] reduziert. Da-

1499 Instruktion, 13. Vgl. auch Christifideles Laici, 23.
1500 Vgl. Instruktion, 12. Vgl. auch Knobloch, Instruktion, 61 (Anm. 1449).
1501 Vgl. Hünermann, Instruktion, 10–11 (Anm. 1444).
1502 Vgl. Instruktion, 12.
1503 Vgl. Riedel-Spangenberger, Analyse, 81–82 (Anm. 1447).
1504 Vgl. Instruktion, 12.
1505 Vgl. ebd., 12–13.
1506 Ebd., 12.

rüber hinaus wird grundsätzlich weiter ausgesagt, dass die tria munera das „Wesen des pastoralen Dienstes“[1507] ausmachen. Doch auch hier werden nicht nur die drei munera, sondern auch der pastorale Dienst als solcher allein auf die Kleriker bezogen.[1508] Die Partizipation von Laien an den Aufgaben des munus docendi, des munus sanctificandi und des munus regendi ebenso wie am pastoralen Dienst wird auf die Hilfsfunktion und Klerikerunterstützung verkürzt.[1509] Das dabei mögliche pastorale Zusammenwirken der Laien mit den Hirten schließt ein eigenverantwortliches Handeln der Laien aus. Vielmehr wird jedes Handeln der Laien im Sinne der Katholischen Aktion ausschließlich in enger Anhängigkeit zur kirchlichen Hierarchie beschrieben.

Das dritte theologische Prinzip innerhalb der Instruktion befasst sich mit der „Unersetzbarkeit des Weihesakramentes“.[1510] Die terminologische Unklarheit, dass das Priestertum des Dienstes notwendig ist „für die Existenz der Gemeinde“[1511], verwendet nicht den rechtlich fassbaren Begriff der *parochia*, sondern greift ähnlich wie die Würzburger Synode das unklare Modell der Gemeinde auf. Dabei können Gemeinden im Sinne kirchlicher Gemeinschaften durchaus existieren, ohne dass dieser Gemeinschaft ein Geweihter zugeordnet sein muss.[1512]

Die praktischen Verfügungen beginnen mit der Forderung, dass eine angemessene Terminologie in Bezug auf den Begriff des *Dienstes* notwendig ist.[1513] Zumindest vor dem Hintergrund der konziliaren Texte und des geltenden Kirchenrechts ist eine solche Formulierung fragwürdig. So wird die Anwendung der Begriffe *officia* und *munera* auf Laien dabei als komplex und heikel bezeichnet,[1514] insbesondere dort, wo Laien „ersatzweise und von den Hirten amtlich beauftragt manche Aufgaben ausüben können, die passender Kleriker zustehen, die aber nicht den Weihecharakter erfordern.“[1515] Dadurch werden vorhandene Möglichkeiten für Laien, am pastoralen Dienst mitzuwirken, wie es das Konzil eröffnet hat, grundlegend in Frage gestellt, wenn die Dienste der Laien nur in abhängiger Relation zu Klerikern verstanden werden.[1516] Dieses einseitige Verständnis des Begriffes *Amt* allein von der Weihe her, führt dazu, dass in der Instruktion, wie in den meisten Dokumenten der Deutschen Bischofskonferenz, der Begriff *Amt* ausschließlich für Kleriker verwendet wird,

1507 Ebd., 13.
1508 Vgl. ebd., 13–14.
1509 Vgl. ebd., 13.
1510 Vgl. ebd., 13–14.
1511 Ebd., 14.
1512 Vgl. bspw. Hallermann, Vereinigungen im Verfassungsgefüge, 364–372 (Anm. 89) sowie ders., Gemeinde LKRO (Anm. 170).
1513 Vgl. Instruktion, 17.
1514 Vgl. ebd., 17.
1515 Ebd., 17.
1516 Vgl. Instruktion, 17–18. Vgl. hierzu auch Knobloch, Instruktion, 52–53 (Anm. 1449).

während Laien allenfalls einen *Dienst* ausüben. Riedel-Spangenberger bemängelt zudem, dass eine „echte Zusammenarbeit zwischen Klerikern und Laien im Sinne der Kirche als communio“[1517] eben dadurch verhindert wird, dass alle Dienste von Laien als Ersatzleistungen qualifiziert werden.[1518]

Dies zeigt sich im Weiteren in Artikel 4 der praktischen Verfügungen, „Der Pfarrer und die Pfarrei“.[1519] Dort wird ausgesagt, dass der pastorale Dienst und das daraus resultierende Handeln im Namen der Kirche den Klerikern vorbehalten ist und Laien lediglich „am pastoralen Dienst der Kleriker mitarbeiten“[1520] können. Dass bei dieser Aussage gar nicht der in den cc. 528 und 529 umschriebene pastorale Dienst, sondern die Funktion des Pfarrers als Leiter einer Pfarrei im Zentrum der Betrachtungen steht, spricht für sich. So wird weiter vor allem c. 517 § 2 thematisiert, wonach in Ausnahmefällen Diakone und Laien durch den Bischof an der Ausübung der Hirtensorge beteiligt werden können.[1521] Problematisch ist in diesem Kontext sicherlich die Erwartungshaltung an pensionierte Priester, dem Priestermangel durch ihre Mithilfe auch über das 75. Lebensjahr hinaus entgegenzuwirken und den Einsatz von Laien in diesen Bereichen somit überflüssig zu machen.[1522] Ob gerade dadurch allerdings eine „funktionalistische Sicht des geistlichen Dienstes“[1523] vermieden wird, wie die Verfasser des Textes fordern, ist zu bezweifeln. Auch im fünften Artikel der praktischen Verfügungen, „Organe der Mitarbeit in der Teilkirche“[1524], werden aktive Laien in der Pastoral lediglich als „Mitarbeiter der geistlichen Amtsträger“[1525] bezeichnet. Riedel-Spangenberger betont zudem, dass sowohl Laien als auch Diakone und Priester, sofern sie ein Amt oder einen Dienst im Namen der Kirche ausüben, die kanonische Sendung des Bischofs benötigen.[1526] Dadurch hängt dieser spezifische Dienst dann vom zuständigen Bischof ab und „nicht etwa die Laien von den Priestern oder die Diakone von den Priestern, so sehr sie auch in den verschiedenen Tätigkeitsbereichen auf

1517 Riedel-Spangenberger, Analyse, 79 (Anm. 1447).
1518 Vgl. ebd., 79.
1519 Vgl. Instruktion, 22–23.
1520 Ebd., 22.
1521 Vgl. ebd., 22–23. Vgl. hierzu Riedel-Spangenberger, Analyse, 83 (Anm. 1447) sowie Loretan, Perspektiven aus c. 517 § 2, 125–151 (Anm. 1214) und Schmitz, Heribert: „Gemeindeleitung“ durch „Nichtpfarrer-Priester“ oder „Nichtpriester-Pfarrer“. Kanonistische Skizze zu dem neuen Modell pfarrlicher Gemeindeleitung des c. 517 § 2 CIC, in: AfkKR 161 (1992), 329–361. Vgl. auch Hallermann, Gemeindeleitung LKRO (Anm. 948) sowie Schüller, Thomas: Partikularrechtliche Umsetzung des c. 517 § 2, 226–251 (Anm. 1214).
1522 Vgl. Instruktion, 23.
1523 Ebd., 23.
1524 Ebd., 24–25.
1525 Ebd., 24. Vgl. hierzu auch Riedel-Spangenberger, Analyse, 75 (Anm. 1447).
1526 Vgl. Riedel-Spangenberger, Analyse, 82 (Anm. 1447).

Zusammenarbeit, Mitarbeit und Kollegialität angewiesen sind und auf diese verpflichtet werden."[1527]

In Bezug auf die Berufsgruppe der Pastoralreferenten sind die Artikel 10, 11 und 12 der praktischen Verfügungen insofern von Bedeutung, als dass dort die mögliche Trauassistenz[1528], die Taufspendung[1529] und die Leitung von kirchlichen Begräbnisfeiern[1530] durch Laien als außerordentliche Zelebranten thematisiert wird. Grundsätzlich wird auch hier die mögliche Leitung solcher Liturgien durch Laien immer in Abhängigkeit zu den geweihten Amtsträgern gesehen. So kann die Trauassistenz nur „unter ganz besonderen Umständen bei schwerwiegendem Mangel an geweihten Amtsträgern"[1531] unter Wahrung der kanonischen Normen von c. 1112 an Laien übertragen werden. Als außerordentliche Taufspender können Laien nur fungieren, falls der ordentliche Spender fehlt oder verhindert ist.[1532] Ausdrücklich wird dabei darauf verwiesen, dass eine gewohnheitsmäßige Erlaubnis der Taufspendung an Laien zu vermeiden ist und keineswegs mit der „Überarbeitung des geistlichen Amtsträgers"[1533] begründet werden darf. Die Feier des christlichen Begräbnisses soll, laut der Instruktion, auch nur im Falle „tatsächlichen Fehlens geweihter Amtsträger"[1534] an Laien delegiert werden, da das Begräbnis als „günstige pastorale Gelegenheit für eine direkte Begegnung der geistlichen Amtsträger mit jenen Gläubigen [...], die die religiöse Praxis aufgegeben haben"[1535], eingestuft wird.

6.4 Die besondere Qualifizierung von Laien durch theologische Bildung innerhalb der Instruktion

Die besondere Qualifikation von Laien durch theologische Bildung wird in der Instruktion nahezu nicht thematisiert. Lediglich in Bezug auf die scharf kritisierte Funktion des „Supplierens"[1536] werden von Laien, die dafür in Frage kämen, entsprechende moralische, lehrmäßige, liturgische, geistliche und

[1527] Ebd., 82.
[1528] Vgl. Instruktion, 30.
[1529] Vgl. ebd., 30–31.
[1530] Vgl. ebd., 31.
[1531] Ebd., 30.
[1532] Vgl. ebd., 30.
[1533] Ebd., 31.
[1534] Ebd., 31.
[1535] Ebd., 31.
[1536] Ebd., 31.

theologische Qualifikationen erwartet.[1537] Damit dürfte wohl der in Artikel 13 der praktischen Verfügungen beschriebene Fall gemeint sein, in dem Laien in Fällen, wo dies objektiv notwendig erscheint, für liturgische und pastorale Dienste ersatzweise eingesetzt werden können.[1538]

Artikel 3 der praktischen Verfügungen widmet sich der Homilie. Dabei werden die Vorgaben von c. 767 § 1 herangezogen, die diese dem Priester und Diakon vorbehält. Im Rahmen der Ausführungen werden die Pastoralreferenten[1539] ausdrücklich benannt, da die Instruktion bei der Berufsgruppe ein etwaiges „größeres theologisches Wissen"[1540] oder eine „eventuell bessere Gabe der Darstellung"[1541] als bei den Klerikern vermutet. Beides befähigt gemäß der Instruktion ausdrücklich nicht zur Übernahme der Homilie, lässt jedoch den Rückschluss zu, dass Pastoralreferenten grundsätzlich von ihrer Ausbildung her als theologisch qualifiziert eingeordnet werden.[1542]

Artikel 12 über die Leitung des kirchlichen Begräbnisses fordert schließlich von Laien, die diese in Ausnahmefällen übernehmen, dass diese gut lehrmäßig und liturgisch darauf vorbereitet sein müssen.[1543]

6.5 Zusammenfassung

Mit Papst Johannes Paul II. wird im Schlusswort der Instruktion schließlich zusammenfassend betont, dass letztlich nur eine Förderung der Priesterberufe eine sinnvolle Lösung all der aufgezeigten Problemfelder darstellt.[1544] Auch wenn diese Präzisierungen und Klärungen der Instruktion „nicht dem Bemühen erwachsen, klerikale Privilegien zu verteidigen",[1545] wirken sie doch durchgängig wie eine Apologie des Weihepriestertums, die es gegenüber aktiven Laien, die in der Pastoral tätig sind, durchzusetzen gilt. Die „Instruktion zu einigen Fragen über die Mitarbeit der Laien am Dienst der Priester" bleibt in ihren theologischen Prinzipien vielfach in vorkonziliaren Positionen hängen.

[1537] Vgl. ebd., 31–32.
[1538] Vgl. Riedel-Spangenberger, Analyse, 78 (Anm. 1447). Vgl. auch Instruktion, 31–32.
[1539] Im Dokument selbst wird dabei die Bezeichnung *Pastoralassistent* im Sinne der Berufsbezeichnung des Pastoralreferenten verwendet.
[1540] Instruktion, 21.
[1541] Ebd., 21.
[1542] Vgl. dem entgegen bspw. Hallermann, Laienpredigt, 219–222 (Anm. 401).
[1543] Vgl. Instruktion, 31.
[1544] Vgl. ebd., 33. Vgl. auch P. Johannes Paul II.: Ansprache beim Symposium über die ‚Mitarbeit der Laien am pastoralen Dienst der Priester' vom 22. April 1994, 6.
[1545] Instruktion, 33. Vgl. auch P. Johannes Paul II.: Ansprache beim Symposium über die ‚Mitarbeit der Laien am pastoralen Dienst der Priester' vom 22. April 1994, 5.

Die Aufgaben und Dienste von Laien innerhalb der Pastoral werden demnach vor allem als Hilfsdienste charakterisiert.[1546] So wird der Dualismus gefördert, wonach Kleriker ausschließlich für den innerkirchlich, geistlichen Bereich und Laien exklusiv für alles Weltimmanente und Weltliche zuständig sind. Auch das Zitat der Instruktion in den Rahmenstatuten greift dies in den Kontext der Instruktion gesetzt[1547] auf, wenn dort formuliert wird, dass es ein „Zusammenwirken aller Gläubigen in beiden Ordnungen der Sendung der Kirche [gibt], in der geistlichen, um die Botschaft Christi zu den Menschen zu bringen, wie auch in der weltlichen Ordnung, um die säkulare Wirklichkeit mit dem Geist des Evangeliums zu durchdringen und zu vervollkommnen".[1548] Die Instruktion bleibt gerade in Bezug auf die Ausübung der tria munera und die Übernahme von kirchlichen Ämtern durch Laien hinter dem geltenden kanonischen Recht sowie den diesem zugrundeliegenden theologischen Prinzipien zurück.

Die Untersuchungen haben ergeben, dass nicht erkennbar ist, welche Aspekte mit diesem Dokument in Bezug auf hauptberufliche Laien in der Pastoral – ausgehend von den konziliaren Impulsen – tatsächlich „präzisiert und weitergeführt"[1549] wurden. Vielmehr bietet die „Instruktion zu einigen Fragen über die Mitarbeit der Laien am Dienst der Priester" weder nennenswerte noch hilfreiche Neuerungen oder Ergänzungen, sondern stattdessen liest sich das gesamte Dokument wie ein Rückschritt und eine Einengung.

1546 Vgl. hierzu kritisch die Verweise auf die Instruktion innerhalb der Rahmenstatuten von 2011 in Rahmenstatuten 2011, in: DDB Nr. 96, 1.3.4, 15.
1547 Vgl. Instruktion, 7.
1548 Instruktion, 6. Vgl. auch Rahmenstatuten 2011, in: DDB Nr. 96, 1.2.2, 13.
1549 Rahmenstatuten 2011, in: DDB Nr. 96, 1., 11.

7. ZUSAMMENFASSUNG

Der damalige Vorsitzende der DBK Zollitsch spricht in seinem Grußwort anlässlich des 40-jährigen Bestehens der Berufsgruppe der Pastoralreferenten von diesem Beruf als einem „Geschenk Gottes an seine Kirche“.[1550] Auch wenn der Beruf des Pastoralreferenten seine „Bewährungsprobe bestanden [hat] und [...] aus dem Gesamt der Pastoral kaum noch wegzudenken ist“[1551], machen die dankenden Ausführungen Zollitschs doch auch deutlich, dass seiner Meinung nach der Beruf vielfach noch als Ersatz für fehlende Priester[1552] gesehen wird und sich als Konsequenz der „vielfältigen Mangelerfahrungen“[1553] der Kirche in Deutschland etabliert hat. Dass er die Rahmenstatuten als das Ergebnis der pastoralen und theologischen Überlegungen der Bischöfe über den Beruf der Pastoralreferenten darstellt, lässt erkennen, dass die kirchenrechtliche Perspektive bei diesen Ausführungen kaum Berücksichtigung fand. Die theologischen Überlegungen der Bischöfe werden von ihm auch innerhalb seines Grußwortes in die Nähe der Ausführungen und der Theologie der Würzburger Synode[1554] gerückt, was im Denken der Bischofskonferenz zwar konsequent ist, dem Anspruch der Rahmenstatuten, „den durch die neuen pastoralen Strukturen bedingten Veränderungen im beruflichen Aufgabenfeld von Gemeinde- und Pastoralreferent/innen Rechnung zu tragen“[1555], aber nur sehr begrenzt gerecht wird. Dem entsprechend wäre zu wünschen, dass in Zukunft der Beruf des Pastoralreferenten theologisch im Konzil verankert und kirchenrechtlich fundiert begründet wird. Dies wäre zumindest ein Beitrag dazu, dass dieser Beruf nicht nur dem Lippenbekenntnis nach, sondern tatsächlich als „Geschenk Gottes an seine Kirche“[1556] angesehen werden kann.

[1550] Zollitsch, Grußwort, 8 (Anm. 1).
[1551] Ebd., 6.
[1552] Vgl. ebd., 6.
[1553] Vgl. ebd., 7.
[1554] Vgl. ebd., 7.
[1555] Rahmenstatuten 2011, in: DDB Nr. 96, 5.
[1556] Zollitsch, Grußwort, 8 (Anm. 1).

7.1 Relevante Impulse für das Berufsbild des Pastoralreferenten

Um die Frage zu beantworten, inwieweit die Rahmenstatuten die theologischen und kirchenrechtlichen Möglichkeiten rezipieren, um das Berufsbild der Pastoralreferenten zu beschreiben, sollen nachfolgend wesentliche Impulse der Dokumente, die zu Beginn der Theologischen Präambel aufgeführt werden und in der Präambel selbst auch Erwähnung finden[1557], zusammenfassend wiedergegeben werden.

7.1.1 Relevante Impulse aus dem Konzil für das Berufsbild des Pastoralreferenten

Die Theologie des Zweiten Vatikanischen Konzils prägt bis heute maßgeblich die katholische Kirche. Allen voran bilden die ekklesiologischen Impulse dieses Konzils eine entscheidende Grundlage für die nachkonziliare Theologie. An dieser Stelle sollen relevante Impulse für das Berufsprofil der Pastoralreferenten zusammenfassend auf der Basis des zweiten Kapitels dieser Arbeit herausgestellt werden.

Erst durch die Betonung und Stärkung der Theologie des gemeinsamen Priestertums aller Gläubigen und des damit verbundenem Sendungsauftrags eines jeden Getauften ist die darauffolgende Entwicklung von pastoralen Berufen für Laien, die eigenverantwortlich im kirchlichen Auftrag handeln, überhaupt erst möglich geworden.

Eine solche Entwicklung baut zunächst grundlegend darauf auf, dass Laien nachkonziliar eben nicht mehr nur passive, gehorchende und empfangende Glieder der Kirche, sondern auf der sakramentalen Grundlage der Taufe aktive Sendungsträger innerhalb des Volkes Gottes sind, ohne deren je eigenen Sendungsanteil die komplette Sendung der Kirche nicht verwirklicht werden kann. Wie alle christifideles haben auch die Laien Anteil an den tria munera Jesu Christi und sollen den je eigenen Anteil am Heiligungs-, Verkündigungs- und Leitungsdienst verwirklichen.

Für die Entstehung der Ämter der Pastoral- und Gemeindereferenten ist zudem der konziliare Impuls bedeutsam, wonach das Ämter- und Benefizialsystem neu geordnet werden sollte. Durch die stärkere Fokussierung auf den geistlichen Zweck eines Kirchenamtes und die Loslösung solcher Ämter von

[1557] Vgl. Rahmenstatuten 2011, in: DDB Nr. 96, I., II.

klerikergebundenen Benefizien war es nachkonziliar möglich, auch Laien gültig Kirchenämter übertragen zu können.

Theologische Bildung wird im Konzil aus der Communioperspektive gedacht und mitunter als notwendig für die Verwirklichung des je eigenen Anteils an der Sendung der Kirche angesehen. In diesem Kontext räumt das Konzil auch Laien breiten Zugang zu theologischer Bildung, auch zu universitärer theologischer Bildung, ein.

Aus dem Grundgedanken der Communioekklesiologie wird zudem deutlich, dass jedes Amt von der Theologie des Konzils her als Dienst am Volk Gottes zu verstehen ist und dazu dienen soll, die Sendung der Kirche zu verwirklichen. Da dies nur im Befähigen und Unterstützen des ureigenen individuellen Sendungsanteils aller christifideles gelingen kann, ist jeder Dienst als Befähigungs- und Ermächtigungsdienst an den Gliedern des Volkes Gottes zu verstehen.

Da ohne die konziliaren Impulse die Entstehung von sogenannten pastoralen Laienberufen nicht denkbar erscheint, lässt sich in diesem Sinne tatsächlich vom Zweiten Vatikanischen Konzil als der Geburtsstunde für den Beruf des Pastoralreferenten sprechen.

7.1.2 Relevante Impulse aus der Würzburger Synode für das Berufsbild des Pastoralreferenten

Der wertvolle Beitrag der Gemeinsamen Synode auf dem Weg der Entwicklung des Berufsbildes der Pastoralreferenten liegt vor allem in einer positiven Darstellung des Laien in der Kirche. Auch wenn die Würzburger Synode vielfach einseitig ideologiefixiert versucht, die Gemeindetheologie weiter zu entwickeln, greift sie dabei durchaus – wenn auch verhaltener als die Konzilsdokumente dies zugelassen hätten – auf die Theologie vom gemeinsamen Priestertum aller Getauften und den Weltauftrag der Laien zurück. In den Texten der Synode ist die sprachliche Entscheidung grundgelegt, dass Pastoralreferenten, die in der Pastoral tätig sind, nicht als hauptamtliche, sondern als hauptberufliche Mitarbeiter bezeichnet werden. Problematisch und kirchenrechtlich nicht mehr haltbar ist die daraus folgende exklusive Reservierung und Verwendung des Begriffes *Amt* für Kleriker.

In Bezug auf hauptberufliche Laien in der Pastoral liegt der Synode darüber hinaus vielfach noch ausschließlich das vorkonziliare Modell im Sinne eines unselbstständigen und von der Hierarchie abhängigen Hilfsdienstes für die Priester, die die eigentlichen Träger der Pastoral sind, zu Grunde. Ein eigenständiges, amtliches, pastorales Handeln von Laien im Namen der Kirche kennt die Synode nicht.

Dem entgegen zeugen die Synodentexte aber bei allem, was den Bereich (theologischer) Bildung betrifft, von großer Wertschätzung. Diese Wertschätzung auch von wissenschaftlich theologischer Bildung stärkt auf dem Weg der Entwicklung des Berufsprofils der Pastoralreferenten die theologische Bildung als konstitutive Eignungsvoraussetzung und als Qualifikationsmerkmal für den Beruf.

Grundsätzlich ist bezüglich der Gemeinsamen Synode anzumerken, dass der hauptberufliche pastorale Dienst von Laien zu dieser Zeit noch am Anfang stand. So werden solche Berufe einerseits als bedeutsame Chancen verstanden, andererseits aber auch von Ängsten und Befürchtungen – insbesondere in Bezug auf die Rolle der Priester – begleitet. Die Selbstverständlichkeit, dass heute auch Frauen solche pastoralen Laienberufe offenstehen, ist ebenfalls auf die Synode zurückzuführen.

So bildet die Würzburger Synode trotz ihrer Ambivalenz und oftmals noch ringenden Grundhaltung gegenüber der Rolle von Laien eine entscheidende Wegmarke auf dem Weg der Anerkennung und der Etablierung des Berufes des Pastoralreferenten in den Diözesen im Gebiet der damaligen Westdeutschen Bischofskonferenz.

7.1.3 Relevante Impulse aus dem nachsynodalen Schreiben Christifideles Laici für das Berufsbild des Pastoralreferenten

Das nachsynodale Apostolische Schreiben Christifideles Laici greift konziliare Anstöße und Vorgaben auf. Gerade die Thematik der Laien als Glieder des Volkes Gottes und als Sendungsträger findet sich in dem Dokument wieder. Dabei werden die Laien als wesentlicher Bestandteil der kirchlichen Communiostruktur und als Teilhaber an den tria munera herausgestellt. In der eher einseitigen Fokussierung auf ihren sogenannten Weltcharakter relativiert das Dokument aber die Bedeutung der Laien für die innerkirchliche Sendung.

Die Möglichkeit, dass Laien auch im Namen der Kirche handeln können, wird ebenso wenig näher behandelt wie die Qualifizierung von Laien durch theologische Bildung. Dem gegenüber wird jedoch besonders die Abgrenzung des gemeinsamen Priestertums aller Getauften zum hierarchischen Priestertum deutlich betont. Der Amtsbegriff, der diesem Dokument zu Grunde liegt, ist weder durch das Konzil noch durch die geltende kirchliche Rechtsordnung gedeckt.

Das Schreiben bietet in Bezug auf das Berufsbild des Pastoralreferenten keine hilfreichen theologischen und kirchenrechtlichen Weiterführungen oder Präzisierungen, sondern bringt allenfalls die mens legislatoris in Bezug auf die entsprechenden rechtsrelevanten Texte des Konzils oder des Kirchenrechts zum Ausdruck.

7.1.4 Relevante Impulse aus der „Instruktion zu einigen Fragen über die Mitarbeit der Laien am Dienst der Priester" für das Berufsbild des Pastoralreferenten

Die Ausführungen der „Instruktion zu einigen Fragen über die Mitarbeit der Laien am Dienst der Priester" wirken, nicht nur vor dem Hintergrund der Fragestellung nach dem Berufsbild des Pastoralreferenten, wie eine Apologie des Weihepriestertums, die vielfach in vorkonziliaren theologischen Denkmustern hängen bleibt. So werden Dienste von Laien, die in der Pastoral tätig sind, lediglich als Hilfsdienste für den Priester beschrieben und der Dualismus zwischen Kirche und Welt dahingehend gefördert, dass die Kleriker für den innerkirchlich geistlichen Bereich und die Laien für alles Weltliche exklusiv zuständig sein sollen. Das Dokument bleibt in seinen Ausführungen, gerade in Bezug auf die Tria-Munera-Lehre und die Thematik des Kirchenamtes für Laien, deutlich hinter der geltenden Rechtsordnung und dem Konzil zurück. Für das Berufsprofil von Pastoralreferenten lassen sich aus dieser nicht rechtsrelevanten Instruktion keinerlei präzisierende oder weiterführende Impulse erkennen.

7.2 Der Beruf des Pastoralreferenten in den Rahmenstatuten von 2011

„Die theologische Grundlage für einen hauptberuflichen Dienst von Laien in der Pastoral findet sich in zentralen Aussagen des II. Vatikanischen Konzils."[1558] Dieser wegweisende Satz zu Beginn der Theologischen Präambel der Rahmenstatuten von 2011 für Pastoral- und Gemeindereferenten kann nur als Maßstab und Anspruch für die theologischen Grundlagen verstanden werden, die innerhalb der Rahmenstatuten verwendet werden. Die Verortung der Communioekklesiologie innerhalb der Trinität steht an zentraler Stelle der Rahmenstatuten,[1559] wird aber im Nachfolgenden nicht weiter aufgegriffen oder

1558 Rahmenstatuten 2011, in: DDB Nr. 96, 1., 11.

1559 Vgl. Rahmenstatuten 2011, in: DDB Nr. 96, 1.1.1, 11.

in Bezug auf die konkreten Berufsprofile von Pastoral- und Gemeindereferenten entfaltet. Vor diesem Hintergrund ist es allerdings fraglich, wieso neben vielen konziliaren Bildern der zentrale ekklesiologische Begriff aus Lumen Gentium, nämlich der *Kirche als Volk Gottes*, nur untergeordnet rezipiert wird. So wird beispielsweise die Leib-Christi-Metapher herangezogen, um die spezifische Sendung der geweihten Amtsträger darzulegen, ohne diesen Bildbegriff aber in Relation zu Aussagen über das Volk Gottes zu setzen.[1560] In diesem Kontext ist Demels Vorschlag zuzustimmen, dass eine Ergänzung der drei Strukturprinzipien, die sich aus den konziliar verwendeten Metaphern vom Volk Gottes, vom Leib Christi und vom Tempel des Heiligen Geistes ableiten lassen, sinnvoller gewesen wäre, um das Zusammenspiel von Klerikern und Laien zu beschreiben, als eine einseitig hierarchie-betonte Verwendung des Leib-Christi-Bildes.[1561] In den Rahmenstatuten wird stattdessen die konziliar bedeutsame Communioekklesiologie erst nachgeordnet aufgegriffen, nachdem die unterscheidenden Elemente zwischen Klerikern und Laien vorangestellt worden sind. Schon aufgrund dieser Reihenfolge wird ersichtlich, dass das Konzil in den Rahmenstatuten nicht wirklich rezipiert wird. In Lumen Gentium wird nämlich nicht nur von der Gliederung her alles Verbindende jedweder Trennung zwischen Klerikern und Laien vorangestellt. Die Taufe als die allen Gläubigen gemeinsame sakramentale Grundlage und Eingliederung in das gemeinsame Priestertum Jesu Christi, die den Ausgangspunkt für jede Sendung in der Kirche darstellt – egal ob haupt- oder ehrenamtlich –, tritt in den Rahmenstatuten von 2011 zunehmend hinter einen vorkonziliaren Dualismus von Klerikern auf der einen und Laien auf der andern Seite zurück. So werden auch hauptberufliche Laien implizit entgegen der konziliaren Ekklesiologie mitunter lediglich als Hilfsarbeiter für die Priester beschrieben. Das im Konzil begründete Konzept, dass Laien befähigt werden können, im Namen der Kirche zu handeln, wird in den Rahmenstatuten ebenso wenig aufgegriffen wie die Möglichkeit, dass auch Laien gemäß LG 33 und PO 9 Träger eines kirchlichen Amtes sein können. Mit Verweis auf das Schreiben Christifideles Laici und die „Instruktion zu einigen Fragen über die Mitarbeit der Laien am Dienst der Priester" wird dies sogar ausdrücklich abgelehnt.[1562] Der Apostolatsbegriff in Bezug auf Laien wird in den Rahmenstatuten vor allem in der Zuständigkeit für den säkularen Bereich gesehen. Dass der im Konzil verankerte Weltauftrag der Laien aber nicht exklusiv zu verstehen ist, wird ebenso verkannt wie die konziliare Lehre, dass sich die Sendung aller Glieder des Gottes Volkes – auch die der Laien – eben auf Kirche und Welt erstreckt. Dies hat vor allem für die Berufsprofile und Aufgabenumschreibungen der Pasto-

1560 Vgl. Rahmenstatuten 2011, in: DDB Nr. 96, 1.1.2, 11–12 und 1.1.4, 12–13
1561 Vgl. Demel, Präambel, 83–84 (Anm. 39).
1562 Vgl. Rahmenstatuten 2011, in: DDB Nr. 96, 1.3.4, 15.

ral- und Gemeindereferenten entscheidende Relevanz innerhalb der Rahmenstatuten, wenn durch eine solche Missinterpretation der Rückschluss gezogen wird, dass das Apostolat der Laien innerhalb der Kirche nur in Abhängigkeit und mit Zustimmung der Hierarchie verwirklicht werden darf. Grundsätzlich beschreibt Demel treffend und zusammenfassend in Bezug auf die Darstellung der konziliaren Ekklesiologie innerhalb der Rahmenstatuten von 2011: „Von einem Dokument, das gut 50 Jahre später verfasst worden ist, ist zu erwarten, dass es dem damaligen Kontext Rechnung trägt und die Konzilszitate so auswählt und in eine entsprechende Systematik einbettet, dass die Stoßrichtung, der eigentliche Sinn, das Neue, das Reform- und Entwicklungspotential dieser Konzilsaussagen zum Tragen kommt und erkennbar wird, wie der ‚Anfang des Anfangs' bis heute fortentwickelt worden ist und gegebenenfalls künftig noch fortentwickelt wird, sofern das Ende dieses Anfangs noch nicht erreicht ist. Andernfalls lässt sich der Eindruck einer Stagnation oder gar Rückwärtsbewegung des Reformgedankens, den das Konzil mit diesen Aussagen initiieren wollte, nicht vermeiden."[1563] Bezüglich der Rezeption der konziliaren Aussagen hätte man durchaus erwarten können, dass sich der theologische Kontext des Konzils auch in den Rahmenstatuten von 2011 wiederfindet.

Die grundsätzlich wertschätzende Position des Konzils zur theologischen Bildung auch als Eignungsvorausetzung für den pastoralen Dienst wird in den Rahmenstatuten von 2011 im konziliaren Sinne rezipiert. Auch wenn das Konzil solche pastoralen Laienberufe nicht intendiert hatte, lassen sich konziliare Anforderungen in Bezug auf die Priesterausbildung kongruent in Bezug auf die Aus- und Fortbildung pastoraler Laienberufe anwenden.

Die Würzburger Synode wird in den Rahmenstatuten nicht ausdrücklich erwähnt. Dennoch sind die Impulse gerade in Bezug auf das Berufsbild der Pastoralreferenten auch in der Theologischen Präambel von 2011 in all ihrer Ambivalenz deutlich wahrnehmbar. So sorgt die erkennbare Rezeption der Theologie der Synodenbeschlüsse in den Rahmenstatuten von 2011 dafür, dass die konziliaren Aussagen vor allem in der Lesart der Synode wiedergegeben werden. So taucht etwa das Handeln von hauptberuflichen Laien in der Pastoral vor allem in Abhängigkeit zur Hierarchie auf. Dabei wird weder das Handeln im eigenen Namen noch das Handeln im Namen der Kirche näher thematisiert. Die inoffizielle Konsequenz der Synode, dass auf die Bezeichnung *Amt* für Laien verzichtet und stattdessen vom *hauptberuflichen Dienst*[1564] gesprochen wird, ist deutlich wahrnehmbar. In Bezug auf die Texte des Konzils ist diese sprachliche Regelung allerdings fraglich und mit Blick auf das Kirchenrecht unzureichend, da es die entsprechenden Vorgaben nicht abbildet. Eine man-

1563 Demel, Präambel, 85 (Anm. 39).
1564 Vgl. Rahmenstatuten 2011, in: DDB Nr. 96, 11–30.

gelnde Unterscheidung zwischen Weihe- und Ämterstruktur zeigt sich in der Tradition der Synode auch in den Rahmenstatuten von 2011. In der weiterführenden Erklärung der Rahmenstatuten von 2011 zum gemeinsamen Priestertum oder etwa zur Tria-Munera-Lehre lässt sich ebenfalls mehr das Denken der Synode als das des Konzils erkennen, wenn auch dort vor allem das amtliche Priestertum beschrieben wird.[1565] Die synodale Gemeindetheologie ist nur noch in Ansätzen im Rahmen der Aufgabenbeschreibung zu erkennen.[1566] Die Überbetonung des Weltauftrags der Laien, wie er der Synode zu Grunde liegt, ist so in den Rahmenstatuten erfreulicherweise nicht rezipiert worden, stattdessen wird dort direkt auf das Konzil verwiesen.[1567] Positiv werden die Zulassungsbedingungen und dabei insbesondere die wissenschaftliche universitäre Theologie als Eignungsvoraussetzung aufgegriffen.

Anders als die theologischen Impulse der Würzburger Synode werden die kirchenrechtlichen Möglichkeiten um den Beruf des Pastoralreferenten zu beschreiben, kaum wahrgenommen. Vielmehr lassen sich die Rahmenstatuten von 2011 wie ein Dokument lesen, das universalkirchliche rechtliche Rahmenvorgaben, wie sie der CIC/1983 vorgibt, im besten Fall weitgehend ignoriert, im schlimmsten Fall diese unbeholfen missbraucht, um die eigene Position zu belegen. Die Tatsache, dass das kirchliche Gesetzbuch nicht als relevantes Dokument eingestuft wird, um die „theologische Grundlage für einen hauptberuflichen Dienst von Laien in der Pastoral“[1568] zu beschreiben, mag der Tatsache geschuldet sein, dass solche Berufe dort nicht explizit Erwähnung finden. Das Rahmenstatut von 2011 soll eigenen Angaben zufolge „sowohl realistischer wie weit gefasster Rahmen für den hauptberuflichen pastoralen Dienst von Laien mit unterschiedlichen Ausbildungsabschlüssen“[1569] sein. Dennoch bildet gerade der CIC/1983 mit seinem Anspruch, die konziliaren Vorgaben in kanonistische Sprache und verbindliches Kirchenrecht umzusetzen, das zentrale Scharnier, um die rechtlichen, aber auch theologischen Rahmenbedingungen für hauptberufliche Laien in der Pastoral festzuschreiben. Verwunderlich ist neben dem Ignorieren des CIC/1983 als Quelle zudem die Auswahl an weiteren Dokumenten, die als relevant angesehen werden, um das Berufsbild der Pastoralreferenten zu beschreiben. So werden ungeachtet des unterschiedlichen Ranges und Verbindlichkeitsgrades das Schreiben Christifideles Laici und die „Instruktion zu einigen Fragen über die Mitarbeit von Laien am Dienst der Priester“ auf einer Ebene neben den entscheidenden und kirchenrechtlich grundlegenden Konzilsdokumenten wie Lumen Gentium und Apostolicam

1565 Vgl. ebd., 1.1.4, 12–13.
1566 Vgl. ebd., 17–18.
1567 Vgl. ebd., 1.2.1., 13.
1568 Ebd., 1., 11.
1569 Ebd., 10.

Actuositatem benannt. In Bezug auf das Ingnorieren des CIC/1983 sind gerade die ersten beiden Dokumente umso verwunderlicher, als dass sie nur „insoweit Geltung haben, als sie in keinem Widerspruch zu einer Vorschrift des CIC/1983 stehen".[1570]

Bei der Frage nach der Rezeption von theologischen, aber auch kirchenrechtlichen Möglichkeiten liegt der Kern der Frage natürlich auch darin, mit welcher Grundhaltung die Berufsprofile und Fragen nach der Berufsidentität von Pastoralreferenten weitergeführt werden. Auch wenn die Rezeption der kanonistischen Möglichkeiten um das Berufsbild der Pastoralreferenten innerhalb der Rahmenstatuten von 2011 kaum stattgefunden hat, so sollen kirchenrechtliche Impulse in Bezug auf eben dieses Berufsbild nachfolgend im Sinne eines Ausblicks dargestellt werden, da sie notwendig sind, um den Beruf des Pastoralreferenten nicht nur im Geist des Konzils, sondern auch im Recht und vor allem in der Praxis der Kirche begründet zu verankern.

1570 Demel, Präambel, 80 (Anm. 39). Vgl. auch Wächter, Lother: Gesetz im kanonischen Recht: Eine rechtssprachliche und systematisch-normative Untersuchung zu Grundproblemen der Erfassung des Gesetzes im Katholischen Kirchenrecht, in: Münchner Theologische Studien III, Kanonistische Abteilung, Bd. 43, St. Ottilien 1989, hier: 38.

8. AUSBLICK: DAS BERUFSPROFIL DER PASTORALREFERENTEN AUS KIRCHENRECHTLICHER SICHT

Das Kirchenrecht will grundsätzlich keineswegs „im Leben der Kirche den Glauben, die Gnade, die Charismen und vor allem die Liebe der Gläubigen ersetzen.“[1571] Papst Johannes Paul II. machte bei der Promulgation des CIC/1983 vielmehr deutlich, dass der Codex darauf abzielt, „der kirchlichen Gesellschaft eine Ordnung zu geben, die der Liebe, der Gnade und dem Charisma Vorrang einräumt und gleichzeitig deren geordneten Fortschritt [...] erleichtert.“[1572] Aus dieser Perspektive heraus ist der Beruf Pastoralreferent, wie er unter anderem im Bereich der DBK entstanden ist, kirchenrechtlich zu betrachten. Das bedeutet, dass das Kirchenrecht auch für die nicht kodikarisch gefassten Berufe der Pastoral- und Gemeindereferenten allgemeine rechtliche Rahmenbedingungen vorgibt, die im Leben und Recht der jeweiligen Teilkirche dann konkretisiert und rechtlich gefasst werden müssen, ohne dabei den nötigen Freiraum für Gnade und Charisma zu verbauen.[1573]

Zu den allgemeinen universalrechtlichen Grundlagen gehört die Tatsache, dass der Beruf des Pastoralreferenten auf der allen christifideles gemeinsamen sakramentalen Grundlage der Taufe gründet. Zunächst und zu allererst sind Pastoralreferenten demnach Getaufte, die, wie alle anderen Gläubigen auch, dadurch Anteil haben an der Sendung der Kirche. Sie sind somit eingegliedert in das Volk Gottes und auch ohne kirchlichen Auftrag befähigt, den je ureigenen Anteil an der Sendung der Kirche zu verwirklichen. Dieses Eingegliedertsein in das Volk Gottes führt zu einer inneren Verbundenheit mit den übrigen christifideles auf der Basis des gemeinsamen Priestertums aller Gläubigen. Diese Verbundenheit schließt die Kleriker ein, die auch nach dem Empfang ihrer Weihe nicht aufhören, christifideles zu sein. Die Verbundenheit miteinander und die wahre Gleichheit aller Gläubigen untereinander im

1571 Sacrae Disciplinae Leges, XVII.

1572 Ebd., XVII.

1573 Vgl. Meckel, Thomas: Gnade vor Recht? Die Barmherzigkeit und das Kirchenrecht, in: Hallermann, Heribert; Meckel, Thomas; Meckel-Pfannkuche; Pulte, Matthias (Hg.): Reform an Haupt und Gliedern, Impulse für eine Kirche ‚im Aufbruch‘, Würzburg 2017, 131–147, hier: 135–138.
Exemplarisch für eine kritische Haltung dem Kirchenrecht gegenüber in Bezug auf die pastoralen Laienberufe kann Karrer, Laien im pastoralen Dienst: Sackgasse oder Weg in die Zukunft?, 115 (Anm. 59), beispielsweise – wenn auch inhaltlich fragwürdig – formulieren: „Wir haben Gesetze, wonach Gemeinden sterben sollen oder Kirche in vergrößerten Pastoralräumen zur administrativen Versorgung verkrustet [...] Manche ‚Laien’ in kirchlichen und pastoralen Berufen empfinden sich in der Rolle von geduldeten GastarbeiterInnen, die dogmatisch und rechtlich nichts dürfen. Das sind natürlich Quellen für viele Verletzungen, aber auch spirituelle Herausforderungen zur ‚Trotzdem-Treue’“.

Sinne des c. 208 hat zur Folge, dass jede Form der Diskriminierung oder des Klerikalismus dem genuinen Sendungsauftrag entgegenstehen würde.[1574] Dies beinhaltet ausdrücklich auch den Klerikalismus auf Laienseite.[1575] Pastoralreferenten sind christifideles laici und sie bleiben Laien, auch wenn sie aufgrund der bischöflichen Beauftragung die Sendung der Kirche auch im Namen der Kirche verwirklichen sollen. *Laie sein* ist die ausreichende statusrechtliche Personenbeschreibung, wenn *Laie* in diesem Kontext nicht fälschlicherweise als defizitär oder minderwertig interpretiert wird.[1576] So lässt sich festhalten, dass die theologische und kirchenrechtliche Stellung des Berufs des Pastoralreferenten sowie seine sakramentale Begründung aus der Gliedschaft am Volk Gottes erwächst und dem damit verbundenen Auftrag, die kirchliche Sendung zu verwirklichen.

Angesichts der derzeitigen „Entwicklungen und Veränderungen in der Kirche"[1577] ist jede Beschäftigung mit der Frage nach dem Berufsprofil und der kirchenrechtlichen Verortung von Pastoralreferenten auch eine Beschäftigung mit der Frage nach dem Selbstverständnis der Kirche als solcher. Michael Gerber analysiert dabei, dass die gegenwärtige Situation des Umbruchs in der Kirche nicht nur eine Phase ist, die wieder vorübergeht, sondern, dass die dynamische Veränderung zum Dauerzustand wird.[1578] So kann Christian Hennecke in dem Jahr, in dem die aktuellen Rahmenstatuten für Gemeinde- und Pastoralreferenten veröffentlicht wurden, beispielsweise treffend formulieren: „Während wir uns in der Vergangenheit auskennen [...] ist die Gegenwart desorientierend unbekannt. Es gibt keine Sicherheiten mehr, keine Orientierung am Bekannten."[1579]

In diesem Kontext ist Hallermann unbedingt zuzustimmen, wenn er herausstellt, dass „das begründende und rechtfertigende Moment für strukturelle Veränderungen in der Seelsorge [...] nur die Verwirklichung der cura pastoralis sein"[1580] kann und darf, dass aber derzeit oftmals kein Zusammenhang zwischen zukunftsfähigen Visionen und tatsächlichen Strukturen und Struk-

1574 Vgl. hierzu Hallermann, Gleichheit aller Gläubigen, 159–161 (Anm. 177).

1575 Im Sinne von Garhammer, Erich: Art. Klerikalismus, in: LThK³, Bd. 6, 130–131, bezeichnet Klerikalismus eine Grenzüberschreitung; bei der Kleriker eine Vorrangstellung gegenüber den christlichen Laien aufgrund ihres Status für sich in Anspruch nehmen. Unter Klerikalismus wird hier eine in diesem Sinne grenzbetondende Haltung verstanden. Vgl. dazu Hallermann, Klerikalisierung, 187–208 (Anm. 1220).

1576 Vgl. Rahmenstatuten 2011, in: DDB Nr. 96, 1.3.4, 15. Vgl. auch Christifideles Laici Art. 23, S. 35.

1577 Rahmenstatuten 2011, in: DDB Nr. 96, 10.

1578 Vgl. Gerber, Michael: Text 5, Stärkend: Kirchliche Resilienzerfahrungen, in: ders., Brantzen, Hubertus; Faulhaber, Kurt und Schmid, Bernhard: Pastoral am Puls. Glaubenswege gehen – geistliche Prozesse leiten, Freiburg – Basel – Wien 2019, 30–36, hier: 30.

1579 Hennecke, Christian: Kirche die über den Jordan geht. Expeditionen ins Land der Verheißung, Münster ⁵2011, hier: 9–10.

1580 Hallermann, Mehr als Strukturen, 61 (Anm. 209).

turveränderungen besteht.[1581] Besonders problematisch ist es dabei, wenn die Begriffe *Pastoral* und *Neuorientierung in der Pastoral* lediglich in Bezug auf die Strukturen der untersten Verfassungsebene der Kirche verwendet werden.[1582] Denn so erscheinen als Strukturen und Träger der Seelsorge fast ausschließlich die Pfarreien und darin das hauptamtliche pastorale Personal, wohingegen die sogenannten Ehrenamtlichen lediglich dort ihren Platz haben, wo hauptberufliche pastorale Mitarbeiter nicht oder nicht mehr eingesetzt werden können.[1583] Im Hinblick auf diese Beobachtungen sollen die nachfolgenden Impulse als Beitrag zur einer konsequenten Profilschärfung beziehungsweise Profilentwicklung des Berufsbildes der Pastoralreferenten verstanden werden.

8.1 Der Dienst des Pastoralreferenten ist ein Kirchenamt

Bei der Berufsgruppe der Pastoralreferenten handelt es sich um Träger eines kirchlichen Amtes.[1584] Diese Erkenntnis ist nicht neu und wird von Seiten der Kirchenrechtswissenschaft immer wieder in den Diskurs über das Berufsprofil von sogenannten pastoralen Laienberufen eingebracht.[1585] Sie ist aber in Bezug auf den Beruf der Pastoralreferenten insofern von Bedeutung, als dass Pastoralreferenten als kirchliche Amtsträger „deutlich mehr rechtliche Kompetenzen und damit eine größere Unabhängigkeit von einem Pfarrer bzw. von einem für die Leitung bestellten Priester“[1586] haben. So kann Demel in diesem

1581 Vgl. ausführlich ebd., 35–47.

1582 Vgl. dazu ebd., 45 sowie ders., Gemeinde LKRO (Anm. 170). Hallermann, Mehr als Strukturen (Anm. 209), nimmt bei seiner Diagnose Bezug auf den Studientag der DBK im Rahmen der Frühjahrsvollversammlung 2007: Vgl. DBK: „Mehr als Strukturen… Entwicklungen und Perspektiven? der pastoralen Neuordnung in den Diözesen“, Dokumentation des Studientages der Frühjahrs-Vollversammlung 2007 der DBK 12. April 2007, hg. v. Sekreteriat der DBK, Arbeitshilfen 213, Bonn 2007 und vgl. DBK: „Mehr als Strukturen…“ Neuorientierung der Pastoral in den (Erz)Diözesen, Ein Überblick, hg. v. Sekreteriat der DBK, Arbeitshilfen 216, Bonn 2007.

1583 Vgl. Hallermann, Mehr als Strukturen, 45 (Anm. 209) sowie Meckel, Ehrenamtliche LKRO (Anm. 918).

1584 Vgl. weiter oben in dieser Arbeit: 4.3 Das Handeln im Namen der Kirche gemäß CIC/1983.

1585 So zeigt Loretan, Laien im pastoralen Dienst, 214–280 (Anm. 63) beispielsweise schon 1993 in seiner Monographie auf, warum Pastoralreferenten kirchliche Amtsträger sind. Hallermann, Kirchliche Ämter, 200–219 (Anm. 65) seinerseits liefert 1999 eine hilfreiche kirchenrechtliche Einordung und sakramentale Begründung dieser Ämter. Demel, Wahrt das Recht, 78–100 (Anm. 39), kann dann in ihren Ausführungen 2012 schreiben, dass sich die deutschen Bischöfe „durch nichts und niemanden beirren lassen“ (ebd., hier: 92), in ihrer Verweigerung, dass Laien Träger kirchlicher Ämter sein können, zumal diese in Bezug auf die Pastoral- und Gemeindereferenten auch im Bereich der DBK vielfach vorhanden sind.

1586 Demel, Wahrt das Recht, 92 (Anm. 39).

Kontext weiter ausführen, dass den Pastoralreferenten somit eine konzipierbare Brückenfunktion in ihrem Verantwortungsbereich zwischen Klerikern und den Getauften, die sich ohne kirchliches Amt in der Kirche engagieren, zukommt.[1587] Dabei gilt es die eigenverantwortliche Zurüstung und Begleitung der Ehrenamtlichen unter Leitung des Diözesanbischofs in Zusammenarbeit mit anderen kirchlichen Amtsträgern zu fördern und zu gestalten.[1588] Um zu solch einer profilprägenden Grundhaltung von Pastoralreferenten zu gelangen, lohnt es sich, zunächst die Voraussetzung und Konsequenzen für die Übernahme eines Kirchenamtes aufzuzeigen.

Gemäß c. 145 § 1 ist ein officium ecclesiasticum ein Kirchenamt, das einer geistlichen Zielsetzung dient, einen bestimmten Aufgaben- und Pflichtenbereich umfasst und kraft göttlicher oder kirchlicher Anordnung dauerhaft eingerichtet ist. Hallermann stellt dazu heraus, dass „der wesentliche Unterschied zum ‚munus' [...] in der als ‚constitutio' bezeichneten Einrichtung eines solchen Dienstes und in der damit verbundenen Dauerhaftigkeit“[1589] liegt. Von Rechts wegen können auch Laien Träger eines solchen kirchlichen Amtes sein. So bestimmt c. 228 § 1, dass auch Laien, sofern sie geeignet sind, von den geistlichen Hirten nach Maßgabe des Rechts zu „officia ecclesiastica et munera“[1590] herangezogen werden können. In der Definition des Kirchenamtes bleibt offen, ob ein „solches Kirchenamt Teilhabe an der ‚potestas regiminis' vermittelt oder ob es mit ‚potestas ordinis' verbunden sein muss oder nicht.“[1591] Der Gesetzgeber normiert in c. 150 aber, dass solche Ämter, die mit voller Seelsorge (plena cura animarum) verbunden sind, gültig nur Personen übertragen werden können, die das Sakrament der Priesterweihe empfangen haben. So kann mit Hallermann festgehalten werden, dass demzufolge der CIC/1983 „innerhalb des einen und selben Amtsbegriffes zwischen den auf die verschiedenen Verfassungsebenen der Kirche bezogenen und jeweils mit voller Seelsorge verbundenen Ämtern der Christusrepräsentation einerseits, die auf ein Handeln ‚in persona Christi capitis' abzielen und demzufolge den Empfang der Priesterweihe als notwenige Voraussetzung haben, und den in der gemeinsamen Sendung aller Christen begründeten und mit Teilbereichen der Seelsorge verbundenen Ämtern anderseits, die auf ein Handeln im Namen der Kirche abzielen und den Empfang der Taufe als notwendige sakramentale Voraussetzung haben“[1592] unterscheidet.

Im Vorwort der Rahmenstatuten wird deutlich, dass es sich bei den Berufen der Pastoral- und Gemeindereferenten tatsächlich um eine dauerhafte Einrich-

[1587] Vgl. ebd., 92–93.
[1588] Vgl. ebd. 93–94.
[1589] Hallermann, Kirchliche Ämter, 207 (Anm. 65).
[1590] C. 228 § 1.
[1591] Hallermann, Kirchliche Ämter, 207 (Anm. 65).
[1592] Ebd., 208. Vgl. auch c. 1008; c. 204 § 1 i.V.m. c. 228 § 1 und c. 116 § 1.

tung, wie sie der Gesetzgeber in c. 145 § 1 für ein Kirchenamt vorgibt, handelt.[1593] So wird benannt, dass der Dienst von Pastoral- und Gemeindereferenten „einen wichtigen Teil des pastoralen Wirkens der Kirche in Deutschland"[1594] ausmacht und sich die deutschen Bischöfe auf der Grundlage des Zweiten Vatikanischen Konzils, der Gemeinsamen Synode in Würzburg und der Pastoralsynode in Dresden „in vier wichtigen Verlautbarungen [von 1977–1995] mit den pastoralen Laienberufen und ihrem Dienst befasst"[1595] haben. Aufgrund dieser faktischen Beständigkeit der Berufe und der diversen Dokumente der Bischöfe, die sich in diesem Sinne äußern, kann es keinen Zweifel an der dauerhaften Einrichtung des Amtes der Pastoralreferenten beziehungsweise des Amtes der Gemeindereferenten geben.[1596]

Bei den Ämtern der Pastoral- und Gemeindereferenten handelt es sich trotz der gemeinsamen Meinungsbildung in den entsprechenden Beschlüssen der Bischofskonferenz, um Ämter, die nicht von der DBK, sondern von den jeweiligen Ortsbischöfen für die ihnen anvertrauten Diözesen als teilkirchliche Ämter eingerichtet wurden. Hallermann weist in diesem Kontext darauf hin, dass die konkrete Einrichtung dieser Ämter in den einzelnen Diözesen anhand der einschlägigen Veröffentlichungen in den kirchlichen Amtsblättern nachgeprüft werden könnte.[1597]

Die Aufgaben- und Pflichtenbereiche der Pastoral- und Gemeindereferenten werden ebenfalls in den Rahmenstatuten verbindlich festgelegt und erfüllen somit ein weiteres konstitutives Merkmal eines Kirchenamtes[1598], auch wenn aufgrund der Zusammenlegung der Statuten für Gemeinde- und Pastoralreferenten die differenziertere Aufgabenumschreibung[1599], wie sie in den Rahmenstatuten von 1987 noch vorlag, wegefallen ist.

[1593] Vgl. Rahmenstatuten 2011, in: DDB Nr. 96, 7–10.

[1594] Ebd., 7.

[1595] Ebd., 7. Vgl. dazu auch Ordnung der pastoralen Dienste 1977 und Rahmenstatuten 1978/79 sowie Rahmenstatuten 1987. Vgl. außerdem: DBK: Der pastorale Dienst in der Pfarrgemeinde 1995 vom 28. September 1995, in: DDB Nr. 54. Vgl. außerdem Hallermann, Gemeindereferent(in) LKRO (Anm. 56).

[1596] Vgl. hierzu auch ausführlich Hallermann, Kirchliche Ämter, 213–215 (Anm. 65).

[1597] Vgl. Hallermann, Kirchliche Ämter, 216 (Anm. 65). Letztlich erübrigt sich laut Hallermann, ebd. 216 (Anm. 65), das Nachprüfen aber in Bezug auf die Ämter der Pastoral- und Gemeindereferenten, da die „Beschlüsse der DBK in Angelegenheiten, in denen der Bischofskonferenz keine Gesetzgebungskompetenz zukommt, laut Statut der DBK die einzelnen Teilkirchenvorsteher zwar nicht rechtlich, wohl aber moralisch binden. So sieht das Statut vor, dass ein Bischof, der glaubt, einem Beschluss zur Förderung des gemeinsamen oder gleichmäßigen Vorgehens der Teilkirchenvorsteher nicht folgen zu können, dies dem Vorsitzenden mitteilen wird".

[1598] Vgl. Rahmenstatuten 2011, in: DDB Nr. 96, 16–21.

[1599] Vgl. Rahmenstatuten für Gemeindereferenten 1987, Nr 2.1 und 2.2 sowie Rahmenstatuten für Pastoralreferenten 1987, Nr. 2.Vgl. auch DBK: Zur Ordnung der pastoralen Dienste vom 02.03.1977, in: DDB Nr. 11., Nr. 4.3, und Nr. 4.4 Die Gemeinderefrenten hatten demnach eher die Funktion einer auf Ebene der Pfarrei „allgemeine[n] Unterstützung des kirchlichen Am-

Die Berechtigung zur Ausübung eines kirchlichen Amtes regelt die als „‚determinatio iuridica' bezeichnete rechtliche Bestimmung durch die zuständige kirchliche Autorität",[1600] damit die sakramental vermittelten Befugnisse und Vollmachten auch ausübbar werden.[1601] Beim Amt des Pastoralreferenten geschieht diese gemäß c. 146 notwendige kanonische Amtsübertragung in der Regel durch die Zuweisung auf eine bestimmte Stelle.[1602] Eine solche Amtsübertragung, die provisio canonica genannt wird, kann durch freie Amtsübertragung oder durch eine Form der gebundenen Amtsübertragung geschehen.[1603] Durch die bei Pastoralreferenten übliche bischöfliche Sendung wird das Amt nicht übertragen – dies geschieht durch die konkrete Zuweisung zu einem Ort bzw. einer kategorialen Aufgabe –, wohl aber wird der entsprechende Gesendete dazu befähigt, im Namen der Kirche zu handeln.

Festhalten lässt sich auf alle Fälle, dass es sich bei Pastoralreferenten daher um Träger eines Kirchenamtes gemäß c. 145 § 1 in Verbindung mit c. 228 § 1 handelt, da ihr pastoraler Dienst einem geistlichen Zweck dient und die zuständigen kirchlichen Autoritäten diese Ämter dauerhaft partikularrechtlich eingerichtet haben.

Dadurch, dass das Kirchenamt der Pastoralreferenten im kirchenpolitischen Sinn als Dienst abgewertet wird,[1604] führt die Diskussion an der eigentlichen Herausforderung – den dienenden Charakter jedes Kirchenamtes viel mehr in den Fokus zu rücken – vorbei. Kein Kirchenamt ist ein Selbstzweck und hat darüber hinaus gemäß c. 145 § 1 die notwendige Grundrichtung, einem geistlichen Zweck zu dienen. Grundlegend wird dieser geistliche Zweck im c. 204 § 1 indirekt ausgedrückt: Alle Glieder der Kirche sollen ihren je eigenen Anteil an der Sendung der Kirche verwirklichen. Die sprachlich falsche Regelung der DBK, die einerseits für Laien konsequent probiert den Begriff *Amt* zu vermeiden[1605] und stattdessen in einem untergeordneten Sinn[1606] lediglich von *Dienst*

tes in den Dienstbereichen der Verkündigung, der Liturgie und der Diakonie". Den Pastoralreferenten wurde der Schwerpunkt zugewiesen, „in der Anregung und Befähigung zum christlichen Dienst und Zeugnis in einzelnen Lebens- und Sachbereichen" auf Ebene eines Pfarrverbandes oder einer größeren Seelsorgeeinheit zu wirken. Gemäß den Vorgaben kam nach Hallermann, Kirchliche Ämter, 217 (Anm. 65), den Pastoralreferenten eine „stärkere fachspezifische und eigenständige Tätigkeit in bestimmten Sachgebieten oder sogenannten ‚kategorialen Bereichen'" zu.

1600 Hallermann, Kirchliche Ämter, 211 (Anm. 65). Vgl. dazu auch Nota explicativa praevia, Nr. 2.

1601 Vgl. Hallermann, Kirchliche Ämter, 211 (Anm. 65). Hallermann, ebd., 211 (Anm. 65), führt dazu weiter aus, dass weder die *habilitas*, das heißt die sakramentale Befähigung aus der Taufe heraus, noch die *deputatio*, das heißt die sakramentale Befähigung aus der Weihe heraus, als Berechtigung zur Ausübung eines Kirchenamtes genügen.

1602 Vgl. hierzu Riedel-Spangenberger, Sendung in der Kirche, 300–301 (Anm. 186).

1603 Vgl. cc. 147 und 157. Vgl. auch Hallermann, Kirchliche Ämter, 212 (Anm. 65).

1604 Vgl. Rahmenstatuten 2011, in: DDB Nr. 96, 11–16.

1605 Vgl. bspw. Hallermann, Kirchliche Ämter, 200–205 (Anm. 65).

1606 Vgl. Demel, Wahrt das Recht, 88–98 (Anm. 39).

zu sprechen versucht, birgt Probleme in sich. Zum einen wird die ohnehin fragwürdige sprachliche Grenze zwischen hauptberuflichen und ehrenamtlichen christifideles noch mehr ad absurdum geführt. Zum anderen eignet sich der Begriff *Amt* keinesfalls zur Differenzierung, eine etwaige Vorrangstellung von Getauften gegenüber anderen Getauften in der Kirche anzuzeigen, da gemäß dem Konzil jedwedes kirchliche Amt als Dienst zu verstehen ist.[1607] Die konsequente Weigerung der Bischofskonferenz, von hauptamtlichen Laien als Amtsträgern und Seelsorgern zu sprechen, kann auch dazu führen, dass ein etwaiges Zeugnisverweigerungsrecht im Zuge seelsorgerlicher Tätigkeiten vor weltlichen Gerichten in Gefahr ist. Darüber hinaus birgt dieser Sprachstil, der dem Konzil[1608] und dem geltenden kanonischen Recht[1609] entgegen steht, das Risiko, dass das Vertrauen und die Bedeutung von rechtlich verbindlichen Rahmenvoraussetzungen des Gesetzgebers von der kirchlichen Hierarchie selbst relativiert und in Frage gestellt wird.

So bringt es Demel treffend auf den Punkt: „Wenn Sprache Wirklichkeit abbildet und zugleich Wirklichkeit schafft, dann eröffnet die Bezeichnung der Gemeinde- und PastoralreferentInnen als das, was sie theologisch und kirchenrechtlich sind, nämlich kirchliche AmtsträgerInnen, in mehrfacher Hinsicht Gestaltungsspielräume für eine zukunftsfähige Kirche."[1610]

8.2 Kirchenrechtliche Umschreibung des Amtes des Pastoralreferenten gemäß CIC/1983

Zu den wesentlichen Definitionsmerkmalen eines Kirchenamtes gehört gemäß c. 145 § 2, dass „mit der Einrichtung eines Kirchenamtes ein genau umschriebener Inbegriff von Aufgaben und Befugnissen entsteht, der unmittelbar mit dem Amt erworben wird bzw. verloren geht."[1611] Die durch die Amtsübertragung entstandenen Rechte und Pflichten reichen über die allen Gläubigen zukommenden Befugnisse hinaus[1612] und werden „auf Dauer in dem betreffenden

[1607] Vgl. bspw. LG 18 und LG 32. Vgl. zudem Kehl, Medard: Die Kirche. Eine katholische Ekklesiologie, Würzburg ⁴2001, hier: 439. Vgl. auch Demel, Wahrt das Recht, 92 (Anm. 39).

[1608] Vgl. LG 33 und PO 9.

[1609] Vgl. c. 145 § 1 i.V.m. c. 228 § 1.

[1610] Demel, Wahrt das Recht, 92 (Anm. 39).

[1611] Hallermann, Kirchliche Ämter, 207 (Anm. 65). Vgl. auch Socha, Hubert: 145/2 in: MKCIC (Anm. 1233).

[1612] Vgl. Krämer, Pastorale Dienste, 516–517 (Anm. 1259) sowie Hallermann, Kirchliche Ämter, 212 (Anm. 65).

Amt gebündelt [...] und zwar unabhängig vom Wechsel der konkreten Person, die dieses Amt jeweils innehaben."[1613] Dabei werden die Pflichten und Rechte entweder durch das Recht selbst, durch das ein Amt eingerichtet wird, oder durch ein Dekret, durch das es eingerichtet und übertragen wird, bestimmt.[1614] Konsequenterweise bedeutet dies in Bezug auf das Amt des Pastoralreferenten dann, dass es Aufgabenbereiche gibt, für deren Ausführung der Amtsträger selbst verantwortlich ist. Diese Eigenverantwortlichkeit steht in direktem Bezug zum jeweiligen Ortsbischof, der das Amt durch Sendung gültig übertragen hat und an dessen plena cura animarum der jeweilige Pastoralreferent durch sein pastorales Handeln partizipiert. Im Umkehrschluss bedeutet dies, dass es für ein solches Kirchenamt nicht ausreicht, nur als unselbständiger oder weisungsgebundener Mitarbeiter eines Pfarrers zu fungieren. So können zwar sehr wohl delegierte Aufgaben vom Pfarrer hinzukommen, diese dürften dann aber nicht den Kern des Berufs und der konkreten Stelle ausmachen.

Von Rechts wegen kann gemäß c. 149 nur jemand zu einem Kirchenamt berufen werden, der in der vollen Gemeinschaft der katholischen Kirche steht[1615], der geeignet ist[1616] und der in seinen Gliedschaftsrechten nicht eingeschränkt oder durch die Spruchstrafe der Exkommunikation begrenzt ist.[1617] Solche grundsätzlichen Eignungsvoraussetzungen für die Übernahme eines solchen Kirchenamtes entsprechen den geforderten Zulassungsbedingungen für den Beruf des Pastoralreferenten gemäß der Rahmenstatuten von 2011.[1618] Mit Hinblick auf die Eignung des Betreffenden stellt der Gesetzgeber zudem heraus, dass diese Relevanz in Bezug zur Erlaubtheit der Amtsübertragung hat, nicht aber zur Gültigkeit.[1619] Damit wird gefordert, dass der jeweilige Amtsanwärter eben „jene Eigenschaften besitzen muss, die vom allgemeinen oder partikularrechtlichen Recht für dieses Amt gefordert werden oder bei der Errichtung dieses Amtes festgelegt wurden."[1620]

Als getaufte Christen haben Pastoralreferenten gemäß c. 204 § 1 Anteil an den drei munera Jesu Christi – dem munus docendi, dem munus sanctificandi und dem munus regendi. Aufgrund ihres Amtes haben sie das Recht und die Pflicht, ihre Partizipation an den drei munera nicht nur im eigenen Namen, sondern auch im Namen der Kirche auszuüben. Eine Berücksichtigung des Tria-Munera-Schemas in den Aufgaben- beziehungsweise Stellenumschrei-

1613 Hallermann, Kirchliche Ämter, 212 (Anm. 65). Vgl. auch Socha, Hubert: 145/1 und 145/4 in: MKCIC (Anm. 1233) sowie Riedel-Spangenberger, Sendung in der Kirche, 212–254 (Anm. 186).
1614 Vgl. c. 145 § 2.
1615 Das bedeutet, dass derjenige katholischer Christ sein muss. Vgl. hierzu c. 205.
1616 Vgl. c. 149 § 1 i.V.m. c. 228 § 1.
1617 Vgl. Hallermann, Kirchliche Ämter, 212–213 (Anm. 65). Vgl. auch c. 1331 § 2 Nr. 4.
1618 Vgl. Rahmenstatuten 2011, in: DDB Nr. 96, 3., 21–23 und 64–71.
1619 Vgl. hierzu Hallermann, Kirchliche Ämter, 213 (Anm. 65).
1620 Ebd., 213.

bungen von Pastoralreferenten hätte den Vorteil, dass zunächst die direkte Verbindung zur Taufe als sakramentale Grundlage dieses Berufes gegeben wäre, da die Teilhabe an diesen drei munera aus eben diesem Initiationssakrament erwächst.[1621] Außerdem bilden sie die Grundlage des Selbstverständnisses der Kirche, wie sie in der Ekklesiologie von Lumen Gentium zum Ausdruck kommt.[1622] Zudem würden solche Aufgaben- und Amtsbeschreibungen sichtbar in die sinnvolle Nähe dieser konziliaren Gedanken rücken, die auf dem Aspekt des gemeinsamen Priestertums aller Gläubigen[1623] basieren.

Aus der Teilhabe am Heiligungsdienst, dem munus sanctificandi, lassen sich für das Berufsprofil von Pastoralreferenten Aufgaben ableiten, wie die Partizipation am liturgischen Handeln, theologische Bildung in Bezug auf die Sakramente und diakonisches Handeln. Dabei fungieren die theologische Bildung und die pastorale Ausbildung als Qualifikationsmerkmale, wie und in welchem Ausmaß das pastorale Handeln im Namen der Kirche über das Maß hinausreicht, das allen Getauften in diesem Bereich aufgetragen ist.[1624] Ähnlich verhält es sich im Kontext der Teilhabe Verkündigungsdienst und der Teilhabe am Leitungsdienst.

So lassen sich im Bereich des munus docendi dem Beruf des Pastoralreferenten ebenfalls wesentliche Aufgaben zuordnen, die eine entsprechende theologische Bildung voraussetzen, wie bspw. Erwachsenenbildung, Glaubenskommunikation in verschiedenen Milieus, Glaubensseminare, Befähigung von Gemeindemitglieder zum Glaubenszeugnis, Beteiligung am ökumenischen Dialog, Mitwirkung am interreligiösen Dialog etc.[1625]

In Bezug auf das munus regendi arbeitet Hallermann heraus, dass dieses nicht nur den „pastoral-bewahrenden, sondern auch und vor allem den evangelisierenden und missionarischen Aspekt“[1626] beinhaltet. So ist Leitungsdienst nicht einfach gleichzusetzen mit Leitung in der Kirche, weil er als Dienst zum Aufbau, zur Stärkung und zur Bewahrung der Communio verstanden werden muss.[1627] Grundsätzlich ist dieses auf Ekklesiogenese zielende Verständnis des Leitungsdienstes Auftrag aller Getauften unabhängig von Amt, Funktion, Erlaubnis, Dekret oder Ähnlichem.[1628] Für das Amt des Pastoralreferenten bedeutet dies, dass auch sie durch die Taufe wesentlichen Anteil am Leitungsdienst

[1621] Vgl. c. 204 § 1 i.V.m. c. 849 i.V.m. c. 96.
[1622] Vgl. ausführlich Meckel, Konzil und Codex, 109–136 (Anm. 42).
[1623] Vgl. LG 10.
[1624] Vgl. bspw. Rahmenstatuten 2011, in: DDB Nr. 96., 2.1.2, 18.
[1625] Alle diese Aufgabenfelder sind exemplarisch entnommen aus dem Aufgabenkatalog der Rahmenstatuten 2011, in: DDB Nr. 96, 2.1.1, 17.
[1626] Hallermann, Mehr als Strukturen, 76 (Anm. 209).
[1627] Vgl. ebd., 76. Vgl. ausführlich auch Riedel-Spangenberger, Ilona: Die Struktur der katholischen Kirche in neuer Perspektive, in: ThPQ 148, 45–56.
[1628] Vgl. ebd., 45–56.

der Kirche haben. Berufsspezifisch üben sie den Leitungsdienst aber nicht nur privat aus, sondern offiziell, im Namen der Kirche, was unter anderem die Aufgabe beinhaltet, bewusstseinsbildend dieses Verständnis von Teilhabe am Leitungsdienst durch die Taufe im Volk Gottes zu vermitteln.

Wenn im Zuge der Diskussion um das Berufsbild von Pastoralreferenten grundsätzlich mehr *Leitungsverantwortung* gefordert wird[1629], ist aus rechtlicher Sicht anzumerken, dass *Leitung* im CIC/1983 kein klar definierter Begriff ist – vielmehr gibt es unterschiedliche Begrifflichkeiten und Wortfamilien in diesem Kontext,[1630] die Unterschiedliches ausdrücken. So gibt es etwa Formen der Ausübung von Leitung, die notwendigerweise an den Empfang der Weihe gemäß c. 1008 CIC/1983 geknüpft sind. Dazu zählen gemäß c. 129 § 1 alle Formen der potestas regiminis – das heißt der hoheitlichen Leitungsgewalt, Jurisdiktionsgewalt oder auch generelle Hirtenvollmacht – die kraft göttlichen Rechts dem Papst und den Bischöfen zukommt, die miteinander in der Communio hierarchica stehen.[1631] Gemäß c. 129 § 1 können Laien nach Maßgabe des Rechtes an der potestas regiminis mitwirken. Daneben kennt der Gesetzgeber auch Begriffe von Leitung, die mit moderamen, moderatio, moderator und moderari bezeichnet werden und die in der Regel „eine Form der Leitung [bezeichnen], die im Hinblick auf eine Gesamtheit von Personen oder Sachen ausgeübt wird, die nur in Zusammenarbeit beziehungsweise im Zusammenwirken ihr Ziel erreichen können und deshalb einer koordinierenden Form der Leitung bedürfen."[1632] Der Begriff *directio* seinerseits kennzeichnet meist eine Leitung im Sinne einer übergeordneten oder mittelbaren Oberleitung und wird mitunter auch ausdrücklich als altior oder superior directio oder suprema directio bezeichnet.[1633] Unbeschadet dessen kommt in der andauernden Diskussion über die *Leitungsverantwortung* von Pasto-

1629 Vgl. bspw. Köhl, Entstehung und Entwicklung des Berufes ‚Pastoralreferent/in', 69–70 (Anm. 448).

1630 Vgl. Hallermann, Art. Leitung, 727 (Anm. 1197).

1631 Vgl. cc. 331, 336, 375 § 1, 381 § 1. Vgl. auch Hallermann, Art. Leitung, 728 (Anm. 1197). Hallermann, ebd., 728 (Anm. 1197) stellt in Bezug auf die Überschrift von c. 617 und die cc. 617, 622, 717, 734, zudem heraus, dass der Papst durch die potestas regiminis zur Leitung der Gesamtkirche, die Bischöfe zur Leitung in ihrem Bistum befähigt sind. Daneben gibt es auch innerhalb von Orden, Säkularinstituten und Gesellschaften des apostolischen Lebens in Bezug auf die Mitglieder Bindungen durch die potestas regiminis, die von dem jeweiligen Oberen ausgeübt wird.

1632 Hallermann, Art. Leitung, 727 (Anm. 1197). Hallermann, ebd., 727 (Anm. 1197), hält dabei auch fest, dass diese Form der Leitung mit Konsoziativvollmacht oder Leitungsvollmacht verbunden sein kann. Beipspiele für die Ausübung dieser Art von Leitung finden sich etwa: in Stiftungen (c. 115 § 3), in kirchlichen Vereinen (cc. 94 § 2, 95 § 1, 215, 302, 303, 309, 317, 318, 320 § 3, 321, 324 § 1, 329, 1374), im Prieserseminar, den theologischen Studien und im Noviziat (cc. 239, 254, 258, 260, 261, 647 § 2, 651 § 2), bei der Leitung des Apostolates (cc. 394, 680), in Pfarreien bei der rechtlich strukturierten Zusammenarbeit in der Seelsorge (cc. 517, 520, 526 § 2, 542 Nr. 3; 543, 544) oder in der Verkündigung und der Katechese (cc. 756 § 2, 774 § 1, 785.).

1633 Vgl. bspw. cc. 315, 319 § 1, 782 § 1. Vgl. auch Hallermann, Art. Leitung, 727 (Anm. 1197).

ral- und Gemeindereferenten der nachvollziehbare und berechtigte Wunsch zum Ausdruck, für die mit der jeweiligen Stelle übertragenen Aufgaben auch persönliche Verantwortung übernehmen zu können. Dem würde am ehesten die Kultivierung des Berufs der Pastoral- und Gemeindereferenten als Kirchenamt Rechnung tragen.

Für die Pfarrei, die im Sinne des Gesetzes eine nichtkollegiale juristische Person ist[1634], kann allein der Pfarrer gemäß c. 532 die Rechtsvertretung wahrnehmen. Daneben kennt der CIC/1983 mit c. 517 § 1 im Hinblick auf die Wahrnehmung der Hirtensorge für eine kanonische Pfarrei oder für verschiedene Pfarreien zusammen ein Leitungsteam, das „aber näher als ein Priesterteam spezifiziert werden muss, weil es ausschließlich Priester mit der Rechtsstellung eines Pfarrers sind, denen gemeinschaftlich (in solidum) die Pfarreien zugleich übertragen wird."[1635] Die Aufgabe der rechtlichen Vertretung der betreffenden Pfarrei bzw. der Pfarreien kommt innerhalb des Priesterteams gemäß c. 543 § 2 n. 3 lediglich dem moderator des Priesterteams zu. Diakone oder nichtpriesterliche pastorale Mitarbeiter, wie Pastoral- und Gemeindereferenten, die an dieser Form der pfarrlichen Seelsorge mitwirken, sind rechtlich nicht Mitglieder des Leitungsteams, sondern Mitarbeiter, und können somit nicht in derselben Weise Verantwortung für die pfarrliche Seelsorge tragen.[1636]

In Bezug auf c. 517 § 2 ist Hallermann zuzustimmen, dass hier nicht „im eigentlichen Sinne von einem Leitungsteam gesprochen werden"[1637] kann, da Pfarrmoderator und der oder die Pfarrbeauftragte(n) als persönlich Delegierte jeweils direkt vom zuständigen Ordinarius mit der Ausübung von bestimmten Bereichen der pfarrlichen Hirtensorge beauftragt und zur Zusammenarbeit verpflichtet werden.[1638] In dieser Hinsicht sind sie gleichgestellt. Gegenüber dem delegierenden Ortsordinarius sind selbstverständlich alle an diesem Modell Beteiligten für den ihnen übertragenen Bereich je persönlich verantwortlich. Der Pfarrmoderator leitet in diesem Kontext die cura pastoralis und „besitzt die Vollmachten und Befugnisse (facultas) eines Pfarrers, die für seinen Dienst erforderlich sind; ihm kommt darüber hinaus eine besondere Verantwortung für das Gelingen der Zusammenarbeit zu"[1639] im Sinne der cooperatio, die ihm grundsätzlich in Bezug auf alle Gläubigen aufgetragen ist. So sind weder in diesem Modell noch in einer Pfarrei mit einem kanonischen Pfarrer und mehreren pastoralen Mitarbeitern[1640] etwaige

1634 Vgl. c. 515 § 3 i.V.m. cc. 532 u. 115 § 2.
1635 Hallermann. Art. Leitung, 729 (Anm. 1197).
1636 Vgl. ebd., 729.
1637 Ebd., 729.
1638 Vgl. ebd., 729.
1639 Ebd., 729. Vgl. auch ders., Gleichheit aller Gläubigen LKRO (Anm. 1000).
1640 Dabei können solche Teams unterschiedlich als Pastoralteam, als Seelsorgeteam oder ähnliches bezeichnet sein.

Pastoralreferenten Mitglieder eines Leitungsteams, sondern gemäß c. 519 Mitwirkende an der Hirtensorge des parochus. Mitarbeit an der Hirtensorge kann dabei entsprechend c. 545 § 2 bedeuten, dass die entsprechende Mitwirkenden entweder bei der Wahrnehmung des gesamten Hirtendienstes einer Pfarrei, bei der Wahrnehmung des Hirtendienstes in einem bestimmten Teil der Pfarrei oder für einen bestimmten Kreis von Gläubigen in der Pfarrei helfen. Außerdem kann mit c. 545 § 2 festgehalten werden, dass Mitarbeit an der Hirtensorge auch bedeuten kann, dass sich von einer Person einer bestimmten in mehreren Pfarreien durchzuführende Aufgabe gewidmet wird. Weiter skizziert der Gesetzgeber in c. 548 § 3 die Form der Zusammenarbeit bei der Mitarbeit an der Hirtensorge. So wird dort implizit deutlich, dass bei den regelmäßigen Berichten über die pastoralen Vorhaben eigene Verantwortung und eigenes, selbstständiges Planen nicht aus-, sondern eingeschlossen ist. Auch wenn der Gesetzgeber die Thematik der Mitarbeit an der Hirtensorge in Bezug auf den Pfarrvikar formuliert, kann mit Blick auf c. 19 angenommen werden, dass diese Vorgaben sinngemäß auf Pastoral- und Gemeindereferenten angewendet werden können.

Der kirchenrechtlich nicht klar gefasste Begriff der *Gemeinde* beziehungsweise damit verknüpft der *Gemeindeleitung* beschreibt in der Regel eine Ebene unterhalb der kanonisch gefassten Pfarrei.[1641] So eine delegierte Form der unterstützenden Leitung eines territorial gefassten Teilgebietes oder eines auf Personen oder die Pastoral bezogenen Teils einer Pfarrei kann durch den Pfarrer als dem Verantwortlichen für die Verwirklichung der cura pastoralis auch an Laien übertragen werden. Dabei können Pastoralreferenten für eine derartig gefasste Leitung herangezogen werden. Sinnvoll wäre in solchen Kontexten aber, eine auf Charismen gestützte Übertragung solcher Leitungsfunktionen an ein Team aus sogenannten ehrenamtlichen Laien, die theologisch und pastoral qualifizierte Personen, wie Pastoralreferenten, zur Seite gestellt bekommen, um ihre Aufgabe sinnvoll und im Sinne eines Beitrages zur Verwirklichung der cura pastoralis zu erfüllen.[1642]

1641 Vgl. Hallermann, Gemeinde LKRO (Anm. 170).

1642 Hallermann, Gemeindeleitung LKRO (Anm. 948), empfiehlt in diesem Kontext die Übernahme der Gemeindeleitung durch kleinere Teams von Getauften, die durch hauptberufliche Mitarbeiter wie Gemeinde- oder Pastoralreferenten qualifiziert, begleitet und unterstützt werden sollen. Diese intensive Form der Mitverantwortung von Gläubigen unterhalb der Verfassungsebene der Pfarrei soll nach Möglichkeit partizipativ und demokratisch legitimiert sein.

8.3 Die theologische Qualifikation als Grundlage des professionellen Berufsprofils von Pastoralreferenten

Um das Kirchenamtes des Pastoralreferenten übernehmen zu können, gibt es bestimmte Voraussetzungen, die auch in den Rahmenstatuten gefasst sind, wie etwa das abgeschlossene Theologiestudium und die erfolgreiche pastorale Ausbildung. Diese Anforderungen lassen sich nicht nur partikularrechtlich fassen, sondern haben ihre Grundlage auch in der geltenden Rechtsordnung des CIC/1983. So normiert c. 231 § 1, dass „Laien, die auf Dauer oder Zeit für einen besonderen Dienst in der Kirche bestellt werden [...] verpflichtet [sind], die zur gebührenden Erfüllung ihrer Aufgabe erforderliche Bildung sich anzueignen und diese Aufgabe gewissenhaft, eifrig und sorgfältig zu erfüllen."[1643] Auf Pastoralreferenten trifft diese Verpflichtung zu, da sie zu einem besonderen Dienst (servitium speciale)[1644] in der Kirche bestellt werden. Von Rechts wegen haben sie demnach auch den kirchenrechtlichen Anspruch auf soziale Absicherung und Vergütung gemäß c. 231 § 2.[1645]

Aus der verpflichtenden theologischen Bildung als Voraussetzung für den Beruf des Pastoralreferenten lassen sich einige kennzeichnende Aufgaben von Pastoralreferenten ableiten. So kann diese Qualifikation ein Kriterium sein, um sich in Bezug auf theologische, pastorale und liturgische Bildung in den unterschiedlichen Strukturebenen der Diözese – allen voran der Pfarrei – professionell einzubringen. Selbstverständlich beinhaltet eine solche theologische, pastorale und liturgische Bildung in einem hohen Maß auch die Möglichkeit und Verpflichtung zur Qualifizierung und Weiterbildung anderer Gläubiger, damit diese für die Verwirklichung ihres eigenen Apostolates und der je eigenen übernommenen Dienste gerüstet sind. Natürlich befähigt theologische Bildung Pastoralreferenten auch dazu, das eigene pastorale Handeln und Verhalten theologisch zu reflektieren und einzuordnen. Fruchtbar für die Sendung der Kirche wird es dann, wenn diese Amtsträger nicht bei sich stehen bleiben, sondern den übrigen Gläubigen im Sinne einer „Brückenfunktion"[1646] mutig Wege aufzeigen, wie sie die je eigene Würde erkennen und die damit verbun-

[1643] C. 231 § 1 i.V.m. c. 228 § 2.

[1644] Riedel-Spangenberger, Sendung in der Kirche, 263 (Anm. 186), stellt heraus, dass die Wendung „servitium addicere" bereits im can. 683 CIC/1917 für die Hilfsdienste des Mesners und der Ministranten angewandt wurde, dass aber der CIC/1983 darunter vor allem im allgemeinen Sinn eine dienende Tätigkeit in der Kirche beschreibt, wie die folgenden Canones exemplarisch deutlich machen: cc. 245 § 2; 257 § 1; 266 § 1; 269 n.3; 276 n.1; 281 § 1; 295 § 1; 375 § 1; 360; 590 § 1; 604 §§ 1 und 2; 713; 1025 § 1; 1271 und 1274 § 1.

[1645] Vgl. c. 231 § 2.Vgl. hierzu weiter oben in dieser Arbeit 4.3.2 Laien als Träger einer eigenen spezifischen Sendung.

[1646] Demel, Wahrt das Recht, 92 (Anm. 39).

dene ganz persönliche Sendung verwirklichen können. Eine solche Tätigkeit gründet unmittelbar in der konziliaren Ekklesiologie, die auf der Vorstellung der Kirche als Communio fidelium basiert.[1647] Dies wiederum bedeutet, dass im Sinne einer Ekklesiogenese alle aktiven Glieder der Kirche, das heißt alle Gläubigen, entsprechend ihrer je eigenen conditio zur Verwirklichung der allen gemeinsamen Sendung zusammenarbeiten sollen. Dieser grundlegend kooperative Ansatz, den das Konzil in Lumen Gentium formuliert hat[1648], ist keinesfalls ein Widerspruch zur hierarchischen Struktur der Kirche. Kirche ist gemäß der Kirchenkonstitution ihrem Wesen nach Communio fidelium et hierarchica.[1649] Eine konsequente Umsetzung dieser Ekklesiologie des Konzils braucht vor allem Menschen, die in diesem Sinne eine Bewusstseinsbildung der übrigen Gläubigen unterstützen und voranbringen. Für diese Aufgabe, die unter anderem eine Übersetzungstätigkeit solcher theologischen Impulse[1650] in eine verständliche und nachvollziehbare Alltagssprache der übrigen Gläubigen und in ihre Lebenspraxis beinhaltet, bedarf es theologisch gebildeter Personen wie der Pastoralreferenten, die im Leben der Menschen verankert sind.

Die konziliare Ekklesiologie beinhaltet auch eine alternativlose Ausrichtung und Orientierung am Volk Gottes. Die Katholische Kirche versteht sich demnach zuerst als Gemeinschaft von Glaubenden, als Teil des Volkes Gottes. Die Pfarrei ist gemäß c. 515 § 1 Teil des Volkes Gottes und deshalb in erster Linie keine umgrenzte Verwaltungseinheit der Diözese, sondern eine Gemeinschaft von Glaubenden.[1651] Diese im Gesetz verankerte Grundausrichtung und Orientierung beinhaltet letztlich auch, dass die derzeitigen Umstrukturierungen innerhalb der Diözesen[1652] und damit verknüpft die Einsatzfelder der pastoralen Mitarbeiter sich nicht mit einer bloßen Stärkung des Territorialprinzips in Bezug auf die Seelsorge beschränken dürfen. Vielmehr bedarf es einer unbedingten Bezogenheit auf das Volk Gottes unter der Leitfrage *Was dient dem Volk Gottes?* – im Sinne eines wirklichen Fortschritts und „im Sinne der Förderung der Sendungsgemeinschaft“[1653] und weniger im Sinne eines Rückschrittes durch die alleinige Fokussierung auf die Schaffung neuer Verwaltungseinheiten.[1654]

1647 Vgl. bspw. Meckel, Konzil und Codex, 119–120 (Anm. 42).
1648 Vgl. etwa LG 9,1; LG 10,2; LG 18;1, LG 33,2; LG 33,3; LG 37,4.
1649 Vgl. Meckel, Communio LKRO (Anm. 112).
1650 Vgl. Demel, Wahrt das Recht, 96 (Anm. 39). Vgl. auch Bucher, Rainer: Kirche ohne Geld und Vertrauen. Die heilsame Provokation der Krise, in: Heimbach-Steins, Marianne; Schöttler, Hans-Georg (Hg.): „…nicht umsonst gekommen.“, Münster 2005, 81–104, hier: 103.
1651 Vgl. Hallermann, Pfarrei, 111 (Anm. 1168).
1652 Vgl. Rahmenstatuten 2011, in: DDB Nr. 96, 10. Vgl. bspw. auch DBK: Gemeinsam Kirche sein. Wort der deutschen Bischöfe zur Erneuerung der Pastoral vom 01.08.2015, in: DDB Nr. 100, Nr. 6, S. 50–54.
1653 Hallermann, Mehr als Strukturen, 53 (Anm. 209).
1654 Vgl. ebd., 53.

Darüber hinaus erschließt sich vor allem im Bezogensein auf die übrigen Gläubigen – Kleriker wie Laien – der grundlegende Aspekt einer solchen Communio-Ekklesiologie: die Kooperation. So ist es Aufgabe des gesamten Gottesvolkes, kooperativ und gemeinsam zusammenzuwirken, um die Sendung der Kirche zu verwirklichen. Für die Ebene der Pfarrei normiert der Gesetzgeber in cc. 528–529 Rahmenbedingungen für solch eine Kooperation.[1655] Meckel ist in diesem Kontext zuzustimmen, dass besonders anhand der verwendeten Verben[1656] deutlich wird, dass das ganze Pfarreienrecht kooperatives Handeln fördert und fordert.[1657] Aus dem Wortlaut der Gesetzestexte wird deutlich, dass das Kirchenrecht hier ein Hauptinteresse daran hat, dass „nicht die unproduktive Gegenüberstellung von Klerikern und Laien"[1658], sondern das aktive Mitwirken aller Sendungsträger, das heißt aller Getauften, im Sinne des Konzils angestrebt wird. Deshalb kann Hallermann auch feststellen, dass sich „der Leitungsdienst, der in einer spezifischen, aber eben nicht ausschließlichen Weise den Hirten der Kirche (pastores) anvertraut und ihnen mit dem Kirchenamt des Diözesanbischofs bzw. des Pfarrers übertragen ist, [...] sich gemäß der geltenden Rechtsordnung dadurch [auszeichnet], dass er insbesondere der Ermöglichung des eigenen und eigenverantwortlichen Handelns der übrigen Gläubigen und somit der Verwirklichung des gemeinsamen Priestertums dient."[1659] So eine „ermöglichende Leitung"[1660], wie sie der gesetzliche Rahmen vorgibt, bedarf auch der Mitarbeiter an der cura pastoralis des Bischofs, wie etwa der Pastoralreferenten, die diesen Ermöglichungsraum füllen und ihrerseits selbst wieder anderen Gläubigen Möglichkeiten der Verwirklichung der eigenen Sendung aufzeigen und sie dabei unterstützen.

Einem Kirchenamt, das aus dem Konzil und seiner Ekklesiologie erwachsen und deshalb eng damit verknüpft ist, ist dieser kooperative Ansatz konstitutiv zu eigen. Die Bezogenheit auf die übrigen Glieder des Volkes Gottes und der Auftrag, deren Beitrag zur Verwirklichung der Sendung der Kirche gemäß c. 204 § 1 zu fördern und fruchtbar werden zu lassen, ist zentraler Aspekt und Anspruch eines solchen Amtes. Ein etwaiges Berufsprofil hat sich deshalb

[1655] Vgl. c. 515, c. 519, c. 528 und c. 529. Vgl. auch Hallermann, Gemeindeleitung LKRO (Anm. 948).

[1656] Vgl. Meckel, Herde, 200–205 (Anm. 1204). Vgl. auch Hallermann, Pfarrei, 275 (Anm. 1168): Die Verben der canones 528 und 529 des CIC/1983 zielen deutlich darauf ab, dass der betreffende parochus seine ihm anvertraute Sorge um die Pfarrei nur im Miteinander mit den übrigen Gläubigen sinnvoll bewältigen kann: providere (vorsehen); curare ut (dafür sorgen, dass), fovere (unterstützen), promovere (fördern), curam habere (Sorge tragen), satagare (sich mühen), consulere (Sorge tragen), allaborare (darauf hinarbeiten), annitari (sich Mühe geben), adivare (Hilfe geben), agnoscere (anerkennen) sowie sustinere (stützen).

[1657] Vgl. Meckel, Katholische Aktion, 105 (Anm. 87).

[1658] Ebd., 105.

[1659] Hallermann, Mehr als Strukturen, 78 (Anm. 209).

[1660] Ebd., 78. Vgl. auch Hennecke, Christian: Glänzende Aussichten: Wie Kirche über sich hinauswächst, Münster 2010, hier: 286.

daran zu orientieren. Das bedeutet konsequent umgesetzt auch, dass die theologische Bildung dahingehend eine Hilfsfunktion hat, dass dadurch Charismen eines jeden einzelnen erkannt und gestärkt werden, dass vertrauensvolles Zusammenarbeiten ermöglicht wird, bei dem die Eigenverantwortlichkeit nicht nur zugetraut, sondern auch gefördert wird. Daneben ist theologische Bildung entscheidend für die professionelle, das heißt auch sachgerechte und theologisch verantwortbare, Ausübung des Berufs der Pastoralreferenten. So soll unter anderem dadurch gewährleistet sein, dass das pastorale Tun über einen reinen frommen Pragmatismus oder über eine Art handwerklicher Ausübung des Berufs, die im weitgehend unreflektierten Wiederholen bestimmter Handlungen besteht, hinausgeht.

Theologische Bildung, wie sie mit dem Amt der Pastoralreferenten grundlegend verbunden ist, macht daher auch deutlich, dass Laien eben nicht als Nicht-Fachleute gelten, sondern auch in der Kirche über dieselben theologischen Voraussetzungen verfügen können wie geweihte Amtsträger. Die theologische Bildung ermöglicht so letztlich das tatsächliche Überwinden des vorkonziliaren Ekklesiologiemodells von *ecclesia obediens* und *ecclesia docens*, da die Kompetenz aufgrund von theologischer Bildung von Laien nicht mehr nur monopolartig auf Seiten der Kleriker zu finden ist.

8.4 Chancen und Herausforderungen eines Kirchenamtes in der Entwicklung

In der „Ausübung der Sendung der Kirche [kann es] keinen institutionellen Vorrang des einen vor dem anderen und somit keine Totalbesetzung bestimmter Aufgaben- und Sendungsbereiche geben.“[1661] Diese These Hallermanns gilt nicht nur allgemein im Hinblick auf das Verhältnis von Klerikern und Laien, sondern im Besonderen auch für das Verhältnis von sogenannten hauptamtlichen Laien einerseits und ehrenamtlichen Laien andererseits. Die Fokussierung auf eine durch hauptamtliche Mitarbeiter versorgte Kirche fördert vorkonziliare Kirchenstrukturen; dabei ist es zunächst irrelevant, ob die jeweiligen Amtsträger Kleriker oder Laien sind. Denn Hauptamtliche, so warnt Hallermann weiter, neigen nicht selten dazu, „in Anlehnung an längst überwunden geglaubte klerikale Rollenbilder und in Ermangelung einer eigenen beruflichen Identität weite Felder der kirchlichen Sendung zu besetzen und in *Seelsorgeteams* unter

[1661] Hallermann, Mehr als Strukturen, 55 (Anm. 209).

sich aufzuteilen und – beinahe im Sinne der traditionellen Lehre von der Kirche als societas inaequalis – *Ehrenamtliche* als ihre Helferinnen und Helfer einzusetzen."[1662] Solche klerikalen Rollenbilder werden durch die sprachlich wertende Unterscheidung zwischen Dienst und Amt gefördert. Wenn *Dienst* kein neutraler Begriff, sondern ein wertender und in diesem Zusammenhang ein abwertender Begriff im Gegensatz zum Begriff *Amt* ist, wirkt in diesem Sinne auch die sprachliche Abwertung des Amtes der Pastoralreferenten zum Dienst kontraproduktiv.

In der hierarchisch verfassten Struktur der Kirche mit ihrer communialen Ausrichtung liegt eine Chance für ein fruchtbares und hilfreiches Miteinander der unterschiedlichen Glieder der Kirche. Problematisch wird dieses Zusammenwirken der verschiedenen Sendungsträger, wenn vorkonziliare Denkmuster das Wirken der Kirche bestimmen. Auf der Ebene der Pfarrei hieße dies etwa, dass pastorales Handeln und Wirken ausschließlich vom Pfarrer her gedacht wird, weil dieser als kompetenter oder theologisch versierter wahrgenommen wird. Im Sinne eines Empowerments[1663] aller Kirchenglieder ist daher eine möglichst breite theologische Bildung aller Getauften nicht nur wünschens- sondern höchst erstrebenswert, so dass Laien tatsächlich auch in kirchlichen und pastoralen Fragen als ernst zu nehmende Dialogpartner, Berater und Sendungsträger in Relation zu den Klerikern wahrgenommen werden. Die theologische Kompetenz von Pastoralreferenten mit dem theologischen Vollstudium bietet in diesem Zusammenhang Chance und Risiko zugleich. Ein Risiko des Amtes der Pastoralreferenten besteht sicherlich darin, nicht als der Ersatzpriester wahrgenommen zu werden.[1664] Die Problematik dabei ist nicht die gleichwertige theologische und pastorale Qualifikation als solche, sondern eher der konkrete Einsatz von Pastoralreferenten und die damit verbundenen Modalitäten: Wenn beispielsweise frühere Kaplans- bzw. Pfarrstellen durch Pastoralreferenten ersetzt werden, die zudem im Pfarrhaus wohnen und weitgehend die gleichen Aufgabenumschreibungen[1665], Verantwortlichkeiten und räumlichen Zuweisungen[1666] erhalten, können solche pastorale Mitarbeiter durchaus als *Ersatzpfarrer* wahrgenommen werden. In 17 von 25 deutschen Diözesen wird Priestermangel als ein wesentlicher Grund für strukturelle

[1662] Ebd., 56. Vgl. dazu weiter ders., Klerikalisierung, 204–208 (Anm. 1220) sowie Zulehner/Renner, Ortssuche, 128 (Anm. 72).

[1663] Hallermann, Heribert: Ignorantia iuris – (K)ein Problem für die Kirche?, in: AfkKR 185 (2016), 369–389, hier: 388.

[1664] Vgl. Zulehner/Renner, Ortssuche, 145–147 (Anm. 72).

[1665] Selbstverständlich unter Ausklammern der hierzulande genuin priesterlichen Tätigkeiten wie die Spendung der Sakramente.

[1666] Oftmals gehen früher eigenständige, territorial umschriebene Pfarreien als weitgehend selbstständige Gemeinden beziehungsweise *Pseudopfarreien* dann unter dem rechtlichen Konstrukt einer neuen Großpfarrei auf.

diözesane Neuordnungen angegeben und belegt somit nicht nur eine bereits vorhandenen Priesterzentriertheit der kirchlichen Strukturen,[1667] sondern bietet insofern auch die Gefahr für einfache Lösungen, in dem genuin priesterlich wahrgenommene Tätigkeit an hauptamtliche pastorale Mitarbeiter übertragen werden.

Wenn Pastoralreferenten als Ersatzpriester fungieren, tradieren sich nur weiterhin festgefahrene vorkonziliare Denkmuster, die dazu beitragen, dass der Klerikalismus beziehungsweise klerikalistisches Denken auf Laienseite verstärkt wird. Dahingehend bietet die theologische Kompetenz, die mit dem Amt von Pastoralreferenten verknüpft ist, auch Chancen, insofern diese Kompetenz sinnvoll eingesetzt wesentlich dazu beitragen kann, das Volk Gottes weiterzubilden, theologisch sprach- und handlungsfähig zu machen, so dass alle Glieder des Gottesvolkes in der Lage sind, dezidiert Tätigkeiten, die ehemals ausschließlich von Priestern ausgeübt wurden, aus der sakramentalen Würde der eigenen Taufe heraus auszuüben. Konkret bedeutet das, dass Pastoralreferenten aufgrund ihrer Qualifikation selbstverständlich vormalige genuin mit dem Priester verbundenen Aufgaben, wie den Beerdigungsdienst nach Maßgabe der partikularrechtlichen Vorgaben, die Assistenz der Eheschließung nach Maßgabe des Kirchenrechts,[1668] die Taufspendung nach Maßgabe des Rechts, [1669] die Leitung von Gemeinden, die Rolle als Vorsteher in der Liturgie etc. übernehmen können. Dabei darf nicht aus dem Blick geraten, dass dies alles Aufgaben sein sollten, die mit entsprechender Qualifikation auch von Nicht-Amtsträgern bzw. Nicht-Hauptamtlichen in gleicher Weise geleistet werden können und vorwiegend auch sollen, um von einer versorgten zu einer mitsorgenden Kirche zu gelangen. Für die Vision einer lebendigen Kirche ist daher Meckel zuzustimmen: „Es geht vor allem darum, die Lebendigkeit der einzelnen Gläubigen wahrzunehmen; dann kann eine lebendige Kirche gelingen, die nicht nur ihre Strukturen, sondern auch ihre vorkonziliaren Konzepte verhafteten Sichtweisen ändert. Es wäre eine Kirche lebendiger Kooperation von Laien und Klerikern.“[1670]

Eine weitere Chance bietet die Bezeichnung und das Selbstverständnis von Pastoralreferenten als Seelsorger.[1671] Sie sind in dem Sinne auch kirchenrechtlich Seelsorger, da sie im Rahmen ihres Amtes die cura animarum ausüben und dem übergeordneten Ziel, dem Heil der Seelen (salus animarum), dienen. Als beauftragte Amtsträger partizipieren sie in ihrem Bereich auch an der cura

[1667] Vgl. Hallermann, Mehr als Strukturen, 46.
[1668] Vgl. c. 1112 § 1 i.V.m c. 1112 § 2 i.V.m. c. 1067 i.V.m. c. 1108.
[1669] Vgl. c. 861 § 2 i.V.m. c. 861 § 1 i.V.m. c. 530 Nr.1.
[1670] Meckel, Katholische Aktion – Gemeinsames Priestertum, 106.
[1671] Vgl. Zulehner/Renner, Ortssuche, 45 (Anm. 72).

pastoralis des Bischofs.[1672] Kirche wird auch über 50 Jahre nach dem Zweiten Vatikanischen Konzil als sinnvoll in der Welt von heute erlebt, wo sie die „Freude und Hoffnung, Trauer und Angst der Menschen von heute"[1673] aufgreift und zu ihrer eigenen Freude und Hoffnung, Trauer und Angst macht. In diesem konziliaren Sinn braucht es personenbezogene Seelsorgerinnen und Seelsorger wie Pastoralreferenten, die aufgrund ihrer pastoralen Ausbildung und der theologischen Qualifikationen solche Seelsorgenden sein können. Solche Personen, die cura animarum ausüben, tragen dafür Sorge, dass Kirche im konziliaren Sinne in der Welt von heute bei den Menschen von heute verwurzelt ist, um ihre Sendung zu verwirklichen.

Als ein Kirchenamt, das sich auch gut 40 Jahre nach seinem Entstehen noch in der Entwicklung befindet,[1674] bietet das Amt des Pastoralreferenten dadurch auch Chancen, in spezieller Weise offen zu sein für Neues in der Kirche und der Pastoral. So kann diese Offenheit auch ein berufscharakterisierendes Merkmal dieses Kirchenamtes sein, das sich schwer festschreiben lässt und demzufolge kontinuierlich in einem Entwicklungsprozess ist. Die Begründung, dass die Rahmenstatuten von 2011 für Pastoral- und Gemeindereferenten wegen der durch die „neuen pastoralen Strukturen bedingten Veränderungen im beruflichen Aufgabenfeld von Gemeinde- und Pastoralreferent/-innen"[1675] erst notwendig wurden, zeugt von dem Bewusstsein, dass sich auch Kirche in einem Transformationsprozess befindet.

So besteht die Chance eines Berufs, der sich aus dem Konzil heraus versteht und zu dessen Charakteristika eine hohe theologische und pastorale Qualifikation gehört, darin, sich auf unterschiedliche Gegebenheiten, Anforderungen und Milieus einzulassen und die Botschaft vom Reich Gottes situativ angemessen zu verkünden. Deshalb bieten sich für den Beruf des Pastoralreferenten Arbeitsfelder besonders an, die sich in Bezug auf die Verkündigung auf neue Wege einlassen. Die missionarische Pastoral, kirchliches Arbeiten in neuen und alternativen Milieus, Begegnung mit Kunst als Orten der Transzendenz oder die sogenannte Citypastoral können beispielsweise solche Arbeitsfelder sein.

Eine zukunftsorientierte und mutige Art und Weise, Pastoral für die Menschen des 21. Jahrhunderts anzubieten, deckt sich mit dem Wunsch des damaligen Vorsitzenden der Deutschen Bischofskonferenz, Erzbischof Zollitsch,

1672 Vgl. Riedel-Spangenberger, Seelsorge und Sendung 57–73 (Anm. 1258). Vgl. auch Hallermann, Hirtendienst, 246 (Anm. 1321).

1673 GS 1,1.

1674 So kann Meckel, Konzil und Codex, 219 (Anm. 42), beispielsweise erstaunt feststellen, dass es innerhalb der DBK Unklarheiten bezüglich des ekklesiologischen Ortes von Pastoralreferenten gibt, wenn es auch Jahrzehnte nach ihrer Einführung noch als notwendig erscheint, eine ekklesiologische Ortsbestimung der Pastoral- und Gemeindereferenten vorzunehmen.

1675 Rahmenstatuten 2011, in: DDB Nr. 96, 5.

anlässlich des 40-jährigen Berufsgruppenjubiläums der Pastoralreferenten: So wünscht er den Pastoralreferentinnen und -referenten die „Geistesgaben, die sie brauchen, um auch in Zukunft die Botschaft des Evangeliums den Menschen zu bringen und den Weg der Kirche in unserem Land mit zu gestalten.“[1676]

[1676] Zollitsch, Grußwort, 8 (Anm. 1).

9. BIBLIOGRAFIE

Quellen und Literatur werden bei wiederholter Zitiertung nur mit Kurztitel angegeben.

9.1 Gesamtkirchliche Quellen und Quellensammlungen

Acta Apostolicae Sedis, Rom 1909 ff.

Die Bibel. Einheitsübersetzung der Heiligen Schrift. Gesamtausgabe, Stuttgart 2016.

9.1.1 Zweites Vatikanisches Konzil

Concilium Vaticanum Secundum, Constitutio de sacra Liturgia „Sacrosanctum Concilium", in: AAS 55 (1964) 97–138. Lateinisch – deutscher Text in: LThK², Bd. 12, 14–109. [Zitiert als: SC].

– Dass., Constitutio dogmatica de Ecclesia „Lumen Gentium", in: AAS 57 (1965) 5–71. Lateinisch – deutscher Text in: LThK², Bd. 12, 156–347. [Zitiert als: LG].

– Dass., Constitutio pastoralis de Ecclesia in mundo huius temporis „Gaudium et spes", in: AAS 58 (1966) 1025–1115. Lateinisch – deutscher Text in: LThK², Bd. 14, 280–592. [Zitiert als: GS].

– Dass., Declaratio de educatione christiana „Gravissimum educationis", in: AAS 58 (1966) 728–739. Lateinisch – deutscher Text in: LThK², Bd. 13, 366–403. [Zitiert als: GE].

– Dass., Decretum de activitate missionali ecclesiae „Ad Gentes", in: AAS 58 (1966) 947–990. Lateinisch – deutscher Text in: LThK², Bd. 14, 22–125. [Zitiert als: AG].

– Dass., Decretum de apostolatou laicorum „Apostolicam Actuositatem", in: AAS 58 (1966) 837–864. Lateinisch – deutscher Text in: LThK², Bd. 13, 602–701. [Zitiert als: AA].

– Dass., Decretum de institutione sacerdotali „Optatam Totius", in: AAS 58 (1966) 713–727. Lateinisch – deutscher Text in: LThK², Bd. 13, 309–355. [Zitiert als: OT].

– Dass., Decretum de pastorali episcoporum munere in ecclesia „Christus Dominus", in: AAS 58 (1966) 673–696. Lateinisch-deutscher Text in: LThK², Bd. 13, 127–247. [Zitiert als: CD].
– Dass., Decretum de Presbyterorum ministerio et vita „Presbyterorum Ordinis", in: AAS 58 (1966) 991–1024. Lateinisch – deutscher Text in: LThK², Bd. 14, 142–239. [Zitiert als: PO].
– Dass., „Nota explicativa previa" in: AAS 57 (1965) 72–75, Lateinisch – deutscher Text in: LThK², Bd. 12, 348–359. [Zitiert als: NEP].

9.1.2 Päpste

P. Benedikt XV.: Apostolische Konstitution Providentissima Mater Ecclesiae, in: AAS 9 (1917,2), 5–8.
P. Pius XII., Encyclica „Mystici Corporis Christi," in: AAS 35 (1943), 193–248.
P. Johannes XXIII.: Primus Concilii Oecumenici nuntius vom 25.1.1959, in: AAS 51 (1959), 65–69.
P. Johannes Paul II.: Ansprache beim Symposium über die ‚Mitarbeit der Laien am pastoralen Dienst der Priester' vom 22. April 1994, in: L'Osservatore Romano, 23. April 1994.
– Ders., Apostolische Konstitution ‚Sacrae Disciplinae Leges', in: AAS 75 (1983) Pars II, VII-XIV; dt. Übersetzung: Codex Iuris Canonici, lateinisch-deutsche Ausgabe, Kevelaer ⁵2001, X-XXIII. [Zitiert als: Sacrae Disciplinae Leges].
– Ders., Constitutio de Romana Curia Pastor Bonus, vom 28. Juni 1988, Art. 8 und 9, in: AAS 80 (1988), 841–930.
– Ders., Gratias agamus Deo, in: AAS 80 (1988), 606–611
– Ders., Nachsynodales Apostolisches Schreiben „Christifideles Laici" vom 30.12.1988, in: AAS 81 (1989), 393–521. Deutscher Text in: Verlautbarungen des Apostolischen Stuhls Nr. 87, 30. Dezember 1988, Sekreteriat der Deutschen Bischofskonferenz (Hg.), Bonn 1989.
– Ders., Litterae apostolicae Motu Proprio datae, Disciplina circa Primam Tonsuram Ordines Minores er Subdiaconatum in Ecclesia Latina innovator Ministeria quaedam, in: AAS 64 (1972), 529–534.
P. Benedikt XVI.: Litterae Apostolicae Motu Proprio datae. Quaedam in Codice iuris canonici immutantur. Omnium in mentem, in: AAS 102 (2010), 8–10.
P. Franziskus: Motu proprio Mitis Dominus Iesus vom 15. August 2015, in: AAS 107 (2015), 958–967.

9.1.3 Kurie

Kongregation für den Klerus – Päpstlicher Rat für die Laien – Kongregation für die Glaubenslehre – Kongregation für den Gottesdienst und die Sakramentenordnung – Kongregation für die Bischöfe – Kongragation für die Evangelisierung der Völker – Kongregation für die Institute des geweihten Lebens und für die Gesellschaften des apostolischen Lebens – Päpstlicher Rat für die Interpretation von Gesetzestexten, Instruktion Ecclesiae de Mysterio zu einigen Fragen über die Mitarbeit der Laien am Dienst der Priester vom 15. Augsut 1997, in: AAS 89 (1997) 852–877. Deutscher Text der Instruktion zu einigen Fragen über die Mitarbeit der Laien am Dienst der Priester: Sekreteriat der deutschen Bischofskonferenz (Hg.), in: Verlautbarungen des Apostolischen Stuhls 129, Bonn 1997. [Zitiert als: Instruktion].

Pontificia Commissio Codici Iuris Canonici authentice interpretando, Entscheidung zu c. 767 § 1, in: AAS 79 (1987), 1249.

Sacra Congregatio de seminariis et studiorum universitatibus, Declaratio vom 11.04.1928, in: AAS 20 (1928), 157.

Sacra Congregatio pro Episcopis, Prot. Nr. 122/69, Dekret zur Approbation des Statutes der Gemeinsamen Synode der Bistümer in der Bundesrepublik Deutschland, in: GSyn I, Freiburg [2]1976, 861–862.

9.1.4 Kirchliche Rechtssammlungen

Codex Canonum Ecclesiarum Orientalium, Auctoritate Ioannis Pauli PP. II. Promulgates: in: AAS 82 (1990), 1033–1364, Lateinisch-deutsche Ausgabe: Codex Canonum Ecclesiarum Orientalium, Gesetzbuch der katholischen Ostkirchen: hg. v. Gerosa, Libero; Krämer, Peter, übers. v. Ludger, Gerhard; Budin, Joachim, bearb. v. Demel, Sabine; Gerosa, Libero; Krämer, Peter; Müller, Ludger, Paderborn 2000.

Codex Iuris Canonici, Auctoritate Ioannis Pauli PP. II, Lateinisch-deutsche Ausgabe: hg. im Auftrag der Deutschen und der Berliner Bischofskonferenz der Österreichischen Bischofskonferenz, der Schweizer Bischofskonferenz sowie der Bischöfe von Bozen-Brixen, von Luxemburg, von Lüttich, von Metz und von Straßburg, Kevelaer [6]2009, unveränderter Nachdruck der 5. neugestalteten und verbesserten Auflage von 2001.

Codex Iuris Canonici Pii X Pontificis Maximi Iussu digestus Benedicti Papae XV. auctoritate promulgatus, Indice analytico-alphabetico auctus, Typis Polyglottis Vaticanis 1965.

Corpus Iuris Canonici, Editio Lipsiensis secunda post Aemilii Ludouici Richteri curas ad Librorum manu scriptorium et Editionis Romanae fidem recognouit et adnotatione critica instruxit Aemilius Friedberg, Pars Prius Decretum Magistri Gratiani, Graz 1959.

9.2 Teilkirchliche Quellen und Quellensammlungen

9.2.1 Deutsche Bischofskonferenz

DBK: Der pastorale Dienst in der Pfarrgemeinde 1995 vom 28. September 1995, in: DDB Nr. 54.

- Dies., Gemeinsam Kirche sein. Wort der deutschen Bischöfe zur Erneuerung der Pastoral vom 01.08.2015, in: DDB Nr. 100.
- Dies., Laien als kirchliche Richter, Zulassung von Laien als kirchliche Richter, Partikularnorm zu c. 1421 § 2 in Fassung des Beschlusses der Vollversammlung vom 22. September 1992, in: Wenner, Reinhard (Hg.): Beschlüsse der Deutschen Bischofskonferenz, St. Augustin 1999 ff.
- Dies., Lektorat/Akolythat, Persönliche Voraussetzungen für die durch liturgischen Ritus auf Dauer zu übertragenden Dienste des Lektors und des Akolythen, Partikularnorm zu c. 230 § 1, beschlossen in der Vollversammlung der Deutschen Bischofskonferenz am 22. September 1996, in: Wenner, Reinhard (Hg.): Beschlüsse der Deutschen Bischofskonferenz, St. Augustin 1999 ff.
- Dies., „Mehr als Strukturen… Entwicklungen und Perspektive der pastoralen Neuordnung in den Diözesen“, Dokumentation des Studientages der Frühjahrs-Vollversammlung 2007 der DBK 12. April 2007, hg. v. Sekreteriat der DBK, Arbeitshilfen 213, Bonn 2007.
- Dies., „Mehr als Strukturen…“ Neuorientierung der Pastoral in den (Erz-) Diözesen, Ein Überblick, hg. v. Sekreteriat der DBK, Arbeitshilfen 216, Bonn 2007.
- Dies., Ordnung des Predigtdienstes von Laien, beschlossen in der Vollversammlung der Deutschen Bischofskonferenz am 24. Februar 1988, in: Wenner, Reinhard (Hg.): Beschlüsse der Deutschen Bischofskonferenz, St. Augustin 1999 ff.
- Dies., Rahmenstatuten und -ordnungen für Gemeinde und Pastoral-Referenten/Referentinnen vom 01.10.2011, in: DDB Nr. 96. [Zitiert als: Rahmenstatuten 2011].
- Dies., Rahmenstatuten und -ordnungen für Gemeinde und Pastoral-Referenten/Referentinnen vom 10.03.1987, in: DDB Nr. 41. [Zitiert als: Rahmenstatuten 1987].

– Dies., Rahmenstatuten und-ordnungen für Diakone und Laien im pastoralen Dienst 1978/79, in: DDB Nr. 22. [Zitiert als: Rahmenstatuten 1978/79].
– Dies., Stellungnahme der Deutschen Bischofskonferenz zur Vorlage der Sachkommission I ‚Die Beteiligung der Laien an der Verkündigung im Gottesdienst', in: Homeyer, Josef (Hg. in seiner Funktion als Sekretär der Gemeinsamen Synode): SYNODE, Amtliche Mitteilungen der Gemeinsamen Synode der Bistümer in der Bundesrepublik Deutschland, München 1972/2, 29–30. [Zitiert als: DBK, Stellungnahme].
– Dies., Zur Ordnung der pastoralen Dienste vom 02.03.1977, in: DDB Nr. 11.

9.2.2 Gemeinsame Synode

Gemeinsame Synode der Bistümer in der Bundesrepublik Deutschland, Offizielle Gesamtausgabe, nach der Gesamtausgabe I ^{7}1989, hg. v.: Präsidium der Gemeinsamen Synode der Bistümer der Bundesrepublik Deutschland und der Deutschen Bischofskonferenz von Bertsch, Ludwig SJ; Boonen, Philipp; Hammerschmidt, Rudolf; Homeyer, Josef; Kronenberg, Friedrich; Lehmann, Karl unter Mitarbeit von Imhof, Paul SJ, Freiburg im Breisgau 2012. [Zitiert als: GSyn I].
– Dies., Das Statut der Gemeinsamen Synode der Bistümer in der Bundesrepublik Deutschland, in: GSyn I, 856–862. [Zitiert als: Statut Synode].
– Dies., Die Beteiligung der Laien an der Verkündigung, in: GSyn I, 153–178 [Zitiert als: Laienverkündigung]; sowie zugehöriger Dokumentenanhang ebd., 179–185. [Zitiert als: Laienverkündigung Anhang/Reskript].
– Dies., Die Verantwortung des ganzen Gottesvolkes für die Sendung der Kirche, in: GSyn I, 651–677.
– Dies., Die pastoralen Dienste in der Gemeinde, in: GSyn I, 597–636. [Zitiert als: Dienste und Ämter].
– Dies., Der Religionsunterricht in der Schule, in: GSyn I, 123–152. [Zitiert als: GSyn I, Beschluss Religionsunterricht].
– Dies., Schwerpunkte kirchlicher Verantwortung im Bildungsbereich, in: GSyn I, 518–548. [Zitiert als: GSyn I, Beschluss Bildungsbereich].
– Dies., Unsere Hoffnung, Ein Bekenntnis zum Glauben in dieser Zeit, in: GSyn I, 84–111. [Zitiert als: Unsere Hoffnung].
Gemeinsame Synode der Bistümer in der Bundesrepublik Deutschland, Offizielle Gesamtausgabe, Ergänzungsband: Arbeitspapiere und Sachkommissionen, nach der Gesamtausgabe II ^{4}1985, hg. v.: Präsidium der Gemeinsamen Synode der Bistümer der Bundesrepublik Deutschland und der Deutschen Bischofskonferenz von Bertsch, Ludwig SJ; Boonen, Philipp; Hammerschmidt, Rudolf; Homeyer, Josef; Kronenberg, Friedrich; Lehmann, Karl

unter Mitarbeit von Imhof, Paul SJ, Freiburg im Breisgau 2012. [Zitiert als GSyn II].
- Dies., Das katechetische Wirken der Kirche, in: GSyn II, 37–97.
Kommission I, Erläuterungen und Bericht zum Text der zweiten Lesung, in: Homeyer, Josef (Hg. in seiner Funktion als Sekretär der Gemeinsamen Synode): SYNODE, Amtliche Mitteilungen der Gemeinsamen Synode der Bistümer in der Bundesrepublik Deutschland, 1972/5, 15–34. [Zitiert als: Kommission I, Erläuterungen].
Kommission VII: Begründung zur Vorlage „Pastorale Dienste in der Gemeinde", in: (Hg. in seiner Funktion als Sekretär der Gemeinsamen Synode: SYNODE, Amtliche Mitteilungen der Gemeinsamen Synode der Bistümer in der Bundesrepublik Deutschland, München 1974/1. [Zitiert als: Kommission VII: Begründung zur Vorlage „Pastorale Dienste in der Gemeinde"].

9.3 Literatur

Ahlers, Reinhild: § 17 Die rechtliche Grundstellung der Christgläubigen, in: HbKathKR³, 289–301.
Alberigo, Guiseppe: Art. Aggiornamento, in: LThK³, Bd. 1, Freiburg im Breisgau 1993, 231.
Algermissen, Konrad: Art. Katholische Aktion, in: LThK¹, Bd. 5, Freiburg 1933, 902–908.
Althaus, Rüdiger: Art. Begräbnis - Katholisch, in: LKStKR, Bd. 1, Paderborn/München/Wien/Zürich 2000, 212–213. [Zitiert als: Althaus, Begräbnis].
- Ders., Art. Benediktion, in: LKStKR, Bd. 1, Paderborn/München/Wien/Zürich 2000, 235–236. [Zitiert als: Althaus, Benediktion].
- Ders., Die Rezeption des Codex Iuris Canonici von 1983 in der Bundesrepublik Deutschland unter besonderer Berücksichtigung der Voten der Gemeinsamen Synode der Bistümer der Bundesrepublik Deutschland, Paderborn/München/Wien/Zürich 2000. [Zitiert als: Althaus, Rezeption].
- Ders.; Prader, Joseph; Reinhardt, Heinrich Josef Ferdi: Das kirchliche Eherecht in der seelsorgerischen Praxis, Essen ⁵2014. [Zitiert als: Althaus/Prader/Reinhardt, Eherecht].
- Ders., Rezension zu von Batemberg, Friedrich Casutt: Der Rechtsstatus des Laien im katholischen Kirchenrecht, Zürich/Genf/Basel 2007, in: Güthoff, Elmar und Selge, Karl-Heinz: De processibus matrimonialibus, Bd. 14 (2007), 396–403.

Amann, Thomas: Laien als Träger von Leitungsgewalt? Eine Untersuchung aufgrund des Codex Iuris Canonici, in: Münchner Theologische Studien III, Kanonistische Abteilung 50, St. Ottilien 1996.

Anuth, Bernhard Sven: Das Recht katholischer Laien auf Anerkennung ihrer bürgerlichen Freiheiten (c. 227 CIC/ c. 402 CCEO), in: Forschungen zur Kirchenrechtswissenschaft 39, Würzburg 2016.

Aymans, Winfried: Strukturen der Mitverantwortung der Laien, in: AfkKR 159 (1990), 368–386. [Zitiert als: Aymans, Mitverantwortung].

– Ders.; Mörsdorf, Klaus: Kanonisches Recht. Lehrbuch aufgrund des Codex Iuris Canonici, Bd. 1, Paderborn 1991. [Zitiert als: Aymans/Mörsdorf, Kanonisches Recht I].

– Ders.; Mörsdorf, Klaus: Kanonisches Recht. Lehrbuch aufgrund des Codex Iuris Canonici, Bd. 2, Paderborn 1997. [Zitiert als: Aymans/Mörsdorf, Kanonisches Recht II].

Bartsch, Elmar; Kamphaus, Franz; Massa, Willi; Schlösser Felix; Zerfaß, Rolf: Verkündigung. Pastorale Handreichung für den pastoralen Dienst, Mainz 1970.

Bier, Georg; Lüdecke, Norbert: Das römisch-katholische Kirchenrecht. Eine Einführung, Stuttgart 2012. [Zitiert als: Bier/Lüdecke, Einführung].

Bierbaum, Max: Art. Hierarchie, in: LThK[1], Bd. 5, 10–12.

Böhnke, Michael: „Gemeindeleitung" durch Laien – Genese und Ergebnisse eines Forschungsprojektes, in: Böhnke, Michael; Schüller Thomas (Hg.): Gemeindeleitung durch Laien? Internationale Erfahrungen und Erkenntnisse, Regensburg 2011. [Zitiert als: Böhnke, Gemeindeleitung].

– Ders., Pastoral in Gemeinden ohne Pfarrer. Interpretation von c. 517 § 2, Essen 1994.

Boekholt, Peter: Der Laie in der Kirche, Kevelaer 1984.

Borras, Alphonse: Art. Exkommunikation – Katholisch, in: LKStKR, Bd. 1, Paderborn/München/Wien/Zürich 2000, 657–660.

Braunbeck, Elisabeth: Der Weltcharakter des Laien. Eine theologische Untersuchung im Licht des II. Vatikanischen Konzils, Regensburg 1993. [Zitiert als: Braunbeck, Weltcharakter].

Brechter, Suso: Einleitung und Kommentar zum Dekret über die Missionstätigkeit der Kirche „Ad Gentes", in: LThK[2], Bd. 14, 10–124. [Zitiert als: Brechter, Kommentar AG].

Breitbach, Udo: Art. Bischofskollegium, in: LKStKR, Bd. 1, Paderborn/München/Wien/Zürich 2000, 273–275.

Bucher, Rainer: Die Gemeinde nach dem Scheitern der Gemeindetheologie. Perspektiven einer zentralen Sozialform der Kirche, in: Ritzer, Georg (Hg.): „Mit euch bin ich Mensch…" Festschrift anlässlich des 60. Geburtstages von Friedrich Schleinzer, Innsbruck/Wien 2008, 19–46.

– Ders., Kirche ohne Geld und Vertrauen. Die heilsame Provokation der Krise, in: Heimbach-Steins, Marianne; Schöttler, Hans-Georg (Hg.): „...nicht umsonst gekommen.“, Münster 2005, 81–104.

Cattaneo, Arturo: Die Institutionalisierung pastoraler Dienste, in: AfkKR 165 (1996), 56–79. [Zitiert als: Cattaneo, Institutionalisierung].

Congar, Yves: Der Laie. Entwurf einer Theologie des Laientums, Stuttgart 1964. [Zitiert als: Congar, Laie].

Correco, Eugenio: Aspekte der Rezepzion des Vaticanum II im neuen Codex Iuris Canonici: Oridnatio fidei, in: Ahlers, Reinhild; Gerosa, Libero; Müller, Lüdger (Hg.): Schriften zum kanonischen Recht, Paderborn/München/Wien/Zürich 1994, 109–157.

– Ders., Die kulturellen und ekklesiologischen Voraussetzungen des neuen CIC, in: AfkKR 152 (1983), 3–30. [Zitiert als: Corecco, Voraussetzungen].

Demel, Sabine: Einführung in das Recht der katholischen Kirche, Darmstadt 2014.

– Dies., Frauen und Kirchliches Amt. Grundlagen – Grenzen – Möglichkeiten, Freiburg i. Br. 2012. [Zitiert als: Demel, Frauen].

– Dies., Kirchenrechtlich denken und forschen – was heißt das? Hermeneutische Schlüsselfragen, in: Graulich, Markus; Meckel, Thomas und Pulte, Matthias (Hg.): Ius canonicum in communione christifidelium, Festschrift zum 65. Geburtstag von Heribert Hallermann (KStKR 23), Paderborn 2016, 47–64. [Zitiert als: Demel, Kirchenrechtlich denken].

– Dies., Synoden – Synodale Prozesse – Synodalität. Die Nachkonziliare Entwicklung im Bereich der Deutschen Bischofskonferenz, in: Rees, Wilhelm; Schmiedl, Joachim (Hg.), Unverbindliche Beratung oder kollegiale Steuerung. Kirchenrechtliche Überlegungen zu synodalen Vorgängen, Freiburg im Breisgau 2014, 68–86.

– Dies., „Wahrt das Recht und sorgt für Gerechtigkeit...“ (Jes 56,1). Ein Blick auf die Theologische Präambel der Rahmenstatuten aus kirchenrechtlicher Perspektive, in: Dies. (Hg.): Vergessene Amtsträger/-innen? Die Zukunft der Pastoralreferentinnen und Pastoralreferenten, Freiburg im Breisgau 2013, 78–100. [Zitiert als: Demel, Präambel].

– Dies., Zur Verantwortung berufen. Nagelproben des Laienapostolates, Freiburg im Breisgau 2009. [Zitiert als: Demel, Verantwortung].

Eggersdorfer, Franz-Xaver: Art. Hochschule, in: LThK[1], Bd. 5, 86–89. [Zitiert als: Eggersdorfer, Hochschule].

Eichmann, Adolph; Mörsdorf, Klaus: Lehrbuch des Kichenrechts, Paderborn [9]1958–1960. [Zitiert als: Eichmann/Mörsdorf, Lehrbuch].

Faber, Eva-Maria und Hönig, Elisabeth: Identität, Profil und Auftrag der pastoralen Dienste, in: Augustin, George; Risse, Günther: (Hg.): Die eine Sendung – in vielen Diensten, Gelingende Seelsorge als gemeinsame Aufgabe der Kirche, Paderborn 2003, 107–127.

Fahrnberger, Gerhard: Art. Delegation, in: LThK^{3} Bd. 3, Freiburg im Breisgau 1995, 73. [Zitiert als: Fahrnberger, Delegation].

Faivre, Antoine: Kirchliche Ämter und Dienste. II. Historisch-theologisch, in: LThK^{3}, Bd. 6, Freiburg im Breisgau 1997, 88–92.

Fichte, Johann Gottlieb: Deduzierter Plan einer zu Berlin zu errichtenden höheren Lehranstalt. Die Idee der deutschen Universität, Darmstadt 1956.

Fischer, Alfons: Art. Seelsorgehelfer, in: LThK^{2}, Bd. 9, 585–586.

– Ders., Art. Seelsorgehilfe, in: LThK^{2}, Bd. 9, 587.

Fischer, Henry; Greinacher, Norbert; Klostermann, Ferdinand: Die Gemeinde. Pastorale Handreichung für den pastoralen Dienst, Mainz 1970.

Flatten, Heinrich: Missio Canoncia, in: Verkündigung und Glaube, Festgabe für Franz Xaver Arnold, Freiburg 1958, 123–141.

Freitag, Josef: Art. Amt, IV, Systematisch-theologisch, in: LThK^{3} I, 549.

Friesel, Christian: Kooperation und Konflikt im pastoralen Dienst. Erfahrungen und Perspektiven aus dem Projekt ‚Christsein als Beruf', in: Diakonia 28 (1997), 185–189.

Gänswein, Georg: Kirchengliedschaft – Vom Zweiten Vatikanischen Konzil zum Codex Iuris Canonici. Die Rezeption der konziliaren Aussagen über die Kirchenzugehörigkeit in das nachkonziliare Gesetzbuch der Lateinischen Kirche, in: Münchner Theologische Studien III, Kanonistische Abteilung, Bd. 47, St. Ottilien 1989.

Garhammer, Erich: Art. Klerikalismus, in: LThK^{3}, Bd. 6, 130–131.

Gehr, Josef: Die rechtliche Qualifikation der Beschlüsse des Zweiten Vatikanischen Konzil, in: Münchner Theologische Studien III, Kanonistische Abteilung, Bd. 51, St. Ottilien 1997. [Zitiert als: Gehr, Die rechtliche Qualifikation der Beschlüsse des Zweiten Vatikanischen Konzils].

Gerber, Michael: Text 5, Stärkend: Kirchliche Resilienzerfahrungen, in: ders., Brantzen, Hubertus; Faulhaber, Kurt; Schmid, Bernhard (Hg.): Pastoral am Puls. Glaubenswege gehen – geistliche Prozesse leiten, Freiburg – Basel – Wien 2019, 30–36.

Glaubitz, Elfriede: Der christliche Laie. Vergleichende Untersuchung vom Zweiten Vatikanischen Konzil zur Bischofssynode 1987, Würzburg 1995. [Zitiert als: Glaubitz, Laie].

Graulich, Markus: Art. Vernehmungsrichter, in: LKStKR, Bd. 3, Paderborn/München/Wien/Zürich 2004, 796.

– Ders., Rezension zu Lüdecke, Norbert und Bier, Georg (unter Mitarbeit von Bernhard Sven Anuth): Das römisch-katholische Kirchenrecht. Eine Einführung, Stuttgart 2012, in: ThPQ 162 (2014), 215–216.

Grillmeier, Aloys: Art. Kommentar zum Ersten Kapitel von „Lumen Gentium", in: LThK², Bd. 12, 157–176. [Zitiert als: Grillmeier, Kommentar I].
– Ders., Art. Kommentar zum Zweiten Kapitel von „Lumen Gentium", in: LThK², Bd. 12, 176–209. [Zitiert als: Grillmeier, Kommentar II].
Hallermann, Heribert: „…dass nur öffentlich predige, wer gesandt ist". Kanonistische Nachfragen und Perspektiven zum Verbot der ‚Laienpredigt' (KStKR 26), Paderborn 2017. [Zitiert als: Hallermann, Laienpredigt].
– Ders., Art. Berufung, in: LKStKR, Bd. 1, Paderborn/München/Wien/Zürich 2000, 239–241. [Zitiert als: Hallermann, Berufung].
– Ders., Art. Bischofskonferenz – Katholisch, in: LKStKR, Bd. 1, Paderborn/München/Wien/Zürich 2000, 277–279. [Zitiert als: Hallermann, Bischofskonferenz].
– Ders., Art. Communitatis fidelium, in: LKStKR, Bd. 1, Paderborn/München/Wien/Zürich 2000, 357–359.
– Ders., Art. Gemeindeleitung – Katholisch, in: LKStKR, Bd. 2, Paderborn/München/Wien/Zürich 2002, 30–32.
– Ders., Art. Gemeinsame Synode, in: LKStKR, Bd. 2, Paderborn/München/Wien/Zürich 2002, 41–44.
– Ders., Art. Gläubige – Katholisch, in: LKStKR, Bd. 2, Paderborn/München/Wien/Zürich 2002, 154–156.
– Ders., Art. Gleichheit aller Gläubigen – Katholisch, in: LKStKR, Bd. 2, Paderborn/München/Wien/Zürich 2002, 159–161. [Zitiert als: Hallermann, Gleichheit aller Gläubigen].
– Ders., Art. Grundrechte und Grundpflichten – Katholisch, in: LKStKR, Bd. 2, Paderborn/München/Wien/Zürich 2002, 184–187.
– Ders., Art. Hirtendienst, in: LKStKR, Bd. 2, Paderborn/München/Wien/Zürich 2002, 245–246. [Zitiert als: Hallermann, Hirtendienst].
– Ders., Art. Instructio, in: LKStKR, Bd. 2, Paderborn/München/Wien/Zürich 2002, 307–308. [Zitiert als: Hallermann, Instructio].
– Ders., Art. Katholische Aktion, in: LKStKR, Bd. 2, Paderborn/München/Wien/Zürich 2002, 400–402. [Zitiert als: Hallermann, Katholische Aktion].
– Ders., Art. Kleriker, in: LKStKR, Bd. 2, Paderborn/München/Wien/Zürich 2002, 566–570. [Zitiert als: Hallermann, Kleriker].
– Ders., Art. Laie – Katholisch, in: LKStKR, Bd. 2, Paderborn/München/Wien/Zürich 2002, 666–673. [Zitiert als: Hallermann, Laie].
– Ders., Art. Laienapostolat, in: LKStKR, Bd. 2, Paderborn/München/Wien/Zürich 2002, 671–673.
– Ders., Art. Lebensunterhalt, in: LKStKR, Bd. 2, Paderborn/München/Wien/Zürich 2002, 698–700.
– Ders., Art. Leitung, in: LKStKR, Bd. 2, Paderborn/München/Wien/Zürich 2002, 727–729. [Zitiert als: Hallermann, Art. Leitung].

- Ders., Art. Pastoralreferent, in: LKStKR, Bd. 3, Paderborn/München/Wien/Zürich 2004, 165–167. [Zitiert als: Hallermann, Pastoralreferent].
- Ders., Christifideles, laici, clerici und relgiosi als Subjekte der kirchlichen Rechtsordnung. Ein Rechtsvergleich zwischen CIC und CCEO, in: Güthoff, Elmar; Korta, Stefan; Weiß, Andreas (Hg.): Clarissimo Professori Carolo Giraldo Fürst, In memorian Carl Gerold Fürst, Frankfurt/Berlin/Bruxelles/New York/Oxford/Wien 2013, 191–291. [Zitiert als: Hallermann, Christifideles].
- Ders., Das Statut der Gemeinsamen Synode der Bistümer in der Bundesrepublik Deutschland, in: Rees, Wilhelm; Schmiedl, Joachim (Hg.), Unverbindliche Beratung oder kollegiale Steuerung. Kirchenrechtliche Überlegungen zu synodalen Vorgängen, Freiburg 2014, 87–104. [Zitiert als: Hallermann, Das Statut der Gemeinsamen Synode].
- Ders., Die ‚approbatio in forma specifica' – Ein Instrument zum Schutz des geltenden Rechts, in: ÖAKR 45 (1998), 160–171.
- Ders., Die Vereinigungen im Verfassungsgefüge der lateinischen Kirche, Paderborn 1999. [Zitiert als: Hallermann, Vereinigungen im Verfassungsgefüge].
- Ders., Ignorantia iuris – (K)ein Problem für die Kirche?, in: AfkKR 185 (2016), 369–389.
- Ders., Kirchliche Ämter ohne sakramentale Grundlage? – Pastoral- und Gemeindereferenten, in: TrThZ 3, 1999, 200–219. [Zitiert als: Hallermann, Kirchliche Ämter].
- Ders., Klerikalisierung der Laien – Laisierung der Kleriker? Die neuen Kirchenämter in der Perspektive des Kirchenrechts, in: Garhammer, Erich (Hg.): Ecclesia semper reformanda. Kirchenreform als bleibende Aufgabe, Würzburg 2006, 187–208. [Zitiert als: Hallermann, Klerikalisierung].
- Ders., Mehr als Strukturen. Chancen für Vielfalt und Kooperation, in: ders.; Meckel, Thomas; Pfannkuche, Sabrina; Pulte, Matthias (Hg.): Lebendige Kirche in neuen Strukturen. Herausforderungen und Chancen, Würzburger Theologie Bd. 11, Würzburg 2015, 31–79. [Zitiert als: Hallermann, Mehr als Strukturen].
- Ders., Pfarrei und pfarrliche Seelsorge. Ein kirchenrechtliches Handbuch für Studium und Praxis (KStKR 4), Paderborn 2004. [Zitiert als: Hallermann, Pfarrei].
- Ders., Priesterliche Identität gewinnen in Abgrenzung oder in Kooperation? Zur sogenannten ‚Laieninstruktion', in: Diakonia 29 (1998), 195–201.
- Ders., Ratlos – oder gut beraten? Die Beratung des Diözesanbischofs und die bischöflichen Beratungsorgane (KStKR 11), Paderborn 2010. [Zitiert als: Hallermann, Ratlos].

– Ders., Zugangsvoraussetzungen zum wissenschaftlichen Theologiestudium. Erwägungen anlässlich des gesetzlich eröffneten Hochschulzugangs für qualifizierte Berufstätige, in: AfkKR 178 (2009), 144–162. [Zitiert als: Hallermann, Zugangsvorausetzungen].

Hammer, Felix: Art. Vermögensverwaltung – Katholisch, in: LKStKR, Bd. 3, Paderborn/München/Wien/Zürich 2004, 791–794.

Hartelt, Konrad: Art. Konzil – Katholisch, in: LKStKR, Bd. 2, Paderborn/München/Wien/Zürich 2002, 642–643.

Hennecke, Christian: Glänzende Aussichten: Wie Kirche über sich hinauswächst, Münster 2010.

– Ders., Kirche die über den Jordan geht. Expeditionen ins Land der Verheißung, Münster [5]2011.

Hilberath, Bernd Jochen: Das Verhältnis von gemeinsamen und amtlichen Priestertum in der Perspektive von Lumen Gentium 10, in: TrThZ 94 (1985), 311–326.

Hochstaffl, Josef: Art. Gemeindereferentin, Gemeindereferent, in: LThK[3], Bd. 4, 430. [Zitiert als: Hochstaffl, Gemeindereferentin].

– Ders., Art. Pastoralreferent, Pastoralreferentin, in: LThK[3], Bd. 7, 1444.

Hofmann, Linus: Die Rechte der Laien in der Kirche, in: TrThZ 64, 1955.

Hofmeister, Philipp: Art. Missio canonica, in LThK[1], Bd. 7, 217.

Hommens, Maximilian: Art. Benefizium, in: LKStKR, Bd. 1, Paderborn/München/Wien/Zürich 2000 [Zitiert als: Hommens, Benefizium].

Hünermann, Peter: Der Text: Werden – Gestalt – Bedeutung. Eine hermeneutische Reflexion, in: Herders Theologischer Kommentar zum Zweiten Vatikanischen Konzil, Bd. 5, Freiburg 2006, 7–96. [Zitiert als: Hünermann, Der Text].

– Ders., Theologischer Kommentar zur dogmatischen Konstitution über die Kirche „Lumen Gentium", in: Herders Theologischer Kommentar zum Zweiten Vatikanischen Konzil, Bd. 2, Freiburg 2004, 263–582. [Zitiert als: Hünermann, Kommentar].

– Ders., Vorwort des Herausgebers, in: ders. (Hg.): Und dennoch…, Die römische Instruktion über die Mitarbeit der Laien am Dienst der Priester. Klarstellungen – Kritik – Ermutigungen, Freiburg im Breisgau 1998, 7–8.

– Ders., Zum kirchenpolitischen Hintergrund und zur Bedeutung der Instruktion, in: ders. (Hg.): Und dennoch…, Die römische Instruktion über die Mitarbeit der Laien am Dienst der Priester. Klarstellungen – Kritik – Ermutigungen, Freiburg im Breisgau 1998, 9–28. [Zitiert als: Hünermann, Instruktion].

Jedin, Hubert: Das Zweite Vatikanische Konzil, in: Jedin, Hubert: Handbuch der Kirchengeschichte, Bd. 7, Freiburg 1979, 97–151.

Jone, Heribert: Gesetzbuch der lateinischen Kirche, Erklärung der Kanones, Bd. 2, Sachenrecht, Paderborn ^{2}1952. [Zitiert als: Jone, CIC].

Jurina, Josef: Art. Arbeitsrecht, kirchliches, in: LKStKR – Katholisches, Bd. 1, Paderborn/München/Wien/Zürich 2000, 154–157.

Kaiser, Matthäus: § 17 Die Laien, in: Listl, Joseph; Müller, Hubert; Schmitz, Heribert (Hg.): HdbKathKR, Regensburg ^{1}1983, 184–189. [Zitiert als: Kaiser, Laien].

– Ders., § 16 Die rechtliche Grundstellung der Christgläubigen, in: Listl, Joseph; Müller, Hubert; Schmitz, Heribert (Hg.): HdbKathKR, Regensburg ^{1}1983, 171–184. [Zitiert als: Kaiser, Rechtliche Grundstellung].

Karrer, Leo: „Laien“ im pastoralen Dienst: Sackgasse oder Weg in die Zukunft? Erfahrungen und Reflexionen aus pastoraltheologischer Sicht, in: Demel, Sabine (Hg.): Vergessene Amtsträger/-innen? Die Zukunft der Pastoralreferentinnen und Pastoralreferenten, Freiburg im Breisgau 2013. [Zitiert als: Karrer, Laien im pastoralen Dienst].

– Ders., Von Beruf Laientheologe?, Wien 1970. [Zitiert als: Karrer, Von Beruf Laientheologe].

Kasper, Walter: Einleitung zum Beschluss ‚Die pastoralen Dienste in der Gemeinde‘, in: GSyn I, Offizielle Gesamtausgabe, Freiburg ^{2}1976, 581–596. [Zitiert als Kasper, Einleitung Dienste und Ämter].

Kehl, Medard: Die Kirche. Eine katholische Ekklesiologie, Würzburg ^{4}2001.

Klinger, Elmar; Zerfass, Rolf (Hg.): Die Kirche der Laien. Eine Weichenstellung des Konzils, Würzburg 1987.

Klostermann, Ferdinand: Die pastoralen Dienste heute. Priester und Laien im pastoralen Dienst – Situation und Bewältigung, Linz, 1980. [Zitiert als: Klostermann, Die pastoralen Dienste heute].

– Ders., Kommentar zum Dekret über das Laienapostolat „Apostolicam Actuositatem”, in: LThK^{2}, Bd. 13, 587–699. [Zitiert als: Klostermann, Kommentar AA].

– Ders., Kommentar zum Vierten Kapitel von „Lumen Gentium”, in: LThK^{2}, Bd. 12, 260–283. [Zitiert als: Klostermann, Kommentar LG].

Ders., Priester für Morgen, Innsbruck, 1968. [Zitiert als: Klostermann, Priester für Morgen].

Knobloch, Stefan: Zurück vor das Konzil? Die Instruktion und die Texte des II. Vatikanischen Konzils, in: Hünermann, Peter: Und dennoch…, Die römische Instruktion über die Mitarbeit der Laien am Dienst der Priester. Klarstellungen – Kritik – Ermutigungen, Freiburg im Breisgau 1998, 50–67. [Zitiert als: Knobloch, Instruktion].

Kohl, Christoph: Amtsträger oder Laie? Die Diskussion um den ekklesiologischen Ort der Pastoralreferenten und Gemeindereferenten, Frankfurt am Main 1987. [Zitiert als: Kohl, Amtsträger oder Laie].

Köhl, Georg: Der Beruf des Pastoralreferenten. Pastoralgeschichtliche und pastoraltheologische Überlegungen zu einem neuen pastoralen Beruf, Freiburg Schweiz 1987. [Zitiert als: Köhl, Pastoralreferenten].
– Ders., Entstehung und Entwicklung des Berufes ‚Pastoralreferent/in' in den deutschen Ortskirchen – Ein Beitrag zur Geschichte der pastoralen Berufe, in: Olbrich, Clemens; Stammberger, Ralf (Hg.): PastoralreferentInnen – unverzichtbar für die Kirche. Und sie bewegen sie doch, Freiburg im Breisgau 2000, 52–75. [Zitiert als: Köhl, Entstehung und Entwicklung des Berufes ‚Pastoralreferent/in'].
Könemann, Judith: Schwerpunkte kirchlicher Verantwortung im Bildungsbereich. Ein Dokument im Licht von vierzig Jahren, in: Feiter, Reinhard; Hartmann, Richard; Schmiedl, Joachim (Hg.): Die Würzburger Synode – Texte neu gelesen, Freiburg im Breisgau 2013, 210–221. [Zitiert als: Könemann, Schwerpunkte kirchlicher Verantwortung im Bildungsbereich].
Köninger, Albert und Giese, Friedrich: Grundzüge des katholischen Kirchenrechts und des Staatskirchenrechts, Augsburg/Göggingen ^{3}1949. [Zitiert als: Köninger und Giese, Grundzüge des katholischen Kirchenrechts].
Kösters, Ludwig: Art. Kirche, in LThK^{1}, Bd. 5, 968–981. [Zitiert als: Kösters, Kirche].
Krämer, Peter: Gleich oder ungleich? Die Gliederung der Kirche in Abgrenzung und Bezug, in: Communio 22 (1993), 284–288.
– Ders., Pastorale Dienste und Ämter. Die Untrennbarkeit der sakramentalen und rechtlichen Dimension, in: IKaZ 25 (1996), 514–522. [Zitiert als: Krämer, Pastorale Dienste].
– Ders., Wer sind die Träger des Verkündigungsdienstes, in: Geringer, Karl-Theodor und Schmitz, Heribert (Hg.): Communio in Ecclesiae Mysterio, Festschrift für Winfried Aymans, St. Ottilien 2001, 247–267.
Kreidler, Johannes: Der Ort des Berufs in der Pastoral und pastoralen Planung, in: PThI 25 (2005), 117–121.
Lederhilger, Severin: § 46 Die Mitarbeiterinnen und Mitarbeiter des Pfarrers, in: Haering, Stephan; Rees, Wilhelm; Schmitz, Heribert (Hg.): HdbKathKR, dritte vollständig neu bearbeitete Auflage, Regensburg ^{3}2015, 721–736.
Lehmann, Karl: Gemeinsame Synode der Bistümer in der Bunderepublik Deutschland, Allgemeine Einleitung, in: GSyn I, Offizielle Gesamtausgabe, Freiburg ^{2}1976, 21–67. [Zitiert als: Lehmann, Allgemeine Einleitung].
– Ders., Der doppelte Aufbruch – und was nun? Standortbestimmung 30 Jahre nach dem Vaticanum II und 20 Jahre nach der Gemeinsamen Synode: Wo steht die Kirche? Orientierung am Zweiten Vatikanischen Konzil und an der Gemeinsamen Synode, in: Käuflein, Albert; Licht, Tobias (Hg.), Karlsruher Beiträge zu Theologie und Gesellschaft 1, Karlsruhe 1998, 15–28.

– Ders., Einleitung zum Beschluss ‚Die Beteiligung der Laien an der Verkündigung', in: GSyn I, Offizielle Gesamtausgabe, Freiburg [2]1976, 153–169. [Zitiert als: Lehmann, Einleitung Laienverkündigung].
– Ders., Register, Erläuterung verfahrenstechnischer Begriffe, in: GSyn I, 915–917.
– Ders., Zeittafel: Gemeinsame Synode der Bistümer in der Bundesrepublik Deutschland, in: Offizielle Gesamtausgabe, Bd. 1, hg. Im Auftrag des Präsidiums der Gemeinsamen Synode der Bistümer in der Bundesrepublik Deutschland und der Deutschen Bischofskonferenz von Bertsch, Ludwig; Boonen, Philipp; Hammerschmidt, Rudolf; Homeyer, Josef; Kronenberg, Friedrich; Lehmann, Karl unter Mitarbeit von Imhof SJ, Paul; Freiburg/Basel/Wien, 1976, 849–855.
Listl, Joseph: Kirche und Staat in der neueren katholischen Kirchenrechtswissenschaft, Berlin 1978.
Loiero, Salvatore: Die pastoralen Dienste in der Gemeinde. Blick zurück in die Zukunft der pastorlaen Dienste, in: Feiter, Reinhard; Hartmann, Richard; Schmiedl, Joachim (Hg.): Die Würzburger Synode – Texte neu gelesen, Freiburg im Breisgau 2013, 234–250. [Zitiert als: Loiero, Die pastoralen Dienste in der Gemeinde].
Loretan, Adrian: Die Zukunft der Gemeinden, Perspektiven aus c. 517 § 2, in: Böhnke, Michael; Schüller Thomas (Hg.): Gemeindeleitung durch Laien? Internationale Erfahrungen und Erkenntnisse, Regensburg 2011, 125–151. [Zitiert als: Loretan, Perspektiven aus c. 517 § 2].
– Ders., Laien im pastoralen Dienst. Ein Amt in der kirchlichen Gesetzgebung: Pastoralassistent/-assistentin Pastoralreferent/-referentin, Freiburg Schweiz, 1994. [Zitiert als: Loretan, Laien im pastoralen Dienst].
Löser, Werner: Art. Amt in der Kirche, in: Beinert, Wolfgang (Hg.): Lexikon der katholischen Dogmatik, Freiburg/Basel/Wien [5]1997.
Lüdecke, Norbert: Die Grundnormen des katholischen Lehrrechts in den päpstlichen Gesetzbüchern und neueren Äußerungen in päpstlicher Autorität, in: Forschungen zur Kirchenrechtswissenschaft 28, Würzburg 1997.
May, Georg. § 22 Das Kirchenamt in: GrNKirchR, 179–187.
– Ders., § 13 Das Kirchenamt, in: Listl, Joseph; Müller, Hubert; Schmitz, Heribert (Hg.): HdkathKR, [1]Regenburg 1983, 141–153. [Zitiert als: May, Kirchenamt].
– Ders., § 69 Die Hochschulen, in: Listl, Joseph; Müller, Hubert; Schmitz, Heribert (Hg.): HdbkathKR, Regensburg [1]1983, 605–631. [Zitiert als: May, Hochschulen].
Meckel, Thomas: Die Herde am Laufen halten. Lebendige Hirtensorge mit dem Kirchenrecht, in: Hallermann, Heribert (Hg.): Menschendiener – Gottes-

diener, Anstöße – Ermutigungen – Reflexionen, Würzburg 2010, 181–211. [Zitiert als Meckel, Herde].
- Ders., Die Tria-Munera-Lehre in Konzil und Codex, in: Graulich, Markus; Meckel, Thomas; Pulte, Matthias (Hg.): Ius canonicum in communione christifidelium, Festschrift zum 65. Geburtstag von Heribert Hallermann (KStKR 23), Paderborn 2016, 115–148. [Zitiert als: Tria-Munera-Lehre].
- Ders., Gnade vor Recht? Die Barmherzigkeit und das Kirchenrecht, in: Hallermann, Heribert; Meckel, Thomas; Meckel-Pfannkuche; Pulte, Matthias (Hg.): Reform an Haupt und Gliedern, Impulse für eine Kirche ‚im Aufbruch', Würzburg 2017, 131–147.
- Ders., Konzil und Codex. Zur Hermeneutik des Kirchenrechts am Beispiel der christifideles laici (KStKR 18), Paderborn 2017. [Zitiert als: Meckel, Konzil und Codex].
- Ders., Religionsunterricht im Recht. Perspektiven des katholischen Kirchenrechts und des deutschen Staatskirchenrechts (KStKR 14), Paderborn/München/Wien/Zürich 2011. [Zitiert als: Meckel, Religionsunterricht].
- Ders., Von der Katholischen Aktion zum gemeinsamen Priestertum. Der Beitrag der Laien für eine lebendige Kirche, in: Hallermann, Heribert; Meckel, Thomas; Pfannkuche, Sabrina; Pulte, Matthias (Hg.): Lebendige Kirche in neuen Strukturen. Herausforderungen und Chancen, Würzburger Theologie Bd. 11, Würzburg 2015, 81–107. [Zitiert als: Meckel, Katholische Aktion].

Mörsdorf, Klaus: Art. Kirchenverfassung, in: LThK², Bd. 6, 274–277.
- Ders., Das eine Volk Gottes und die Teilhabe der Laien an der Sendung der Kirche: in: Ecclesia et ius, Festgabe für Audomar Scheuermann, 99–119.
- Ders., Das konziliare Verständnis vom Wesen der Kirche in der nachkonziliaren Gestaltung der kirchlichen Rechtsordnung, in: AfkKR 144 (1975). [Zitiert als: Mörsdorf, konziliare Verständnis, 1975].
- Ders., Die Stellung der Laien in der Kirche, in: RDC 11 (1961), 214–234.
- Ders., Die Rechtssprache des Codex Iuris Canonici, unveränderter Nachdruck der Ausgabe 1937, Paderborn 1967. [Zitiert als: Mörsdorf, Rechtssprache].
- Ders., Die Zusammenarbeit von Priestern und Laien in ekklesiologisch-kanonistischer Sicht, in: Gehrig, Helmut (Hg.): Grundfragen der Zusammenarbeit von Priestern und Laien, Freiburg 1968, 13–26.
- Ders., Lehrbuch des Kirchenrechts auf Grund des Codex Iuris Canonici, Bd. 2, Sachenrecht, Paderborn ⁶1950. [Mörsdorf, Kirchenrecht II].
- Ders., Streiflichter zum neuen Verfassungsrecht der Ostkirche, in: MThZ 8 (1957), 241–254.

Mosiek, Ulrich: Verfassungsrecht der Lateinischen Kirche, Bd. 1, Grundfragen, 1975. [Zitiert als: Mosiek, Verfassungsrecht].

Müller, Gerhard-Ludwig: Katholische Dogmatik, Freiburg ²2005.

Müller, Hubert: Communio als kirchenrechtliches Prinzip im Codex Iuris Canonici von 1983?, in: Böhnke, Michael; Heinz, Hanspeter (Hg.): Im Gespräch mit dem dreieinen Gott, Festschrift W. Breuning, Düsseldorf 1985, 481–498.

– Ders., Kirchliche Communio und Strukturen der Mitverantwortung in der Kirche. Vom Zweiten Vatikanischen Konzil zum Codex Iuris Canonici, in: AfkKR 159 (1990), 117–131. [Zitiert als: Müller, Communio].

Müller, Klaus: Homiletik. Ein Handbuch für kritische Zeiten, Regensburg 1994.

Müller, Ludger: Weihe, in: Ahlers, Reinhild; Gerosa, Libero; Müller, Lüdger (Hg.): Ecclessia a sacramentis. Theologische Erwägungen zum Sakramentenrecht, Paderborn 1992, 10–123.

Neuner, Josef: Einleitung und Kommentar zum Dekret über die Ausbildung der Priester „Optatam Totius", in: LThK², Bd. 13, 309–355. [Zitiert als: Neuner, Kommentar OT].

Ohly, Christoph: Der Dienst am Wort Gottes. Eine rechtssystematische Studie zur Gestalt von Predigt und Katechese im Kanonischen Recht, in: Münchener Theologische Studien III, Kanonistische Abteilung 63, St. Ottilien 2008. [Zitiert als Ohly, Dienst am Wort].

– Ders., Kooperative Seelsorge. Eine kanonistische Studie zu den Veränderungen teilkirchlicher Seelsorgestrukturen in den Diözesen der Kölner Kirchenprovinz, St. Ottilien 2002.

Olbrich, Clemens und Stammberger, Ralf (Hg.): PastoralreferentInnen – unverzichtbar für die Kirche. Und sie bewegen sie doch, Freiburg im Breisgau 2000.

Pacik, Rudolf: Laien und Liturgie, in: Ritzer, Georg (Hg.): "Mit euch bin ich Mensch…", Festschrift anlässlich des 60. Geburtstages von Friedrich Schleinzer, Innsbruck 2008, 461–477.

Pesch, Otto-Hermann: Das Zweite Vatikanische Konzil. Vorgeschichte – Verlauf – Ergebnisse – Wirkungsgeschichte, Kevelaer ⁴2012. [Zitiert als: Pesch, Das Zweite Vatikanische Konzil].

Platen, Peter: Die Ausübung kirchlicher Leitungsgewalt durch Laien. Rechtssystematische Überlegungen aus der Perspektive des ‚Handelns durch andere', Essen 2007.

Pohlschneider, Johannes: Kommentar zur Erklärung über die christliche Erziehung „Gravissimum educationis", in: LThK², Bd. 12, 357–404. [Zitiert als: Pohlschneider, Kommentar GE].

Pree, Helmuth: Art. Ökonom, in: LKStKR, Bd. 3, Paderborn/München/Wien/Zürich 2004, 63–65.

– Ders., Art. Pfarrverwaltungsrat, in: LKStKR, Bd. 3, Paderborn/München/Wien/Zürich 2004, 232–233.

– Ders., C. 113, in: MKCIC.
– Ders., § 12 Die Ausübung der Leitungsvollmacht, in: HdbKathKR, Regensburg [1]1983, 131–141. [Zitiert als: Pree, Leitungsvollmacht].
Pulte, Matthias: Das Missionsrecht, ein Vorreiter des unversalen Kirchenrechts. Rechtliche Einflüsse aus den Missionen auf die konziliare und nachkonziliare Gesetzgebung der lateinischen Kirche, Nettetal 2006. [Zitiert als: Pulte, Missionsrecht].
– Ders., Taufe – Konversion – Wiedereintritt. Kirchenrechtliche Anmerkungen zu seelsorglichen Herausforderungen bei der Begleitung von Erwachsenen und Familien, in: Militärseelsorge Pastoral, Bd. 40, 2002.
Rahner, Karl: Der Theologe. Zur Frage der Ausbildung der Theologen heute, in: Rahner, Karl: Sendung und Gnade, Innsbruck 1959.
– Ders., Kommentar zum Dritten Kapitel von „Lumen Gentium", in: LThK[2], Bd. 12, 210–246. [Zitiert als: Rahner, Kommentar LG].
– Ders., Über das Laienapostolat, in: Rahner, Karl (Hg.): Schriften zur Theologie Bd. 2, Einsiedeln 1955. [Zitiert als: Rahner, Laienapostolat].
– Ders., Was ist ein Sakrament?, in: Jüngel, Eberhard; Rahner, Karl: Was ist ein Sakrament? Vorstöße zur Verständigung, Freiburg im Breisgau 1971.
– Ders., Weihe im Leben und in der Reflexion der Kirche, in: Schriften zur Theologie XIV (1980), 113–131.
Reinhardt, Heinrich Josef Ferdi: Art. Volk Gottes: Die Laien, in: MKCIC, 204–1.
– Ders., Art. Volk Gottes: Die Laien, in: MKCIC, 228–1–5.
Renner, Katharina: PastoralreferentInnen als Zeichen für eine andere Kirche. Betrachtungen zu einem Beruf zwischen Laien und Klerus, in: ThPQ 1/2017, 65–75.
– Dies., PastoralreferentInnen - Das Schauspiel der Entstehung eines Amtes, Wien 2015. [Zitiert als: Renner, Entstehung eines Amtes].
Reuß, Josef-Maria: Priesterliche Ausbildung heute, in: Wort und Wahrheit 9 (1954), Bd. 1, 85–105.
Riedel-Spangenberger, Ilona: Apostolat und Kooperation zwischen Laien und Klerikern, in: Kraus, Georg (Hg.): Wozu noch Laien? Für das Miteinander in der Kirche, Frankfurt 2001.
– Dies., Art. Approbatio, in: LKStKR, Bd. 1, Paderborn/München/Wien/Zürich 2000, 146–148.
– Dies., Art. Communio, in: LKStKR, Bd. 1, Paderborn/München/Wien/Zürich 2000, 355–357. [Zitiert als: Riedel-Spangenberger, Communio].
– Dies., Art. Gemeinsames Priestertum – Katholisch, in: LKStKR, Bd. 2, Paderborn/München/Wien/Zürich 2004, 43–46.
– Dies., Art. Hochschullehrer – Katholisch, in: LKStKR, Bd. 2, Paderborn/München/Wien/Zürich 2002, 256–259.

– Dies., Art. Missio canonica – Katholisch, in: LKStKR, Bd. 2, Paderborn/München/Wien/Zürich 2002, 809–810. [Zitiert als: Riedel-Spangenberger, Missio].
– Dies., Art. Verfassungsrecht – Katholisch, in: LKStKR, Bd. 3, Paderborn/München/Wien/Zürich 2004, 774–777.
– Dies., Art. Vollmacht, in: LKStKR, Bd. 3, Paderborn/München/Wien/Zürich 2004, 44–45. [Zitiert als: Riedel-Spangenberger, Vollmacht].
– Dies., Die Struktur der katholischen Kirche in neuer Perspektive, in: ThPQ 148, 45–56.
– Dies., Kirchenrechtliche Analyse der römischen Instruktion, in: Hünermann, Peter (Hg.): Und dennoch... Die römische Instruktion über die Mitarbeit der Laien am Dienst der Priester. Klarstellungen – Kritik – Ermutigungen, Freiburg/Basel/Wien 1998, 68–95.
– Dies., Seelsorge und Sendung in der kirchlichen Rechtsordnung, in: Riedel-Spangenberger, Ilona; Boekholt, Peter (Hg.): Iustitia et Modestia, Festschrift für Hubert Socha zur Vollendung seines 65. Lebensjahres, München 1998, 54–74. [Zitiert als: Riedel-Spangenberger, Seelsorge und Sendung].
– Dies., Sendung in der Kirche. Die Entwicklung des Begriffes „missio canonica“ und seine Bedeutung in der kirchlichen Rechtssprache, Paderborn 1991. [Zitiert als: Riedel-Spangenberger, Sendung in der Kirche].
Rösser, Ernst: Art. Delegation, in LThK² Bd. 3, Freiburg im Breisgau 1959, 206–207. [Zitiert als: Rösser, Delegation].
Rumstadt, Almut: Frauen als Seelsorgerinnen. Die Entwicklung des Berufs ‚Seelsorgehelferin‘, dargestellt am Lebenswerk von Margarete Ruckmich (1894–1985), Würzburg 2003.
Sägmüller, Johannes Baptist: Lehrbuch des katholischen Kirchenrechts. Vierte, auf Grund des Codex Iuris Canonici vollständig umgearbeitete Auflage, Freiburg im Breisgau, ⁴1925. [Zitiert als: Sägmüller, Lehrbuch].
Saier, Oskar: Communio in der Lehre des Zweiten Vatikanischen Konzils. Eine rechtsbegriffliche Untersuchung, in: Müncher Theologische Studien III, Kanonistische Abteilung 32, München 1973.
Schieffer, Elisabeth: Art. Seelsorgehelferin, Seelsorgehelfer, in: LThK³, Bd. 9, 390. [Zitiert als: Schieffer, Seelsorgehelferin].
Schirmer, Frederike: Art. Ehebandverteidiger, in: LKStKR, Bd. 1, Paderborn/München/Wien/Zürich 2000, 498–500.
Schmaus, Michael: Katholische Dogmatik, Bd. 3/1, München 1958.
Schmid, Peter: Art. Kirchliche Ämter und Dienste, V. Praktisch-theologisch, in: LThK³, Bd. 6, 1998, 95–97.
Schmitz, Heribert: § 4 Der Codex Iuris Canonici von 1983, in: Listl, Joseph; Müller, Hubert; Schmitz, Heribert (Hg.): HdbKathKR, Regensburg ¹1983, 33–57. [Zitiert als: Schmitz, Der Codex Iuris Canonici von 1983].

– Ders., Die Gesetzessystematik des Codex Iuris Canonici Liber I-III, in: Münchner Theologische Studien III, Kanonistische Abteilung, Bd. 18, München 1963. [Zitiert als: Schmitz, Gesetztessystematik des CIC].
– Ders., „Gemeindeleitung“ durch „Nichtpfarrer-Priester“ oder „Nichtpriester-Pfarrer“. Kanonistische Skizze zu dem neuen Modell pfarrlicher Gemeindeleitung des c. 517 § 2 CIC, in: AfkKR 161 (1992), 329–361. [Zitiert als: Schmitz, Gemeindeleitung].
Schüller, Thomas: Art. Promotor iustitiae, in: LKStKR, Bd. 3, Paderborn/München/Wien/Zürich 2004, 303–304.
– Ders., Partikularrechtliche Umsetzung des c. 517 § 2 in den deutschsprachigen Bistümern, in: Böhnke, Michael; Schüller, Thomas (Hg.): Gemeindeleitung durch Laien? Internationale Erfahrungen und Erkenntnisse, Regensburg 2011, 226–251. [Zitiert als: Schüller, Partikularrechtliche Umsetzung des c. 517 § 2].
Schwarz, Stephan: Art. Societas perfecta, in: LKStKR, Bd. 3, Paderborn/München/Wien/Zürich 2004, 557–561. [Zitiert als: Schwarz, Societas].
Schwendenwein, Hugo: § 15 Der ständige Diakon, in: GrNKirchR, Regenburg 1980, 134–140.
Schwerdt, Karl: Art. Seelsorgehelferin, in: LThK^2, Bd. 9, 586–587.
Selge, Karl-Heinz: Der Begriff christifidelis im Codex Iuris Canonici von 1983, in: Reinhardt, Heinrich: Theologia et Ius canonicum, Festgabe für Heribert Heinemann zur Vollendung des 70. Lebensjahres, Essen 1995, 259–273.
Semmelroth, Otto: Kirche, Laie, Sendung, in: Der Laie in der Kirche – Seine Sendung – seine Rechte, in: Sonderdruck aus TrThZ 6, 1965, 1–9. [Zitiert als: Semmelroth, Kirche, Laie, Sendung].
Sipos, Stephanos, Enchiridion Iuris Canonici, in: von Galos, Ladislaus (Hg.), Rom 1954. [Zitiert als: Sipos, Enchiridion].
Spielberg, Bernhard: Ein Beschluss unter Beschuss. Die Beteiligung der Laien an der Verkündigung – und was daraus geworden ist, in: Feiter, Reinhard; Hartmann, Richard; Schmiedl, Joachim (Hg.): Die Würzburger Synode – Texte neu gelesen, Freiburg im Breisgau 2013, 56–78, [Zitiert als: Spielberg, Ein Beschluss unter Beschuss].
Socha, Hubert: Charisma und Recht, in: TrThZ 93 (1984), 14–39.
– Ders., Der Dienst der Pastoralreferenten und die eine geistliche Vollmacht, in: AfkKR 147 (1978), 377–405. [Zitiert als: Socha, Pastoralreferenten].
– Ders., Kommentar zu c. 145, Einführung, 145/1, 145/2, 145/3, 145/4 und Allgemeine Normen: Kirchenämter 145/5, in: MKCIC.
– Ders., Die Grundlegung der kirchlichen Heilssendung nach dem Vaticanum II, in: MThZ 19 (1968), 265–285.
– Ders., Die Mitverantwortung der Laien nach dem neuen Kirchenrecht (1. Teil), in: TrThZ 94 (1985), 54–74.

– Ders., Grundlegung der Mitverantwortung der Laien im neuen Kirchenrecht, in: Courth, Franz und Weiser, Alfons (Hg.): Mitverantwortung aller in der Kirche, Festschrift zum 15jährigen Bestehen der Gründung Vinzent Pallotis, Limburg 1985, 150–161.

Steinmaus-Pollak, Angelika: Das als Katholische Aktion organisierte Laienapostolat. Geschichte seiner Theorie und seiner kirchenrechtlichen Praxis in Deutschland, in: Forschungen zur Kirchenrechtswissenschaft 4, Würzburg 1988.

Stubenrauch, Bertram: Ein Auftrag – viele Beauftragte. Zur dogmatischen Begründung von Priester- und Pastoraldiensten, in: Genn, Felix (Hg.): Aufbau und Aufbruch, Kirche auf dem Weg zum Jahr 2000, Trier 1997, 59–79. [Stubenrauch, Ein Auftrag].

Stutz, Ulrich: Der Geist des Codex iuris canonici. Eine Einführung in das auf Geheiß Papst Pius X. verfasste und von Papst Benedikt XV. erlassene Gesetzbuch der katholischen Kirche, Stuttgart, 1918. [Zitiert als: Stutz, Geist des CIC].

Toporowsky, Georg: Der Pastoralreferent – ein geistlicher Mensch, in: Geist und Leben 72 (1999), 141–147.

Tucci, Roberto: Art. Kommentar zum Zweiten Teil des Zweiten Kapitels von „Gaudium et Spes“, in: $LThK^2$, Bd. 14, 447–485. [Zitiert als Tucci, Kommentar].

von Batemberg, Friedrich Casutt: Der Rechtsstatus des Laien im katholischen Kirchenrecht, Zürich/Genf/Basel 2007.

Wächter, Lothar: Art. Amtsblatt – Katholisch, in: LKStKR, Bd. 1, Paderborn/München/Wien/Zürich 2000, 83–84.

– Ders., Art. Konstitution, in: LKStKR, Bd. 2, Paderborn/München/Wien/Zürich 2002, 630–632.

– Ders., Gesetz im kanonischen Recht: Eine rechtssprachliche und systematisch-normative Untersuchung zu Grundproblemen der Erfassung des Gesetzes im Katholischen Kirchenrecht, in: Münchner Theologische Studien III, Kanonistische Abteilung, Bd. 43, St. Ottilien 1989. [Zitiert als: Wächter, Gesetz im kanonischen Recht].

Wenner, Reinhard: Art. Delegation, in: LKStKR, Bd. 1, Paderborn/München/Wien/Zürich 2000 [Zitiert als: Wenner, Delegation].

– Ders., Art. Kanzler, in: LKStKR, Bd. 2, Paderborn/München/Wien/Zürich 2002, 376–377.

– Ders., Art. Ständiger Rat der Bischofskonferenz, in: LKStKR, Bd. 3, Paderborn/München/Wien/Zürich 2004, 600–601. [Zitiert als: Wenner, Ständiger Rat].

– Ders., Beschlüsse der Deutschen Bischofskonferenz. Partikularnormen und weitere Gesetze sowie Richtlinien, Statuten, Geschäftsordnungen, Verträge,

Stellungnahmen, Sankt Augustin 1999ff. (Loseblattsammlung, Stand: Dezember 2016).

Wiesen, Wilhelm: Entwicklung und gegenwärtige Gestaltungswege der Seelsorgehilfe, in: Ders. (Hg.): Seelsorge und Seelsorgehilfe, Freiburg 1926.

Wijlens, Myriam: Art. Richter, in: LKStKR, Bd. 3, Paderborn/München/Wien/Zürich 2004, 450–452.

– Dies., Das Zweite Vatikanum als Fundament für die Anwendung des Rechts, Hermeneutische Reflexionen und praktische Konsequenzen, in ThG 50 (2007), 2–14.

Witsch, Norbert: Art. Bonum commune – Katholisch, in: LKStKR, Bd. 1, Paderborn/München/Wien/Zürich 2002, 294–297. [Zitiert als: Witsch, Bonum comune].

– Ders., Art. Partikularkonzil, in: LKStKR, Bd. 3, Paderborn/München/Wien/Zürich 2004, 154–156.

– Ders., Art. Volk Gottes, in: LKStKR, Bd. 3, Paderborn/München/Wien/Zürich 2004, 840–842. [Zitiert als: Witsch, Volk Gottes].

Zollitsch, Robert: Grußwort, in: BVPR Berufsverband der PastoralreferentInnen Deutschlands e.V. (Hg.): Begegnungen. 40 Jahre Pastoralreferentinnen und Pastoralreferenten in Deutschland, München 2011, 6–8. [Zitiert als: Zollitsch, Grußwort].

Zulehner, Paul und Renner, Katharina: Ortssuche. Umfrage unter Pastoralreferentinnen und Pastoralreferenten im deutschsprachigen Raum, Ostfildern 2006. [Zitiert als: Zulehner/Renner, Ortssuche].

9.4 Weblinks

Hallermann, Heribert: Art. Amtsträger, kirchlicher – Katholisch, in: LKRO, https://dx.doi.org/10.30965/9783506786371_0108, Zugriff: 20.03.2020. [Zitiert als: Hallermann, Amtsträger LKRO].

– Ders., Art. Gemeinde – Katholisch, in: LKRO, https://dx.doi.org/10.30965/9783506786388_0134, Zugriff: 20.03.2020. [Zitiert als: Hallermann, Gemeinde LKRO].

– Ders., Art. Gemeindeleitung – Katholisch, in: LKRO, https://dx.doi.org/10.30965/9783506786388 0140, Zugriff: 20.03.2020. [Zitiert als: Hallermann, Gemeindeleitung LKRO].

– Ders., Art. Gemeindereferent(in) – Katholisch, in: LKRO, https://dx.doi.org/10.30965/978350678688_0144, Zugriff: 20.03.2020.

– Ders., Art. Gläubige – Katholisch, in: LKRO, https://dx.doi.org/10.30965/9783506786388_0281, Zugriff: 20.03.2020. [Zitiert als: Hallermann, Gläubige LKRO].
– Ders., Art. Gleichheit aller Gläubigen – Katholisch, in: LKRO: https://dx.doi.org/10.30965/9783506786388_0285, Zugriff: 20.03.2020. [Zitiert als Hallermann, Gleichheit aller Gläubigen LKRO].
Homepage des Bundesberufsverbandes für PastoralreferentInnen e.V.: https://www.bvpr-deutschland.de/der-beruf/selbstverst%C3 %A4ndnis/, Zugriff: 20.01.2020.
Koch, Peter: Art. Benefizium – Historisch, in: LKRO, https://dx.doi.org/10.30965/9783506786371_0262, Zugriff: 20.03.2020. [Zitiert als: Koch, Benefizium LKRO].
Lüdicke, Klaus: Art. Befähigung, rechtliche – Katholisch, in: LKRO, https://dx.doi.org/10.30965/9783506786371_0233, Zugriff: 20.03.2020.
Meckel, Thomas: Art. Allgemeines bzw. Gemeinsames Priestertum – Katholisch, in: LKRO, https://dx.doi.org/10.30965/9783506786371_0079, Zugriff: 20.03.2020. [Zitiert als: Meckel, Gemeinsames Priestertum LKRO].
– Ders., Art. Amt – Katholisch, in: LKRO, https://dx.doi.org/10.30965/9783506786371_0094, Zugriff: 20.03.2020. [Zitiert als: Meckel, Amt LKRO].
– Ders., Art. Apostolat – Katholisch, in: LKRO, https://dx.doi.org/10.30965/9783506786371_0148, Zugriff: 20.03.2020.
– Ders., Art. Communio – Katholisch, in: LKRO, https://dx.doi.org/10.30965/9783506786371_0393, Zugriff: 20.03.2020. [Zitiert als Meckel, Communio LKRO].
– Ders., Art. Dienst – Katholisch, in: LKRO, https://dx.doi.org/10.30965/9783506786371_0472, Zugriff: 20.03.2020.
– Ders., Art. Ehrenamtliche – Katholisch, in: LKRO, https://dx.doi.org/10.30965/9783506786371_0604, Zugriff: 20.03.2020. [Zitiert als: Meckel, Ehrenamtliche LKRO].
– Ders., Art. Hauptberufliche – Katholisch, in: LKRO, https://dx.doi.org/10.30965/9783506786388_0365, Zugriff: 20.03.2020. [Zitiert als: Meckel, Hauptberufliche LKRO].
– Ders., Art. Katholische Aktion – Katholisch, in: LKRO, https://dx.doi.org/10.30965/9783506786388_0596, Zugriff: 20.03.2020.